黃仁生　注譯
李振興　校閱

新譯吳越春秋

三民書局　印行

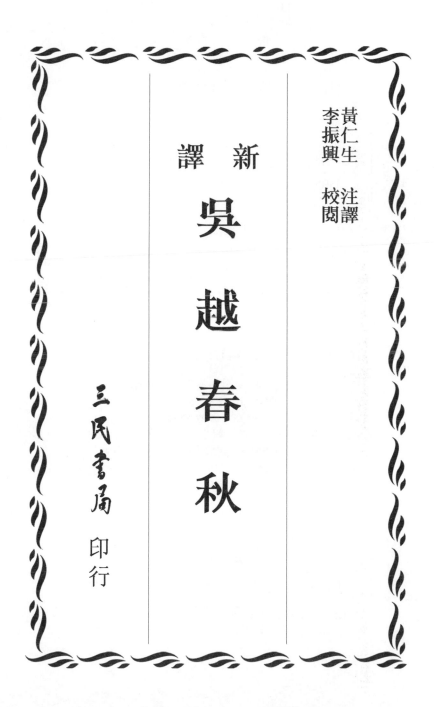

國家圖書館出版品預行編目資料

新譯吳越春秋／黃仁生注譯;李振興校閱.－－二版二刷.－－臺北市：三民，2010
面；　公分.－－(古籍今注新譯叢書)

ISBN 978-957-14-5075-9　(平裝)

1.吳越春秋 2.注釋

621.658　　97015231

© 新譯吳越春秋

注譯者	黃仁生
校閱者	李振興
發行人	劉振強
著作財產權人	三民書局股份有限公司
發行所	三民書局股份有限公司 地址　臺北市復興北路386號 電話　(02)25006600 郵撥帳號　0009998-5
門市部	(復北店)臺北市復興北路386號 (重南店)臺北市重慶南路一段61號
出版日期	初版一刷　1996年2月 二版一刷　2009年7月 二版二刷　2010年5月
編號	S 030850

行政院新聞局登記證局版臺業字第〇二〇〇號

ISBN 978-957-14-5075-9 (平裝)

http://www.sanmin.com.tw 三民網路書店

刊印古籍今注新譯叢書緣起

劉振強

人類歷史發展，每至偏執一端，往而不返的關頭，總有一股新興的反本運動繼起，要求回顧過往的源頭，從中汲取新生的創造力量。孔子所謂的述而不作，溫故知新，以及西方文藝復興所強調的再生精神，都體現了創造源頭這股日新不竭的力量。古典之所以重要，古籍之所以不可不讀，正在這層尋本與啟示的意義上。處於現代世界而倡言讀古書，並不是迷信傳統，更不是故步自封；而是當我們愈懂得聆聽來自根源的聲音，我們就愈懂得如何向歷史追問，也就愈能夠清醒正對當世的苦厄。要擴大心量，冥契古今心靈，會通宇宙精神，不能不由學會讀古書這一層根本的工夫做起。

基於這樣的想法，本局自草創以來，即懷著注譯傳統重要典籍的理想，由第一部的四書做起，希望藉由文字障礙的掃除，幫助有心的讀者，打開禁錮於古老話語中的豐沛寶藏。我們工作的原則是「兼取諸家，直注明解」。一方面熔鑄眾說，擇善而從；一方面也力求明白可喻，達到學術普及化的要求。叢書自陸續出刊以來，頗受各界的喜愛，使我們得到很大的鼓勵，也有信心繼續推廣這項工作。隨著海峽兩岸的交流，我們注譯的成員，也由臺灣各大學的教授，擴及大陸各有專長的學者。陣容的充實，使我們有更多的資源，整理更多樣化的古籍。兼採經、史、子、集四部的要典，重拾對通才器識的重視，將是我們進一步工作的目標。

古籍的注譯，固然是一件繁難的工作，但其實也只是整個工作的開端而已，最後的完成與意義的賦予，全賴讀者的閱讀與自得自證。我們期望這項工作能有助於為世界文化的未來匯流，注入一股源頭活水；也希望各界博雅君子不吝指正，讓我們的步伐能夠更堅穩地走下去。

新譯吳越春秋　目次

導讀

吳國和越國，是上古時代興起於東南並曾先後稱霸的兩個諸侯國。吳國最早稱為「句吳」，後來建國於現在的江蘇省境內（包括浙北一部分），定都於吳（今蘇州）；越國最早稱為「於越」，後來建國於現在的浙江省境內，定都於會稽（今紹興）。據《越絕書》記載，吳越兩國是「同氣共俗」（〈越絕外傳記范伯〉）、「同俗並土」（〈越絕外傳紀策考〉）；本書卷五也說：「吳與越同音共律，上合星宿，下共一理。」這是因為：在族屬上，吳越先民同屬於古越族，分別為「百越」的著名分支；在地域上，吳越互為近鄰，同處長江下游的太湖流域，瀕臨大海。這就使他們在文化習俗方面，存在著一些共同的特徵，例如司馬遷說越人「文身斷髮，披草萊而邑焉」（《史記・越世家》），而太伯、仲雍奔吳時，也從吳俗而「文身斷髮，示不可用」（《史記・吳世家》），子貢也說吳人「斷髮文身，裸以為飾」（《左傳・魯哀公七年》），加之吳越兩國僻居東南一隅，長期封閉落後，所以曾被中原各國鄙視為「蠻夷」之族。但自春秋中葉以後，吳人率先打開國門，交通中原，終於以金戈寶劍，破楚敗越，威懾齊晉，稱霸天下；越人也不甘雌伏，一邊以財帛與信義結交諸侯，一邊以智慧與武力同吳國「爭三江五湖之利」，終於在困境中崛起，問鼎中原，從而使春秋後期的歷史形勢發生了戲劇性的變化。

《吳越春秋》就是以上述歷史為題材而寫成的一部古典名著，它比較系統地記敘了吳越興亡的始末，尤其濃筆重彩地描繪了春秋末年，吳越爭霸過程中的一些傳奇故事和傳奇人物，在中國文化史上曾經產生過深遠的影響。但古往今來，人們對於該著作的真實面貌和文化價值，尚缺乏足夠的認識，下面擬擇要予以考察和評述。

一、《吳越春秋》的寫作與流傳、整理情況

《吳越春秋》的作者是東漢趙曄，這在《後漢書．趙曄傳》中早有明確記載，特照錄如下：

趙曄，字長君，會稽山陰人也。少嘗為縣吏，奉檄迎督郵，曄恥於廝役，遂棄車馬去。到犍為資中（今四川資陽），詣杜撫受《韓詩》，究竟其術，積二十年，絕問不還，家為發喪制服。撫卒乃歸。州召補從事，不就。舉有道，卒於家。曄著《吳越春秋》、《詩細歷神淵》。蔡邕至會稽，讀《詩細》而嘆息，以為長於《論衡》。邕還京師傳之，學者咸誦習焉。

另外，東晉虞預在《會稽典錄》中也有類似記載，並明確地說：「至撫卒，曄經營葬之，然後歸家。」（據《太平御覽．卷五五六》所引）檢《後漢書．杜撫傳》，知杜撫曾受業於薛漢，

定《韓詩章句》，後歸鄉里教授，有弟子千餘人，「建初中（西元七六～八四年）為公車令，數月卒官」。由此可以推測趙曄大約生於建武初年，於永平初年（西元六〇年頃）赴四川從杜撫受業二十年，至建初中（西元八〇年頃）「撫卒乃歸」，卒年可能在永元年間，歷光武帝、明帝、章帝乃至和帝四朝，與同邑王充（西元二七～一〇〇年？）為同時代人，所以蔡邕（西元一三三～一九二年）才將他們所著的兩部不同性質的書作一比較。

關於趙曄撰《吳越春秋》的具體時間，還可從本書卷四〈窮劫曲〉中「嚴王何罪國幾絕」一句找到一點線索，元代徐天祜注曰：「『嚴』字義不通，今詳當是『莊王』。謂前王何罪，幾至絕國。按：嚴本出芉姓，其先即楚莊王支孫，以謚為莊姓者也。如漢莊忌、忌子助、後漢莊光，皆避明帝諱，改姓嚴。此以莊為嚴，亦避諱追改也。」準此，本書當寫成於漢明帝劉莊執政時代，即西元五八～七五年之間。又因《後漢書・趙曄傳》是將《吳越春秋》排在《詩細歷神淵》之前，且蔡邕不提前者而激賞後者，那麼，前者很可能是永平初年趙曄尚未赴四川時的著述，所以書中有諸多舛誤也是可以理解的，而後者則無疑是他從杜撫學《韓詩》以後的精心之作。

基於這個結論，《吳越春秋》與《越絕書》的關係問題也就迎刃而解了。南宋黃震（字東發）在《黃氏日鈔》中認為《越絕書》「大抵祖襲《吳越春秋》」。而明人陳塏在《越絕書・跋》中卻說：「趙曄《吳越春秋》，又因是書而為之。黃東發《日鈔》以為《越絕》之出於《春秋》也，殆不然矣。」清人錢培名在《越絕書・題識》中也說：「趙曄《吳越春秋》之文，往往依傍《越絕》。」這除了可以從《吳越春秋》中找到不少依傍《越絕書》而加以生發的內證外，還可以從今本《越絕書》中找到確證。據〈越絕外傳記吳地傳〉說：「句踐徙琅琊，到建武二十八年，凡五百六十七年。」表明今本《越絕書》當寫定於西元五二年，而且自明人楊慎以來，學者們多依據本書卷末一段隱語，斷定作者是會稽人袁康和吳平，那麼，過了幾年之後，同郡趙曄於永平初年撰寫《吳越春秋》時，會參考《越絕書》，當是順理成章的事。

原本《吳越春秋》為東漢趙曄所撰，證據確鑿，本無可疑，但因該著在後世流傳的過程中，出現了一些複雜情況，竟使今傳本《吳越春秋》的著作權也產生了疑問。事端是由東晉楊方和隋代皇甫遵先後整理過該著作而引起的，加之《隋書·經籍志》和《舊唐書·經籍志》、《新唐書·藝文志》都將三書並錄，便使問題開始複雜起來。現分別照錄如下：

《隋書·經籍志》「雜史類」列為：

《吳越春秋》十二卷　趙曄撰

《吳越春秋削繁》五卷　楊方撰

《吳越春秋》十卷　皇甫遵撰

《舊唐書·經籍志》「雜史類」列為：

《吳越春秋》十二卷　　趙曄撰
《吳越春秋削煩》五卷　楊方撰（按：「煩」，同「繁」。）
《吳越春秋》十卷　　　皇甫遵撰

《新唐書・藝文志》「雜史類」列為：

趙曄　《吳越春秋》十二卷
楊方　《吳越春秋削煩》五卷（按：「煩」，同「繁」。）
皇甫遵　《吳越春秋傳》十卷

這表明自唐代至北宋嘉祐五年（西元一〇六〇年）《新唐書》修成時，三書皆傳於世，那麼，《吳越春秋》的著作權在當時，也自然分明而無異議。但後世的疑問卻主要是宋人種下的因，這從王堯臣等人於景祐元年（西元一〇三四年）奉命編撰至慶曆十一年（西元一〇四一年）完成的《崇文總目》（原書已佚，今據清人輯錄本）中已見端倪。該書卷一二「雜史類」著錄：

《吳越春秋》十卷　（不署作者）
《吳越春秋傳》十卷　（原釋：唐皇甫遵注）

這裡有三點值得我們注意：

一是《崇文總目》不著錄楊方的《吳越春秋削繁》，是因當時朝中四館未藏此書，還是本已著錄而後亡佚？或是表明了王堯臣等人的一種態度，即認為此書對於趙曄原著和皇甫遵的傳注來說價值不大。檢《晉書‧賀循傳》及〈楊方傳〉，知楊方也為會稽山陰人，官至高梁太守，曾「著《五經鉤沈》，更撰《吳越春秋》。」所謂「更撰」，就是改寫，實即刪繁為簡，把趙曄原著十二卷削改為五卷而已。當然，刪削什麼，保留什麼，自然也會反映出楊方的思想態度，從這種意義上說，該書仍有一定的價值，但它對於趙曄原著來說，也許的確價值不大。

二是從《崇文總目》中可知，皇甫遵之書，名為之「傳」，即是書之「注」，並非別撰一書。元馬端臨《文獻通考‧經籍考》著錄此書時說：「《崇文總目》：唐皇甫遵注。初趙曄為《吳越春秋》十二卷，其後有楊方者，以曄所撰為繁，又刊削之為五卷，遵乃合二家之書，考定而注之。」元大德十年（西元一〇三六年）徐天祜在〈吳越春秋序〉中也說：「按邯鄲李氏《圖書十志目》，亦謂楊方嘗刊削曄所為書，至皇甫遵遂合二家考正，為之傳注。」

三是《崇文總目》所錄《吳越春秋》十卷，不署作者，令人費解。清人錢繹按：「《隋志》、《唐志》、《讀書志》並十二卷。」當是趙曄原著，但為何從十二卷突然變為十卷了呢？錢繹所說的「《讀書志》」，指晁公武所撰《郡齋讀書志》，該書「雜史類」著錄「《吳越春秋》十二卷」，「後漢趙曄撰。吳起太伯，盡夫差；越起無余，盡句踐。內吳外越，本末咸備」。

這表明趙曄原著十二卷本至南宋時仍傳於世。我認為《崇文總目》所著錄的《吳越春秋》十卷本，與《宋史・藝文志》所著錄的「趙曄《吳越春秋》十卷」、元人徐天祜所依據的宋本、清人蔣光煦所參校的影宋本，當屬於同一版本系統，而這一點正與今傳本《吳越春秋》緊密相聯。

今存《吳越春秋》的最早版本，是元大德十年丙午（西元一〇三六年）刊本。其後，明代有弘治十四年辛酉（西元一五〇一年）鄺璠的刊本、萬曆十四年丙戌（西元一五八六年）馮念祖的刊本及《古今逸史》本、《廣漢魏叢書》本等，自清至今，又有多種翻刻本，儘管這些版本有的標為十卷，有的標為六卷❶，有的有徐天祜的音注，有的沒有徐天祜的音注，但無一不屬於元大德十年丙午刊本系統。因而今傳本《吳越春秋》的功與過，基本上都可以歸於徐天祜名下。

徐天祜，字受之，會稽山陰人，宋景定三年（西元一二六二年）進士，曾為大州教授，德祐二年（西元一二七六年）以文林郎、國庫書監召，不赴，退歸城南杜門讀書，入元不仕。大德末年，紹興路總管劉克昌為「獎勵學校，匯遺文，修墜典」，擬集資重刻《吳越春秋》，因命徐天祜加以考訂並作序。徐天祜的考訂工作，內容大致包括三方面：一是「刊正疑訛」，

---

❶ 例如《古今逸史》本、《廣漢魏叢書》本、《秘書廿一種》本、《增訂漢魏叢書》本、《叢書集成》本，都稱為六卷，實是將十卷本的一、二、三卷合一卷，六、七卷合一卷，八、九卷合一卷，四、五、十卷仍各為一卷。

二是「為之音注」，即對難字難詞的讀音和意義加以注釋，三是對照《左傳》、《史記》、《國語》等書，考訂史事的異同，「附見於下而互存之」。平心而論，徐天祜的考訂工作是有成就的，尤其是在正訛釋疑方面，用力頗勤，卓見迭出，從而使原書基本上清通可讀，再加上刊刻較精，所以自元大德十年丙午刊本行世以後，就逐步取代了其他版本，使該書得以流傳至今，其功自不可沒。

然而徐天祜的確有著不可推卸的責任，這主要是指他在版本的選擇和考證上，有嚴重的失誤。徐天祜〈吳越春秋序〉曰：

《吳越春秋》，趙曄所著。隋、唐〈經籍志〉皆云十二卷，今存者十卷，殆非全書。二志又云：「楊方撰《吳越春秋削繁》五卷，皇甫遵撰《吳越春秋傳》十卷。」此二書今人罕見，獨曄書行於世。曄傳在〈儒林〉中。觀其所作，乃不類漢文。按邯鄲李氏《圖書十志目》，亦謂楊方嘗刊削曄所為書，至皇甫遵遂合二家考正，為之傳注。又按：《史記》注有徐廣所引《吳越春秋》語，而《索隱》以為今無此語者。他如《文選》注引季子見遺金事，《吳地記》載闔廬時夷亭事，及《水經注》嘗載越事數條，類皆援據《吳越春秋》。今曄本咸無其文，亦無所謂傳注，豈楊方所已刊削而皇甫所未考正者耶？

《四庫全書總目提要》稱其「考證頗為詳悉」，近人余嘉錫（西元一八八三～一九五五年）則大不以為然。他說：「至於天祜之〈序〉，其所考證，實不甚精，今特舉正之於此。」然後引證材料駁斥徐〈序〉謂楊方、皇甫遵二書，今人罕見，獨曄書行於世，是「誤之甚矣」。認為「此書十二卷之本，至宋時尚存，《新唐志》、《讀書志》、《通考》並著於錄。《宋史・藝文志》別史類有此書，已作十卷。考蔣光煦《斠補隅錄》，有所校影宋本亦止十卷，則此二卷，當亡於宋末，皇甫遵之書正是十卷。宋本，疑即用皇甫之本，而去其注。然則當云獨皇甫遵書行於世，不當如〈序〉所云獨曄書行於世也。〈序〉又云：『徐廣《史記》注引《吳越春秋》，而《索隱》以為無其語。』考《吳世家・索隱》云：『徐廣引《吳越春秋》云，王僚，夷昧子，今檢《吳越春秋》無此語。』〈序〉蓋即指此條。考之本書〈吳王壽夢傳〉云：『吳人立餘昧子州于，號為吳王僚也。』餘昧即夷昧，徐廣所引，殆即因此二語而隱括之。《索隱》以為《吳越春秋》無此語，已誤，〈序〉從而疑此書，更誤矣。其餘若《文選注》諸書所引，亦當在所佚二卷之內。〈序〉乃云，今曄本咸無其文，若疑其在方、遵書內也者，何其漫無考證哉！」（《四庫提要辨證・卷七》）另外，徐〈序〉既謂「獨曄書行於世」，又曰：「觀其所作，乃不類漢文。」前後自相矛盾，明弘治十四年錢福〈重刊吳越春秋序〉及清代《四庫全書總目提要》也早已一一辨正。

為什麼會導致徐〈序〉在考證上的諸多失誤呢？我以為根本的原因是：徐天祜當時既沒有去積極搜尋趙曄原著十二卷本、楊方削繁的五卷本和皇甫遵傳注的十卷本，也沒有用力去弄清宋十卷本與各本的關係，而只是奉命行事，在僅有的一個宋十卷本的基礎上，進行考證和注釋工作，因而不僅割斷了前人整理《吳越春秋》的聯繫，而且鑄成了刻古書而古書亡的歷史遺憾。事實上，趙曄的原著十二卷本和皇甫遵傳注的十卷本，甚至包括楊方削繁的五卷本，在元代和元代以後相當長的一段時期內，尚存於世，其根據是：

（一）元代馬端臨（西元一二五四～一三二三年）《文獻通考・文獻考》「雜史類」著錄有：

《吳越春秋》十二卷　後漢趙曄撰

《吳越春秋》十卷　唐皇甫遵注

（二）元至正五年（西元一三四五年）修成的《宋史・藝文志》「別史類」著錄有：

趙曄《吳越春秋》十卷

皇甫遵注《吳越春秋》十卷

（三）明代萬曆間陳第《世善堂藏書目錄・卷上》著錄有：

《吳越春秋》十二卷

（四）明代焦竑（西元一五四〇～一六二〇年）《國史經籍志・卷三》「雜史類」著錄有：

《吳越春秋》十二卷　趙曄
《吳越春秋削繁》五卷　楊方
《吳越春秋傳》十卷　皇甫遵

（五）明末清初錢謙益（西元一五八二～一六六四年）《絳雲樓書目・卷一》「雜史類」著錄有：

《吳越春秋》十二卷　趙曄撰

假如徐天祜當時能找到趙曄原著十二卷本作底本，再以皇甫遵傳注十卷本、楊方削繁五卷本及宋十卷本參校，即使不作任何音注，其功也甚偉。當然，徐氏當時考訂和注釋本書的直接目的，只是為了給紹興路學的儒生提供一個讀本，並沒有意識到他同時還承擔著搶救文化遺產的歷史使命，所以他連自己所依據的宋十卷本，是否有序跋及刊刻年代竟不置一詞，我們對此也只能表示遺憾而已。

徐天祜雖然認為宋十卷本《吳越春秋》「殆非全書」，但仍確認該書為趙曄所撰。明人錢福於弘治十四年所作〈重刊吳越春秋序〉在此說的基礎上進一步推測，所佚二卷內容可能是「西施之至吳、范蠡之去越」。

最早對今傳本《吳越春秋》的著作權提出懷疑的是明人楊慎（西元一四八八～一五五九年），他說：「《漢書》：趙曄撰《吳越春秋》；《晉書》：楊方撰《吳越春秋》。今世所傳，曄耶？方耶？」（據清姚際恆《古今偽書考》所引）清人王芑孫（西元一七五五～一八一七年）進一步認為：「其文筆不類漢人，或竟出楊方之手。」（《惕甫未定稿》）今人黃雲眉又加以推測說：「今本所傳或為楊方更撰之本，後人析五卷為十卷。」（《古今偽書考補正》）第二種不同意見已見前引，即近人余嘉錫（西元一八八三～一九五五年）認為今傳本《吳越春秋》，乃皇甫遵《吳越春秋傳》十卷本而去其注（詳見《四庫提要辨證・卷七》）。另外，還有一種否定意見是今人陳中凡先生提出，他認為《吳越春秋》一書，也不出於後漢趙曄之手，而為漢晉間人講述古史並附會民間傳說的一種說部」❷。實際上是無視《吳越春秋》在後世流傳、整理的複雜情況，而簡單地定為無名氏之作，破而不立，於事無補，曹林娣先生已撰文辨之甚詳❸，本文姑置之不復論述。

筆者認為《吳越春秋》的著作權始終屬於東漢趙曄，晉楊方和隋皇甫遵同元代的徐天祐一樣，都只是該著作的整理者，並且他們都是把該書作為一部史書來整理，只不過由於各人對於「雜史」的認識不同而態度有別。楊方曾著《五經鉤沈》，是一位善於考證的經學家，他對於《吳越春秋》的整理僅僅是「削繁」而已，即通過考證，把某些不符合古史記載的虛

❷ 陳中凡〈論「吳越春秋」為漢晉間的說部及其在藝術上的成就〉，見《文學遺產增刊》第七輯。
❸ 參見曹林娣〈關於「吳越春秋」的作者及成書年代〉，《西北大學學報》一九八二年第四期。

構和描寫加以刪削，其中可能有兩卷被全部刪除，另十卷則被削簡合為五卷。皇甫遵則另闢蹊徑，悉心依照趙曄原著進行傳注，著重考訂史事的異同，但因原著中有二卷（很可能就是被楊方全部刪除者）他無法傳注，便乾脆不注也不錄，所以皇甫遵傳注本只有十卷。從這個思路出發，我原則上同意余嘉錫的說法，即認為今傳本《吳越春秋》的祖本，當是依據皇甫遵傳《吳越春秋》十卷本而去其注，但結論與徐天祜一致，即今傳本《吳越春秋》的著作權仍屬於趙曄，只不過趙曄原著中有二卷已佚而已。至於楊方其人，對趙曄的原著來說是無功而有過，所以宋人《崇文總目》已不錄其書，實與今傳本《吳越春秋》沒有關涉，楊慎、王芑孫是因不清楚《吳越春秋》的流傳整理情況而生疑，黃雲眉的推測，則純屬沒有根據的想像之詞。

自清代以來，還有不少學者對今傳本《吳越春秋》進行過一些考證、校勘工作，現擇要列舉如下：

清代盧文弨（西元一七一七～一七九五年）撰《吳越春秋校》一卷。

清代王仁俊輯《吳越春秋佚文》一卷。

清代顧觀光撰《吳越春秋校勘記》一卷。

清代俞樾（西元一八二一～一九〇六年）撰《讀吳越春秋》一卷。

民國邵瑞彭撰《吳越春秋札記》一卷。

民國徐乃昌撰《吳越春秋札記》一卷，又輯《吳越春秋逸文》一卷。

今人苗麓點校《吳越春秋》十卷（以元大德十年丙午刊本為底本，以明弘治本和萬曆本參校），於一九八六年由江蘇古籍出版社出版。

儘管以上學者的整理工作各有側重，有的是以他本校勘文字，有的是考證史事，有的是輯錄逸文，有的是正徐天祜音注之誤，有的是補徐天祜音注之不足，有的是記讀書心得而抒發己見，有的是綜述眾說而加以評論，但目的一致，都是為有助於閱讀和理解今傳本《吳越春秋》，著重解決徐天祜當時未能解決的「其間文義猶有滯礙不可訓知」的疑難問題。筆者這次對《吳越春秋》進行點校注釋時，是以元大德十年丙午刊本為底本，以明清諸刻本參校，並有選擇地採納了古人和今人的整理研究成果，也發表了一些自己的看法，但仍有不少疑難問題未能解決或解決得不夠完滿，歡迎讀者批評指正。

二、《吳越春秋》的文體性質

自《隋書・經籍志》首先把《吳越春秋》著錄在「雜史類」以後，中國古代學者幾乎都把它看作是一部歷史著作，只不過偶爾也有「別史」、「古史」、「霸史」之稱而已。元代徐天祜實際上也是把它作為一部「最先出東都，時去古未甚遠」，「視他書所紀二國事為詳」的史書來整理的。明代錢福雖已指出「其字句間或似小說家」，「附會以成其說者，多不可辯驗」，但仍把它看作是一部「有所本」的「後世補亡之書」（明弘治鄺璠刊本〈重刊吳越春秋序〉）。清代《四庫全書總目提要》也認為該書中有些內容「未免多所附會」，「尤近小說家言，然自是漢、晉間稗官雜記之體」，在整體上卻仍把它看作史書，只不過改列在史部載記類罷了。

最早明確指出《吳越春秋》是一部小說的觀點，見於明代天啟初〈古今小說序〉，綠天館主人（據有關考證即馮夢龍）說：

> 史統散而小說興。始乎周季，盛於唐，而浸淫於宋。韓非、列御寇諸人，小說之祖也。《吳越春秋》等書，雖出炎漢，然秦火之後，著述猶希……。

他在這裡首次勾勒出了中國小說早期發展的線索，實際是以《吳越春秋》作為漢代小說的代表，可惜因未能展開評述而影響甚微。其次見於日本寬延二年（西元一七四九年）刊本《吳越春秋題首》④，但當時並未反饋到中國來，因而也未對清人產生任何影響，例如盧文弨、王仁俊、顧觀光、俞樾、徐乃昌等整理、研究過《吳越春秋》的學者，都未曾論及該書

④ 曹林娣〈試論「吳越春秋」的體裁〉一文說：「日本學者曾原題首先一掃舊說，認為此書『情態同臭味，後世演史者有焉，蓋飣餖齊東野人之語，而供之好事者也。以予觀之，謂之在昔小說，亦不誣也。』」見《蘇州大學學報》一九八四年第一期。

的文學價值。直到魯迅先生撰《中國小說史略》，也僅提到《吳越春秋》「雖本史實，並含異聞」。此後，郭希汾先生的《小說史略》，徐敬修先生的《說部常識》才明確把該書歸入漢人小說類，稱它為後世演史小說軍談之祖，陸侃如、馮沅君先生的《中國文學史簡編》則稱它為歷史小說。一九五七年陳中凡先生也撰文力主該書為「說部」，但至六〇年代初人民文學出版社出版的兩部權威性的《中國文學史》，一部（游國恩等先生主編）仍稱它為歷史散文，一部（中國科學院文學研究所編寫）竟對它隻字不提。八〇年代以來，學術界又先後有人把目光投向了《吳越春秋》，或考辨它的史事訛誤，或評論它作為史傳文學的價值，或剖析它作為小說的特徵，或探討它同後世歷史演義小說的關係，雖各有新見，但共識尚未形成，研究還須深入。

在史官文化異常發達、惟我獨尊的古代中國，小說形態經歷了一個從與史籍同生共存到逐漸分離獨立的嬗變過程。在這一過程中出現的史傳文學，以及在史傳文學的孕育下所形成的歷史小說，實際上都是歷史文學化的產物，但二者的性質不同：史傳文學的重心在歷史，它所著重追求的仍然是歷史真實；而歷史小說的重心則在文學，它所著重追求的當然是藝術真實。筆者這裡所說的「史傳文學」，是指有一定文學色彩並以人物為中心的紀傳體史書，《史記》和《漢書》是其典範之作。前者代表了史傳文學的最高成就，被稱為「中國史傳文學之祖」❺；後者則是在文史分家的轉折時期所產生的傑作，其成就與地位僅次於前者。而

❺　韓兆琦主編《中國傳記文學史》第六十七頁，河北教育出版社一九九二年八月出版。

《吳越春秋》就正是產生於《史記》之後，大約與《漢書》同時而稍前的時代，它與《漢書》都受到了《史記》的很大影響，但二者卻分別走向了不同的道路，《漢書》保留著文學的基因而進一步走向了信史，《吳越春秋》則保留著史學的基因而進一步走向了文學。所以《史記》和《漢書》在後世一直被奉為「正史」的楷模，而《吳越春秋》則由於古人歷史意識的膨脹與小說意識的遲鈍，僅被作為「雜史」而流傳。

事實上，歷史意義上的「雜史」與文學意義上的「小說」之間並無不可逾越的鴻溝，這從最早把《吳越春秋》列入「雜史」的《隋書・經籍志》中即可察知：

> 後漢趙曄又為《吳越春秋》，其屬辭比事，皆不與《春秋》、《史記》、《漢書》相似，蓋率爾而作，非史策之正也。……自後漢已來，學者多鈔撮舊史，自為一書，或起自人皇，或斷之近代，亦各其志而體制不經。又有委巷之說，迂怪妄誕，真虛莫測，然其大抵皆帝王之事，通人君子，必博采廣覽以酌其要，故備而存之，謂之雜史。

其中所謂「迂怪妄誕，真虛莫測」的「委巷之說」，無疑屬於小說家言，可見古人的這種分類法是從泛史論出發，把部分小說也作為歷史的大雜燴而一鍋煮了。這就是說，古人所說的「雜史」，既有歷史意義上的野史，也有文學意義上的小說。所以明人陳言說：「正史之流而為雜史也，雜史之流而為類書、為小說、為家傳也。」（《潁水遺編・說史中》）那麼，《吳越春秋》的文體性質到底如何？它是應該歸屬於歷史散文，還是應該歸屬於歷史小說呢？這是我們深入探討該著的價值之前所必須明確回答的問題，因為對於一部以歷史題材為內容的著作來說，是以史學的尺度還是以文學的尺度來評價它，所得出的結論可能完全不同。

首先，讓我們從《吳越春秋》的敘事體例說起。誠然，《吳越春秋》的寫作，明顯地受到了《國語》和《史記》的影響，這不僅指它的內容多以二書為依據，而且在表層結構形式上，它所採用的仍然是紀傳體和編年體相結合的史傳體例，也許這就是古今學者要把它歸屬史書的主要原因。但在實際上，《吳越春秋》的敘事體例在繼承《國語》和《史記》特點的同時，已經有了一定的突破和發展。全書雖以吳越興亡為內容，以吳越世系為線索，從開國一直寫到亡國，但並非平鋪直敘，均衡用力，面面俱到，而是從吳越爭霸的角度來描敘二國興亡的歷史，其中又以吳王闔閭、夫差和越王句踐爭霸過程中的政治、軍事和外交活動作為重點來進行大膽剪裁。正因為作者有統一的敘事角度和明確的敘事重點，才能對作品的敘事方式和敘事結構做出比較明確的總體設計，從而形成該著在篇章布局和結構安排方面的特色：全書共十卷，前五卷為內傳，著重記敘吳國的興亡史；後五卷為外傳，著重記敘越國的興亡史。卷一、卷二和卷六採用雙線平行發展的布局，分別寫吳越的創世史：吳國從太伯開國到壽夢稱霸，再到王僚立國，越國從無余開國到允常興霸，從漫長而複雜的歷史中分別勾勒出了吳越創業稱霸的歷史脈絡。雖然概述世系頗多，缺少貫穿始終的人物和事件，但敘事角度一致，敘事重點分明，並且篇幅不長，分別作為吳越爭霸的歷史背景而存在，仍然具有一定的意義。卷三至卷五和卷七至卷一〇是全書的主體部分，雖然還是採用雙線平行發展的布局，但其內在的深層結構（指敘事結構和情節結構）卻是雙線交叉結合（局部有三線或多線交叉結合），吳中有越，越中有吳，互相照應而不重複，彼此依存而又各自獨立。尤其值得我們注意的是，作者在構思布局時還賦予了伍子胥和句踐這兩個主要人物以較強的結構功能，即主要以伍子胥的復仇報恩和句踐的復仇興國這兩條線索來貫串吳越興亡的歷史進程，來組結吳越爭霸的歷史畫面，從而使吳越爭霸這一重大歷史事件作為故事情節來敘述時，實際上也在一定程度上，成為了「某種性格、典型的成長和構成的歷史」。這樣，《吳越春秋》的這種雙線平行而又內外交叉結合的敘事結構，就比《國語》和《史記》更具有連貫性和完整性，更富於文學色彩，實際已經初步具有了長篇小說的敘事結構功能。儘管它的結構本身還不夠嚴密和完善，但在當時來說，無疑是一種拓展和創新。

當然，判斷一部寫歷史題材的著作是歷史散文還是歷史小說，最主要的標準應在於作者對歷史題材的處理，在於作品的虛實比例。趙曄寫作《吳越春秋》時，距吳國滅亡已有五百多年，距越國滅亡也有四百餘年，他當然不可能根據第一手材料而實錄歷史，但也並非憑空結撰之作，其中既有大部分內容是依傍史傳而作，也有不少內容是融會傳說或純屬想像而成，後者基本上都屬於「虛」的部分。例如內傳中寫伍子胥乞食溧陽、佯狂吳市及破楚後回報漁者之子和擊綿女、干將夫婦鑄劍、鉤師殺二子作鉤、洪盧劍惡闔閭無道而自至於楚、椒丘訢與神鬥於水、夫差的夢境與幻境及臣僚的解釋、公孫勝三呼三應等若干情節顯然都是虛構的。

外傳中卷七、卷八、卷九中的大部分內容都無史可考，尤其是浙江祖道君臣離別的場面、句踐入臣卑事夫差乃至嘗糞卜疾、歸國後令民女採葛織布以獻吳王、范蠡築城而怪山自生、句踐與臣下陰謀破吳並逐步實施文種所獻九術、越女試劍、老翁化猿等情節曲折生動，波瀾迭起，表現出作者具有高度的藝術想像力。卷一〇寫句踐率軍伐吳的鼓動之詞及途中軾蛙以激士養氣、入吳都前伍子胥於城門「顯聖」、文種賜死後與伍子胥並為「濤神」等情節，也純屬無中生有。此外，書中還多次描寫吳越謀臣占時卜日以決吉凶，「皆非三代卜筮之法」，而是漢代術數家所習用的「六壬法」，當是作者杜撰無疑。

那麼，《吳越春秋》中依傍史傳的部分是否可以作為信史來讀呢？在趙曄寫作該書之前，記載吳越史事較詳的著作主要有《左傳》、《國語》、《史記》和同時代的《越絕書》，其他如《公羊傳》、《穀梁傳》、《竹書紀年》、《世本》、《戰國策》、《逸周書》、《呂氏春秋》、《說苑》等書僅有零星片斷。細審源流，考校異同，我們發現趙曄本來就無意於要寫作一部吳越興亡的信史，因為他當時對吳越史事並未做嚴密的考證以去偽存真，甚至連《左傳》中的許多重要史料都置之不理，而主要從《國語》和《史記》中摘取材料，同時有選擇地利用了《越絕書》的部分內容和其他諸書中的片斷記述。古今曾有不少學者作過詳細考證，已先後指出該著所記與史實不合之處有近百條之多，另有不少篇幅是在片言隻語的史料基礎上附會生發，踵事增華，也屬虛多實少，加之還有一些前人尚未考出的訛誤，該著作的史學價值就大打折扣而為人所輕了。為準確把握趙曄處理歷史題材的態度，我們不妨就《吳越春秋》中依傍史傳失實致訛的原因做一些分析和歸納，大致可分為如下四種情形：

一是因疏忽而失實。如卷一敘吳國王族世系曰：「（周）章子熊，熊子遂。」檢《史記・吳太伯世家》作「周章卒，子熊遂立。」知熊遂乃一人之名，趙曄卻誤析為熊和遂，成了二人。又如卷三記「公子蓋餘、燭傭二人將兵遇圍於楚者，聞公子光殺王僚自立，乃以兵降楚，楚封之於舒」；而至卷四於闔閭元年又記曰「闔閭復使子胥、屈蓋餘、燭傭習術戰騎射御之巧」，前後自相矛盾。像這類訛誤，即使從文學角度看也毫無意義，顯然為疏忽所致。

二是無意於求實。造成這類訛誤的客觀原因，是所依傍的史料不真實，但其主觀原因卻有所不同：(1)失於考證，以訛傳訛，如卷二曰：「十七年，餘祭卒，餘昧立。四年，卒。」這裡把吳王餘祭與餘昧二王享國之年倒錯，實是沿襲《史記・吳太伯世家》之誤。但《春秋・襄公二十九年》曰：「閽弒吳子餘祭。」《左傳・襄公二十九年》也曰：「吳子餘祭觀舟，閽以刀弒之。」是年即餘祭四年（西元前五四四年），且《史記・十二諸侯年表》也於餘祭四年欄目下有「守門閽殺餘祭」的記載，趙曄竟不加考辨予以照抄，於史學已有誣，於文學也無補。(2)不願深究，將錯就錯，如卷三先記伍子胥於王僚五年（西元前五二二年）投奔吳國，這與《史記・吳世家》所載完全一致，接著追敘伍子胥因遭受楚平王的迫害，先逃奔宋國追隨太子建，恰遇宋有華氏之亂，又與太子建奔鄭，後因太子建與晉謀襲鄭而被鄭定公和子產誅殺，於是伍子胥才和太子建之子王孫勝一起投奔吳國，這些情節也是依傍《史記・伍子胥列傳》而來。但據《史記・鄭世家》載：「鄭定公八年（西元前五二二年），楚太子建來奔，十年，太子建與晉謀襲鄭，鄭殺建，建子勝奔吳。」可見《史記》本身在記載伍子胥奔吳的時間上已有二年之誤，即伍子胥不可能在奔宋奔鄭之後，仍於王僚五年奔吳。惟有《左傳・昭公二十年》記伍子胥於吳王僚五年逃離楚國後，逕直投奔吳國，可以成立。趙曄這裡的將錯就錯，已賦予它一定的文學意義：一方面把伍子胥的復仇與太子建的復仇聯繫起來寫，強化了復仇觀念；一方面使情節進一步曲折複雜而又合乎伍子胥的性格發展邏輯。與前例純屬以訛傳訛已有本質上的不同。(3)不避虛詭，有本即錄，例如卷一敘姜嫄履大人跡而懷孕及后稷出生後的傳奇經歷，即本於《詩經・生民》和《史記・周本紀》。卷六敘女嬉吞薏苡而懷孕生禹，則是依據《世本》。又如卷五記吳王夫差黃池爭長時，在越軍已攻入吳都的緊急情勢下仍與晉耀兵決鬥：

> 吳師皆文犀長盾、扁諸之劍，方陣而行。中校之軍皆白裳、白髦、素甲、素羽之矰，望之若荼。王親秉鉞，戴旗以陣而立。左軍皆赤裳、赤髦、丹甲、朱羽之矰，望之若火。右軍皆玄裳、玄輿、黑甲、烏羽之矰，望之如墨。帶甲三萬六千，雞鳴而定陣，去晉軍一里。天尚未明，王乃親鳴金鼓，三軍譁吟，以振其旅，其聲動天徙地。晉大驚，不出，反距堅壘。

結果晉國不得已許吳王為長，考《左傳・哀公十三年》、《史記・晉世家》及〈吳世家〉，皆記吳晉黃池爭長事，但都未記吳軍有此耀兵決鬥的壯觀場面，倒是晉趙鞅有「建鼓整列」以伐吳的打算，並且最終是以晉定公為長。當然上述場面及結局的描敘也並非趙曄信口開河，他是依據《國語・吳語》略加調整組織而成。至於《國語》中的這段記載與《左傳》不合，明顯有著奇詭虛誇色彩，他也毫不在意，因為這一耀兵決鬥的陣容和場面的描寫，實在壯觀精彩，與吳王夫差的性格和當時的情境又完全切合。從藝術真實的角度看，這種處理，當然是成功的。

三是借實生虛，踵事增華。這種情況，往往是作者從文學表現的需要出發，有意憑藉史傳中的點滴記載而附會生發，大肆鋪張描寫，使其情節實中有虛，虛中有實，真虛莫測。如《史記・伍子胥列傳》記伍子胥投奔吳國途中「渡江」和「乞食」二事僅七十餘字，《吳越春秋》卷三卻據此敷衍出一篇長達六百餘字的文章，不僅生動地刻畫了一個敢於冒死救難、捨生取義的漁父形象和一個甘願犧牲自己的名節和生命而饋飯助行的擊綿女形象，而且表現出伍子胥在形勢險惡、處境窘困之際的機智與謹慎，並為卷四破楚後引軍擊鄭時，因遇漁者之子請求而釋鄭和回師過瀨水時，投百金以報擊綿女埋下伏筆，從而揭示了他有恩必報的精神世界。又如子胥鞭屍之說，《春秋》和《左傳》均無記載，《呂氏春秋・首時》首倡「鞭荊平之墳三百」說，《穀梁傳》也曰「撻平王之墓」，《淮南子・泰族》、《說苑・善說》及《越絕書》都只說鞭墓、隳墓、笞墳，但《史記・吳世家》卻說：「子胥、伯嚭鞭平王之尸以報父讎。」《史記・伍子胥列傳》進一步描述說：「伍子胥求昭王，既不得，乃掘楚平王墓，出其尸，鞭之三百，然後已。」王《吳越春秋》則又被進一步渲染：「伍胥以不得昭王，乃掘平王之墓，出其屍，鞭之三百，左足踐（其）腹，右手抉其目。誚之曰：『誰使汝用讒諛之口，殺我父兄，豈不冤哉？』」無論鞭墳鞭屍，皆已「真虛莫測」，難以徵信，但趙曄用太史公之說而增加維妙維肖的細節描寫，卻非常切合伍子胥痛報宿仇的心理，同時把該著著力表現的復仇精神昇華到了頂點。

四是有意對史實曲改重鑄，以假亂真。例如卷四言白喜（即伯嚭）乃楚白州犁（即伯州犁）之孫，與《史記・吳世家》所記相合，但接著又說白州犁為楚之左尹，號曰郄宛（一作郤宛），因費無忌進讒言而被楚平王誅殺，則是有意曲改史實。按《左傳》載，楚太宰伯州犁死於魯昭公元年（西元前五四一年），為公子圍（楚靈王）所殺，而左尹郤宛則死於魯昭公二十七年（西元前五一五年），其時平王已卒，昭王在位，郤宛之禍，實是令尹子常聽信費無忌讒言所致，據此知白州犁、郄宛顯然為二人無疑，且二人之死均與楚平王無關。趙曄這裡有意把白州犁與郄宛合為一人，並把殺害其人的禍首改為楚平王，而讒害其人者也是費無忌。這樣，既突出了楚平王的殘暴昏庸，又促使白喜因與伍子胥同仇共怨而奔吳，而伍子胥也是出於「同病相憐，同憂相救」之心才引薦白喜，與之俱事吳王，從而揭示了伍子胥悲劇的一個重要原因。又據《左傳・昭公二十七年》、《史記・楚世家》記載，費無忌本來死於楚昭王元年（西元前五一五年）九月，為令尹子常所殺。《吳越春秋》卻改在楚昭王四年九月，因伍子胥等率吳師攻楚取勝而謀欲入郢之時，楚國群臣皆怨，子常和楚昭王才被迫殺了費無忌。事遲三年，卻終於讓費無忌在吳軍攻楚的威力震懾之下受戮，從而使讒賊之死與伍子胥的復仇行動，發生了直接聯繫。

約而言之，上述四種情形實際上可歸納為兩類：一類是毫無文學意義的謬誤，不管是因疏忽而失實，還是因失於考證而以訛傳訛，都只能說明作者的史學意識淡漠；一類是具有文學意義的失實致訛，包括不願深究，將錯就錯；不避虛詭，有本即錄；借實生虛，踵事增華；對史實曲改重鑄，以假亂真等處理方式，都是有意放棄歷史的真實而追求藝術的真實，這正說明了作者文學意識的覺醒。

當然，《吳越春秋》中也有不少描敘與正史的記載基本一致，就正如《三國志通俗演義》中有大量描敘與《三國志》的記載大致吻合一樣，但作者的意圖並非為了寫出一部信史，而是為了創作一部具有一定歷史時代感的歷史小說。

由於中國古代小說脫胎於史傳文學，因此歷史小說也成了古代小說中的望族。而趙曄所處的時代正是歷史小說發展的一個重要階段。早在先秦時代就出現了《穆天子傳》這樣「一部雜揉歷史和想像的輝煌著作」（文正義〈穆天子傳跋〉，見岳麓書社一九九二年版《穆天子傳》卷首），野牧甚至稱它「是我國長篇歷史演義小說的開山祖」（〈中國小說的起源和發展〉，《瀋陽師院學報》一九八八年第二期）。實際上《穆天子傳》原著為八千五百一十四字，今本僅六千二百二十二字，就它本身而言，仍只能稱為短篇歷史小說。又有收入《逸周書》中的〈王會〉、〈太子晉〉和〈殷祝〉等三篇文字也可稱為先秦時期的短篇歷史小說。另有《燕丹子》近年來頗受學術界重視，霍松林稱它「是一部藝術上接近成熟的小說」（〈「燕丹子」

成書的時代及在我國小說發展史上的地位〉，《文學遺產》一九八二年第四期），但它僅二千多字，仍為短篇歷史小說，且其寫作年代有先秦至東漢末年之爭，尚難確定。至於今本《越絕書》雖然篇幅較長，計有內篇六，外篇十三，但全書體例不一，合記敘、論述和注釋等不同風格的篇章為一體，其中僅有記敘體部分具有小說意味，且各篇相對獨立，並無內在聯繫，其文學價值自然不會很高。而產生於東漢初期的《吳越春秋》則以其七實三虛的寫作原則、雙線交叉結合的宏偉結構、曲折生動的故事情節和性格鮮明的人物形象，確立了它在中國小說發展史上的地位：它實際上是我國現存最早的一部文言長篇歷史小說❻，儘管它的篇幅還不到五萬字，但與以往或稍後的小說作品相比，就已堪稱是長篇巨製了。它所取得的藝術經驗和成就，曾對後世的長篇歷史小說，尤其是《三國志通俗演義》的創作產生過深遠影響。從《吳越春秋》的七實三虛原則和雙線交叉結合的敘事結構，到《三國志通俗演義》的七實三虛之法和複線交叉結合的敘事結構；從《吳越春秋》的文言語體，到《三國志通俗演義》的半文半白語體，正好清楚地揭示了中國長篇歷史小說發展的邏輯聯繫。

三、《吳越春秋》的思想意義

❻ 在《吳越春秋》之前，尚有《楚漢春秋》（陸賈）和《蜀王本紀》（揚雄）或可稱為歷史小說，其篇幅當也不短，但二著皆已散佚，今僅各存一卷（皆由清人輯錄），已無法判斷它們的文學成就與地位。

《吳越春秋》主要從政治、軍事和外交等層面來描敘吳越兩國興亡的歷史，同時還以較開闊的視野反映了其他國家尤其是楚國的歷史形勢，加之生活在東漢初期的趙曄必然會把當代意識與個人觀念熔鑄到字裡行間，從而使該著所涉及的內容相當廣泛，它的思想內涵也頗為豐富。下文擬就三個主要的方面加以評述：

（一）申明復仇報恩之義

南宋無名氏〈越絕書跋〉認為吳入郢、吳敗越、越入吳，於「春秋之末，復仇之事莫大於斯三者」，《吳越春秋》在依據這段歷史事實的基礎上進行了大膽剪裁和虛構，有意以伍子胥和句踐的復仇活動為主線，輔之以一系列相關的大小復仇故事，展開歷史的縱橫面，不僅生動描寫了這些復仇事件的起因、過程和結局，而且通過這種描寫，表現了有仇必復、有恩必報的俠義精神。

復仇精神與人的原始生命意識緊密相聯，因而它的最早、最普遍的表現形式是血族復仇，隨著社會的發展和人的理性力量的作用，這種個體深在的血族復仇情結向外輻射，又以俠義復仇和部族（國家）復仇的形式表現出來，從而在古代中國導演出一系列驚心動魄的復仇故事，並相繼形成了對於復仇行為的價值評判。《吳越春秋》中所表現的復仇精神也是由不同的層面和不同的形式構成，包含著深厚的思想內質。伍子胥、白喜、申公巫臣、太子建、白公勝、公子光、夫差、鄖公懷、句踐等人復仇行為的原始動機，或是為了本人的利益，或是為了兄弟父祖等血親的冤死，一句話說到底都屬於血族復仇；專諸刺王僚、要離刺慶忌，則是因受到恩遇和委命而代闔閭殺仇，當屬於俠義復仇；江上漁父和瀨水浣女為了救助伍子胥而自沈以滅口，也可以視為俠義復仇的一種特殊形式；至於吳國將士討伐乃至攻破楚國，以及吳越之間從君臣到士兵百姓的互相報復，則屬於部族（國家）復仇❼。

不過趙曄對上述三個層面各種形式的復仇，並非等量齊觀，他所著力表現並予以充分肯定的，主要是部族復仇以及血親復仇與部族復仇的統一。例如吳國對楚國的復仇，起因有四：一是自壽夢二年（西元前五八四年）吳楚兩個政權之間就結下了宿仇（卷二），以後世世代代互有征伐不斷；二是吳楚邊界的人民常有衝突（卷三），積怨很深；三是闔閭政變之前，曾多次奉命率軍伐楚，即位後又欲「興霸成王，從近制遠」，因而南破強楚，正是他的本意與使命；四是伍子胥、白喜等吳國重臣與楚國君臣之間，有殺兄弟父祖之仇。在伍子胥看來，不能復仇是他的最大恥辱，即使先後聽到了楚平王已死、費無忌被誅的消息，也不能消解心頭之恨，甚至以失去親自殺死昏君讒臣的機會而「坐泣於室」。伍子胥曾經說過：

吾聞父母之讎，不與戴天履地；兄弟之讎，不與同域接壤；朋友之讎，不與鄰鄉共里。今吾將復楚辜，以雪父兄之恥。

❼ 關於春秋時期各諸侯國是稱為部族還是稱為民族，學術界尚有爭論，本文姑且稱為「部族」，實指一個國家（諸侯國）範圍內的全體人民。

復仇精神實際成為了他生命的支柱和行為的動力。但闔閭並不允許伍子胥等利用吳軍「自復私仇」（參見卷二、卷四），而要等到他們自覺把「私仇」、「國仇」統一起來，才正式發布伐楚破郢的命令。正因為「吳入郢」是一種部族復仇，從君臣到將士民眾，無不同仇敵愾，所以正處在內外交困之中的楚國政權一摧即垮：

> 吳王入郢，止留。伍胥以不得昭王，乃掘平王之墓，出其屍，鞭之三百，左足踐（其）腹，右手抉其目。誚之曰：「誰使汝用讒諛之口，殺我父兄，豈不冤哉？」即令闔閭妻昭王夫人，伍胥、孫武、白喜亦妻子常、司馬成之妻，以辱楚之君臣也。

這既是伍子胥和白喜雪了私仇時的一種發洩，也是吳國君臣報了國仇時的一種慶祝。

又如吳越兩國之間的先後傾覆，本是震動天下的兩起特大部族復仇事件，但該著作有意做了如下處理：(1)越國原是吳國的屬國，雙方訂有貢賜盟約，闔閭五年（西元前五一〇年），吳國以越不從伐楚，而毀盟伐越，從此結仇。(2)句踐元年（西元前四九六年），吳王闔閭乘越王元常之喪而興師伐越，剛即位的越王句踐率軍迎擊於檇李（今浙江嘉興縣西南），將闔閭刺成重傷致死。吳王夫差即位後，立志為父復仇，終於在句踐三年大敗越軍於夫椒（今浙江紹興縣北），最後句踐僅存五千甲兵，退守於會稽山，不得已遣使卑詞求和。夫差不聽伍子胥滅越之諫，終於許和罷兵。如果依據這段史事加以虛構，本可以寫出一至二卷篇幅的生動故事，但今本《吳越春秋》卻略去了這段重要史事，而直接從西元前四九二年五月句踐入臣於吳寫起。我以為這絕非作者的疏忽所致，只有兩種可能：一是趙曄原著本有，今本已被皇甫遵刪去；二是作者有意不對檇李之戰和夫椒之戰作直接描寫，而僅在事後通過人物對話給以簡略補述，從而盡可能淡化夫差復君父之仇的正義精神。筆者姑且依據第二種可能立論。(3)句踐及其使臣向吳王請罪時，僅說內不自量，抵罪邊境，而諱言傷闔閭致死，但後來越滅吳殺夫差時，卻通過文種之書曰：「昔越親戕吳之前王，罪莫大焉，而幸伐之，不從天命而棄其讎，後為大患。」(卷五)這就是說，正由於夫差缺少復仇精神，才導致了吳國的滅亡。(4)正是復仇精神的原始生命動力使句踐能夠面對生死大限，超越尊卑榮辱。(5)越王的私仇與部族之仇高度統一。句踐說：「昔者，吳王分其民之眾以殘吾國，殺敗吾民，鄙吾百姓，夷吾宗廟，國為墟棘，身為魚鱉。孤之怨吳，深於骨髓。」(卷五)范蠡說：「與君復讎者，臣之事也。」(卷七)父老兄弟曰：「臣請復戰，以除君王之宿讎。」(卷一〇)國人詞曰：「雪我王宿恥兮，威振八都。」(卷一〇)這些描寫說明，復仇精神在越國已經內化為全民的意志與行動，因而曾稱霸一時的吳國，最終在一個弱小部族的復仇烈火中毀滅了。

至於純粹為了個人利益的血族復仇和俠義復仇，作者雖然也給予了或詳或略的描寫，甚至對於勇士不惜犧牲自己生命的俠義精神也給予了讚揚，但在價值評判上卻以其復仇性質的不同而有所區別或保留，例如要離刺殺慶忌後又自殺的事件，就清楚地說明了這一點(詳後文)。

與復仇精神相反相成的是報恩情結，它同樣與人的原始生命意識有著深在聯繫。在古代漢語中，「報」與「復」的語義完全一致（如《廣雅・釋言》曰：「報，復也。」），而「恩」與「仇」的語義則絕然相反，但由於人的心理機制相同，「恩」與「仇」在一定的條件下也可以綿延轉換，如上述俠義復仇，往往就是因義士受人之恩而代人復仇，這一原則的擴展，便使得恩主或君主也可以通過施恩而達到報家仇、復國仇的目的。那麼，這種個體深在的報恩情結向外輻射，除了可培植出人的善性美德以外，也能以復仇的形式表現出來，因而古人既以不能復仇為恥辱，也因不能報恩而不安。忘恩忘仇，都為人所不齒；知恩報恩，知仇報仇，方具大丈夫氣概。《吳越春秋》對於復仇與報恩的這種有機聯繫及其複雜內涵也作了多方面的描寫和闡述。如專諸本是王僚的士民，卻為了報答公子光的禮遇之恩，而參與了刺殺王僚的宮廷政變，究其實質，他不過是公子光以恩遇的方式而收買的一名「職業殺手」罷了，那麼，他以奉獻生命而實施的報恩，還停留在一個較淺的層次上，因而作者只稱他是「勇士」而非義士。而伍子胥的報恩意識，卻是構建其完善人格的重要基因：在他的深層意識中，復仇居其首，報恩居其次，所以在破楚鞭屍、徹底復仇之後，他的感情得以昇華，報恩意識便成為了新的精神支點。從驚聞漁父之子的歌聲而釋鄭，到途經瀨水長聲嘆息而投金，伍子胥作為一個義士的深情厚意和善性良知才逐步得以展示；從多次冒死進諫而不隱夫差之過，到最終伏劍自殺而不離吳國之境，伍子胥作為一個忠臣的精神境界和完整人格才逐步得以昇華。至於申包胥、范蠡、文種等人的報恩則純粹是一種效忠行為，他們沒有特殊的「私仇」，因而其復仇與報恩，完全是二位一體的行動，即他們在為君國復仇的同時，也就是在向君國報恩。此外，該著作還描述了恩仇相報的一些特殊形式，例如伍子胥對夫差和白喜，分別有「定國之恩」與「引薦之恩」，但他們卻寡恩負恩，伍子胥認為「仇讎之人不可親」，力主誅仇滅越，而夫差卻企圖以施小恩而化大仇，從而使句踐得以借報小恩為名，而行復大仇之實。

(二)弘宣忠信仁義之道

《吳越春秋》所表現的歷史生活中，也跳動著時代的脈搏。自漢武帝「罷黜百家、獨尊儒術」之後，成為正統思想的新儒學和西漢末年以來流行的讖緯學，對該著作的影響尤為明顯，其中最值得我們注意的是倫理評判已經成為全書的重要價值尺度。儘管這些評判由於歷史題材的原因，也吸收了前人的某些觀點，但更多的是作者立足於現實，而對人倫綱常所作的思考。趙曄生活的時代，還處在中國封建社會的上升發展時期，封建倫理思想體系初步形成不久，便由於王莽篡政以及相繼發生的綠林、赤眉起義與豪強割據紛爭，而受到了巨大的衝擊，因而在東漢初期表彰名節、弘宣教化、重整綱常，既是統治者的急務，也是趙曄這位儒士的志願。那麼，《吳越春秋》的現實意義也就不言而喻了。

綜觀全書，《吳越春秋》對於「三綱五常」的道德內容，或多或少都有所表現，例如姜嫄履大人跡而妊娠，竟然也「恐被淫泆之禍」，孩子生下來後，又「怪而棄於阨狹之巷」，從而使原始社會的婦女也具有了貞操觀念；瀨水浣女也被寫成一位「自守貞明」的淑女，她的自沈，除為滅口守密以外，更因她自認為饋飯給陌生男人，已經「越虧禮儀」。不過該著作主要還是從君臣關係出發，來探討忠信仁義之道及其與復仇報恩意識的聯繫。

從太伯的三讓天下，到壽夢四子的競相遜國，吳國的這種「禮讓」祖風和季札「潔身清行，仰高履尚，惟仁是處」，漠視富貴的人格，是作者所深許的理想境界。但就在季札未死之時，王僚卻「知進之利，不睹退讓」，公子光竟私養死士弒僚自立，吳國的「禮讓」祖風便轉瞬即逝，於是作者不能不集中筆墨，開始冷峻地解剖這種刀劍相見、冤仇相報的歷史現實。太伯得知古公欲廢長立少而讓天下，是出於孝道，故「荊蠻義之」；至季札得知壽夢欲廢長立少時卻說：「禮有舊制，奈何廢前王之禮，而行父子之私乎？」意謂若不守禮而行孝，那就是循私了。這裡所說的「禮」，實際指嫡長子繼承制，這就為公子光的弒僚自立提供了理論依據，因而儘管專諸也認為此舉會「損先王之德」，他還是受命行刺，促成了這場政變。闔閭自立後，又擔心逃亡在外的慶忌會聯合諸侯來報父仇，因而欲殺慶忌以除後患，要離受命時對闔閭說：

> 臣聞安其妻子之樂，不盡事君之義，非忠也；懷家室之愛，而不除君之患者，非義也。臣詐以負罪出奔，願王戮臣妻子，斷臣右手，慶忌必信臣矣。

然而當他以苦肉計刺殺慶忌之後，卻又陷入了深深的痛苦之中：

殺吾妻子以事其君，非仁也。為新君而殺故君之子，非義也。重其死，不貴無義。今吾貪生棄行，非義也。夫人有三惡以立於世，吾何面目以視天下之士？

於是毅然自殺。儘管這種描寫深刻揭示了忠與仁義的矛盾性，當事人也清醒地意識到了這一點，但事君盡忠是無條件的，所以慶忌臨死前對要離的行刺也表示了極大的理解和寬容，一面讚賞他為「天下勇士」，一面阻止左右殺他，曰：「可令還吳，以旌其忠。」

作者對闔閭合於禮而不仁不義、專諸合於義而不仁不忠、要離合於忠而不仁不義的行為，在給予理解的同時，都相應做了降調處理；但對伍子胥的忠義行為，卻以高昂的筆調給予了歌頌。伍子胥生於楚卻仕於吳，他對於楚國昏君讒臣的深仇大恨，起源於他的孝悌之情和恥辱之心。他對於吳王闔閭的感恩戴德，不僅由於受到闔閭的賞識與重用，從而確證了他的自我價值；更由於他的盡忠盡職，使吳國強大之後，得以破楚入郢，從而使他既為自己報了私仇，也為吳國報了國仇。他後來不斷向昏君進諫，同讒佞鬥爭，完全是為了吳國的前途和命運，所以即使受到冷遇、排擠乃至迫害，他也堅持「不以身死隱君之過，正言以忠君，直行以為國」。伍子胥臨死前明確地表白了自己的心跡：「前王聽從吾計，破楚見凌之讎。欲報前王之恩而至於此。」「自我死後，後世必以我為忠。」王孫駱也說：「夫子胥，先王之老臣也。不忠不信，不得為前王臣。」甚至連越國君臣，也無不承認伍子胥是一位忠臣。

其實，君臣間的忠信仁義之道，也具有雙向確認、雙向建構的性質。作為士臣，必須忠誠守信、仁義賢能，才能受到君主的賞識和任用；作為君主，必須施恩行仁、守信重義，並能識忠使能，斥佞遠奸，才能使士臣都盡忠效死。吳王夫差本來「德薄而恩淺，道狹而怨廣」，卻又「貪功名而不知利害」；但他的最大悲劇是「放棄忠直之言，聽用讒夫之語；不滅瀝血之仇，不絕懷毒之怨」。他曾責備子胥說：

> 寡人有疾三月，曾不聞相國一言，是相國之不慈也。又不進口之所嗜，心不相思，是相國之不仁也。夫為人臣，不仁不慈，焉能知其忠信者乎？越王迷惑，棄守邊之事，親將其臣民，來歸寡人，是其義也。躬親為虜，妻親為妾，不慍寡人，寡人有疾，親嘗寡人之溲，是其慈也。虛其府庫，盡其寶幣，不念舊故，是其忠信也。

正是從這樣的忠信仁義觀念出發，句踐才被釋放回國，公孫聖、伍子胥等忠臣才相繼被害，太宰嚭這樣的讒佞之臣才被引為心腹，「爵之上賞」。直到臨死前，夫差才真正醒悟：「吾生既慚，死亦愧矣。使死者有知，吾羞前君地下，不忍睹忠臣伍子胥及公孫聖。使其無知，吾負於生。」越王句踐在困厄中與群臣同仇敵愾，同聲共氣。建構了一種最理想的君臣關係，浙江祖道時，他推國任賢，說：

> 吾聞父死子代，君亡臣親。今事棄諸大夫，客官於吳，委國歸民，以付二三子，吾之由也，亦子之憂也。

君臣同道，父子共氣，天性自然。豈得以在者盡忠，亡者為不信乎？

對諸大夫表示了極大的信任。而諸大夫也無不以救亡圖存、與君復仇為己任，各司其職，各負其責，尤其是范蠡以「主憂臣勞，主辱臣死」的心態，隨同句踐夫婦入吳為奴僕，排憂解難於囚室之中，不僅對吳王的利誘無動於衷，而且對句踐的尊奉也一如既往，甚至吳王見了也深有感慨地說：「雖在窮厄之地，不失君臣之禮。」自吳歸越，句踐以「尊其仁義者」為治國之門，禮賢下士，從諫如流，施恩惠於臣民，行仁義於天下，因而諸大夫無不竭忠盡智，出謀獻策，甚至玩弄起誤人害人的陰謀詭計來，也是那樣的齊心合力。至越軍伐吳時，句踐堅持身先士卒，「與三軍同饑寒之節，齊苦樂之喜」，激士養氣，恩威並施，使全體將士「莫不懷心樂死，人致其命」。但一旦破吳滅敵、報仇雪恥、威震諸侯、霸業有成之後，句踐卻擔心大臣會以功高蓋主，因而忘恩負義，不願封賞群臣，甚至不仁施暴，殘害忠良。范蠡最先看清句踐是一個「可與共患難而不可共處樂，可與履危，不可與安」的人，並毅然決定立即退隱江湖以避禍，但臨行前仍堅守「人臣之義」，先從句踐入越，再正式面君告退，「自是之後，計硯佯狂。大夫曳庸、扶同、皋如之徒，日益疏遠，不親於朝」，文種不久竟被賜死。臨死前，文種說：「哀哉！大王知臣勇也，不知臣仁也。知臣忠也，不知臣信也。」實際上是得志後的句踐，已不仁不信了。

從上述分析可知，《吳越春秋》中運用忠信仁義等道德範疇所進行的倫理評判，除主要對君臣關係進行了思考和闡釋以外，還對復仇報恩這一傳統母題的價值取向給予了調整和引導：即凡能將忠和義統一起來的復仇報恩行為都加以褒揚，否則便視其性質不同而作相應的降調處理。

（三）探討興衰成敗之理

元代徐天祜在〈吳越春秋序〉中指出：「其言上稽天時，下測物變，明微推遠，憭若著蔡。至於盛衰成敗之跡，則彼巳君臣，反覆上下。其議論，種、蠡諸大夫之謀，迭用則霸；子胥之諫，一不聽則亡；皆鑿鑿然，可以勸戒萬世，豈獨為是邦二千年故實哉！」明代錢福在〈重刊吳越春秋序〉中也說：「嗚呼！孟軻氏稱『入則無法家拂士、出則無敵國外患者，國恆亡，然後知生於憂患而死於安樂也』。觀二國之興而僨，僨而興，斯昭昭矣。驕畏之殊，興亡所繫；忠讒之判，禍福攸分。可畏哉！」二序的主旨基本一致，都認為《吳越春秋》昭示了盛衰成敗的歷史教訓，具有勸懲意義。但其具體內涵，還有加以分析和歸納的必要。

實際上，《吳越春秋》中着力描寫過的「盛衰成敗之跡」，除了吳國的「興而僨」和越國的「僨而興」以外，還有楚國的「盛而衰」，並且吳國也正是在楚國由盛轉衰的背景下而由弱變強的。

春秋時代（西元前七七〇～前四七六年），周室衰微，大國爭強。當齊桓公（西元前六八五～前六四三年在位）、晉文公（西元前六三六～前六二八年在位）先後稱霸中原和秦穆公（西元前六五九～前六二一年在位）稱霸西戎之時，楚國也在南方擴張，先稱強於江漢。至楚莊王（西元前六一三～前五九一年在位）成為中原霸主，楚國的強盛已達到頂點，而這時的吳國，卻還是一個封閉落後的「蠻夷」之邦。自此以後，楚經共王、康王、靈王、平王、昭王由盛而衰，《吳越春秋》所描敘的吳楚之爭，就是在這個時期進行的，從壽夢二年（西元前五八四年，楚共王七年）楚敗吳師到闔閭九年（西元前五〇六年，楚昭王十年）吳破楚都，歷七十九年間互有不斷的征伐，但作者著重剖析的是楚平王時期的腐敗朝政，其主要表現是：⑴平王昏暴無道，信用讒臣費無忌，拒聽忠諫，「虐殺忠良」，先後枉殺伍奢、伍尚、郤宛，甚至為貪戀美色而奪媳殺子，致使國人「苦之」，「群臣皆怨」。⑵誤任為人「不仁」、「貪而少恩」的奸臣子常統領軍政大權，其臣下將士「莫有死志」。⑶「侵食諸侯」，困辱唐、蔡二君，在國際上四面樹敵。而吳國卻自壽夢即位後，開始走出封閉，交通上國，引進外國文化、戰術和人才為吳所用，並通過包括戰爭在內的各種手段來削弱楚國的勢力，從而使吳國的綜合實力日益增強。至闔閭為臣為君時期（正值楚平昭時期），吳國終於由強而霸。儘管作者對闔閭刺殺王僚父子，以及殺生為女殉葬的無道行為進行過批判，但他有「強國霸王」之志，善於「任賢使能，施恩行惠，以仁義聞於諸侯」。尤其是始終信任和重用伍子胥，虛心納諫，從善如流。我們不妨摘引闔閭即位後與伍子胥的一段對話如下：

闔閭謂子胥曰：「寡人欲強國霸王，何由而可？」……？子胥良久對曰：「臣聞治國之道，安君理民，是其上者。」闔閭曰：「安君治民，其術奈何？」子胥曰：「凡欲安君治民，興霸成王，從近制遠者，必先立城郭，設守備，實倉廩，治兵庫，斯則其術也。」闔閭曰：「善。……」

這段對話，實際成為闔閭時代的施政綱領，其深遠意義並不亞於後世的「隆中對」。此後，伍子胥又引薦白喜、孫武，建議聯合唐、蔡，闔閭都言聽計從，終於「西破強楚，北威齊、晉，南伐於越」，稱霸天下。正由於闔閭尚不失為一代明主，白喜即使受到重用也無從進讒害賢。

至於吳國的「興而憤」，在一定的程度上可以說是楚國悲劇的重演，例如夫差聽信和重用讒佞白喜，拒聽忠諫，虐殺忠臣公孫聖、伍子胥，「淫而好色」，這些表現都與楚平王有著驚人的相似，但更為可悲的是，他不僅認不出忠和奸，而且分不清敵和友，辨不明利和害。他本來可以輕而易舉地誅仇滅越，卻偏要認敵為友，養癰遺患；放虎歸山後，他本已意識到越王「必將有報我之心」，伍子胥也力諫應先「定越而後圖齊」，他卻偏要「棄心腹之疾」，而北上千里之外伐齊，勞民傷財，天怒人怨。白喜「巧言利辭以內其身，善為詭詐以事其君」，「外交敵國」以受其賄，內讒忠良以安其私，就其殘國傷君的危害而言，與費無忌和子常相比，是有過之而無不及。所以，吳國的最終結局，比楚國更慘。

越國從句踐三年（西元前四九四年）夫椒之敗僅存五千甲兵，到句踐二十四年（西元前四七三年）滅吳稱霸，僅二十一年由「憤而興」，創造了歷史的奇蹟。作者對此作了詳細的描寫，為後世提供了不少有益的啟示：(1)句踐政權的核心班子是一個能夠同憂苦共患難、「一心齊志」、勵精圖治的集體，君主任賢使能，苦身勞心，甚至以出入嘗膽來砥礪其志；臣僚則各司其職，各負其責，無不盡忠事君，竭力報國。這與楚平昭政權和吳夫差政權形成鮮明對比。(2)正視天道，重視人謀，強調人的能動作用。在越國臣民看來，「興衰在天，存亡繫於人」；「道出於天，事在於人」。吳勝越敗的現實，不過是「天道之數」而已，一旦「時過於期，否終則泰」，因而不必自傷自棄，而應先救亡圖存，再發憤圖強。此後一系列計謀的運用並收到顯著成效，正體現了這種重視人謀和人的能動作用的精神。(3)施行仁政，爭取士心民心。就這方面的內容，越王曾與計硯、文種有兩次精彩的討論：

越王進計硯而問曰：「孤之所得士心者何等？」計硯對曰：「夫君，人尊其仁義者，治之門也。士民者，君之根也。開門固根，莫如正身。正身之道，謹左右。左右者，君之所以盛衰者也。願王明選左右，得賢而已。……失士者亡，得士者昌。願王審於左右，何患群臣之不使也？」

越王遂師八臣與其四友，時問政焉。大夫種曰：「愛民而已。」越王曰：「奈何？」種曰：「利之無害，成之無敗，生之無殺，與之無奪。」越王曰：「願聞。」種曰：「無奪民所好，則利也。民不失其時，則成之。省刑去罰，則生之。薄其賦歛則與之。無多臺游則樂之。靜而無苛則喜之。民失所好則害之。農失其時則敗之。有罪不赦則殺之。重賦厚歛則奪之。多作臺游以罷民則苦之。勞擾民力則怒之。臣聞善為國者，遇民如父母之愛其子，如兄之愛其弟，聞有饑寒為之哀，見其勞苦為之悲。」

正是基於這樣的認識和原則，越國才實行了一系列有利於強國富民、復仇興國的政策：(1)關心民瘼：「葬死問傷，弔有憂，賀有喜，送往迎來，除民所害」（卷一〇）。(2)「緩刑薄罰，省其賦斂」（卷八）至「七年不收，國民家有三年之畜」（卷一〇）。(3)尊賢禮士，優待臣屬：「凡四方之士來者，必朝而禮之」（卷一〇）。「在孤之側者，飲酒食肉，未嘗不分」（卷一〇）。(4)安富救貧：「越國之中，富者吾安之，貧者吾予之，救其不足，損其有餘，使貧富不失其利」。(5)獎勵生育：「令壯者無娶老妻，老者無娶壯婦。女子十七未嫁，其父母有罪。丈夫二十不娶，其父母有罪。將免（娩）者以告於孤，令醫守之。生男二，貺之以壺酒、一犬。生女二，賜以壺酒、一豚。生子三人，孤與乳母。生子二人，孤與一養」（卷一〇）。(6)加強戰備：「內蓄五穀，實其金銀，滿其府庫，勵其甲兵」（卷九）。(7)恩威並施，賞罰兼行。(8)激士養氣，使軍士「莫不懷心樂死，人致其命」（卷一〇）。(9)暗中結交諸侯：「親於齊，深結於晉，陰固於楚，而厚事於吳」（卷八）。「春秋奉幣、玉帛、子女以貢獻焉」（卷一〇）。(10)苦身勞心，勤儉治國：越王歸國後，「翼翼小心，出不敢奢，入不敢侈」（卷八）；「身不安重席，口不嘗厚味，目不視美色，耳不聽雅音」（卷五）。如此種種，構成了所謂「十年生聚，十年教訓」的主要內容。

四、《吳越春秋》的人物藝術

人物藝術是小說敘事藝術的中心及其作品的重要價值所在。《吳越春秋》作為我國現存最早的文言長篇歷史小說，在形象系列的創造、性格刻畫和人物描寫等方面，都做了有益的探索，並且取得了可喜的成就。誠然，《吳越春秋》的人物藝術，較多地繼承了《史記》寫人藝術的成就，甚至有的人物的某些言行，也是直接從《史記》中移植而來，這固然在一定程度上束縛了作者的創造力，但《吳越春秋》在對《史記》中的同一歷史題材和同名歷史人物進行整合重塑之後，已有了一定的發展和創造，進而初步實現了從史傳文學寫人藝術到歷史小說人物藝術的第一次飛躍。

《吳越春秋》所涉及的人物達一百八十餘人，其中大多是以歷史人物為原型，但也有一些虛構的人物（如干將、莫耶、鉤師、越處女、袁公）或虛實之間的人物（如擊綿女、漁父、扈子）。他們之中不僅有數以十計的人物初具性格特徵，而且構建了其具有系統聯繫和性格對照關係的形象群體。純粹從政治的角度劃分，該書主要建構了吳國君臣、楚國君臣和越國君臣等三大形象群，他們各自的內部固然由於國家政治的紐帶，而有著穩定的組織形態或形式聯繫，但這三大形象群體本身並不完全是封閉自足的，隨著各國政治形勢和天下爭霸局勢的變動，他們之間也相互聯繫相互影響。一句話說到底，這相互聯繫的三大形象群的構建，完全是由春秋末年吳、楚、越三國爭霸的歷史題材所決定的，但作者把這一段歷史題材進行小說化處理之後表現出來，使之成為一個完整的藝術整體，這在中國長篇歷史小說的人物藝術史上，仍然具有不可忽視的意義。後世《三國志通俗演義》中曹魏、孫吳、劉蜀三大形象群的構建，既是由三國鼎立的歷史題材所決定的，也與《吳越春秋》有藝術上的繼承關係。

如果超越政治集團的界域，而主要從人物性格的倫理內涵劃分，則該書中有性格對照映襯關係的形象，大致可分為三大群體：一是仁君、明君與昏君、暴君形象群，如吳太伯是仁君的代表，楚平王和吳王夫差是典型的昏君、暴君，吳王闔閭和越王句踐則複雜一些，前者是處事精明的暴君，後者是內懷陰毒的明君。二是忠臣與讒臣、奸臣形象群，如季札、伍奢、申包胥、伍子胥、孫武、公孫聖、范蠡、文種、計硯等都是忠臣，費無忌、子常、白喜等都是讒臣或奸臣。三是俠義形象群，如專諸、要離、漁父、擊綿女等。相對而言，後一形象群純粹由性格相近的形象組成，屬同一形象系列，他們只在局部發生功能作用，因而其影響力也相對要弱一些。而前兩個形象群則貫穿全書始終，並且是以其倫理內涵的二元對立（如仁暴、明昏、善惡、忠奸的對立）而相互對照，實際上可進一步細分為四個形象系列，每個形象系列內部又因其性格差異而相互映襯或補充，這種貫穿全書的既相互對照又相互映襯或補充的形象系列的構建，無疑有助於加強形象載體的思想性和藝術表現的完整性，同時也有利於突出人物的性格特徵和豐富人物的性格內涵。

當然，無論形象群或是形象系列的構建，都必須以刻畫人物性格為基礎，以塑造典型形象為目標。剛剛從史傳文學中脫胎出來的《吳越春秋》，在人物性格的塑造上，有二個明顯的特點：第一，它是從人物個體的實在性出發，而進行有意味的取捨與虛構，以突出人物的性格特徵，這實際上，是一種特徵化人物藝術❽，作者通過個體描述和特徵表現的有機結合，既可以刻畫單一的性格或定型的性格，也可以塑造複雜的性格或發展的性格，如太伯、季札、王僚、楚平王、伍奢、費無忌、子常、申包胥、孫武、公孫聖、白喜、計硯、漁父、擊綿女、專諸等形象的刻畫還是粗線條的，他們的性格都是單一的、定型的，有的甚至還很單薄；而伍子胥、句踐、范蠡、文種、闔閭、夫差、要離等形象的塑造則複雜得多，他們的性格特徵也鮮明得多，有的人物（如句踐）甚至還寫出了性格的發展變化。第二，它著重從政治、倫理、心理層次來對人物進行個性描寫與特徵表現，從而使某一形象的個性特徵，同時成為形象群體的類特徵（共性），由此實現個性與共性的統一，這實際上是特徵化人物藝術進行典型概括的基本手段，其主要目標是塑造藝術典型，或塑造具有一定典型意義的血肉豐滿的形象。以上二點既各有側重，又相互聯繫，從人物的個體實際出發，經過性格的特徵化表現，走向形象的典型化，正體現了早期長篇歷史小說人物藝術的審美追求。

綜觀《吳越春秋》全書，作者所精心塑造的伍子胥和句踐形象最為豐滿，堪稱不朽的藝術典型，其中又以伍子胥的形象刻畫尤為成功。當然，從伍子胥這一歷史人物的個體實際出發，趙曄基本上全面繼承了《國語》、《史記》等書中同名人物的描寫成就，但他在整合重塑的過程中經過一定的取捨、敷演、虛構之後，又有了發展和創造。在《國語》、《史記》中，伍子胥是一位孝子和諍臣（任「行人」之職），他始以「棄小義」而「雪大恥」，終以犯顏直諫而殺身盡忠，作為一個「烈丈夫」的形象已經被史家勾勒出來了，但其細節描寫還比較簡

---

❽ 參見劉上生《中國古代小說藝術史》第三章，湖南師範大學出版社一九九三年六月出版。

略，其性格內涵也顯得單薄。而《吳越春秋》中的伍子胥則是一位集智、勇、忠、義於一身的人臣表率，是一個生曾作人傑、死亦為鬼雄的悲劇典型。作者以伍奢關於伍子胥「文治邦國，武定天下，執綱守戾，蒙垢受恥，雖冤不爭，能成大事。此前知之士」的評語為綱，首先在楚平王派使者詐傳父命的事件中初步展示了其性格表象，他見微知著，明智果斷，一眼就能識破使令有詐，立即決定不從君父之命而去楚復仇，並以占卜的方式來勸告伍尚。隨後開始的逃亡生涯，進一步表現了他的心理特徵和性格內涵：剛烈堅韌，愛憎分明，睚眦之怨必報，一飯之賑必答。他在無人之野張弓布矢時對楚王使者的正告，和逃至大江仰天行哭時的呼號，以及路遇申包胥時的宣言，一再表明父兄之仇在他的心中，是超越於政治和其他倫理觀念之上的，因而復仇精神從此成為他生命的支柱和行為的動力，並直接影響著他的政治態度和倫理表現。他以貫弓執矢的勇武、隨機應變的智慧和百折不撓的意志，先後嚇退了楚王使者的追趕，逃脫了楚國大軍的搜捕，承受了投宋奔鄭的挫折，經歷了逃關、阻江、乞食的窘困。入吳後他不惜以「被髮佯狂」的舉動而得以晉見吳王僚，但當他察覺公子光有內志後，又能審時度勢，以退為進，擇主而依，並主動把專諸推薦給公子光，促成了謀殺王僚的宮廷政變，這一切都只能從他的復仇心理給以解釋。直到闔閭即位後，舉伍子胥為行人，才真正開始了他的政治生涯，於是他把謀政與復仇有機地統一起來，決心通過強吳以覆楚。他深謀遠慮，竭心盡力，先為吳國制定了「安君治民，興霸成王，從近制遠」的基本綱領，繼而實施「立城郭，設守備，實倉廩，治兵庫」的具體措施，隨後又推薦要離以除患，七薦孫武以強兵。即使是興兵伐楚，伍子胥也非常審慎：自闔閭三年起，他曾奉命為將，親率吳軍攻楚，先後三試鋒芒；但直至闔閭九年，他仍力主聯合唐、蔡，才一舉破楚入郢，終於得以掘墓鞭屍，痛報宿仇。此後，他的思想感情得以昇華，與復仇精神相反相成的報恩意識又成為他新的精神支點。他以釋鄭而報漁父之子，以投金而報浣女之母，正表現了他的「義」可垂千古；他多次犯顏直諫而不隱夫差之過，即使明知力諫無望，也「不忍稱疾辟易」，「不敢逃死以負前王」，最後甘願伏劍自殺而不離吳國之境，正展示了他的「忠」可昭日月。他既是一位謀臣、軍師（後任相國之職），也是一位諍臣烈士。子貢曾評價說：「夫子胥為人，精誠中廉，外明而知時，不以身死隱君之過，正言以忠君，直行以為國，其身死而不聽。」這正好與伍奢的評論遙相呼應，互為補充。其「智」和「勇」，成就了他「文治邦國，武定天下」的業績；其「忠」和「義」，完善了他「執綱守戾」、正直高潔的人格。因而即使夫差下令將他身首異處，伍子胥的精神、威靈卻能永生不死：那置於高樓的子胥頭，竟然「巨若車輪，目若耀電，鬚髮四張，射於十里」，能興風雨、揚砂石，而令伐吳的越軍改道；那投入江中的子胥身，竟然化為濤神，永遠「隨流揚波，依潮來往，蕩激崩岸」。

句踐的形象描寫在《吳越春秋》中所用筆墨最多，趙曄雖然也是從句踐這一歷史人物個體實際出發，但他對這一形象的創造，已多於他對《國語》、《史記》中同名人物形象的繼承。這主要表現在：他已開始注意從性格與環境的現實關係中去展現人物的命運，不僅真實地刻畫了句踐性格的複雜性，而且還初步揭示了其性格的發展和變化。在句踐入臣之前，他即位僅四年多，就已經親身經歷了檇李和大椒這兩大震驚天地的戰爭事件。作者對此雖未進行直接描寫，但這一歷史背景對於句踐性格的影響是深遠的。「浙江祖道」是句踐首次出場，在這生離死別的情境中，他作為一個年輕氣盛的血肉之軀，面對危國辱身的恥辱和前途未卜的憂患，自然而然地表現出了諸如仰天嘆息、舉杯垂涕、一再自責自傷的頹喪情緒。但經過群臣的勸諫和開導之後，他又振作起來，決定卑辭厚禮，委國入臣。隨即「登船徑去，終不返顧」，開始了忍辱圖存、以屈求伸的陰謀家生涯：

> 越王服犢鼻，著樵頭。夫人衣無緣之裳，施左關之襦。夫斫剉養馬，妻給水、除糞、灑掃。三年不慍怒，面無恨色。

他內懷怨毒之心而深藏不露，外執美詞之說而示順示忠，甚至不惜以親口嘗糞這樣極齷齪、極卑下的效勞來博取吳王的信任。入臣於吳的現實環境迫使句踐表現出二重人格特徵：一方面偽其表而真其裡，一方面定以一而變以多，這種動機與行為、目的與手段的矛盾統一，形成了陰謀家性格的豐富表象。隨著越王自吳歸越、死裡逃生之後的情境轉換和形勢發展，作者進一步從不同側面和不同層次，展示了他作為一個政治家、陰謀家的性格內涵及其發展。忍辱負重的臣僕生涯砥礪了他的意志，使他更加堅韌深沈；外服內怨的成功嘗試，刺激了他的野心，使他更加老練陰毒。於是，他在一片廢墟上開始了發憤圖強、興國復仇的偉大事業，一方面勤政愛民，禮賢下士，緩刑薄罰，省其賦斂，廣收士心民心，經過「十年生聚，十年教訓」，由富民走向強國；一方面對吳國採取麻痹政策，既在暗地爭取齊、晉、楚等鄰國的支持，又公開厚事於吳，表面上盡心相守，示順示忠而無示計謀，以廣侈吳王之心，實際卻在實施文種所獻的陰謀九術，幹著誤吳損吳的勾當。尤其是句踐在儉身勤政方面，表現出了堅強的意志和驚人的毅力，不僅「出不敢奢，入不敢侈」，「食不重味，衣不重采」，「目不視美色，耳不聽雅音」，而且堅持「苦身勞心，夜以接日。目臥則攻之以蓼，足寒則漬之以水。冬常抱冰，夏還握火。愁心苦志，懸膽於戶，出入嘗之，不絕於口」。在創業時期，越王的確是一位精明的君主：他堅持任賢使能，虛心納諫，所以大臣們無不忠心耿耿，為之竭力效命；他關心人民，弔死問傷，安富濟貧，勉勵生育，並且親自勸說引導，使百姓自願請戰，「父勉其子，兄勸其弟」；他治軍有方，賞罰兼行，恩威並施，既嚴明軍紀，令行禁止，讓士兵「進則思賞，退則避刑」，更重視激士養氣，振作軍心，同仇敵愾，因而能所向披靡，無敵不克。但當越國消滅吳國、稱霸天下之後，句踐生性疑忌、刻毒寡恩的一面也就開始膨脹了。他擔心范蠡、文種、計硯、曳庸、扶同、皋如等大臣會以功高蓋主，於是逐漸露出大功告成而忘義寡恩的獨夫本色：他不但不封賞功臣，反而疏遠、懷疑乃至殺戮功臣。正如范蠡所說：「越王為人長頸鳥喙，鷹視狼步，可與共患難而不可共處樂，可與履危，不可與安。」但當范蠡自動告退、歸隱江湖之後，句踐又「使良工鑄金象范蠡之形，置之坐側，朝夕論政」。即使是賜死文種的方式，也表現出他的陰毒刻薄：

越王復召相國，謂曰：「子有陰謀兵法，傾敵取國。九術之策，今用三已破強吳，其六尚在子所，願幸以餘術，為孤前王於地下謀吳之前人。」

「狡兔死，良犬烹。敵國滅，謀臣亡」，這一結局的描寫，深刻地揭示了句踐陰毒詭詐性格發展的必然性和統治者「在殷憂必竭誠以待下，既得志則縱情以傲物」的普遍性。

范蠡、文種和伍子胥是同一類型的人物，他們都是忠君愛國的股肱之臣，也是「上稽天時，下測物變，明微推遠，燎若蓍蔡」的智謀之士，但隨著情節的發展，作者卻寫出了他們的同中之異：范蠡在「浙江祖道」時說：「輔危主，存亡國。不恥屈厄之難，安守被辱之地。往而必反，與君復讎者，臣之事也。」隨後相從越王夫婦入臣於吳，面對夫差要他「改心自新，棄越歸吳」的誘勸，能夠忠心耿耿，「不移其志」，寧願跟隨越王入石室為奴僕，也絕不叛國投敵為吳臣，從而使范蠡的高尚節操在與越王共患難的過程中，經受了嚴峻的考驗，甚至連吳王夫差也深有感觸地說：「范蠡，一介之士，雖在窮厄之地，不失君臣之禮。」他作為一個智士謀臣，能夠見微知著，深謀遠慮，正是由於他的神機妙算與精心策劃，越王才得以死裡逃生。句踐曾對他說：「孤所以窮而不死者，賴公之策耳。中復猶豫，豈孤之志哉！可與不可，惟公圖之。」伍子胥甚至稱范蠡是一位「勇以善謀」的「聖臣」。尤其是在越國消滅吳國、稱霸天下之後的文臺酒會上，他最先看出越王愛惜壤土，不願封賞功臣，「可與共患難而不可共處樂，可與履危，不可與安」，因而決定功成身退，歸隱江湖，儘管正式告辭時越王曾泣下霑衣，提出以「分國共之」來挽留他，甚至以「妻子受戮」來阻嚇他，范蠡還是決意辭去，表現了他在「謀成國定」之後「知進退存亡而不失其正」的智士氣概。文種「忠而善慮，民親其知，士樂為用」，這是「浙江祖道」時臯如的評價。在越王入臣於吳和歸國創業期間，文種竭忠盡力，出謀劃策，尤其是進獻富民強國之策和陰謀九術，為誤吳強越立下了汗馬功勞，因而在越國滅吳稱霸後的文臺酒會上，他借祝酒之機最先提出「君不忘臣」、「賞無所恡」的問題，但卻沒有注意到越王當時的反應是「默無所言」、「面無喜色」，尤其是范蠡曾先後口頭和寫信勸他退隱避禍，他還是執迷不悟，不信其言，直到越王賜劍命他自裁時，他才如夢初醒，悔之不及。這一悲劇結局固然是句踐一手製造的，同時也表現了文種在官祿名利面前不知進退而咎由自取，與范蠡形成鮮明對比。但作品最後以荒誕的手法寫文種與伍子胥並為濤神，顯然寄寓了作者對文種這位忠臣的同情與歌頌。

闔閭雖然生性殘忍多欲，先弒僚自立，又謀殺慶忌，甚至活埋百姓為女殉葬，但他有「強國霸王」之志，善於「任賢使能，施恩行惠，以仁義聞於諸侯」，處事精明幹練，為人守信重義，尤其是始終信任和重用伍子胥，虛心納諫，從善如流，例如子胥七薦孫武，召入宮中小試兵法時竟斬了二名寵姬，使闔閭「忽然不悅」，但在伍子胥的勸諫下，仍重用孫武為將。闔閭的繼承人夫差是一位昏庸殘暴的敗亡君主，但作者並未把他簡單化、漫畫化，而是較為真實地刻畫了他的複雜性格：既愚而不仁，暴而不義，卻又以「仁義」為懷，「貪功名而不知利害」；既剛愎自用，驕縱淫逸，卻又能在事後思過知悔；他寵信讒佞，拒聽忠諫，甚至殺戮忠臣，卻坦率真誠，不耍陰謀詭計。可見其性格內涵遠比楚平王豐富得多。

在俠義形象系列中，要離的形象塑造最為成功。他生得「細小無力，迎風則僵，負風則伏」，卻敢於當眾折辱「言辭不遜，有陵人之氣」的勇士椒丘訢。當晚，他明知椒丘訢會來報怨而無所畏懼，甚至故意「歸不關閉」，「臥不守御」，直到椒丘訢登堂入室、持劍揪頭時，他才以勇士的氣概歷責其「三不肖之愧」，終於使椒丘訢投劍而嘆，承認要離乃「天下壯士」。伍子胥評價他說：「其細人之謀事，而有萬人之力也。」因而將要離推薦給闔閭，擬讓他承擔刺殺慶忌的使命。闔閭見了要離，「良久默然不言」，認為他根本不是慶忌的對手。於是要離主動請命，並提出以「苦肉計」來賺取慶忌，闔閭才委命於他。要離以犧牲妻子的生命和自己的右手為代價，終於取得了慶忌的信任：

> 後三月，揀練士卒，遂之吳。將渡江於中流，要離力微，坐與（於）上風，因風勢以矛鉤其冠，順風而刺慶忌。慶忌顧而揮之三，捽其頭於水中，乃加於膝上：「嘻嘻哉！天下之勇士也！乃敢加兵刃於我。」左右欲殺之，慶忌止之曰：「此是天下勇士，豈可一日而殺天下勇士二人哉！」乃誡左右曰：「可令還吳，以旌其忠。」於是慶忌死。要離渡至江陵，愍然不行。從者曰：「君何不行？」要離曰：「殺吾妻子以事其君，非仁也。為新君而殺故君之子，非義也。重其死，不貴無義，今吾貪生棄行，非義也。夫人有三惡以立於世，吾何面目以視天下之士？」言訖，遂投身於江。未絕，從者出之。要離曰：「吾寧能不死乎？」從者曰：「君且勿死，以俟爵祿。」要離乃自斷手足，伏劍而死。

他是為忠君而行刺，但卻不願以非仁非義而「貪生棄行」，安享爵祿。他以細弱之身，沒有死於「萬人莫當」的慶忌之手，卻死於勇士大義的寶劍之下。

從以上人物的性格塑造可知，《吳越春秋》在主要採用特徵化藝術概括的同時，也開始有了個性化藝術概括的初步嘗試，這的確是一個非常了不起的開端。當然，作品中的一些主要人物形象之所以能刻畫得如此鮮明、豐滿，還和作者注意運用與人物性格塑造相適應的多種描寫手法有關。概括地說，主要有如下五點值得我們重視：

第一、通過鋪敘重要情節和場面，來對人物進行動態描寫。趙曄已開始擺脫史傳文學中常對人物作靜態介紹或評價的寫法，而非常重視描寫人物的行動，並有意把人物置於矛盾衝突尖銳、集中的情節和場面中，來展示人物的性格特徵，而人物的活動或人物性格的衝突，又推動著情節的發展和場面的轉換，於是，情節的負荷，就不再是單純的故事，而成了人物命運的表現，甚至是「某種性格、典型的成長和構成的歷史」。(高爾基《論文學・和青年作家談話》) 例如，句踐在「浙江祖道」首次出場時，作者未對他的生平、遭遇和思想性格，作任何介紹和評論，但通過這一生離死別的場面描寫，句踐作為一個國破身辱的青年君主形象就逐漸顯現出來了：他始而情緒頹喪，悲觀感傷；繼而振作起來，與群臣共謀忍辱圖存之策；最後置生死、榮辱、尊卑於度外：

遂別於浙江之上，群臣垂泣，莫不咸哀。越王仰天嘆曰：「死者，人之所畏。若孤之聞死，其於心胸中會無怵惕。」遂登船徑去，終不返顧。

他終於堅強地挺立起來，表現出忍辱負重、處危自若、聞死不驚的非凡意志。他的這種意志和行動本身，對於留守大臣和越國人民來說，無疑是一種極大的鞭策和鼓舞。隨後在入臣、歸國、陰謀、伐吳等一系列重要情節和場面的鋪敘中，越王作為一個政治家、陰謀家的性格內涵也逐漸豐富和發展。伍子胥、闔閭、夫差等人也都被置於矛盾衝突的尖端位置，無不通過人物的自身行動，來展示其性格和命運。

第二、以典型的細節描寫，來表現人物的性格特徵。由於《吳越春秋》採用的是文言語體，它的敘述語言直接繼承了史家敘事語言的特點，在描摹事件和人物時，仍然保持著一定的時空距離，因而從整體上說，它還不是充分的完全生活化的細節寫實，而是一種具有典型性的限量細節描寫（所謂限量細節描寫，是指細節描寫的數量有限和細節寫實的程度有限），如寫專諸之勇，只用了他「方與人鬥」，「其妻一呼即還」和行刺王僚等兩個細節，前者較簡略，後者則要詳細一些：

酒酣，公子光佯為足疾，入窟室裹足，使專諸置魚腸劍炙魚中進之。既至王僚前，專諸乃擘炙魚，因推匕首，立戟交軹倚專諸胸，胸斷臆開，匕首如故，以刺王僚，貫甲達背。

這個細節，基本上把刺僚的過程真實地再現在讀者眼前，專諸作為一個勇士的形象也由此站立起來了。又如關於孫武在後宮小試兵法的細節描寫，不僅把孫武嚴明軍紀、善為兵法的將軍本色顯現出來，而且真實地再現了後宮女性的情態，揭示了闔閭既愛江山又愛美人的性格內涵，實際收到了一筆多用的藝術效果。就孫武本人而言，這是他在伍子胥七薦之後的首次亮相，通過作者的這絕妙一筆，他以自己的獨特風貌走進了吳國高層領導集團，並在此後多次出現在吳楚之爭的舞臺上，他作為傑出的軍事家，也為吳國破楚稱霸，做出了突出的貢獻，但因再無這樣生動的細節描寫，所以他的形象，遠不如伍子胥那樣豐滿。而伍子胥和句踐的形象之所以如此栩栩如生、血肉豐滿，與作者選擇了一系列典型細節進行精心描繪密切相關，試各舉一個最典型的細節描寫如下：

吳王入郢，止留。伍胥以不得昭王，乃掘平王之墓，出其屍，鞭之三百，左足踐（其）腹，右手抉其目。誚之曰：「誰使汝用讒諛之口，殺我父兄，豈不冤哉？」（卷四）（越王欲一見問疾，）王召而見之。適遇吳王之便，太宰嚭奉溲惡以出，逢戶中，越王因拜，請嘗大王之溲，以決吉凶。即以手取其便與惡而嘗之。因入曰：「下囚臣句踐賀於大王，王之疾至己巳日有瘳，至三月壬申病愈。」吳王曰：「何以知之？」越王曰：「下臣嘗事師聞糞者，順穀味、逆時氣者死，順時氣者生。今者，臣竊嘗大王之糞，其惡味苦且楚酸。是味也，應春夏之氣，臣以是知之。」吳王大悅，曰：「仁人也。」（卷七）

前者是伍子胥忍辱銜恨奔走奮鬥了十六年之後的一種切齒的報復，一種徹底的發洩，作者通過這個細節描寫，把伍子胥剛烈暴戾的性格和憎恨昏君、有仇必報的感情昇華到了頂點。後者是越王和范蠡所精心策劃的一次陰謀表演，是越王命運的一個轉折點，作者通過這個細節描寫，使句踐忍辱負重、外服內怨、以屈求伸的陰謀家人格得以充分展示。

第三、採用不同方式來揭示人物的心理活動。(1)讓人物通過自白或歌吟，來表現其內心。如吳市吏向王僚報告有一異國亡臣「被髮佯狂，跣足塗面，行乞於市」時，作者寫道：

> 公子光聞之，私喜曰：「吾聞楚殺忠臣伍奢，其子子胥，勇而且智，彼必復父之讎，來入於吳。」陰欲養之。

這裡所寫「私喜曰」的內容，實即公子光聽到上述消息後的心理活動：他從市吏所說「異國亡臣」的情狀，馬上聯想到其人可能是伍子胥，繼而推斷伍子胥是為「復父之讎」而來，於是產生「陰欲養之」的念頭，目的是想收羅伍子胥這樣「勇而且智」的人才，以幫助他弒僚自立。又如越王夫人隨同句踐登船入吳時，目睹江上飛鳥的自由往返，觸景生情，聯想到自己和丈夫入吳為奴後將失去自由，「孰知返兮何年？」因而手撫船舷，長歌當哭，用歌唱和哀吟如泣如訴地傾吐了她心中的去國離家之悲惻和受辱為奴之憤惋。這種以歌吟抒發內心感情的方法，實際上也是心理描寫的一種形式。(2)直接描寫人物的心理活動。如闔閭三年吳王與伍子胥、白喜商談出兵伐楚之事時，作者寫道：

> 吳王內計二子皆怨楚，深恐以兵往破滅而已。登臺向南風而嘯，有頃而嘆，群臣莫有曉王意者。（卷四）

又如卷九寫道：

> 越王句踐十年二月，越王深念遠思，侵辱於吳，蒙天祉福，得（返）越國。群臣教誨，各畫一策，辭合意同，句踐敬從，其國已富。反越五年，未聞敢死之友。或謂諸大夫愛其身，惜其軀者。乃登漸臺，望觀其群臣有憂與否。

前例首二句直接寫闔閭內心對伍子胥、白喜主張出兵伐楚的隱憂，隨後又以「嘯」和「嘆」的情態來揭示他的內心矛盾。所以群臣不曉王意，惟有「子胥深知王之不定，乃薦孫子於王」。後例都是寫「越王深念遠思」的心理活動，從他所「念」所「思」的內容來看，時間跨度較大，這表明作者還寫出了當時越王意識流動的過程。(3)通過描寫人物的情態來展示其內心世界。試以越王的情態描寫為例，卷七「浙江祖道」時，聽了文種的祝酒詞，「越王仰天太息，舉杯垂涕，默無所言」，表現其頹喪、悲觀心理。入吳後吳王誘勸范蠡「改心自新，棄越歸吳」，「此時越王伏地流涕，自謂遂失范蠡矣」。後句說明了他伏地流涕的原因。卷一〇文臺酒會上，文種在祝酒詞中提出封賞功臣的要求時，作者寫道：

> 臺上群臣大悅而笑，越王面無喜色。范蠡知句踐愛壤土，不惜群臣之死，以其謀成國定，必復不須功而返國也，故面有憂色而不悅也。范蠡從吳欲去，恐句踐未返，失人臣之義，乃從入越。

前二句通過君臣截然相反的情態對比，揭示了句踐在滅吳稱霸、大功告成之後不願封賞功臣的心理活動。後九句直接描寫范蠡察知越王內心之後的心理活動，表現他見微知著的敏銳和功成身退的見識遠在「人悅而笑」的群臣之上。(4)利用夢境和幻覺來摹寫人物心理。卷五寫夫差伐齊之前的一次夢境和兩次幻覺以及臣僚的解釋，實際上正是夫差急欲北上伐齊，卻又憂慮吳國前途這一矛盾心理的反映。他晝臥姑胥之臺而得夢：夢入章明宮，見兩鑑蒸而不炊，兩黑犬嗥以南嗥以北，兩鋘殖宮牆，流水湯湯越宮堂，後房鼓震篋篋有鍛工，前園橫生梧桐。「及寤而起，其心恬然悵焉」，這是由於夢境內涵隱晦不明，而心生猶疑與恍惚。太宰嚭為迎合和討好吳王，故意把夢旨解釋為「美哉！王之興師伐齊也」。雖使「吳王大悅，而其心不已」，表明他急欲耀兵中原，卻仍心存隱憂。隨後公孫聖所占夢旨，不僅與夫差本願截然相反，而且也擊中了他內心深處的隱憂，加之公孫聖表述語氣太陡，因而「索然作怒」，殺了公孫聖。伐齊小勝後，吳王「坐於殿上，獨見四人向庭相背而倚」，「聞人言則四分走矣」。伍子胥釋為「將失眾矣」，也使吳王發怒。過了五天之後，「吳王復坐殿上，望見兩人相對，北向人殺南向人」。伍子胥釋為「臣殺君也」，「王不應」。這表明公孫聖的釋夢和伍子胥的勸諫，實際已經引起了夫差的憂慮和恐懼。

第四、注意運用對話描寫來刻畫人物形象。人物對話便於吸收口語成分，它的寫實描摹功能要比純文言的敘述強一些，因而趙曄從塑造人物形象的需要出發，在《吳越春秋》中，安排了大量的對話描寫，其比例已遠遠超過《史記》中有關吳越人物的描寫，概括地說，它主要以兩種方式刻畫人物：(1)通過人物對話描摹其他人物的經歷和性格。最典型的例子是伍子胥和闔閭談話時，所述郄宛被害的悲劇和要離折辱椒丘訢的故事。前者只有簡略的介紹，但也進一步揭示了楚平王的昏庸殘暴和費無忌的嫉賢害能。後者則有詳細的描摹，講述者（伍子胥）和聽者（闔閭）所關注的都不是單純的故事，而是要離這個人物在故事中的表現，通過伍子胥之口，不僅使要離這個人物站立起來了，而且勾勒出了椒丘訢這個氣勢凌人卻又明義知愧的壯士形象。伍子胥在這裡實際上兼作了敘述人，他相對於全知敘事的敘述人（作者）來說，只是限知敘事。(2)通過對話描寫展示各自的思想性格。例如卷七寫浙江祖道，作者幾乎是純用對話描寫來推動情節的發展和揭示人物的精神世界。不僅初步揭示了句踐的情緒從頹喪到振作、性格從脆弱到堅強的發展過程，而且表現出諸位大臣對越王的忠心耿耿和這個群體的精誠合作，同時也透露出各自的職務與才幹，具有聞其聲即知其人的藝術效果。後文寫越王歸國、陰謀、伐吳時與群臣的活動，也多採用對話描寫展開，但他們之中，真正寫出了性格特徵的只有句踐、范蠡、文種、計硯四人，其他如扶同、苦成、臯如、曳庸、浩進、諸稽郢等人的形象都比較模糊。這就是說，對話描寫作為塑造人物形象的手段，並不在於其數量之多，而在於人物語言的個性化程度。本書除上舉越國君臣四人外，吳國伍子胥和夫差的語言，也頗富於個性，如夫差賜劍命伍子胥自殺時，二人的語言，就非常精彩：

吳王聞子胥之怨恨也，乃使人賜屬鏤之劍。子胥受劍，徒跣褰裳，下堂中庭，仰天呼怨，曰：「吾始為汝父忠臣立吳，設謀破楚，南服勁越，威加諸侯，有霸王之功。今汝不用吾言，反賜我劍。吾今日死，吳宮為墟，庭生蔓草，越人掘汝社稷。安忘我乎？昔前王不欲立汝，我以死爭之，卒得汝之願，公子多怨於我。我從有功於吳，今乃忘我定國之恩，反賜我死，豈不謬哉？」吳王聞之，大怒曰：「汝不忠信，為寡人使齊，託汝子於齊鮑氏，有我外之心。」急令自裁：「孤不使汝得有所見。」子胥把劍，仰天嘆曰：「自我死後，後世必以我為忠。上配夏殷之世，亦得與龍逢、比干為友。」遂伏劍而死。吳王乃取子胥屍，盛以鴟夷之器，投之於江中，言曰：「胥，汝一死之後，何能有知？」即斷其頭，置高樓上，謂之曰：「日月炙汝肉，飄風飄汝眼，炎光燒汝骨，魚鱉食汝肉，汝骨變形灰，有何所見？」

伍子胥的怨號表現出他的忠誠剛烈，視死如歸，臨死前還想以他的怨責和生命使吳王醒悟；而夫差的怒斥和詛咒，則逃露出他的昏庸暴虐已到了不可救藥的地步，他先避開伍子胥怨責的內容，而為自己殺害忠臣的行為尋找藉口，最後的詛咒是因前文子胥所說「員誠前死，掛吾目於門，以觀吳國之喪」而發，深刻地揭示了他的愚頑不化和殘戾至極。

第五、善於用對比手法來描寫人物。在趙曄的筆下，這種對比是多方面、多層次的：吳楚君臣之間、吳越君臣之間是政治集團之間的人物群象對比；同類人物如伍子胥、范蠡、文種三個忠臣謀士之間，楚平王、吳王夫差之間，是性格特徵的對比，同中見異，更顯出各自個性的鮮明；相反類型人物如伍子胥和太宰嚭之間、句踐和夫差之間，是性格內涵的對比，通過互相反襯而相得益彰。同一人物的不同表現也可以構成鮮明的對比，如句踐在患難中任賢使能，從善如流，在功成後卻寡恩忘義，殺戮功臣，從前後表現的不同，可以清楚地看出其性格的發展與變化。同一事件中不同人物的不同表現，也是一種對比，如文臺酒會上文種祝酒時，「臺上群臣大悅而笑，越王面無喜色」，而范蠡正是從這種對比中見微知著，決意隱退，這與群臣的反應又是一種對比。甚至在同一人物的塑造過程中也可以採用多方面、多層次的對比，例如要離是作者精心塑造的一個壯士形象，他折辱椒丘訢的事件，本身就是一種對比，伍子胥是以椒丘訢之勇來襯托要離之勇；要離「細小無力，迎風則僵，負風則伏」，與慶忌「筋骨果勁，萬人莫當，走追奔獸，手接飛鳥」也形成了體力之間的鮮明對比；伍子胥對要離的器重與推薦，與闔閭對要離的輕視與猶疑，也是一種對比，反映出二人在識別勇士上的差距；通過以上多種對比烘托之後，要離終於刺死了慶忌，再次用慶忌之勇襯托了要離之勇；最後又以要離的自殺與他主動以苦肉計請命相照應，使他作為一個勇士的俠義精神，得以昇華。

綜上所述，以《吳越春秋》作為文史分流時期，產生的一部有虛有實、亦文亦史的古典名著，它在後世的流傳與影響，以及人們對它的認識與評價，都值得我們關注和品味。由於古代學者歷史意識的膨脹與小說意識的遲鈍，《吳越春秋》長期以來，只是被作為「雜史類」著述來著錄、整理和研究，從而使它得以保存和流傳，但該書的史料價值及其對於史學的影響都是極其有限的，治史者在重視它所紀錄的某些史料的同時，也對它的諸多訛誤和虛構多有詬病。即使當代學者中，仍有人把《吳越春秋》作為歷史著作來研究，既重視它所記載的吳越史料⑨，也考辨它的諸多訛誤⑩。應該說，這是一種正常的文化學術現象，筆者雖然確認該書為我國現存最早的文言長篇歷史小說，但並不否定或貶低古今學者從歷史角度對《吳越春秋》所作的研究。因為歷史小說既然以歷史為題材，就必然會在通過藝術的真實，來表現歷史真實的同時，而保存一些真實的史料，就正如《三國志通俗演義》中有大量記敘與《三國志》的記載大致吻合一樣，假如《三國志》及有關魏、蜀、吳的史書都已失傳，那麼，《三國志通俗演義》中的許多記敘也會具有一定的史料價值。另外，還有一點值得我們注意，那就是《吳越春秋》在古代借史書的「身分」得以流傳的同時，實際已對中國文學的發展產生了深遠的影響，這主要表現在兩個方面：一是在它的直接影響下，後世出現了不少以吳越歷史為題材的文學作品，如唐代的俗講《伍子胥變文》四卷，宋元話本《吳越春秋連像平話》，元雜劇《會稽山越王嘗膽》（宮大用）、《姑蘇臺范蠡進西施》（關漢卿）、《說專諸伍員吹簫》

⑨ 參見陳橋驛〈「吳越春秋」及其記載的吳越史料〉，《杭州大學學報》一九八四年第一期。

⑩ 參見金永平〈「吳越春秋」訛誤考辨〉，《浙江學刊》一九九一年第一期。

（李壽卿）、《范蠡歸湖》（趙明遠）、《孫武教女兵》（周仲彬）、《漁父辭劍》（鄭庭玉），明傳奇《浣沙記》（梁辰魚）、《興吳》（吳於東）和小說《新列國志》（馮夢龍），清雜劇《浮西施》（徐又陵），當代小說《吳越春秋史話》（蕭軍）等作品，都採用了《吳越春秋》的故事情節。

二是它的藝術表現對於後世歷史演義有指導意義，例如它的七實三虛之法和雙線交叉結合的敘事結構及其人物藝術（尤其是特徵化手法與形象系列的創造），都為《三國志通俗演義》的寫作提供了啟示與借鑒。至於《吳越春秋》的思想內容，其影響所及，並不限於後世的文學家和文學作品，歷代都有不少仁人志士從中受到啟示或鼓舞。

卷第一

吳太伯傳

【題　解】首卷記敘吳國王族的淵源和世系。吳國又稱句吳、攻吳，故地有今江蘇、上海的大部分和安徽、浙江的一部分。其開國君主太伯，是周太王長子，因太王欲立幼子季歷，他與弟仲雍同避江南，改從當地荊蠻風俗，斷髮文身，成為當地君長，自號句吳。本卷前溯十三世至始祖后稷，以說明太伯的出身非凡；中敘避荊蠻、讓天下、立句吳、建城郭等事，以表彰他的品格高潔、業績煌偉；後延十九世至壽夢稱霸，以補證他的功德不朽。故雖涉史一千八百餘年，卻仍以「吳太伯傳」為題。據元代徐天祜注曰：「元本〈太伯傳〉作〈吳王太伯傳〉。太伯三以天下讓，宜王而不王者也。吳之後君，又未嘗追王之，尊之曰王，名不與實稱也。今去『王』字以從其實。」今按蔣光煦《斠補隅錄・吳越春秋》，宋本作〈吳太伯傳〉，亦無「王」字。

吳之前君❶太伯❷者，后稷❸之苗裔❹也。后稷其母，台氏之女姜嫄❺，為帝嚳❻元妃❼。年少未孕，出游於野，見大人跡❽而觀之，中心歡然，喜其形像，因履而踐之❾。身動，意若為人所感❿。後妊娠，恐被⓫淫泆⓬之禍，遂祭祀以求，謂「無子，履上帝之跡⓭，天猶令有之」。姜嫄怪而棄於阨狹⓮之巷，牛馬過者，折易而避之⓯。復棄於林中，適會伐木之人多⓰，復置於澤中冰上，眾鳥以羽覆之⓱。后稷遂得不死。姜嫄以為神，收而養之，長因名棄。為兒時好種樹⓲禾黍、桑麻、五穀⓳，相⓴五土㉑之宜，青赤黃黑，陵㉒水高下，粢㉓稷黍禾，蕖㉔麥豆稻，各得其理。堯㉕遭洪水，人民泛濫，遂㉖高而居。堯聘棄，使教民山居，隨地造區㉗，研營種之術㉘。三年餘，行人㉙無饑乏之色。乃拜棄為農師㉚，封之台㉛，號為后稷，姓姬氏。

【章旨】首章，先明確指出吳國開國君主太伯，是周始祖后稷的後代子孫，然後詳細描述后稷帶有傳奇色彩的生平業績。后稷是傳說中的歷史人物，《詩經・生民》和《史記・周本紀》都有記載。周族以后稷為始祖，並認為他是開始種稷和麥的人。

【注　釋】❶前君　猶言先君，此指開國君主。❷太伯　《論語》中作「泰伯」，周太王長子，吳國開國君主。❸后稷　姬姓，名棄，古代周族的始祖，堯舜時代任農師，封於台，號曰后稷。❹苗裔　後代子孫。❺台氏之女姜嫄　徐天祐注曰：《韓詩章句》：「姜姓，嫄字。」《說文》：「邰，炎帝之後，姜姓，封邰國。」《國語・晉語》曰：「黃帝以姬水成，炎帝以姜水成，故黃帝為姬，炎帝為姜。」是姜者，炎帝之姓。《史記》「嫄」作「原」，「台」作「邰」。邰國，在京兆武功縣，所治釐城。❻帝嚳　傳說中古代部族首領，號高辛氏，有四妻四子：姜嫄生棄，是周族的祖先；簡狄生契，是商族的祖先；慶都生堯；常儀生摯。❼元妃　國君的嫡妻。❽大人跡　大人的腳印。❾履而踐之　用腳去踩踏大人的腳印。❿所感　所觸動。⓫被　遭遇。⓬淫泆　縱欲放蕩。⓭履上帝之跡　徐天祐注曰：《詩經・生民篇》所謂「履帝武」是也。⓮阨狹　窄狹。⓯牛馬過者二句　徐天祐注引《詩》云：「誕置之隘巷，牛羊腓字之。」今按《史記・周本紀》記此事曰：「棄之隘巷，馬牛過者皆辟不踐。」徐天祐注「折」，疑當作「辟」。所謂辟易，義為驚退。⓰復棄於林中二句　徐天祐注引《詩》云：「誕置之平林，會伐平林」。適會，恰好遇上。⓱復置於澤中冰上二句　徐天祐注引《詩》云：「誕置之寒冰，鳥覆翼之。」⓲種樹　猶言種植。徐天祐注曰：樹亦種也。⓳五穀　五種穀物，說法不一，如黍、稷、菽、麥、稻之類。這裡泛指穀物。⓴相　考察。㉑五土　指山林、川澤、丘陵、水邊平地、低窪地等五種土地。㉒陵　陸地。㉓粢　一種穀物。㉔蘽　芋頭，不是穀物，疑當作「粱」，形似而誤也。㉕堯　傳說中父系氏族社會後期部落聯盟領袖。陶唐氏，名放勛，史稱唐堯。㉖遂　徐天祐疑當作「逐」。㉗區　屋。㉘研營種之術　探討營生種植的辦法。㉙行人　出行的人。此指人民。㉚農師　古官名，掌農事。㉛台　《史記》作「邰」，故址在今陝西武功縣境內。

【語譯】吳國的開國君主姓姬名太伯，他是周族始祖后稷的後代子孫。后稷的母親，是台氏的女兒姜嫄，後為帝嚳的嫡妻。當她尚未懷孕時，有一次到野外去遊玩，發現地上有大人的腳印，就走近去認真觀賞，心中立即產生一種興奮的愉悅，覺得很喜歡它的形象，因而便用腳去踩踏大人的腳印。忽然她感到自己的身子在顫抖，就好像被人所搖動一樣。後來就懷孕了，她擔心自己會背上淫蕩放佚的罪名，於是就去祭祀神明以祈求幫助，神回答說：你本來沒有孩子，但是你踩踏了上帝的腳印，天意才決定要你懷孕並生下這個孩子。孩子出生後，姜嫄認為他是一個怪物，因而將他棄置在里中狹窄的小巷裡，但是經過那裡的牛羊發現後，都吃驚地掉頭退避而不踩踏他。於是姜嫄又把他移置到樹林中去，恰好遇上樹林中有許多砍樹的人，就再次改換地方，把他丟棄在結了冰的池澤上，但隨後又有許多鳥兒張開翅膀為他蓋著保暖，后稷於是得以不死。直到這時，姜嫄覺得很神異，才又將他抱回來，並加以小心的撫養，長大之後就取名叫棄。棄在小時候就很喜歡種植禾黍、桑麻、五穀等農作物。後來他考察了山林、川澤、丘陵、水邊平地、低窪地等適宜於耕種的土地，根據青赤黃黑等不同土色和陸地、水邊、高坡、低窪等不同地勢，分別種植黍稷稻粱豆麥等，使不同的土地跟各種農作物的生長條件，能夠相互適應。當時是堯帝執政，因遭受洪水的災害，老百姓飄流失所，紛紛遷徙到高地聚居。於是堯帝聘用了棄，命令他去教導老百姓依山而居，隨地造屋，建立村落，深入探討營生耕種之道。過了三年多，老百姓的臉上就看不到饑餓貧乏的神色了。於是堯帝任命棄為農師官，並把台這個地方分封給他，以「后稷」作為棄的稱號，以「姬」作為他的姓氏。

后稷就國❶為諸侯❷。卒，子不窋立❸。遭夏氏❹世衰，失官，奔戎狄之間❺。其孫公劉❻。公劉慈仁，行不履❼生草，運車❽以避葭葦❾。公劉避夏桀❿於戎狄，變易風俗，民化⓫其政。公劉卒，子慶節立⓬。其後八世而得古公亶甫⓭。修公劉、后稷之業，積德行義，為狄人所慕。薰鬻⓮戎姤⓯而伐之，古公事之以犬馬牛羊，其伐不止。事以皮幣⓰、金玉、重寶，而亦伐之不止。古公問：「何所欲？」曰：「欲其土地。」古公曰：「君子不以養害害所養⓱。國所以亡也，而為身害，吾所不居也。」古公乃杖策⓲去邠⓳，踰梁山⓴而處岐周㉑，曰：「彼君與我何異？」邠人父子兄弟相帥㉒，負老攜幼，揭釜甑㉓而歸古公。居三月，成城郭㉔，一年成邑㉕，二年成都㉖，而民五倍其初。

【章旨】此章追溯后稷之後，至太伯之父十二代之間的歷史，著重表彰公劉、古公亶甫的德行和政績。在周族的形成和發展過程中，曾有幾次大的遷徙。原居邰（后稷封地，在今陝西武功），傳到公劉，遷到邠（今陝西彬縣），至古公亶父時，定居於周（今陝西岐山），部族日臻強盛，周遂成為部族名。周文王時，又遷都於豐（今陝西鄠縣東）。至武王時，追尊古公亶父為周太王。

【注釋】❶就國　前往封地。❷諸侯　古代對中央政權所分封各國國君的統稱。❸子不窋立　徐天祜注引《帝王世紀》：「后氏，生不窋。」《括地志》曰：「不窋故城在慶州弘化縣南三里。」❹夏氏　指夏朝，國號曰夏后，姓姒氏。❺失官二句　按《史記・周本紀》載：「不窋以失其官而奔戎狄之間。」戎狄，古代泛指中原以外的少數民族，西部曰戎，北部曰狄，東部曰夷，南部曰蠻。這裡說的戎和狄，均為古國名。❻其孫公劉　據《史記・周本紀》云：「不窋卒，子鞠立。鞠卒，子公劉立。」❼履　踐踏。❽運車　猶言駕車。❾葭葦　蘆葦，「初生為葭，長大為蘆，成則名為葦。」❿夏桀　夏朝末代國王，名履癸。後被商湯所滅，出奔南方而死。⓫化　感化。⓬子慶節立　據《史記・周本紀》云：「公劉卒，子慶節立，國於豳。」⓭其後句　據《史記・周本紀》載：「慶節卒，子皇僕立。皇僕卒，子差弗立。差弗卒，子毀隃立。毀隃卒，子公非立。公非卒，子高圉立。高圉卒，子亞圉立。亞圉卒，子公叔祖類立。公叔祖類卒，子古公亶父立。」「甫」與「父」字通。⓮薰鬻　匈奴別名，又作「薰粥」、「薰育」、「獯鬻」、「葷粥」等。⓯姤　疑當作「姤」。⓰皮幣　毛皮和繒帛。⓱君子句　徐天祜注引《孟子》曰：「君子不以其所以養人者害人。」徐乃昌《吳越春秋札記》引孫云：當作「君子不以養者害所養」。所謂「養者」，指土地。所養，指土地所養育的人民。⓲杖策　執鞭，指驅馬而行。⓳邠　本作「豳」。為公劉所建，至古公亶父去豳歷十世，故址在今陝西彬縣。唐開元十三年以豳字類「幽」，改為邠。⓴梁山　山名，在今陝西乾縣西北。㉑岐周　岐，指岐山，在今陝西岐山縣東北，因周初建國於此地，故稱岐周。㉒帥　同「率」。帶領的意思。㉓釜甑　兩種烹飪器具。釜即無腳之鍋，甑是瓦製煮器。㉔城郭　內城與外城，泛指城邑。《管子・度地》曰：「內為之城，外為之郭。」㉕邑　城邑。小城曰邑。㉖都　都市。大城曰都。

【語譯】后稷前往封國台地做了諸侯。后稷死後，他的兒子不窋繼位。後來由於夏朝的統治衰微，不窋失去了農師的官職，就逃奔到戎、狄的地方。不窋的孫子叫公劉。公劉是一個仁慈善良的人，走路都不踐踏鮮嫩的野草，駕車時總是避開初生的蘆葦。為了躲避夏桀的暴虐無道，公劉辟地於戎狄之間，施行仁政，移風易俗，老百姓因受感化而歸心。公劉死後，兒子慶節繼位。慶節之後第八代孫就是古公亶父。他繼續從事公劉和后稷開創的事業，積善德，行仁義，深為狄人所羨慕。薰鬻、戎人則因出於妒忌而來攻打他。古公先送給他們一些犬馬牛羊，其攻伐並不見停止；接著又送給他們一些毛皮、繒帛、金玉、重寶，其攻伐仍不見停止。於是古公問道：「你們到底想要什麼？」對方回答說：「想要你的土地。」古公說：「作為一個君子，是不會因這本應養育人民的土地，來危害這塊土地所養育的人民的。一個國家之所以滅亡，往往是被自身所害。我是不願意這樣做的。」於是，古公亶父乘馬離開豳地，翻越梁山，來到岐山居住。他說：「別人做豳地的君主與我做又有什麼不同呢？」但是豳地人民卻紛紛由他們的父子兄弟率領著離開了豳地，他們背著老人，牽著小孩，帶著炊具而投奔古公亶父。過了三個月，古公亶父就在岐山建起了內城與外城，一年之後建設成為一座小城，二年之後建設成為一座大城，岐周的老百姓也增長到建國初的五倍。

古公三子，長曰太伯，次曰仲雍❶，雍一名吳仲，少曰季歷❷。季歷娶妻大任氏❸，生子昌。昌有聖瑞❹，古公知昌聖，欲傳國以及昌。

曰：「興王業者，其在昌乎！」因更名曰季歷。太伯、仲雍望風知指⑤，曰：「歷者，適也。」知古公欲以國及昌。古公病，二人託名採藥於衡山⑥。遂之荊蠻⑦，斷髮文身⑧，為夷狄之服⑨，示不可用。古公卒，太伯、仲雍歸。赴喪畢，還荊蠻。國民君而事之⑩，自號為句吳⑪。吳人或問：「何像⑫而為句吳？」太伯曰：「吾以伯長居國，絕嗣⑬者也。其當有封者，吳仲也。故自號句吳。非其方⑭乎？」荊蠻義之，從而歸之者千有餘家，共立以為句吳。數年之間，民人殷富⑮。遭殷之末世⑯衰，中國⑰侯王數用兵。恐及於荊蠻，故太伯起城，周⑱三里二百步，外郭三百餘里，在西北隅⑲，名曰故吳⑳。人民皆耕田其中。古公病，將卒，令季歷讓國於太伯，而三讓不受。故云：「太伯三以天下讓。」於是季歷蒞政㉑，修先王之業，守仁義之道。季歷卒，子昌立，號曰西伯㉒。遵公劉、古公之術，業於養老㉓，天下歸之西伯，致太平，伯夷㉔自海濱而往。西伯卒，太子發㉕立，任周、召㉖而伐殷。天下已安，乃稱王，追諡古公為大王㉗，追封太伯於吳。

【章　旨】此章是卷一的重點，直接描敘吳太伯的生平事跡和他建立吳國的經過，熱情歌頌了太伯的高尚品德和光輝業績。

【注　釋】❶仲雍　又名吳仲、虞仲。周太王次子，太伯之弟。因太王欲立幼子季歷，他與太伯同避江南，太伯成為當地君長。太伯死後，由仲雍繼立。❷季歷　周太王少子，為太姜所生。太王死後，由他繼位，稱為公季，周武王時，追尊公季為王季。❸大任氏　徐天祜注曰：音泰任。《詩・大明篇》：「摯仲氏任。」毛氏《箋》：「摯，國。任，姓。仲，中女也。」《史記》作「太任」。《列女傳》：「太任，摯任氏之中女。」❹昌有聖瑞　徐天祜注引《尚書緯・帝命驗》曰：「季秋之月甲子，赤爵銜丹書入於酆，止於昌戶。」其書云云，此蓋聖瑞丹書，文多不載。今按所謂聖瑞，指有成為聖人的吉祥之兆。❺望風知指　觀察情勢就知道了他的意旨。❻衡山　即五嶽之一的南嶽，在今湖南省境內。❼荊蠻　古代中原地區泛稱江南楚地之民。❽斷髮文身　古代吳越一帶風俗，截短頭髮，身繪花紋，以避水中蛟龍之害。❾為夷狄之服　穿當地土著民族的衣服。夷狄，這裡指東南一帶少數民族。❿君而事之　把他當作君主來事奉。⓫句吳　即吳國。句為發聲詞頭，無義，如同越國被稱為于越。⓬何像　徐乃昌《吳越春秋札記》曰：何所依倣也。⓭絕嗣　無子。⓮方　適宜。⓯殷富　殷實富足。⓰殷之末世　當指帝乙至帝辛（即紂王）時代。⓱中國　指中原地區各諸侯國。⓲周　周長。⓳西北隅　西北角。⓴故吳　徐天祜注曰：太伯所都謂之吳，城在梅里平墟，今無錫縣境。㉑蒞政　臨朝治理政事。㉒子昌立二句　徐天祜按《孔叢子》：「羊容問子思曰：『周自后稷封為王者之後，至太王、王季、文王，此為諸侯，奚得為西伯乎？』子思曰：『吾聞諸子夏曰：殷帝乙之時，王季以九命作伯於西，受圭瓚秬鬯之賜，故文王因之得專征伐。此諸侯為伯，猶召公分陝謂之召伯也。』」今按西伯的本義為西方諸侯之長，此指周文王，姓姬，名昌，商紂時為西伯。㉓養老　古代對老而賢者，按時享以酒食以敬禮之，謂之養老。㉔伯夷　商末孤竹君長子。相傳其父遺命要立次子叔齊為繼承人。孤竹君死後，叔齊讓位給伯夷，伯夷不受，於是逃往周國。㉕太子發　即周武王。即位後繼承其父文王遺志，消滅商朝，建立西周王朝，建都於鎬（今陝西西安西南、灃水東岸）。㉖周召　指周公旦和召公奭。周公旦乃武王之弟，亦稱叔旦，因采邑在周（今陝西岐山北），稱為周公。曾助武王滅商。武王死後，成王年幼，由他攝政。召公，姓姬，名奭，周代燕國的始祖。因采邑在召（今陝西岐山西南），稱為召公或召伯。曾佐武王滅商，被封於北燕。成王時，與周公旦分陝而治，「自陝以西，召公主之，自陝以東，周公主之。」㉗大王　明吳琯校本作「太王」。

【語　譯】古公亶甫有三個兒子，長子名太伯，次子名仲雍，仲雍又名吳仲，少子名季歷。季歷娶太任氏為妻，生了一個兒子名昌。姬昌有成為聖王的吉祥之兆，古公聽說後，就想把國家傳給姬昌。古公說：「能夠復興王業的人，大概就是姬昌了吧！」因而給少子改名叫季歷。太伯、仲雍觀察情勢就揣摩到了古公的意圖，說：「所謂歷，就是適的意思啊。」知道古公想把國家傳給姬昌。後來古公病了，太伯、仲雍兄弟倆就藉口到衡山去採藥，乘機逃到荊楚南蠻之地，剪短頭髮，身繪花紋，穿上當地土著民族的衣服，以表示自己已不能在宗廟主持祭祀。古公逝世後，太伯、仲雍回到岐周奔喪。喪禮結束之後，二人又返回荊楚南蠻之地。當地人民都把太伯當作君主來事奉，於是自建國號叫句吳。吳地有人問他：「您是依倣何人不請賜封爵而自號句吳呢？」太伯回答說：「雖然我現在以長兄的身分占居國君之位，但我沒有兒子。應當封賜爵位的是我的弟弟吳仲，所以我自取國號叫句吳，不正合適嗎？」於是荊楚南蠻之地的老百姓都崇敬他的義行，歸附順服於他的有一千多家，共同建立起句吳這個國家。數年之後，吳國人民就過著殷實富足的生活。

當時正好遇上殷商末年的衰亂，中原各諸侯王多次發動戰爭。因為擔心中原戰禍會蔓延到荊楚南蠻之地，所以太伯就築起城郭，內城周長三里二百步，外郭周長三百餘里，城的西北角為太伯故都，名叫故吳。吳國人民都在其中耕種安居。古公病勢轉重，臨死前遺令季歷要把岐周的王位讓給太伯，但後來季歷三次讓國，太伯都不肯接受。所以古書上說：「太伯曾三次讓天下。」於是季歷臨朝治理政事，繼續擴展先王的事業，執守仁義的大道。季歷死後，他的兒子姬昌繼位，號稱西伯。西伯遵循公劉和古公的策略，從事於敬老尊賢的事業，致使廣大人民都歸順於他，天下達到太平，甚至孤竹國的賢者伯夷也從海濱來到岐周。西伯逝世後，太子發繼位，任用周公旦和召公奭，討伐殷商。天下平定以後，才號稱為王，並給古公追加諡號為太王，給太伯追封為吳國諸侯的爵號。

太伯祖卒[1]，葬於梅里平墟[2]。仲雍立，是為吳仲雍[3]。仲雍卒，子季簡，簡子叔達，達子周章，章子熊，熊子遂，遂子柯相[4]，相子彊鳩夷，夷子餘喬疑吾[5]，吾子柯廬[6]，廬子周繇，繇子屈羽，羽子夷吾，吾子禽處，處子專[7]，專子頗高，高子句畢[8]立。是時，晉獻公滅周北虞[9]，虞公以開晉之伐虢氏[10]。畢子去齊[11]，齊子壽夢立，而吳益強。稱王。凡從太伯至壽夢之世，與中國時通朝會⑫，而國斯霸焉。

【章　旨】此章略敘太伯逝世後由仲雍繼位，再經十八代承傳，至壽夢稱霸的經過，由此開啟下卷。

【注　釋】❶祖卒　當作「殂卒」，死亡的意思。❷梅里平墟　徐天祜注曰：即太伯故城之地。劉昭云：「無錫縣東皇山有太伯冢，去墓十里有舊宅，其井猶存。」《皇覽》云：「太伯墓，在吳縣北梅里聚。」二說不同，此云平墟，當以劉說為正。❸吳仲雍　俞樾謹按：仲雍所以稱吳仲者，以其後君吳而稱之也。參見《諸子平議補錄》卷一七。❹章子熊三句　據《史記．吳太伯世家》載：「周章卒，子熊遂立。熊遂卒，子柯相立。」是以熊遂為一人，該書則誤析為熊與遂二人。❺餘喬疑吾　《史記．吳太伯世家》作「餘橋疑吾」。❻柯廬　《史記．吳太伯世家》作「柯盧」。❼專　《史記．吳太伯世家》作「轉」。❽句畢　《史記．吳太伯世家》作「句卑」。❾晉獻公句　此史事發生在西元前六五五年，詳見《史記．晉世家》。晉獻公，名詭諸，晉武公之子，西元前六七六～前六五一年在位。周北虞，指周朝北方的虞國，為周武王所封。據《史記．吳太伯世家》載：「自太伯作吳，五世而武王克殷，封其後為二：其一虞，在中國；其一吳，在夷蠻。十二世而晉滅中國之虞。」❿虞公句　此史事發生在晉獻公十九年（西元前六五八年），獻公「使荀息以屈產之乘假道於虞。虞假道，遂伐虢，取其下陽以歸。」按虢國與虞國本是唇齒相依的鄰國，三年後（西元前六五五年），晉又假道於虞以伐虢，虞之大夫宮之奇力諫虞公不許，虞公不聽，遂許晉。其冬，晉滅虢。還，襲滅虞。詳見《史記．晉世家》。⓫畢子去齊　明吳琯校本作「卑子去齊」。⓬朝會　諸侯或臣屬朝見君主，春見曰朝，時見曰會。

【語　譯】吳國始祖太伯逝世後，埋葬在梅里平墟。因為他沒有兒子，所以就由他的弟弟仲雍繼位，這就是吳仲雍。仲雍死後，由兒子季簡繼位。季簡死後，由兒子叔達繼位。叔達死後，由兒子周章繼位。周章死後，由兒子熊遂繼位。熊遂死後，由兒子柯相繼位。柯相死後，由兒子彊鳩夷繼位。彊鳩夷死後，由兒子餘喬疑吾繼位。餘喬疑吾死後，由兒子柯廬繼位。柯廬死後，由兒子周繇繼位。周繇死後，由兒子屈羽繼位。屈羽死後，由兒子夷吾繼位。夷吾死後，由兒子禽處繼位。禽處死後，由兒子專繼位。專死後，由兒子頗高繼位。頗高死後，由兒子句卑繼位。就在這時，晉獻公消滅了周北虞國，起因是虞公借道給晉軍討伐虢國，結果虞國也被晉軍所滅。句卑死後，由兒子去齊繼位。去齊死後，由兒子壽夢繼位，從而使吳國日益強大，於是自稱為王。總之，從太伯開國，傳到壽夢執政的時代，才與中原各國時通往來，而吳國也由此稱霸於諸侯。

卷第二

吳王壽夢傳

【題解】此卷緊承前卷，記敘吳王壽夢與中原各國通往來之後，吳國內政、外交形勢的發展概況。前半部分以壽夢為主要線索，後半部分以壽夢所賞識的季札為主要線索，著重描寫吳國稱霸時同楚國結仇乃至相互用兵的經過，以及吳國政權從壽夢時代下傳到僚世的複雜歷史。

壽夢元年❶，朝周，適楚，觀諸侯禮樂。魯成公會於鍾離❷，深問周公禮樂❸，成公悉為陳前王❹之禮樂，因為詠歌三代❺之風。壽夢曰：

「孤❻在夷蠻❼，徒以椎髻❽為俗，豈有斯之服❾哉？」因嘆而去曰：「於乎哉❿，禮也！」

【章　旨】此章記敘吳王壽夢即位後，與中原各國時通往來、觀賞禮樂的情形。

【注　釋】❶壽夢元年　即西元前五八五年。徐天祐注引《史記・索隱》曰：「自壽夢已下，始有其年。」❷魯成公句　徐天祐注曰：「鍾離之會，吳始與中國接。」事見《春秋・魯成公十五年》。以《史記・年表》考之，是為壽夢十五年（今按：當為壽夢十年）。此以為元年，何也？鍾離，古塗山氏之國，漢置鍾離縣，屬九江，今屬濠洲。❸周公禮樂　即保存在魯國的周天子禮樂。據《史記・魯周公世家》載：「魯有天子禮樂者，以褒周公之德也。」❹前王　指周公旦。據《史記・魯周公世家》載，周武王曾封周公旦於少昊之虛曲阜，是為魯公。周公不就封，留佐武王。後使其子伯禽代就封於魯。❺三代　指夏、商、周三代。❻孤　古代王侯的謙稱，意謂少德之人。❼夷蠻　東夷南蠻之地，吳國地處東南，故稱夷蠻。❽椎髻　古代東夷南蠻之地流行的髮式，即一撮之髻，形狀如椎。❾斯之服　指舉行禮樂活動時所用的服飾。❿於乎哉　讚嘆之詞。

【語　譯】壽夢元年，吳王壽夢開始與中原各國往來，先去朝見周天子，又往會楚共王，並觀賞到諸侯的禮儀和音樂。後來又與魯成公相會於鍾離，進一步探問尚在魯國保存著的周天子禮樂，魯成公把有關周公禮樂的內容向壽夢做了詳盡的介紹，還為他吟誦歌唱了夏、商、周三代的風俗。壽夢聽後說：「我生活在東南夷蠻之地，只是隨當地民俗，把頭髮挽成椎形的髻子罷了，哪裡有這樣的禮樂服飾呢？」於是倍加讚嘆，當離去時說：「哎呀，周禮真好！」

二年❶，楚之亡大夫❷申公巫臣❸適吳，以為行人❹，教吳射御❺，導之伐楚。楚莊王❻怒，使子反將❼，敗吳師，二國從斯結讎。於是吳始通中國，而與諸侯為敵❽。

五年❾，伐楚，敗子反。

十六年❿，楚恭王⓫怨吳為巫臣伐之也，乃舉兵伐吳，至衡山而還⓬。

十七年⓭，壽夢以巫臣子狐庸為相，任以國政。

【章旨】此章略敘壽夢時代，吳楚戰爭的起因、經過以及與之相關的吳國內政。

【注釋】❶二年　即西元前五八四年。❷亡大夫　逃亡的大夫。大夫是官名。❸申公巫臣　本姓屈，曾為申縣尹，因楚國縣尹稱公，故稱申公巫臣。後為楚國大夫，因與楚將子反爭奪夏姬而結怨。西元前五八九年，申公巫臣盜夏姬以奔晉，晉以巫臣為邢大夫。西元前五八四年，楚將子反滅巫臣之族。巫臣為報楚滅其族之仇，又自晉使吳，約吳伐楚。❹行人　古代官名，掌國賓客之禮，藉以待四方之使。據《左傳．成公七年》、《史記．吳太伯世家》記載，是以巫臣之子狐庸為吳行人。❺射御　射箭和駕御車馬。❻楚莊王　西元前六一三～前五九一年在位。是時楚國君王是楚共王。❼使子反將　命令子反率軍抵抗吳國的進攻。❽於是吳始通中國二句　徐天祜注曰：蠻夷屬楚者，吳盡取之，始大，通吳於上國。❾五年　即西元前五八一年。❿十六年　即西元前五七〇年。⓫楚恭王　據《左傳》、《史記》，當作「楚共王」。⓬乃舉兵伐吳二句　按《左傳．襄公三年》載：

「三年春，楚子重伐吳，為簡之師，克鳩茲，至於衡山。」杜預注曰：「衡山在吳興烏程縣南。」楚子重歸三日，吳人伐楚，取駕。此不書。⓭十七年　即西元前五六九年。

【語　譯】壽夢二年，楚國的逃亡大夫申公巫臣自晉國前往吳國，讓他的兒子狐庸做吳國的行人之職，教給吳人射箭和駕御車馬的本領，然後帶領吳軍討伐楚國。楚共王聞訊大怒，立即委派子反率軍迎戰，結果打敗了吳國的軍隊，於是二國從此結下怨仇。也就是在這個時候，吳國才開始結交中原國家，而與南方諸侯為敵。

壽夢五年，吳國又出兵討伐楚國，終於打敗了子反的軍隊。

壽夢十六年，楚共王因怨恨吳國為申公巫臣討伐楚國，於是派遣軍隊進攻吳國，一直打到吳興的衡山才回師。

壽夢十七年，吳王壽夢任命申公巫臣的兒子狐庸為國相，把吳國的政事委託給他來輔治。

二十五年❶，壽夢病，將卒，有子四人，長曰諸樊❷，次曰餘祭❸，次曰餘昧❹，次曰季札。季札賢，壽夢欲立之。季札❺讓❻曰：「禮有舊制，奈何廢前王之禮，而行父子之私乎？」壽夢乃命諸樊曰：「我欲傳國及札，爾無忘寡人❼之言。」諸樊曰：「周之太王知西伯之聖，廢長立少❽，王之道興。今欲授國於札，臣誠❾耕於野。」王曰：「昔周行之德加於四海❿，今汝於區區⓫之國、荊蠻之鄉，奚能成天子之業乎？且今子不忘前人⓬之言，必授國以次⓭及於季札。」諸樊曰：「敢不如命？」壽夢卒⓮，諸樊以適長⓯攝⓰行事，當國政。

【章旨】此章敘吳王壽夢，因賞識季札之賢能，而欲廢長立少，傳國於季札，但由於季札謙讓推辭，只好在臨死前傳國於諸樊，並遺命諸樊行「授國以次」之制，以便依次傳位給季札。

【注釋】❶二十五年　即西元前五六一年。❷諸樊　西元前五六〇～前五四八年在位。❸餘祭　據《史記．吳太伯世家》，西元前五四七～前五三一年在位。據《左傳》，西元前五四七～前五四四年在位。❹餘昧　《左傳》作「夷末」，《史記》作「餘昧」，據《史記．吳太伯世家》，西元前五三〇～前五二七年在位。據《左傳》，西元前五四三～前五二七年在位。❺季札　又稱公子札，多次推讓君位。封於延陵（今江蘇常州），稱延陵季子。又封州來（今安徽鳳臺），稱延州來季子。❻讓　謙讓；推辭。❼寡人　古代王侯自謙之詞，意謂少德之人。❽周之太王二句　指周太王古公亶甫，因賞識季歷之子姬昌（後稱西伯，即周文王）聖明，不傳國於長子太伯，而傳給少子季歷事，參見卷一。❾誠　真的願意。❿四海　意同天下。古代以為中國四周皆有海，所以把中國叫作海內，外國叫海外。⓫區區　猶言小也。⓬前人　先人。此是諸樊自指。⓭授國以次　按伯、仲、叔、季的兄弟次序傳授國位。⓮壽夢卒　徐天祐注曰：見《春秋．襄公十二年》：「秋九月，吳子乘卒。」《左傳》書「壽夢卒」。杜預曰：「壽夢，吳子之號。」⓯適長　同「嫡長」。徐天祐注曰：「『適』通作『嫡』，正出也。」⓰攝代理。

【語譯】壽夢二十五年，吳王壽夢病危將死。他有四個兒子，長子名諸樊，第二個兒子名餘祭，第三個兒子名餘昧，第四個兒子名季札。季札最賢能，壽夢想把君位傳給他。季札謙讓地說：「周禮有老規矩，為什麼要廢除祖宗的禮制，而曲從父子之間的私情呢？」壽夢於是命令長子諸樊說：「我希望將來能把國家傳給季札，你不要忘記我的話。」諸樊說：「從前周太王古公亶甫認為姬昌聖明，不傳國於長子太伯而傳給少子季歷，王道因此而復興。現在您也想把國家傳給季札以成王業，我真的心甘情願離開宮廷，到田野間去耕種。」壽夢說：「當年周太王所施行的恩德遍及天下，現在你所擁有的不過是一個小國，並且處於僻遠的荊蠻之地，怎麼能成就天子的大業呢？現在只希望你將來不要忘記父王的話，一定要按照伯、仲、叔、季的兄弟次序傳授君位，最後把國家傳給季札。」諸樊說：「誰敢不聽從您的命令呢？」壽夢逝世後，諸樊以嫡長子的身分代理行事，主持國政。

吳王諸樊元年❶，已除喪❷，讓季札，曰：「昔前王未薨❸之時，嘗晨昧❹不安，吾望其色也，意在於季札。又復三朝❺悲吟而命我曰：『吾知公子札之賢。』欲廢長立少，重發言於口。雖然，我心已許之。然前王不忍行其私計❻，以國付我。我敢不從命乎？今國者，子之國也，吾願達⑦前王之義。」季札謝曰：「夫適長⑧當國，非前王之私，乃宗廟社稷⑨之制，豈可變乎？」諸樊曰：「苟⑩可施於國，何先王之命有？太王改為季歷，二伯⑪來入荊蠻，遂城⑫為國，周道就成⑬。前人誦之不絕於口，而子之所習⑭也。」札復謝曰：「昔曹公⑮卒，庶存適亡⑯，諸侯與曹人不義⑰而立於國。子臧聞之⑱，行吟⑲而歸。曹君懼，將立子臧。子臧去之⑳，以成曹之道。札雖不才，願附㉑子臧之義，吾誠避之。」吳人固㉒立季札，季札不受而耕於野，吳人舍㉓之。諸樊驕恣㉔，輕慢鬼神，仰天求死。將死，命弟餘祭曰：「必以國及季札。」乃封季札於延陵㉕，號曰「延陵季子」。

【章旨】此章敘嫡長子諸樊，為實現父王壽夢的遺願，先主動讓國於季札，後因季札堅辭不受，於是故意驕傲放縱，輕慢鬼神，祈求速死，以便遵「授國以次」之命，盡早將國位傳給季札。

【注釋】❶吳王諸樊元年　即西元前五六〇年。徐天祜注曰：「《史記・年表》，吳諸樊元年，為魯襄公十三年。諸樊在位十三年卒，是為襄公二十五年。此書止載元年事，餘皆不書。」❷除喪　除去喪禮之服。❸薨　周代凡諸侯死曰薨。❹晨昧　猶言早晚。❺三朝　古代天子、諸侯處理政事的場所，分外朝、治朝、燕朝（內朝）。❻私計　個人的謀劃。此指壽夢欲立季札為君的心願。❼達　達到；實現。❽適長　即嫡長。❾宗廟社稷　古時用作國家的代稱。宗廟，本指天子、諸侯祭祀祖先的處所。社稷，本指土神和穀神。❿苟　假如；如果。⓫二伯　指太伯和仲雍，參見卷一。⓬城　築城。⓭周道就成　周王朝的治國之道也歸於成功。⓮習　通曉；熟悉。⓯曹公　指曹宣公，西元前五九四～前五七八年在位。⓰庶存適亡　據《左傳・魯成公十三年》（西元前五七八年），曹宣公去世，庶子負芻殺死太子而自立為王，是為曹成公。適，通「嫡」。⓱不義　以為他不知守義。⓲子臧聞之　子臧，即公子欣時，與公子負芻皆為曹宣公庶子。之，指曹宣公和魯、晉、齊、宋、衛、鄭等國諸侯，聯合伐秦而死於軍中，曹人使公子負芻守，使公子欣時迎曹宣公之喪。於是，公子負芻乘機殺死太子而自立。⓳行吟　漫步歌吟。⓴子臧去之　據《左傳・魯成公十五年》，諸侯會於戚以討曹成公，執而歸諸京師，準備引薦子臧見周天子，而立他為曹君，子臧辭謝不從，遂逃奔宋。㉑附　附合；順從。㉒固　堅持。㉓舍　放棄。㉔驕恣　驕傲放縱。㉕延陵　季札封邑，故址在今江蘇武進縣。

【語　譯】吳王諸樊元年，諸樊服喪期滿之後，主動讓君位於季札，說：「過去父王在世時，曾早晚不安，我觀察他的臉色，是想傳位給季札。後來他又一再在外朝內朝痛苦地呻吟著對我說：『我知道公子季札很賢能。』想廢除嫡長子的繼承權，而改立少子，重新發布繼嗣的命令。雖然這樣，我當時就從內心應允了他。但是父王不忍破壞祖宗制度而施行他個人的主張，還是把國家託付給我。我豈敢不聽從他的命令呢？現在這個國家應是你的國家。我願意把它交給你來掌管，以此實現父王的遺願。」季札推辭說：「嫡長子繼位執掌國政，並不是父王個人的私事，而是祖傳的國家制度，怎麼可以改變呢？」諸樊說：「如果仍可將祖傳制度施行於國，那麼對父王的遺命又該怎麼辦呢？從前周太王古公亶甫（父），改立少子季歷為王，季歷的兩個哥哥太伯和仲雍來到荊蠻之地，終於築起城郭，建立了吳國，使周王朝的治國之道也歸於成功。先人的稱頌之詞不絕於口，而這些都是你所熟知的呀！」季札再次辭謝說：「當年曹宣公死於軍中之後，庶子公子負芻殺死太子而自立為王，各國諸侯和曹國人民都認為公子負芻不知守義，但因他在伐秦戰役中有功，還是暫時讓他做了國君。子臧聽說之後，漫步歌吟而回到曹國。曹成公負芻感到恐懼，打算讓位立子臧為君。但子臧卻離開了曹國而逃往宋國，以此來成全曹成公的治國之道。我季札雖然沒有才能，但心中甘願附合於子臧的節義，我真的想離開這兒而去隱居。」吳國人民也堅持要立季札為君，但因季札不肯接受，而退居野外去耕種了，吳國人民才放棄此事。於是諸樊故意驕傲放縱，輕視祭祀，怠慢鬼神，仰面對天，祈求速死。臨死之前，他遺命弟弟餘祭說：「一定要把國家傳給季札。」於是餘祭把延陵分封給季札，所以他的稱號叫「延陵季子」。

餘祭十二年❶，楚靈王❷會諸侯伐吳，圍朱方❸，誅慶封❹。慶封數為吳伺祭❺，故晉、楚伐之也。吳王餘祭怒曰：「慶封窮來奔吳，封之朱方❻，以效❼不恨士也。」即舉兵伐楚，取二邑而去❽。十三年❾，楚怨吳為慶封故伐之，心恨不解，伐吳。至乾谿❿，吳擊之，楚師敗走⓫。

【章旨】此章略敘吳王餘祭時代，吳楚之間，兩次戰爭的起因與經過。

【注釋】❶餘祭十二年　即西元前五三六年。關於餘祭和餘昧在位的時間，《左傳》與《史記》的記載不同。楊伯峻《春秋左傳注》以為餘祭在位四年（即西元前五四七～前五四四年），餘昧（夷末）在位十七年（即西元前五四三～前五二七年）。而《史記・吳太伯世家》則明確記載餘祭在位十七年（即西元前五四七～前五三一年），餘昧在位四年（即西元前五三〇～前五二七年）。今姑且依從《史記》注譯。❷楚靈王　共王之子，名圍，西元前五四〇～前五二九年在位。據《史記・吳太伯世家》，楚靈王會諸侯伐吳事，當在餘祭十年。❸朱方　吳國邑名，故址在今江蘇丹徒縣內。❹慶封　原為齊國左相，因罪先逃魯後奔吳。❺伺祭　即伺察。「祭」與「察」通。《春秋繁露・祭義》曰：「祭者，察也，以善待鬼神之謂也。善乃逮不可聞見者，故謂之察。」❻慶封窮來奔吳二句　按《史記・吳太伯世家》曰：「王餘祭三年，齊相慶封有罪，自齊來奔吳。吳予慶封朱方之縣，以為奉邑，以女妻之，富於在齊。」❼效　表示。❽取二邑而去　按《史記・吳太伯世家》作「取三邑而去」。❾十三年　即西元前五三五年。❿乾谿　楚國東部地名，故址在今安徽亳縣東南。⓫吳擊之二句　按《史記・吳太伯世家》，此次戰役當發生在餘祭十二年。

【語譯】餘祭十二年，楚靈王會合諸侯之兵，攻伐吳國，包圍了吳國封給慶封的朱方之縣，然後殺死了慶封。起因是慶封逃奔吳國後，曾多次為吳王偵察情報，所以晉國和楚國出兵討伐他。吳王餘祭大怒，說：「慶封在困窘之時來投奔吳國，我把朱方之縣封贈給他，是為了表示吳國重視士人呀！」於是立即出兵討伐楚國，攻取了楚國的二個城邑才撤兵回國。

餘祭十三年，楚靈王抱怨吳國為了慶封的緣故而攻打楚國，心中的忿恨不能消除，於是又出兵討伐吳國。楚軍開到乾谿之地，遭到了吳軍的襲擊，結果楚軍大敗，狼狽逃走。

十七年❶，餘祭卒，餘眛立。四年❷，卒。欲授位季札，季札讓，逃去，曰：「吾不受位，明矣。昔前君有命，已附子臧之義，潔身清行，仰高履尚❸，惟仁是處❹，富貴之於我，如秋風之過耳❺。」遂逃歸延陵。吳人立餘眛子州于，號為吳王僚也。

【章　旨】此章記敘餘祭、餘眛先後逝世以後，季札終不肯即位為君，以此照應前文，說明他追求高尚之志、淡泊名利富貴的言行始終一致。

【注　釋】❶十七年　即西元前五三一年。❷四年　即西元前五二七年。❸仰高履尚　仰慕並踐履高尚的品行。❹惟仁是處　一心只想居處於仁的境地。❺秋風之過耳　猶言漠不關心。

【語　譯】餘祭十七年，吳王餘祭逝世，其弟餘眛繼立為君。餘眛四年，吳王餘眛逝世。臨逝前想把君位傳授給季札，季札辭讓而逃，說：「我不願接受君位，早就說明白了。當年父王命令我繼位，我已附合於子臧的節義，堅守自身純潔，品行清白，敬慕並躬行高尚的志節，一心只想居處於仁的境地，至於富貴名利，在我看來，猶如秋風從耳旁吹過，引不起我的興趣。」於是逃回自己的封地延陵。吳國人於是立餘眛的兒子州于為國君，稱號叫做吳王僚。

卷第二

王僚使公子光傳

【題解】此卷以吳楚關係為背景，記敘了王僚時代吳國內政與外交形勢的發展變化。這時的執政者雖為王僚，但該卷所描寫的主要人物卻是公子光和伍子胥，所記敘的中心事件也是伍子胥協助公子光謀殺王僚的始末。故作者開篇就交代公子光在奉命伐楚的同時，即已萌生謀殺王僚之志，並急欲訪求賢才參與謀劃，從而為伍子胥入吳以後的作為提供了機遇。繼而詳細描述楚國亡臣伍子胥投奔吳國的起因、經過及其得以謁見吳王僚和公子光的情形。由於伍子胥投奔吳國的目的是要說服吳國進攻楚國，以報楚國昏君讒臣殺害其父兄之仇，而吳楚本來結仇已久，所以王僚也願意為伍子胥興師復仇，但因公子光有內志而從中作梗，為伍子胥所察知，於是改變策略，以退為進，主動推薦勇士專諸協助公子光起事。最後直接描寫公子光向專諸陳說謀殺王僚的緣由、計劃，以及他們二人密切配合刺殺王僚的經過與結局。在當事人看來，公子光為吳王壽夢的嫡長孫，餘昧逝世之後，季札為使未還之時，當立光而不當立僚，且因僚恃力貪利，不知退讓，故以謀殺王僚為正義之舉。但若與季札的人格相比，則二人都遜色遠矣。本卷原本不曰「吳王僚傳」，而取正文首句作為標題，與其他各卷題「某某傳」有異，不知何故。今姑從其舊。

二年❶，王僚❷使公子光❸伐楚，以報前來誅慶封❹也。吳師敗而亡舟❺，光懼，因捨❻，復得王舟❼而還。光欲謀殺王僚，未有所與❽合議，陰❾求賢，乃命善相者❿為吳市吏⓫。

【章旨】首章從吳楚之戰下筆，引出公子光為謀殺王僚，而暗中訪求賢才的計策。

【注釋】❶二年　即西元前五二五年。❷王僚　餘昧之子，一名州于，西元前五二六～前五一五年在位。❸公子光　諸樊之子，一名闔閭。他用專諸刺殺吳王僚而自立，西元前五一四～前四九六年在位。❹前來誅慶封　楚軍前來誅慶封之事，發生在西元前五三八年，詳見《史記・吳太伯世家》。❺舟　徐天祜注曰：舟名餘皇，為楚所獲，亦曰艅艎。❻因捨　吳師時已奔北，因公子光欲復得王舟，故又止一宿而以計取舟也。見《諸子平議補錄》卷一七。俞樾謹按，徐注曰：「捨」字不通，疑當作「揜」。蓋揜其不備，取之以歸。「捨」固不通，改為「揜」字亦於義未足。「捨」乃「舍」字之假借，軍行一宿為舍。❼王舟　先王之舟，即指餘皇。❽所與　指同盟者。❾陰　暗地。❿善相者　善於看相的人。⓫市吏　司市的官吏。

【語譯】王僚二年，吳王僚派遣公子光，率領軍隊討伐楚國，以報復楚靈王當年會合諸侯進攻吳國、誅殺慶封之仇。結果吳國軍隊吃了敗仗，先王留下的一艘名叫餘皇的戰船，也被楚軍奪走。公子光害怕吳王僚怪罪他，因而命令軍隊留駐一宿，設計重新獲得那條戰船才班師回歸。公子光想謀殺王僚，但因沒有同盟的人幫助謀劃，便打算先在暗中訪求賢才，於是任命一位善於看相的人，做了吳國都城的主管官員。

五年❶，楚之亡臣伍子胥來奔吳❷。伍子胥者，楚人也，名員。員父奢，兄尚。其前名曰伍舉❸，以直諫事楚莊王❹。王即位三年，不聽❺國政，沈湎於酒，淫於聲色，左手擁秦姬，右手抱越女，身坐鐘鼓之間而令曰：「有敢諫者，死！」於是伍舉進諫曰：「有一大鳥，集❻楚國之庭，三年不飛亦不鳴，此何鳥也？」於是莊王曰：「此鳥不飛，飛則沖天。不鳴，鳴則驚人。」伍舉曰：「不飛不鳴，將為射者所圖❼。絃矢卒❽發，豈得沖天而驚人乎？」於是莊王棄其秦姬、越女，罷鐘鼓之樂，用孫叔敖❾，任以國政❿，遂霸天下，威伏⓫諸侯。莊王卒，靈王⓬

立。建章華之臺⑬，與登焉。王曰：「臺美！」伍舉曰：「臣聞國君服寵⑭以為美，安民以為樂，克聽以為聰⑮，致遠⑯以為明。不聞以土木之崇高、蟲鏤⑰之刻畫、金石⑱之清音、絲竹⑲之淒唳以之為美。前莊王為抱居之臺⑳，高不過望國氛㉑，大不過容宴豆㉒。木不妨守備㉓，用不煩官府，民不敗㉔時務，官不易朝常㉕。今君為此臺七年，國人怨焉，財用盡焉，年穀敗焉，百姓煩焉，諸侯忿怨，卿士訕謗㉖，豈前王之所盛㉗、人君之美者耶㉘？臣誠愚，不知所謂也。」靈王即除工去飾，不遊於臺。由是，伍氏三世為楚忠臣。

【章　旨】此章以下連續敘述楚國亡臣伍子胥投奔吳國的起因和經過。首先追敘伍子胥的祖父伍舉，以直諫效忠楚莊王和楚靈王的故事。

【注　釋】❶五年　即西元前五二二年。❷楚之亡臣句　事見《左傳・昭公二十年》。亡臣，逃亡之臣。❸其前名曰伍舉　言伍員之先世名曰伍舉也。下文：「胥乃解百金之劍以與漁者：此吾前君之劍。」又專諸及公子光稱「前王餘昧」，「前君壽夢」，是此書「前」字，皆作「先」字用。俞樾謹按：徐注曰：「前名」當作「前人」。徐以「前名」二字連讀，誤也。其前，猶云其先。❹楚莊王　羋姓，名旅，西元前六一三～前五九一年在位。

❺聽 處理。❻集 棲留。❼所圖 所謀取。❽卒 徐天祜注曰：音猝，匆遽貌，倉卒也。❾孫叔敖 蔿賈之子，名敖，字孫叔。據《左傳．宣公十二年》，孫叔敖曾為楚國令尹。所謂令尹，是春秋時楚國的最高官職，相當於宰相，故《史記．循吏列傳》說孫叔敖曾為楚相。❿任以國政 徐天祜注引《史記》曰：「任伍舉、蘇從以政，國人大說。」⓫威伏 以威力降服。⓬靈王 羋姓，名圍，西元前五四〇～前五二九年在位。按楚莊王於西元前五九一年逝世後，還有楚共王執政三十一年、楚康王執政十五年、郟敖執政四年，楚靈王才即位。⓭章華之臺 古臺名，為楚靈王所建，故址在今湖北監利縣西北。⓮服寵 指諸侯王以賢德而受到天子的恩寵。⓯克聽以為聰 能聽諍諫才以為是可聰。聰，聽覺靈敏。⓰致遠 能招來遠方的人才為己所用。⓱蟲鏤 明吳琯校本作「蟲鏤」，意指雕飾。⓲金石 指鐘磬類樂器。⓳絲竹 指絃管類樂器。⓴抱居之臺 古臺名，為楚莊王所建。《國語．楚語》作「匏居臺」。㉑國氛 預示國家災禍的雲氣。㉒宴豆 古宴會時盛食品的器具，此泛指宴飲。㉓木不妨守備 謂使用木材不妨礙修建城郭守備之用。㉔敗 廢止。㉕朝常 朝廷（即國家）的典章制度。㉖訕謗 譏刺毀謗。㉗盛 讚美。㉘人君之美者耶 按《太平御覽》引作「人君之所美者耶」，此「所」字當有。

【語譯】王僚五年，楚國的逃亡之臣伍子胥前來投奔吳國。伍子胥是楚國人，名叫員。伍員的父親叫伍奢，哥哥叫伍尚。伍員的祖父叫伍舉，曾以敢於直言諍諫事奉楚莊王。楚莊王即位三年，不處理國家政事，整天沈湎於飲酒，縱情於聲色。他左手抱著秦國歌姬，右手抱著越國美女，身坐編鐘排鼓之間，並且下令說：「有膽敢進諫的，判處死罪！」於是伍舉入宮婉言進諫說：「有一隻大鳥，棲居在楚國的宮庭上，三年來不飛也不叫，請問這是什麼鳥？」莊王回答說：「這隻鳥不飛則罷，一飛就會沖天；不鳴則已，一鳴就會驚人。」伍舉說：「這隻鳥如果還不飛不叫，將會被射獵的人所圖謀獵取，一旦絃上的箭矢突然射來，哪裡還能沖天而驚人呢？」於是莊王拋開他的秦國歌姬和越國美女，撤去鐘鼓音樂，任命孫叔敖為令尹，委以國家政事，終於稱霸天下，威服各國諸侯。莊王逝世後，依次由共王、康王、郟敖繼位，然後是靈王執政。靈王興建了一座高大的章華臺，他和伍舉一同登臺觀賞。靈王說：「這座臺真正壯美啊！」伍舉說：「我聽說作為國君，是以受到天子的恩寵為美，以安定人民為樂，以能聽諍諫為耳聰，以能招來遠方賢才為目明。卻未曾聽說有把土木建築的高峻、丹楹刻桷的雕飾、鐘磬器樂的清音、管絃音樂的淒婉當作美的。從前莊王建造的抱居臺，高度不超過能望見預示國家吉凶的雲氣，大小不超過能擺得下宴席。所用木材不妨礙國家的守衛戰備，經費開支不煩擾官府，百姓不違誤季節農活，官吏不更改國家的典章制度。而現在大王建造這座章華臺，已經用了七年的時間，使城內人民埋怨，國家財力耗盡，年年五穀歉收，天下百姓厭煩，各國諸侯憤怒怨恨，卿士大夫譏諷毀謗，難道這就是先王所盛讚、一國之君所稱美的嗎？我實在很愚笨，不知道您所說的美在哪裡。」靈王聽後立即遣散工匠，去掉臺上的裝飾，不再登臺遊賞。從此，伍氏三代都是楚國的忠臣。

楚平王❶有太子名建，平王以伍奢❷為太子太傅❸，費無忌❹為少傅❺。平王使無忌為太子娶於秦。秦女美容，無忌報王曰：「秦女天下無雙，王可自取。」王遂納秦女為夫人，而幸愛之，生子珍。而更為太子娶齊女。無忌因去太子而事平王。深念平王一旦卒而太子立，當害己也，乃復讒❻太子建。建母蔡氏❼無寵，乃使太子守城父❽，備邊兵。頃之，無忌日夜言太子之短，曰：「太子以秦女之故，不能無怨望❾之心，願王自備。太子居城父，將兵，外交諸侯，將入為亂。」平王乃召伍奢而按問❿之。奢知無忌之讒，因諫之曰：「王獨奈何以讒賊小臣而疏骨肉乎？」無忌承宴，復言曰：「王今不制，其事成矣，王且見擒⓫。」平王大怒，因囚伍奢，而使城父司馬⓬奮揚往殺太子。奮揚使人前告太子：「急去！不然將誅。」三月，太子奔宋。

【章　旨】此章補敘伍子胥的父親伍奢，本為楚平王的忠臣，但因平王聽信費無忌陷害太子建的讒言，導致伍奢也以直諫而被囚。

【注　釋】❶楚平王　羋姓，名棄疾，後改名熊居，西元前五二八～前五一六年在位。❷伍奢　又稱伍子奢，伍子胥之父。春秋後期楚國大夫。楚平王即位，任為太師，輔太子建。因直言向楚平王進諫，而被殺於西元前五二二年。❸太子太傅　教導、輔佐太子的官名。❹費無忌　《左傳》作「費無極」。楚國大夫，平王寵臣。❺少傅　也是教導、輔佐太子的官名，其地位低於太傅。❻讒　說別人的壞話。❼建母蔡氏　據《左傳・昭公十九年》記載，楚平王駐防蔡國時，「郹陽（在今河南新蔡縣境）封人之女奔之，生大子建。」❽城父　春秋時陳邑，後被楚國侵占，作為外圍邊防的城鎮。故址在今河南平頂山市西北。❾怨望　怨恨；心懷不滿。❿按問　查驗訊問。⓫王且見擒　王將被捕。且，將。見，被。⓬司馬　古代軍事長官。

【語譯】楚平王的太子名叫建，平王任命伍奢為太子太傅，費無忌為少傅。平王委派費無忌到秦國為太子建娶親。所娶的秦女容貌很美，費無忌便先趕回楚國報告平王說：「秦女的美貌為天下第一，大王可以自己娶她。」楚平王於是把秦女納為自己的夫人，並且非常寵愛她，後來生了個兒子名叫珍。同時給太子建另娶了一個齊國女子為妻。費無忌也因此離開了太子建而去侍奉平王。他心中深深的思慮著，一旦平王逝世而由太子繼位，必定會殺害自己，於是又詆毀太子建。太子建的母親蔡氏已經失寵，所以楚平王派太子建去守衛城父，加強邊防。過了不久，費無忌便開始日夜在平王面前講太子的壞話，他說：「太子因為秦女的緣故，不可能不生怨恨之心，希望大王自己加強防備。太子現在駐守城父，統率軍隊，在國外結交諸侯，不久就要回到國都作亂了。」平王於是召回太子太傅伍奢，查問此事。伍奢知道是費無忌進了讒言，因而勸諫平王說：「大王為什麼偏要聽信讒賊小臣的話，而疏遠父子間的骨肉關係呢？」費無忌奉令侍宴，又向平王進讒言說：「大王現在如果還不加以制裁，讓太子建的大事取得成功，您將會被捕入獄。」平王聽了非常憤怒，因而先把伍奢囚禁起來，接著命令城父司馬奮揚去殺掉太子。奮揚事先派人通報太子說：「趕快逃走吧！不然馬上就會被誅殺。」時當三月，太子建逃離楚國，而投奔了宋國。

無忌復言平王曰：「伍奢有二子，皆賢，不誅，且為楚憂，可以其父為質❶而召之。」王使使❷謂奢曰：「能致❸二子則生，不然則死。」伍奢曰：「臣有二子，長曰尚，少曰胥。尚為人慈溫仁信❹，若聞臣召，輒來。胥為人少好於文，長習於武，文治邦國，武定天下，執綱守戾❺，蒙垢受恥，雖冤不爭，能成大事。此前知❻之士，安可致耶？」

平王謂❼伍奢之譽二子，即遣使者駕駟馬❽，封函印綬❾，往詐召子尚、子胥。令曰：「賀二子，父奢以忠信慈仁，去難就免❿。平王內慚囚繫忠臣，外愧諸侯之恥，反遇⓫奢為國相，封二子為侯。尚賜鴻都侯，胥賜蓋侯，相去不遠三百餘里。奢久囚繫，憂思二子，故遣臣來奉進印綬。」尚曰：「父繫三年，中心切怛⓬，食不甘味，嘗苦饑渴，晝夜感思，憂父不活，惟父獲免，何敢貪印綬哉？」使者曰：「父囚三年，王今幸赦，無以賞賜，封二子為侯。一言當至，何所陳哉？」

尚乃入報子胥曰：「父幸免死，二子為侯，使者在門，兼封印綬，汝可見使。」子胥曰：「尚且安坐，為兄卦之⓭。今日甲子，時加於巳⓮，支傷日下⑮，氣不相受，君欺其臣，父欺其子，今往方死，何侯之有？」尚曰：「豈貪於侯，思見父耳！一面而別，雖死而生。」子胥曰：「尚且無往，父當我活。楚畏我勇，勢不敢殺。兄若誤往，必死不脫。」尚曰：「父子之愛，恩從中出，徼倖⑯相見，以自濟達⑰。」於是子胥歎曰：「與父俱誅，何明於世？冤仇不除，恥辱日大。尚從是往，我從是決⑱。」尚泣曰：「吾之生也，為世所笑，終老地上，而亦何之？不能報讎，畢為廢物。汝懷文武，勇於策謀，父兄之仇，汝可復也。吾如得返，是天祐⑲之。其遂沈埋，亦吾所喜。」胥曰：「尚且行矣，吾去不顧。勿使臨難，雖悔何追！」旋泣辭行，與使俱往。楚得子尚，執而囚之。

【章　旨】此章補敘楚平王為了迫害忠良，竟以伍奢為人質，詐召其子伍尚和伍員，企圖以「封二子為侯」來引誘他們自投羅網。結果導致伍尚心懷僥倖而誤往，也被拘捕囚禁起來；但伍員卻頭腦清醒，判斷正確，決定先避禍保身，再報仇雪恥。

【注　釋】❶為質　作為人質。❷使使　派遣使者。前面的「使」字為動詞，後面的「使」字為名詞。❸致招致。❹慈溫仁信　心地仁慈，性情溫和守信。❺執綱守戾　執守綱紀法度。戾，法也。❻前知　猶言先知，即能預先知道未來。❼謂　認為。❽駟馬　指一車套四馬的駟馬高車。❾封函印綬　封裝好詔令和官印綬帶。函，書信，此指詔令。印，官印。綬，繫印的絲帶。❿去難就免　脫離災難而獲得赦免。⓫反遇　《四部備要》本作「反進」。遇，遇合；受到賞識。⓬切怛　萬曆本作「忉怛」，猶言悲痛，痛苦。⓭卦之　用卦來占卜，以下是用古六壬法為占。⓮時加於巳　即時辰為巳時，相當於今九時至十一時。在五行中，巳屬水。⓯支傷日下　支指辰支，即巳。日指日下，即甲子日之甲。其法是以天盤加於地盤之上以求吉凶。在五行中，甲屬木，按五行相生說，木可生火。但因子屬水，使木中有水，故火仍然受到傷害，致使天地陰陽之氣不能相通。⓰儌倖　同「僥倖」。謂意外獲得成功或免於不幸。⓱濟達　通達。⓲決　徐天祜注曰：「決」當作「訣」，別也。⓳祐　保佑；佑助。

【語　譯】費無忌又對楚平王說：「伍奢有兩個兒子，都很賢明，若不殺掉他們，將成為楚國的禍患。可以用他們的父親為人質而把二人召來。」楚平王於是派遣使者對伍奢說：「你能召來你的兩個兒子，就可以讓你活下去，不然的話就處死。」伍奢說：「我有兩個兒子，長子叫伍尚，少子叫伍子胥。伍尚為人仁慈，性情溫和守信，如果聽到我的召喚，就會馬上趕來。而伍子胥的為人則不同，他從小好學文，長大後又習武，文能治理國家，武能平定天下。他能堅守綱紀法度，也能蒙受羞恥侮辱，即使銜冤負屈也可隱忍不發，是能成就一番大事業的。這些都說明他是一個能預見未來的人，怎麼可以召來呢？」

平王認為伍奢有意溢美自己的兩個兒子，因而立即派遣使臣駕著駟馬高車，封裝好詔書和官印綬帶，前去以欺騙的方式召見子尚和子胥。使者宣讀詔令說：「祝賀二位公子，你們的父親伍奢因為忠誠守信，慈愛仁義，已脫離災禍而獲得赦免。平王對內因囚禁忠臣而覺得慚愧，對外因被諸侯恥笑而感到羞愧，反而提拔伍奢為國相，分封二位公子為侯。伍尚為鴻都侯，伍子胥為蓋侯，兩地相隔不過三百多里遠。伍奢因為長期被囚禁，非常思念二位公子，所以平王派我前來奉送官印綬帶。」伍尚說：「父親遭受囚禁三年，我們心中非常悲痛，吃飯沒有滋味，常為饑渴所苦，日夜感傷思念，擔心父親性命難保。我們只希望父親獲得赦免，哪裡還敢貪圖加官封侯呢？」使者說：「你們父親被囚禁了三年，現在有幸被平王赦免，沒有什麼可以作為賞賜，便封賜二位公子為侯。你們一聽我說完，就應當立即趕去見父謝君，還有什麼可陳訴的呢？」

伍尚於是進入屋內告訴子胥說：「父親有幸被赦免處死，我們兄弟倆也被封為侯，國王的使者已來到門口，並且隨身帶著封賜給我們倆的官印綬帶，你可以去見一見使者。」伍子胥說：「你暫且安心坐下等一會兒，我為你卜一卦，測一測吉凶。今天是甲子日，時辰為巳時，辰支神在日神之下受到傷害，致使天地陰陽之氣不能相通。這預示著國君在欺騙他的臣下，父親在欺騙他的兒子，現在你去等於送死，哪裡有什麼侯爵之封呢？」伍尚說：「我哪裡是貪圖封侯，只是想看望父親罷了！跟父親見上一面再訣別，雖死猶生。」伍子胥說：「你暫時還是不要去吧，父親會因為我們的存在而得以保住性命。楚王畏懼我們的勇武，勢必不敢殺害他。兄長如果因誤會前往，你和父親都必定逃不脫一死。」伍尚說：「父子之愛，恩情都出自內心，若能僥倖見到父親，那我自己也就盡心達意覺得坦然了。」聽到這兒，伍子胥感嘆地說：「如果我們和父親一起都被處死，那麼，我們一家的冤仇，又怎麼能昭示於世呢？冤不能伸，仇不能報，恥辱便日益增大。你若從此前去，我與你也就從此訣別了。」伍尚哭泣著說：「我若活著不去，也會被世人恥笑，即使壽終正寢，又有什麼用呢？不能為父親報仇，終竟還是一個廢物。你胸懷文韜武略，勇於策劃計謀，父兄的冤仇，惟有你可以報復。我如果能夠活著回來，那是老天保佑。如果被殺而埋屍地下，也是我所心甘情願的。」伍子胥說：「你就姑且去吧！我也要離去，不再回來。但願災難不會降臨到你的身上，不然到那時即使後悔也來不及了！」過了片刻，伍尚就哭泣著向伍子胥告別，隨後與使者一道前往楚宮。楚平王騙得伍子尚後，立即將他拘捕起來關進監獄。

復遣追捕子胥。胥乃貫弓❶執矢去楚。楚追之，見其妻，曰：「胥亡矣，去三百里。」使者追及無人之野，胥乃張弓布矢欲害使者，使者俯伏而走。胥曰：「報汝平王❷，欲國不滅，釋吾父兄。若不爾者，楚為墟矣。」使返報平王，王聞之，即發大軍追子胥。至江，失其所在，不獲而返。子胥行至大江，仰天行哭林澤之中，言：「楚王無道❸，殺吾父兄，願吾因❹於諸侯以報讎矣！」聞太子建在宋，胥欲往之。

伍奢初聞子胥之亡，曰：「楚之君臣且苦兵矣！」尚至楚就父，俱戮於市。

伍員奔宋，道遇申包胥❺，謂曰：「楚王殺吾父兄，為之柰何❻？」申包胥曰：「於乎❼！吾欲教子報楚，則為不忠。教子不報，則為無親友也。子其行矣，吾不容言。」子胥曰：「吾聞父母之讎，不與戴天履地❽；兄弟之讎，不與同域接壤❾；朋友之讎，不與鄰鄉共里❿。今吾將復楚辜⓫，以雪父兄之恥。」申包胥曰：「子能亡之，吾能存之。子能危之，吾能安之。」胥遂奔宋。

【章　旨】此章補敘伍子胥逃脫楚國使者和大軍的追捕而離楚奔宋，於是楚平王隨即殺害了囚禁中的伍奢和伍尚，從而使伍子胥和楚國的昏君讒臣結下了不共戴天之仇。伍子胥奔宋途中與申包胥的對話，一方面揭示了所謂君臣之「義」與朋友之「信」的矛盾性，一方面為卷四伍子胥破楚鞭屍、報仇雪恥和申包胥痛哭秦廷、借兵救楚的情節作了鋪墊。

【注　釋】❶貫弓　彎弓；張滿弓。貫，通「彎」。❷平王　徐天祜注曰：「『平』字當去。王在，安得先稱其諡，不則當作『君王』，下文『平王』則後人追書也。」❸無道　暴虐，沒有德政。❹因　依靠。❺申包胥　楚國王孫，姓公孫，名包胥（一作勃蘇），因封於申，故稱申包胥。小時候與伍子胥為知交，後任楚國大夫。❻柰何　同「奈何」。❼於乎　通「嗚呼」。唉嘆聲。❽不與戴天履地　不與之共存於人世間，比喻仇恨極深。❾不

與同域接壤　不與之共存於同一個邦國或相鄰的邦國。❿不與鄰鄉共里　不與之共居於同一個鄉里或相鄰的鄉里。⓫辜　罪。

【語　譯】楚平王又派遣使者去追捕伍子胥。伍子胥張弓持箭，逃離楚國。楚平王派去的使者於是去追趕他，只見到他的妻子，她說：「伍子胥早就逃走了，已遠去三百里之外。」使者一直追到沒有人煙的荒野上，伍子胥於是張弓搭箭，要射殺使者，使者嚇得趴下身子往回逃。伍子胥在後面大聲說：「告訴你們君王，他要想楚國不滅亡，就放了我的父親和哥哥。若不如此，楚都將會變成一片廢墟。」使者回去報告平王，平王聽說後，立即派遣大軍追捕伍子胥。一直追到大江邊，因不知伍子胥的去向，只得空手而歸。伍子胥逃到大江邊上，仰望蒼天，痛哭著奔走於叢林沼澤之中，對天說道：「楚王暴虐無道，殺害我的父親和哥哥，但願我能借助於諸侯的力量報此深仇大恨！」聽說太子建已在宋國，伍子胥便打算前往宋國。

伍奢一聽到伍子胥已經逃走的消息時就說：「楚國的君臣，將要遭受戰爭之苦了！」伍尚趕到楚都看望父親，結果同父親一起都被斬首棄市。

伍子胥於是投奔宋國，途中遇到朋友申包胥，對他說道：「楚王殺害了我的父親和哥哥，我現在該怎麼辦？」申包胥說：「唉呀！我要是教你報仇，就是對楚王不忠。要是教你不報仇，就是對親友不義。你還是走吧，我不能說什麼。」伍子胥說：「我聽說對父母的仇人，不能與他共存於一個天地之間；對兄弟的仇人，不能與他共存於一個邦國之中；對朋友的仇人，不能與他共居於一個鄉里。今後我將報復楚王犯下的罪孽，以洗刷我父親和兄長所蒙受的恥辱。」申包胥說：

「你能消滅楚國，我就能保存楚國。你能危害楚國，我就能安定楚國。」伍子胥於是投奔了宋國。

宋元公❶無信於國，國人惡之。大夫華氏❷謀殺元公，國人與❸華氏，因作大亂。子胥乃與太子建俱奔鄭，鄭人甚禮之。太子建又適❹晉，晉頃公❺曰：「太子既在鄭，鄭信太子矣。太子能為內應而滅鄭，即以鄭封太子。」太子還鄭，事未成，會欲私其從者❻，從者知其謀，乃告之於鄭。鄭定公與子產誅殺太子建❼。建有子名勝❽，伍員與勝奔吳。

【章　旨】此章補敘伍子胥投奔吳國的直接原因。最初他打算追隨太子建，所以投奔了宋國。恰好遇上宋國華氏作亂，便又與太子建一起投奔鄭國。但因太子建與晉頃公合謀滅鄭，不久事洩而被殺，伍子胥只好同太子建的兒子勝，立即潛逃，打算投奔吳國。

【注　釋】❶宋元公　名子佐，西元前五三一～前五一七年在位。❷華氏　指華定、華亥。華氏作亂之事，詳見《左傳・昭公二十年》。❸與　支持；贊成。❹適　往。❺晉頃公　姓姬，名去疾，西元前五二五～前五一二年在位。❻會欲私其從者　按《史記・伍子胥列傳》作「會自私欲殺其從者」，則此句「私」下當有「殺」字。❼鄭定公句　關於鄭國誅殺太子建一事，據《史記・鄭世家》記載，是在鄭定公十年，即西元前五二〇年。而伍子胥投奔吳國事，《左傳》、《史記・吳太伯世家》及本書，都記於吳王僚五年，即西元前五二二年。前後有二年之差。惟有《左傳・昭公二十年》記伍子胥於吳王僚五年逃離楚國後，逕直投奔吳國，可以成立。今姑從本書所記直譯。鄭定公，姓姬，名寧，西元前五二九～前五一四年在位。子產，即公孫僑，字子產，為鄭國正卿，自鄭簡公時執掌國政，歷事定公、獻公、聲公諸朝。❽勝　即白公勝，楚平王之孫，也稱王孫勝。先隨其父太子建逃亡在外，後被楚國召回，任巢大夫，號白公。

【語　譯】宋元公在國內不講信義，國內人民都討厭他。大夫華定、華亥等想謀殺元公，國內人民也支持華定、華亥等人，因而宋國發生大規模叛亂。伍子胥於是和太子建一起離開宋國，投奔鄭國，鄭國人對待他們非常禮遇。後來，太子建又到晉國去訪問，晉頃公對他說：「太子既然在鄭國居留，而鄭國又信任太子。太子若能做我們的內應而一起消滅鄭國，我就把鄭國封贈給太子。」太子建回到鄭國以後，事情尚未成功，恰好因事他想私下殺害自己的一位侍從，而這位侍從已經得知了他的陰謀，於是就向鄭定公告了密。鄭定公便與子產一起誅殺了太子建。太子建有個兒子名叫勝，也隨同在鄭國，伍子胥和王孫勝商議，決定立即逃奔吳國。

到昭關❶，關吏欲執之。伍員因詐曰：「上❷所以索❸我者，美珠也。今我已亡❹矣，將去取之。」關吏因舍之❺。與勝行去，追者在後，幾不得脫。

【章　旨】此章補敘伍子胥從鄭國投奔吳國途中，急中生智騙了關吏，逃過昭關。

【注　釋】❶昭關　關隘名。其地兩山對峙，因以為關，是春秋時吳、楚交通要道。故址在今安徽含山縣北。❷上　指國君。❸索　索取。❹亡　通「無」。❺舍之　釋放了他們。

【語　譯】伍子胥和王孫勝逃到昭關，昭關的守吏想拘留他們。伍子胥因而欺騙他說：「國君要向我索取的東西，是美妙的珠寶，現在我手中沒有了，將要去取些來送給國君。」關吏於是釋放了他們。伍子胥和王孫勝趕緊離開昭關，追兵就在後邊，差一點兒不能脫身。

至江❶，江中有漁父乘船，從下方泝❷水而上。子胥呼之，謂曰：「漁父渡我！」如是者再。漁父欲渡之，適會旁有人窺之，因而歌曰：「日月昭昭乎侵已馳❸，與子期乎蘆之漪❹。」子胥即止蘆之漪。漁父又歌曰：「日已夕兮予心憂悲，月已馳兮何不渡為？事寖❺急兮當奈何？」子胥入船，漁父知其意也，乃渡之千潯之津❻。

子胥既渡，漁父乃視之，有其饑色。乃謂曰：「子俟❼我此樹下，為子取餉❽。」漁父去後，子胥疑之，乃潛身於深葦之中。有頃，父來，持麥飯❾、鮑魚❿羹⓫、盎漿⓬。求之樹下，不見，因歌而呼之曰：「蘆中人，蘆中人，豈非窮士⑬乎？」如是至再，子胥乃出蘆中而應。漁父曰：「吾見子有饑色，為子取餉，子何嫌⑭哉？」子胥曰：「性命屬天，今屬丈人⑮，豈敢有嫌哉？」二人飲食畢，欲去，胥乃解百金之劍以與漁者：「此吾前君⑯之劍，中有七星，價直⑰百金，以此相答。」漁父曰：「吾聞楚之法令：得伍胥者，賜粟五萬石⑱，爵執圭⑲。豈圖取百金之劍乎？」遂辭不受，謂子胥曰：「子急去，勿留，且為楚所得。」子胥曰：「請丈人姓字。」漁父曰：「今日凶凶⑳，兩賊相逢，吾所謂渡楚賊也。兩賊相得㉑，得形於默㉒，何用姓字為？子為蘆中人，吾為漁丈人，富貴莫相忘也。」子胥曰：「諾。」既去，誡漁父曰：「掩子之盎漿，無令其露。」漁父諾。子胥行數步，顧視㉓漁者，已覆船自沈於江水之中矣。子胥默然。

【章旨】此章補敘伍子胥逃奔吳國途中，幸得漁父冒死渡江和取餉，伍子胥贈以百金之劍作為報答，漁父不僅推辭不受，而且覆船自沈以秘其事。生動地刻畫了一個冒死救難、捨生取義的普通漁父形象。

【注釋】❶江　指溧水，一名瀨水，又稱中江或永陽江。在江蘇溧陽縣。❷泝　也作「溯」、「遡」。意為逆水而上。❸日月昭昭句　按《越絕書・荊平王內傳》作「日昭昭，侵已施」。侵，通「浸」。逐漸。清人黃生《義府・卷下》注該句曰：「施，日斜也。」馳，當與「施」同義，作「西斜」解。❹與子期乎蘆之漪　按《越絕書・荊平王內傳》作「與子期甫蘆之碕」。期，邀約；會合。漪，岸邊。❺寖　逐漸。❻千潯之津　按《越絕書・荊平王內傳》作「于斧之津」。津，渡口。徐天祜注曰：「潯」當作「尋」。四尺曰仞，倍仞曰尋。❼俟　等待。❽餉　軍糧。此指飯食。❾麥飯　麥屑做的飯，俗稱麥屑飯。❿鮑魚　一種海生軟體動物，又叫鰒魚。⓫羹　和味的湯。⓬盎漿　按《越絕書・荊平王內傳》作「壺漿」，均指酒漿。盎，指一種大腹斂口的壺，用來裝酒稱盎漿。⓭窮士　指境遇困窘之士。⓮嫌　疑惑。⓯丈人　老人。⓰前君　按《越絕書・荊平王內傳》作「先人」。知此處「前君」，當作「先父」解。⓱直　通「值」。⓲石　量詞，用於容量時十斗為一石，用於重量時一百二十斤為一石。⓳爵執圭　封給執圭的官爵。執圭，春秋時諸侯國的爵位名稱。國君以圭（一種上尖下方的玉）賜給功臣，使持圭朝見，故稱執圭。⓴凶凶　通「洶洶」。動蕩不安。㉑相得　互相投合。㉒得形於默　相互投合表現在雙方無言的默契之中。㉓顧視　回過頭來看。

【語譯】伍子胥逃到溧水邊，江中正好有位漁父駕著船從下游逆水而上。伍子胥呼喊著對他說：「漁父，請渡我過江！」這樣連續呼喊了兩次。漁父聽到後本來打算渡他過江，恰好遇上旁邊有人在窺視他們，漁父因而歌唱道：「日月明亮啊已漸向西偏，與你會合在蘆葦岸邊。」伍子胥聽後就趕到蘆葦岸邊等候。漁父又歌唱道：「日落西山啊我內心憂傷，月已西斜啊何不渡江？事漸緊急啊該怎樣承當？」伍子胥於是上了船，漁父知道他的意思，便把他送到八千尺以外的渡口。

伍子胥過江之後，漁父才走近看他，發現他的臉上帶有饑餓的顏色，便對他說：「你在這棵樹下等我，我去給你們拿點飯食來。」漁父走後，伍子胥起了疑心，於是走進蘆葦深處躲藏起來。過了不久，漁父回到江邊，手裡提著麥屑飯、鮑魚湯和盎酒。他找到那棵樹下，不見一個人影，於是又以歌唱的方式呼喊伍子胥說：「躲在蘆葦中的人，躲在蘆葦中的人，難道你們不是境遇困窘的壯士嗎？」這樣重複了兩次，伍子胥才從蘆葦中走出來應答。漁父說：「我看到你面有饑色，才為你們去拿點飯食，你怎麼反而懷疑我呢？」伍子胥說：「人的性命本屬天定，今天我們的性命都是您老人家給的，怎麼敢對您存懷疑之心呢？」伍子胥和王孫勝吃完飯，打算告辭離去，伍子胥解下隨身所佩的一把價值百金的寶劍贈給漁父：「這是我父親生前所用的寶劍，上面鑲有北斗七星，價值百金，我把它送給您作為報答。」漁父說：「我聽說楚國發布了一道命令：捕捉到伍子胥的人，獎賞粟米五萬石，封給執圭的官爵。我難道還會貪圖一把價值百金的寶劍嗎？」於是推辭不肯接受，並對伍子胥說：「你趕快離開吧，不要再停留了，否則將被楚王所擒獲。」伍子胥說：「請問您老人家的姓名字號？」漁父說：「當今之世，天下動蕩，兩個罪犯相逢於江。這兩句所說的正是我渡楚國罪犯的情形。兩個罪犯相互投合，這種投合就表現在雙方無言的默契之中，何必還要使用姓名字號呢？你就叫蘆中人，我就叫漁丈人，有朝一日你富貴顯達了，不要忘了今天就是了。」伍子胥說：「是！」於是辭別而去，又返身囑咐漁父說：「把你的酒盎掩藏好，不要讓它顯露在外，以免走漏消息。」漁父答應照辦。伍子胥剛剛往前走了幾步路，又回過頭去看漁父，只見他已經把船弄翻，自己沈沒於江水之中了。伍子胥面對江水，默然無語。

遂行至吳，疾於中道，乞食溧陽❶。適會女子擊綿❷於瀨水❸之上，筥❹中有飯。子胥遇之，謂曰：「夫人，可得一餐乎？」女子曰：「妾獨與母居，三十未嫁，飯不可得。」子胥曰：「夫人賑窮途❺少飯❻，亦何嫌哉？」女子知非恆人❼，遂許之。發其簞筥，飯其盎漿，長跪而與之。子胥再餐而止。女子曰：「君有遠逝之行，何不飽而餐之？」子胥已餐而去，又謂女子曰：「掩夫人之壺漿，無令其露。」女子歎曰：「嗟乎！妾獨與母居三十年，自守貞明❽，不願從適❾，何宜饋❿飯而與丈夫⓫？越虧禮儀，妾不忍也。子行矣！」子胥行，反顧女子，已自投於瀨水矣。於乎！貞明執操，其丈夫女哉！

【章　旨】此章補敘伍子胥投奔吳國途中饑病交加，於溧陽乞食時，幸得吳國處女犧牲名節和生命而饋飯助行。

【注　釋】❶溧陽　地名，因在溧水之南，故稱。在今江蘇溧陽縣境內。❷擊綿　浣紗。❸瀨水　即溧水。❹筥　即下文所說「簞筥」，盛飯食用的圓形竹筐。❺賑窮途　救濟境遇困窘的人。❻少飯　少許飯食。❼恆人　普通人。❽貞明　貞節賢明。❾從適　從嫁；往嫁。❿饋　贈送。⓫丈夫　成年男子的通稱。

【語譯】伍子胥終於逃到吳國境內，不幸卻在中途生了病，於是便想在溧陽附近討點飯吃。碰巧遇上一位女子，在瀨水岸邊浣紗，竹筐裡裝有飯食。伍子胥走上前去，對這位女子說：「夫人，可以給我一點兒飯吃嗎？」女子說：「我一個人與母親住在一起，年已三十尚未出嫁，我的飯可不能給你這個陌生的男人吃。」伍子胥說：「夫人救濟一個境遇窘困的人少許飯食，又有什麼嫌疑呢？」女子知道伍子胥不是一個普通人，終於答應了。她打開裝飯食的竹筐，盛上飯和湯，直身跪地，莊重地遞給伍子胥。伍子胥只吃了兩碗飯就不吃了。女子說：「先生還有很遠的路程要走，為什麼不飽吃一頓呢？」伍子胥吃完飯起身離去，又對女子說：「把你的壺漿掩藏好，不要讓它顯露在外，以免走漏消息。」女子感嘆地說：「唉！我單身與母親居住了三十年，一直以守貞節自勉，不願嫁人。剛才我怎麼可以饋贈飯食給一個陌生的男子呢？這已踰越禮儀，虧損婦道，我自己也不能容忍。你走吧！」伍子胥上路走出不遠，又回過頭去看那位女子，發現她已經跳入瀨水自盡了。嗚呼！能執持自勉於貞操，真是一位女丈夫啊！

子胥之吳，乃被髮佯狂❶，跣足❷塗面，行乞於市。市人觀，罔❸有識者。翌日❹，吳市吏善相者見之，曰：「吾之相人多矣，未嘗見斯人也。非異國之亡臣乎？」乃白❺吳王僚，具陳其狀：「王宜召之❻。」

王僚曰：「與之俱入。」公子光聞之，私喜曰：「吾聞楚殺忠臣伍奢，其子子胥，勇而且智，彼必復父之讎，來入於吳。」陰欲養之。市吏於是與子胥俱入見王，王僚怪其狀偉：身長一丈[7]，腰十圍[8]，眉間一尺[9]。王僚與語三日，辭無復者。王曰：「賢人也。」子胥知王好之，每入語語[10]，遂有勇壯之氣，稍道其讎，而有切切[11]之色。王僚知之，欲為興師復讎。公子[12]謀殺王僚，恐子胥前親於王而害其謀，因讒：「伍胥之諫[13]伐楚者，非為吳也，但欲自復私讎耳，王無用之。」子胥知公子光欲害王僚，乃曰：「彼光有內志，未可說以外事。」入見王僚，曰：「臣聞諸侯不為匹夫[14]興師用兵於比國[15]。」王僚曰：「何以言之？」子胥曰：「諸侯專為政，非以意，救急後興師，今大王踐國[16]制威[17]，為匹夫興兵，其義非也。臣固不敢如王之命。」吳王乃止。

【章　旨】此章記敘伍子胥初到吳國後的試探性活動及其調整策略的過程。伍子胥首先以裝瘋行乞的反常行為，引起了市吏的注意，從而很快就獲得了晉見吳王僚和公子光的機會；不久，他又以智慧和勇敢取得了吳王僚的信任，並已說動吳王僚為他興師伐楚，但因公子光有內志而受阻；於是他又隨機應變，及時調整了策略。

【注　釋】❶被髮佯狂　披散著頭髮，假裝瘋狂。❷跣足　光著腳。❸罔　無。❹翌日　明日。❺白　稟告。❻王宜召之　《四部備要》本作「王宣召之」。❼一丈　相當於今六點九三市尺或二點三一米。❽十圍　即周長五尺，相當於今三點四六五市尺或一點一五五米。圍，古代計度圓周的量詞，一圍為五寸。❾一尺　相當於今零點六九三市尺或零點二三一米。❿語語　萬曆本作「與語」。⓫切切　急迫的樣子。⓬公子　當作「公子光」。⓭諫　徐天祐注曰：「『諫』當作『謀』。」⓮匹夫　平民百姓。⓯比國　即鄰國，此指楚國。⓰踐國　登臨國君之位。⓱制威　詔命威嚴。制，君主的命令。

【語　譯】伍子胥到達吳國都城之後，便披散著頭髮假裝瘋狂，光著雙腳，塗污了臉，沿街乞討。市中人出來圍觀，但沒有人認識他。第二天，吳都那位善於看相的市吏遇見了伍子胥，說：「我這一輩子相過面的人，也可說很多了，但從來就沒有見過這樣的人，莫非是來自別國的逃亡之臣麼？」於是稟告吳王僚，詳盡地陳敘了他的容貌情狀，並建議說：「大王應當召見他。」吳王僚說：「你帶他一起進宮來。」公子光聽說這件事情後，私下高興地說：「我聽說楚王殺害了忠臣伍奢，他的兒子伍子胥，不但勇敢，而且有智謀，他一定是為了給父親報仇，而來到吳國的。」暗中便想要把他收納到自己門下。市吏於是和伍子胥一起進宮謁見吳王僚，吳王僚一見伍子胥，就為他的狀貌偉岸感到驚奇：身高有一丈，腰圍長五尺，眉間寬一尺。吳王僚和他連續交談了三天，伍子胥的言辭竟沒有一句是重複的。吳王僚說：「是一個賢才。」伍子胥知道吳王僚很賞識他，每次進宮與王僚交談，於是開始表現出英勇雄壯的氣概，稍微提到他的仇恨，便會顯露出急迫的神色。吳王僚了解他的遭遇後，便打算興師伐楚，為他報仇。但因公子光想謀殺王僚，擔心伍子胥親近了王僚會破壞他的陰謀，於是進讒言說：「伍子胥勸大王興兵討伐楚國，不是為了吳國，只是想自報私仇罷了，請大王不要採用他的建議。」伍子胥知道公子光想要謀害王僚，於是說：「公子光已有弒君自立的意圖，現在還不能以對外用兵的事勸說吳王。」伍子胥於是進宮拜見王僚，說：「我聽說作為諸侯，是不會為一個普通平民而出兵進攻鄰國的。」吳王僚問道：「為什麼這樣說？」伍子胥說：「諸侯應專心處理政事，不憑意氣用事，需要救助急難，然後才派遣軍隊。現在大王身居國君之位，詔令威嚴，如果為一個普通平民出動軍隊，在道義上說不過去，所以我一定不能遵從大王的命令。」吳王僚於是放棄了興師伐楚的打算。

子胥退耕於野，求勇士薦之公子光，欲以自媚。乃得勇士專諸❶。

專諸者，堂邑❷人也。伍胥之亡楚如吳時，遇之於途。專諸方與人鬥，將就敵，其怒有萬人之氣，甚不可當，其妻一呼即還。子胥怪而問其狀：「何夫子❸之怒甚也，聞一女子之聲而折道，寧有說❹乎？」專諸曰：

「子視吾之儀，寧類愚者也？何言之鄙也？夫屈一人之下，必伸萬人之上。」子胥因相其貌：確顙❺而深目，虎膺而熊背，戾❻於從難，知其勇士，陰而結之，欲以為用。遭❼公子光之有謀也，而進之公子光。

【章　旨】此章記敘伍子胥暫且退隱田園，求得勇士專諸，而推薦給公子光，以幫助他謀殺吳王僚。其中還插敘了伍子胥結識專諸的經過。

【注　釋】❶專諸　按《左傳・昭公二十年》作「鱄設諸」。❷堂邑　吳國地名，故址在今江蘇六合縣。❸夫子　古代男子的尊稱。❹說　通「悅」。❺確顙　明吳琯校本作「碓顙」，高額頭，眉額突出如碓。❻戾　勁疾；猛烈。❼遭　逢；遇上。

【語　譯】伍子胥隨即退隱田野耕作，同時訪求勇士推薦給公子光，想以此來討公子光的歡心。於是招攬到一位名叫專諸的勇士。專諸是吳國堂邑人，伍子胥逃離楚國投奔吳國時，在路途中遇上了他。當時專諸正在與別人打架，將要撲向對手時，他的怒火之盛、氣勢之猛，似乎一萬人也不可抵擋，但他的妻子一聲呼喊，他立即就回去了。伍子胥對此感到奇怪，因而問他當時的情狀：「為什麼你這位男子漢正在盛怒之下，聽到一個女子的聲音便掉頭而走呢？難道是有意要取悅於她嗎？」專諸說：「你看看我的容貌儀表，難道像個蠢笨無知的人嗎？為何把話說得那麼鄙俗呢？我雖屈身於一人之下，必能出頭於萬人之上。」伍子胥於是仔細觀察專諸的形體容貌：高高的額頭，幽深的眼睛，虎一樣的胸脯，熊一樣的脊背。救危赴難，勁疾而勇猛，知道他是一位勇士，就暗中與他結交，想把他作為人才來使用。恰逢公子光已有弒君自立的陰謀，伍子胥就把專諸推薦給了公子光。

光既得專諸而禮待之。公子光曰：「天以夫子輔孤❶之失根❷也。」專諸曰：「前王餘昧卒，僚立，自其分❸也。公子何因而欲害之乎？」光曰：「前君壽夢有子四人，長曰諸樊，則光之父也。次曰餘祭，次曰餘昧，次曰季札。札之賢也。將卒，傳付適長❹，以及季札。念季札為使，亡在諸侯未還❺。餘昧卒，國空，有立者適長也。適長之後，即光之身也。今僚何以當代立乎？吾力弱無助於掌事❻之間，非用有力徒，能安吾志？吾雖代立，季子❼東還，不吾廢也。」專諸曰：「何不使近臣從容言於王側，陳前王之命，以諷其意，令知國之所歸？何須私備劍士，以捐❽先王之德？」光曰：「僚素貪而恃力，知進之利，不睹退讓。

吾故求同憂之士，欲與之并力，惟夫子詮❾斯義也。」專諸曰：「君言甚露乎，於公子何意也？」光曰：「不也。此社稷之言也，小人不能奉行，惟委命❿矣。」專諸曰：「願公子命之。」公子光曰：「時未可也。」專諸曰：「凡欲殺人君，必前求其所好。吳王何好？」光曰：「好味。」專諸曰：「何味所甘？」光曰：「好嗜魚之炙⓫也。」專諸乃去，從⓬太湖⓭學炙魚。三月得其味，安坐待公子命之。

【章旨】此章主要通過公子光和專諸的對話，來敘說謀殺吳王僚的緣由和用意，並且商議制訂行動方案，然後略敘專諸根據行動方案的要求，特地去太湖學會炙魚，先做好一切準備，再耐心等待時機和命令。

【注釋】❶輔孤　輔助孤子。公子光的父親諸樊早已去世，故稱孤。或解作古代王侯的謙稱也可通。❷失根　失去根基。此指失去嫡長子的繼承權。❸分　職分；名分。❹適長　同「嫡長」。❺念季札為使二句　按本書卷二曰：「餘昧立，四年卒。欲授位季札，季札讓，逃去……遂逃歸延陵。吳人立餘昧子州于，號為吳王僚也」。此處所言有異，或為公子光杜撰以說專諸。❻掌事　徐乃昌《吳越春秋札記》以為「掌事」有譌，今姑且解為掌刺。事，通「剚」。❼季子　指季札。❽捐　捨棄。❾詮　徐天祜注曰：擇言。❿委命　委以使命。⓫炙　燒烤。⓬從　在；於。⓭太湖　又名震澤、笠澤、五湖等，春秋時在吳國境內，即今江蘇吳縣西南，跨江蘇、浙江兩省。

【語譯】公子光得到專諸以後，對他以禮相待。公子光說：「是上天讓您來輔助我這個失去了依靠的孤子。」專諸說：「先王餘昧逝世以後，其子僚繼位，自然合乎他的名分。公子為什麼想要謀害他呢？」公子光說：「先君壽夢有四個兒子，長子名叫諸樊，就是我的父親。第二個兒子名叫餘祭，第三個兒子名叫餘昧，第四個兒子名叫季札。季札很賢明，因而壽夢臨死前，將國位傳給嫡長子諸樊，囑咐他以兄弟次序把國位傳給季札。當時考慮到季札作為使者，為逃避繼位而留在外國尚未回來，餘昧去世後，國中無君，繼立的人當是嫡長，而嫡長的後代就是我呀！現在僚憑什麼應當代替季札而繼位呢？我自己力量不足，對於掌擊刀刺之間的事變不能有什麼幫助。不任用有勇力的同黨，怎能實現我的志向？我雖然也是代替季札繼位，但季札由東回國後，是不會廢黜我的。」專諸說：「為什麼不委派一位心腹大臣到王僚面前從容進言，陳敘先王的遺命，婉轉地表達您的意願，使他知道國位應當歸屬於誰？何必私下準備刺客，而捨棄先王的仁德呢？」公子光說：「僚這個人素來貪利忘義，他依仗著自己的勢力，一心只想向上爬，不知道退避和謙讓。所以我才訪求能夠同憂共患的志士，想與他通力合作，希望你能選擇適當的語言而使僚明白此中的道理。」專諸說：「您的這些話常向他人透露嗎，我對於公子來說有什麼意義呢？」公子光說：「這些話從未向別人說過。這是事關社稷宗廟的機密，小人是不能夠奉命去施行的，只能把這個使命委託給您了。」專諸說：「希望公子現在就下命令吧！」公子光說：「現在時機還不成熟。」專諸說：「凡是要謀殺國君的，一定要事先了解到他的嗜好。吳王僚有什麼嗜好？」公子光說：「他喜好美味。」專諸說：「哪一種食物是他最喜歡的？」公子光說：「他最喜歡吃燒烤的魚。」專諸於是離開吳都，在太湖學習烤魚的技藝，三個月就掌握了要領，然後安心坐等公子光的命令。

八年❶，僚遣公子伐楚❷，大敗楚師，因迎故太子建母於鄭。鄭君❸送建母❹珠玉簪珥❺，欲以解殺建❻之過。

九年❼，吳使光伐楚，拔居巢❽、鍾離❾。吳所以相攻者，初，楚之邊邑胛梁❿之女，與吳邊邑處女蠶，爭界上之桑⓫。二家相攻，吳國不勝，遂更相伐，滅吳之邊邑。吳怒，故伐楚，取二邑⓬而去。

【章旨】此章敘吳楚關係進一步惡化，公子光雖然心懷內志，但仍先後兩次率師伐楚，並且兩次都是凱旋而歸，這表明他正在一面積極推動外事的變化，一面靜心等待內變時機的到來。

【注釋】❶八年　即西元前五一九年。❷僚遣公子伐楚　按《史記・吳太伯世家》曰：「八年，吳使公子光伐楚。」知此「公子」即公子光。❸鄭君　即鄭定公。❹建母　即楚平王之妻蔡姬，隨太子建逃奔至鄭。❺簪珥　首飾。簪為頭飾，用以插定髮髻或冠的長針；珥為耳飾，為玉所製，用以塞耳。❻殺建　指鄭定公和子產誅殺太子建一事，參見本卷前文。❼九年　即西元前五一八年。❽居巢　楚國邑名，故址在今安徽巢縣。❾鍾

離　楚國邑名，故址在今安徽鳳陽東北。❿胛梁　按《史記・楚世家》作「卑梁」，為春秋時楚國與吳國交界處城邑，故址在今安徽天長縣西北。⓫爭界上之桑　按《史記・楚世家》謂「小童爭桑」，而同書〈伍子胥列傳〉則曰「兩女子爭桑」。⓬二邑　指居巢和鍾離二邑。

【語譯】吳王僚八年，派遣公子光率領軍隊進攻楚國，大敗楚國軍隊，於是順便從鄭國迎接已故太子建的母親蔡姬到吳國來。鄭定公贈送了珠寶首飾之類的禮物給蔡姬，想以此來消解當年誅殺太子建的過錯。

王僚九年，吳國又派遣公子光率領軍隊討伐楚國，攻克了居巢、鍾離兩個城邑。吳國這次進攻楚國的原因，最初起於楚國邊境胛梁邑的女子，與吳國邊境城邑的處女，為了養蠶而爭奪邊界上的桑葉。兩家相互攻打，吳國沒有取勝，於是楚國乘機發動進攻，消滅了吳國邊境的城邑。吳王僚聞訊大怒，因而派兵討伐楚國，攻取居巢、鍾離二個城邑才撤軍。

十二年❶冬，楚平王卒❷。伍子胥謂白公勝❸曰：「平王卒，吾志不悉❹矣。然楚國存，吾何憂矣？」白公默然不對，伍子胥坐泣於室。

十三年❺，春，吳欲因楚葬而伐之❻。使公子蓋餘、燭傭❼以兵圍楚，使季札於晉以觀諸侯之變。楚發兵絕吳後，吳兵不得還。於是公子光心動。伍胥知光之見機⑧也，乃說光曰：「今吳王伐楚，二弟將兵，未知吉凶。專諸之事，於斯急矣。時不再來，不可失也。」於是公子見專諸曰：「今二弟伐楚，季子⑨未還。當此之時，不求何獲？時不可失，且光真王嗣⑩也。」專諸曰：「僚可殺也。母老，子弱，弟伐楚，楚絕其後，方今吳外困於楚，內無骨鯁之臣⑪，是無如我何也。」

四月，公子光伏甲士⑫於窟室⑬中，具酒而請王僚。僚白其母曰：「公子光為我具酒來請，期無變悉⑭乎？」母曰：「光心氣怏怏⑮，常有愧恨之色，不可不慎。」王僚乃被棠鐵之甲⑯三重，使兵衛陳於道，自宮門至於光家之門，階席左右皆王僚之親戚，使坐立侍者皆操長戟交軹⑰。酒酣，公子光佯為足疾，入窟室裹足，使專諸置魚腸劍⑱炙魚中進之。既至王僚前，專諸乃擘⑲炙魚，因推匕首，立戟交軹倚專諸胸⑳，胸斷臆開，匕首如故，以刺王僚，貫甲達背。王僚既死，左右共殺專諸。眾士擾動，公子光伏其甲士，以攻僚眾，盡滅之。遂自立，是為吳王闔閭也。乃封專諸之子，拜為客卿㉑。

季札使還，至吳，闔閭以位讓。季札曰：「苟前君無廢㉒，社稷以奉，君也。吾誰怨乎？哀死待生，以俟天命。非我所亂，立者從之，是前人之道。」命哭僚墓，復位而待。公子蓋餘、燭傭二人將兵遇圍於楚者，聞公子光殺王僚自立，乃以兵降楚，楚封之於舒㉓。

【章旨】此章先概敘吳國這場宮廷政變的時機終於到來：由於楚平王去世，吳王僚派遣同母弟公子蓋餘、燭傭率軍乘危伐楚，又派季子出使晉國，不料楚國卻派兵斷絕了吳軍的後路，致使吳王僚陷入了外困於楚、內無骨鯁之臣的危境中。然後描寫公子光在伍子胥的鼓動之下，與專諸精心策劃，並密切配合刺殺吳王僚的經過及後事的處理。其中尤以專諸進魚行刺一節，描寫得有聲有色，驚心動魄，成功地刻畫出一位勇士的形象。

【注釋】❶十二年　即西元前五一五年。❷楚平王卒　徐天祜注曰：《左傳・昭公二十六年》：「九月，楚平王卒。」《索隱》曰：「按〈年表〉及《左傳》，合在僚十一年。」此書作十二年，又以秋為冬，皆誤。❸白公勝　徐天祜注曰：即太子建之子，其後惠王召勝歸楚，使居邊邑。服虔曰：「白，楚邑名，大夫皆稱公。」杜預曰：「汝陰褒信縣西南有白亭。」勝奔吳事見前。❹悉　伸。❺十三年　即西元前五一四年。徐天祜注引《索隱》曰：「據表及左氏，僚止合有十二年事，今《史記・吳世家》乃書云十三年。」此書似承〈世家〉之誤。❻吳欲因楚葬而伐之　按《左傳・昭公二十七年》曰：「吳子欲因楚喪而伐之。」《史記・吳太伯世家》也說：「吳欲因楚喪而伐之。」知此書「葬」字，當是「喪」字之誤。❼公子蓋餘燭傭　徐天祐注曰：《左傳》「蓋」作「掩」，「傭」作「庸」，皆王僚同母弟。❽見機　識機微，辨情勢。❾季子　指季札。❿真王嗣　指前文所說公子光是壽夢長子諸樊的嫡長子，是真正的王位繼承人。⓫骨鯁之臣　指剛正耿直之臣。鯁，通「骾」。⓬甲士　穿鎧甲的武士。⓭窋室　按《左傳・昭公二十七年》作「堀室」。《史記・吳太伯世家》作「窟室」。即地下室。⓮變悉　萬曆本作「變意」。盧文弨云：悉猶審也。⓯怏怏　不服氣；不樂意。⓰棠鐵之甲　用棠地之鐵所製的鎧甲。春秋時楚國棠谿所鑄劍戟等兵器很聞名。⓱長戟交軹　猶言長戟交枝。戟為有枝的兵器。交軹即交枝，指戟上之枝相交。⓲魚腸劍　寶劍名，實是一種小匕首，可藏置於魚腹中。⓳擘　分剖；分裂。⓴立戟交軹倚專諸胸　言長戟林立，戟枝交錯，刺抵專諸的胸部。軹，通「枳」。㉑客卿　官名。《史記・刺客列傳》作「上卿」。㉒苟前君無廢　按《史記・吳太伯世家》，「廢」字下當有「祀」字。前君，即先君。㉓乃以兵降楚二句　徐天祐按《左傳》：「掩餘奔徐，燭庸奔鍾吾，吳使徐人執掩餘，鍾吾人執燭庸，二公子奔楚。」此言以兵降楚，與《傳》不合。《史記》亦云奔楚（按指〈楚世家〉），〈吳世家〉與〈伍子胥列傳〉皆云降楚。舒，春秋時舒國，為楚所滅。故城在今安徽省舒城縣東南。

【語　譯】王僚十二年冬，楚平王逝世。伍子胥對白公勝說：「楚平王已經死了，我的志向卻還沒有伸展。然而楚國尚在，我又何必憂愁呢？」白公勝沈默著一言不答，伍子胥因此在室內暗中哭泣。

王僚十三年春，吳國想趁楚國為平王舉辦喪事之機而出兵討伐。於是派遣公子蓋餘、燭傭率兵圍攻楚都，同時又派季札出使晉國，以觀察諸侯的反應。不料楚國派軍隊斷絕了吳軍的後路，吳軍因此回不來。就在這時，公子光動了殺心。伍子胥知道公子光已經看到了發動政變的時機，於是勸說公子光道：「現在吳王僚派兵攻打楚國，他的兩個弟弟領兵出征，還不知勝敗吉凶。你委託給專諸的使命，到此時已是十分急迫了。時機不會再來，千萬不可錯失。」於是公子光會見專諸說：「現在王僚的兩個弟弟正在領兵伐楚，季札出使晉國尚未歸來。遇上這樣的時機，如不能掌握，那以後就再也得不到了！這個時機不可喪失，況且只有我才是真正的王位繼承人呢！」專諸說：「王僚是可以殺了。他的母親年紀已老，兒子年紀還小，兩個弟弟正領兵伐楚，又被楚軍斷絕了歸路。現在的吳國已經是外為楚國軍隊所困陷，內無剛正耿直的大臣，這樣一來，對我們的行動，也無可奈何了。」

四月，公子光預先在地下室埋伏了身穿鎧甲的武士，同時準備好酒席，宴請吳王僚。王僚稟告他的母親說：「公子光已為我準備好酒筵來請我赴席，但願不會有什麼變故吧？」母親回答說：「公子光心中不服氣，常常表現出羞愧惱恨的神色，你不可不小心啊！」吳王僚於是穿了三層以棠鐵所製的甲衣，並沿途列兵守衛，從宮門排列到公子光的家門，階沿、席位、左右，都是王僚的親信，還讓坐著站著的侍從都拿著戟枝相交的長戟護衛。正當酒喝到盡興之時，公子光假裝腳痛，走到地下室去纏腳，叫專諸把魚腸劍藏在烤魚腹中端上席去。專諸走到王僚面前，迅速用手掰開烤魚，趁勢推出匕首，這時戟枝交叉的長戟也已刺抵到專諸的胸部，立即胸開骨斷，但他手中的匕首仍在用力前推，終於刺中王僚，穿透鎧甲，自胸達背。王僚當即死去，專諸也被左右侍衛殺死。一時間眾士兵行動大亂，公子光出動他預先埋伏的帶甲武士，攻擊王僚的侍衛，把他們全部殺死滅盡。然後公子光自立為王，這就是吳王闔閭。闔閭於是封賞專諸的兒子，任命他為客卿。

季札出使歸來，到達吳都，闔閭以君位相讓。季札說：「如果先王的祭祀不會廢絕，社稷之神能得到供奉，那就是國君了。我還怨恨誰呢？也只能哀悼死去的，事奉活著的，以順應天命的安排。這不是我製造的禍亂，誰立為國君，我就服從誰，這是先輩的常法。」於是下令到王僚墓前哭祭，然後回到自己原來的職位上，等待新君的命令。公子蓋餘、燭傭二人領兵作戰，被圍困在楚國之時，聽說公子光殺了王僚而自立為國君，就率領士兵投降楚國，楚昭王把他們兄弟倆封於舒邑。

卷第四

闔閭內傳

【題　解】此卷緊承前文，仍然以闔閭和伍子胥為主要人物，以吳楚戰爭為主要背景，記述闔閭時代吳國「安君治民、強國霸王」的經過。闔閭弒僚自立後，雖曾有謀殺慶忌以除心患和掩殺眾生為女殉葬之舉，表現出其殘酷本性，但他長期堅持任賢使能，勵精圖治，仍不失為一代有作為的君主。而伍子胥則是作為一名智勇雙全的忠臣良將，而躍然紙上。儘管他始終不忘個人恩怨，甚至在破楚入郢之後，竟以掘墓鞭屍來報仇雪恨，又在引軍入鄭時，因遇漁者之子乞救而釋鄭以報恩，但他對吳王一直忠心耿耿，自覺以安君治民、興霸成王為己任，先築城郭以備戰，繼薦要離以除患，又舉孫武以強兵，終於西破強楚，北威齊、晉，南伐於越，為吳國的強盛和霸業立下了汗馬功勞。但伍子胥也並非完人，他的最大失誤是先向闔閭力薦白喜為大夫，後為夫差力爭太子位，只因識人不深，竟給未來種下了殺身亡國的禍根。與此同時，作者還總結了楚國由強而亡的歷史教訓，批判了楚王聽信讒佞、殺害忠良的昏庸與殘暴，歌頌了像申包胥這樣誓死救亡圖存的忠臣，和像扈子這樣敢於面斥君過的義士。另外，隨著吳楚矛盾的激化，吳越之戰，也在該卷中拉開了序幕。

闔閭❶元年，始任賢使能，施恩行惠，以仁義聞於諸侯。仁未施，恩未行，恐國人不就❷，諸侯不信，仍❸舉伍子胥為行人❹，以客禮事之，而與謀國政。闔閭謂子胥曰：「寡人欲強國霸王，何由而可？」伍子胥膝進❺，垂淚頓首曰：「臣，楚國之亡虜❻也，父兄棄捐❼，骸骨不葬，魂不血食❽，蒙罪受辱，來歸命❾於大王，幸不加戮，何敢與政事焉？」闔閭曰：「非夫子，寡人不免於縶御❿之使。今幸奉一言之教⓫，乃至於斯，何為中道生進退⓬耶？」子胥曰：「臣聞謀議之臣，何足處於危亡之地⓭？然憂除事定，必不為君主所親。」闔閭曰：「不然。寡人非子無所盡議，何得讓乎？吾國僻遠，顧⓮在東南之地，險阻潤濕，又有江海之害，君無守禦⑮，民無所依，倉庫⑯不設，田疇不墾，為之奈何？」子胥良久對曰：「臣聞治國之道，安君理民⑰，是其上者。」闔閭曰：「安君治民，其術奈何？」子胥曰：「凡欲安君治民，興霸成王，從近制遠者，必先立城郭，設守備，實倉廩，治兵庫，斯則其術也。」闔閭曰：「善。夫築城郭，立倉庫，因地制宜，豈有天氣之數⑱以威鄰國者乎？」子胥曰：「有。」闔閭曰：「寡人委計於子。」

【章旨】首章敘闔閭弒僚自立後，與伍子胥共謀國政，制定了安君治民、強國霸王、從近制遠的基本國策，以及先立城郭、設守備、實倉廩、治兵庫的具體措施。

【注釋】❶闔閭　一作「闔廬」，名光，西元前五一四～前四九六年在位。❷就　本意為接近，這裡引申為歸從。❸仍　乃。❹行人　官名。掌管朝覲、聘問、出使等事務，春秋、戰國時各國都有設置。❺膝進　跪地向前行進。❻亡虜　逃亡的罪人。❼棄捐　拋棄。❽血食　古時殺牲取血，用以祭祀，故從祭者來說稱血祀，從受祭者的角度說則稱血食。❾歸命　歸順。❿縶禦　拘囚監禁。縶，拘囚。禦，通「圉」。指監獄。⓫一言之教　指伍員出謀助闔閭刺殺吳王僚之事，參見卷三。⓬進退　仕進與隱退。這裡偏指隱退之義。⓭何足處於危亡之地　意謂謀議之臣，豈止於把自己處在危亡的境地。⓮顧　回視。⓯君無守禦　按《吳郡圖經續記》引作「內無守禦」。⓰倉庫　糧倉與兵庫。⓱理民　即治民，治理人民。⓲天氣之數　有關天象、氣候的術數。

古人常根據天象和氣候的變化，運用陰陽五行生剋制化的數理，來探測天人之際的聯繫和推斷人事的吉凶。

【語譯】闔閭元年，吳王闔閭就開始任用賢能，施行恩惠，以奉行仁義之道，而聞名於諸侯之間。在仁義和恩惠尚未施行之時，闔閭擔心國人不歸從，諸侯不信任，於是就任命伍子胥為行人，以賓客之禮來對待他，並且與他商議國家政事。闔閭對子胥說：「我想使國家強盛起來，成就霸王事業，從什麼途徑可以達到呢？」伍子胥跪地向前叩頭，淚流滿面地說：「我是楚國一個逃亡在外的罪人，拋棄了自己的父兄，致使他們的屍骨得不到安葬，魂魄也得不到祭祀。我蒙罪受辱，趕來投奔吳國，歸順於大王。大王不加殺戮已屬萬幸，我怎麼敢參與政事呢？」闔閭說：「如果沒有先生，我免不了被拘囚監禁的差使。如今幸虧遵奉了您那一句話的指教，我才開創了今天這種局面。您為什麼在中途產生退隱的念頭呢？」子胥說：「我聽說，謀議之臣豈止於把自己處在危亡的境地呢？然而一旦憂患消除，國事安定之後，謀議之臣必然不再為君主所親信。」闔閭說：「不是這樣。除了您之外，我再沒有可與之詳盡商議國事的人了，您怎麼能夠退讓呢？我國地處偏遠，環視東南地區，地勢高低不平，氣候潮濕，又有江河、海洋的水害。現在國內沒有守衛防禦，老百姓也無所依靠，糧倉兵庫尚未興建，田地也不曾開墾。我該怎麼辦呢？」子胥過了很久才回答說：「我聽說治國之道，先安定國君和治理人民，這是治國的上策。」闔閭問：「要安定國君和治理人民，應採取哪些措施呢？」子胥說：「凡是想使國君安定，人民治理，興建霸主事業，成為諸侯之王，從制服周邊各國開始，而逐漸使遠方各國也得到控制，一定要先建立城邑，設置守衛軍備，充實糧倉，管理好兵庫，這就是應採取的措施。」闔閭說：「太好了。建築城邑，設立倉庫，都應因地制宜，難道還有依據天象、氣候的術數，以威鎮鄰國的事嗎？」子胥說：「有。」闔閭說：「那麼我就委託您去籌劃實施吧！」

子胥乃使相土嘗水❶，象天法地，造築大城，周迴四十七里。陸門八，以象天八風❷。水門八，以法地八聰❸。築小城，周十里，陵門❹三。不開東面者，欲以絕越明也。立閶門者，以象天門通閶闔風❺也。立蛇門者，以象地戶也。闔閭欲西破楚，楚在西北，故立閶門以通天氣❻，因復名之破楚門。欲東并大越，越在東南，故立蛇門以制敵國。吳在辰，其位龍也❼，故小城南門上反羽❽為兩鯢鱙❾，以象龍角。越在巳地，其位蛇也，故南大門上有木蛇，北向首內，示越屬於吳也。

城郭以成，倉庫以具，闔閭復使子胥、屈蓋餘、燭傭習術戰騎射御之巧❿。未有所用，請干將鑄作名劍二枚。干將⓫者，吳人也，與歐冶子同師，俱能為劍。越前來獻三枚，闔閭得而寶之，以故使劍匠作為二枚[12]：一曰干將，二曰莫耶。莫耶，干將之妻也。干將作劍，采五山之鐵精，六合之金英[13]。候天伺地，陰陽同光[14]，百神臨觀，天氣下降，而金鐵之精不銷淪流[15]。於是干將不知其由。莫耶曰：「子以善為劍聞於王，使子作劍，三月不成，其有意乎？」干將曰：「吾不知其理也。」莫耶曰：「夫神物之化，須人而成。今夫子作劍，得無[16]得其[17]人而後成乎？」干將曰：「昔吾師作冶[18]，金鐵之類不銷，夫妻俱入冶爐中，然後成物。至今後世，即山作冶，麻絰葌服[19]，然後敢鑄金於山。今吾作劍不變化者，其若斯耶？」莫耶曰：「師知爍身以成物[20]，吾何難哉？」於是干將妻[21]乃斷髮剪爪，投於爐中。使童女童男三百人鼓橐[22]裝炭，金鐵乃濡[23]，遂以成劍。陽曰干將，陰曰莫耶。陽作龜文，陰作漫理[24]。干將匿其陽，出其陰而獻之，闔閭甚重。既得寶劍，適會魯使季孫[25]聘於吳，闔閭使掌劍大夫以莫耶獻之，季孫拔，劍之鍔中缺者大如黍米[26]，歎曰：「美哉！劍也。雖上國[27]之師，何能加之！夫劍之成也，吳霸。

有缺，則亡矣。我雖好之，其可受乎？」不受而去。

闔閭既寶莫耶，復命於國中作金鉤㉘，令曰：「能為善鉤者，賞之百金。」吳作鉤者甚眾，而有人貪王之重賞也，殺其二子，以血釁金㉙，遂成二鉤。獻於闔閭，詣宮門而求賞。王曰：「為鉤者眾，而子獨求賞，何以異於眾夫子之鉤乎？」作鉤者曰：「吾之作鉤也，貪而殺二子，釁成二鉤㉚。」王乃舉眾鉤以示之：「何者是也？」王鉤甚多，形體相類，不知其所在。於是鉤師向鉤而呼二子之名：「吳鴻、扈稽，我在於此，王不知汝之神也。」聲絕於口，兩鉤俱飛著父之胸。吳王大驚，曰：「嗟乎！寡人誠負於子。」乃賞百金，遂服而不離身。

【章旨】此章緊承前章，描寫有關措施的執行過程。先略敘伍子胥受命因地制宜，築城郭，立倉庫，然後詳寫闔閭為治兵備戰而請劍師鑄劍、命鉤師作鉤，其目的都是為了強國霸王。敘事時採用了民間傳說，故使有的情節帶有一定的傳奇色彩。

【注釋】❶相土嘗水　觀測地形，試辨水質。❷八風　指東北、東、東南、南、西南、西、西北、北等八個方位吹來的風，總稱八風。❸八聰　即八窗。與天上八風相應，地有八窗，在八風吹來的八個方位。❹陵門　高門。陵，崇，體崇高。又據《越絕書·卷二》記：「吳小城，周十二里。其下廣二丈七尺，高四丈七尺。門三，皆有樓，其二增水門二，其一有樓，一增柴路。」可證其門之高。❺閶闔風　即西風。《說文解字》列為八風之一。據《史記·律書》：「閶闔風居西方。閶者，倡也；闔者，藏也。言陽氣道萬物，闔黃泉也。」❻天氣　天象與氣數。❼吳在辰二句　古人以十二支與地上區域相對應，又以十二種動物與十二支相配，即子鼠、丑牛、寅虎、卯兔、辰龍、巳蛇、午馬、未羊、申猴、酉雞、戌犬、亥豬。吳處在辰位，故稱其位龍也。下文越在巳地，其位蛇也，與此同理。❽反羽　即反宇，指屋沿上仰起的瓦頭。❾鯢鱙　魚名。按徐乃昌《吳越春秋札記》曰：鯢鱙，當作螺繞，下又捝〔脫〕棟字。《御覽》引越王作飛翼之樓，云為兩螺繞棟，以象龍角，制正與此同。❿闔閭句　按卷三末記公子蓋餘、燭傭已降楚，楚封之於舒，則此處顯為誤記。⓫干將　與「歐冶子」皆為春秋時著名的鑄劍工匠。⓬故使劍匠作為二枚　《初學記》引作故使干將造劍二枚。⓭采五山之鐵精二句　按《後漢書》引此二句作采五山之精，合六金之英。《初學記》引後句作合六合之金英。五山，古人有稱五嶽為五山者，此泛指天下名山。六合，指天地四方。⓮陰陽同光　即日月同照，指日已昇而月未落，或日未落而月已昇的時刻。⓯不銷淪流　不熔化為流質。⓰得無　疑問詞。是否；是不是。⓱得其　《太平御覽》引作當得。⓲作冶　熔鍊鑄造金鐵之器。⓳麻絰葌服　古人居喪或祭祖時所著服飾。麻絰，指結在頭上或腰間的麻帶。葌服，即茅草衣。⓴師知爍身以成物　《太平御覽》引作先師親爍身以成物。爍，熔化。㉑干將妻　疑當作干將夫妻。㉒橐　古代冶鍊用以鼓風吹火的裝置，類似今之風箱。㉓濡　熔化。㉔漫理　如水漲溢之紋理。㉕季孫　魯國大臣，姓季孫，名不詳。㉖季孫拔二句　據徐乃昌《吳越春秋札記》，前五字《書鈔》作季孫拔劍視之。鍔，當指劍上的凸紋，即前文所記陰作漫理。也有訓作劍刃者，但聯繫下文，似不合情理。㉗上國　指當時中原各諸侯國，此是從地勢上相對於吳國而言。㉘金鉤　一種兵器，似劍而曲。㉙以血釁金　即以血塗金。釁，通「舋」。古人鑄造器物，常殺牲取血，塗在金屬之上以求吉利。該鉤師殺子取血，塗於金鐵之上，以求增加金鉤的神通。㉚吾之作鉤也一句 《太平御覽》引作「吾之作鉤也，貪王之賞，殺吾二子以成二鉤」。

【語 譯】伍子胥於是派人觀測地形，試辨水質，取法天地形象，先建築起一座大城，周長四十七里。陸路開闢有八個城門，取象於天上八方來風。水路也設立了八個城門，取法於地上八方窗戶以成。又建築起一座小城，周長十里，並在南、西、北三面各開設了一個很高的城門。而不在東面開設城門的含義，是想以此來斷絕越國的光明。在大城設立閶門的含義，是取象於天門以通閶闔風。設立蛇門的含義，是取象於大地上巳位的門戶。闔閭想向西擴張、消滅楚國，楚國位於吳國的西北，所以設立閶門以暢通天象氣數，因而又稱閶門為破楚門。闔閭也想向東擴張吞併大越，越國位於吳國的東南，所以設立蛇門以制服敵國。吳國地處辰位，辰位屬龍，所以在小城南門牆沿仰起的瓦頭上繪製了兩條鯢鱙狀的飾物，以象徵兩支龍角。越國地處巳位，巳位屬蛇，所以在大城南門上裝飾了一條木製的蛇，蛇身向北，蛇頭伸入城內，表示越國屬於吳國。

當城邑已經築成，倉庫也已興建完備之後，闔閭又派伍子胥等人訓練用兵戰術和騎馬、射箭、防禦等軍事技巧。因為缺少銳利的兵器使用，就請干將鑄造了兩把名劍。干將是吳國人，與歐冶子同出一個師傅門下，都擅長鑄劍。越國前來吳國進獻了三把劍，闔閭得到後視之為寶貝，因而又命干將鑄造了兩把：一把取名叫干將，一把取名叫莫耶。莫耶是干將的妻子。干將鑄劍，採用五嶽名山的精鐵和天地四方的精銅，然後伺察等待天地氣象的變化，當太陽、月亮同照大地之時才開始冶鍊，此時眾位神靈臨場觀看，天象氣候也下降大地，然而冶爐中的銅鐵精英，卻遲遲不熔化為流質。對此干將不知其原因何在。莫耶說：「你以善於鑄劍而為吳王所知，他要你鑄劍，可是三個月過去了，劍還沒有鑄成，難道你會有意這樣做嗎？」干將說：「我的確不知其中的原因何在。」莫耶說：「要使神物銷熔化合，必須有人的催助才能完成。現在你鑄劍，是不是也應得到人的催化之後才能鑄成呢？」干將說：「從前我師傅冶鑄銅鐵之器，有一次冶爐中的銅鐵，各歸一類互不溶合，於是他們夫妻倆一起跳入冶爐，然後才將器物鑄成。所以自此至今，他的後代每到山上冶煉，總要先束麻帶穿草衣進行祭奠，然後才敢在山上鑄造器物。今天我鑄劍不能使銅鐵熔化，莫非也是如此？」莫耶說：「先師為了將器物鑄成，而親自熔化自身，我們又有什麼為難的呢？」於是干將夫妻剪下頭髮和指甲，投入爐中，又派三百個童女童男裝炭燒爐，鼓風吹火，這樣銅鐵精英才充分銷熔化合，終於鑄成陰陽二劍。陽劍取名叫干將，陰劍取名叫莫耶。陽劍上鑄有似龜背般的圖紋，陰劍上則鑄作如水漫溢的紋理。干將把陽劍藏匿起來，只拿出陰劍獻給吳王，闔閭見了非常喜歡和珍視。剛得這把寶劍不久，恰好遇上魯國派來的季孫大臣到吳國訪問，闔閭便吩咐掌管寶劍的大夫把莫耶劍獻給季孫。季孫將劍拔出來仔細觀看，卻發現劍上的凸紋中有個米粒大的缺口，於是感嘆地說：「這把劍真好啊！即使中原各國的鑄劍大師，也沒有誰能超出這個水準。能鑄成這樣的寶劍，表明吳國必將成就霸王之業，但劍紋中有了缺口，則又是亡國的徵兆。我雖然很喜歡這把劍，但那又怎麼可以接受呢？」於是季孫沒有接受吳王的贈劍而離開了吳國。

闔閭既然把莫耶劍視為珍寶，又下令在國內製造金鉤，命令說：「凡能製造出好鉤的人，賞給他一百金。」於是吳國製造金鉤的人一時間很多，其中有一人為貪求吳王的重賞，竟殺了自己的兩個兒子，把他們的血塗在金屬上，終於製成了兩把鉤。他將二鉤獻給闔閭，逕到王宮門口請求賞賜。吳王說：「製作金鉤的人很多，而惟獨有你來主動請求賞賜，請問你的鉤與其他各位師傅的鉤有什麼不同？」這位鉤師說：「我製作金鉤時，為貪求大王的賞賜，殺了自己的兩個兒子，以血相塗才鑄成了兩把金鉤。」吳王於是舉起許多鉤給他看，問：「哪兩把是你製造的？」吳王收到的鉤非常多，而且外形相似，這位鉤師也不知自己的兩把鉤放在哪裡。於是他對著眾鉤而呼喊兩個兒子的名字說：「吳鴻、扈稽，我在這裡，大王還不知道你們的神通呢。」聲音剛落，兩把金鉤就一起飛落到這位父親的胸前。吳王大吃一驚，說：「哎呀！我真的有負於你。」於是賞給這位鉤師一百金，隨後將這兩把神鉤佩帶在自己身上，一會兒也不讓它們離身。

六月，欲用兵，會楚之白喜❶來奔。吳王問子胥曰：「白喜何如人也？」子胥曰：「白喜者，楚白州犁❷之孫。平王誅州犁❸，喜因出奔，聞臣在吳而來也。」闔閭曰：「州犁何罪？」子胥曰：「白州犁，楚之左尹，號曰郄宛❹，事平王。平王幸之，常與盡日而語，襲朝而食。費無忌望而妒之，因謂平王曰：『王愛幸宛，一國所知，何不為酒，一至宛家，以示群臣於宛之厚。』平王曰：『善。』乃具酒於郄宛之舍。無忌教宛曰：『平王甚毅猛而好兵，子必前陳兵堂下門庭。』宛信其言，因而為之。及平王往而大驚曰：『宛何等也？』無忌曰：『殆且有篡殺之憂，王急去之，事未可知。』平王大怒，遂誅郤宛。諸侯聞之，莫不歎息。喜聞臣在吳，故來請見之。」闔閭見白喜而問曰：「寡人國僻遠，東濱海，側聞子前人為楚荊之暴怒、費無忌之讒口❺。不遠吾國❻，而來於斯，將何以教寡人？」喜曰：「楚國之失虜❼，前人無罪，橫被暴誅。臣聞大王收伍子胥之窮厄❽，不遠千里，故來歸命，惟大王賜其死❾。」闔閭傷之，以為大夫，與謀國事。

吳大夫被離承宴，問子胥曰：「何見而信喜？」子胥曰：「吾之怨與喜同，子不聞河上❿歌乎？同病相憐，同憂相救。驚翔之鳥，相隨而集。瀨下之水⓫，因復俱流⓬。胡馬望北風而立，越燕向日而熙⓭。誰不愛其所近，悲其所思者乎？」被離曰：「君之言外也，豈有內意以決疑乎？」子胥曰：「吾不見也。」被離曰：「吾觀喜之為人，鷹視虎步，專功擅殺之性，不可親也。」子胥不然其言，與之俱事吳王。

【章　旨】此章主要以對話形式描敘白喜逃楚奔吳的原因和經伍子胥的推薦而受到吳王重用的過程，並由此而引出被離和伍子胥對白喜的不同看法，為後文埋下伏筆。

【注　釋】❶白喜　一作「伯嚭」，又作「帛否」，字子餘。楚國白州犁之孫，因故逃楚奔吳，官至吳國太宰。❷白州犁　一作伯州犁，楚國大夫，據《左傳》，官至楚國太宰，本書則說官至楚國左尹。❸平王誅州犁　按《左傳》載，伯州犁死於魯昭公元年，為公子圍（楚靈王）所殺。平王所誅，當是郄宛。❹號曰郄宛　按郄宛，一作「郤宛」。詳此書是說伯州犁號郄宛，即以伯州犁、郄宛為一人。但此記有誤。據《左傳》載，楚太宰伯州犁，死於魯昭公元年，而左尹郤宛（字子惡）死於魯昭公二十七年，其時平王在位，但郤宛之難，實是令尹子常聽信費無忌讒言所為。據此知伯州犁、郤宛顯為二人無疑。又據《史記・吳太伯世家》注引徐廣說：州犁之子曰郤宛，郤宛之子曰伯嚭。宛亦姓，伯又別氏郤。❺側聞句　句中本意是說郤宛之難，但為了避諱說「死」，而僅點到楚王的暴怒和費無忌的讒害為止。側聞，從旁聽說，此為謙辭。楚荊，即楚國，楚原建國於荊山一帶，故春秋時楚國又稱荊，也可稱荊楚或楚荊。此處楚荊是以國名代指國王。❻不遠吾國　不以我國為遠。❼失虜猶言亡虜，指逃亡的罪人。失，通「佚」。❽窮厄　窮困、窘迫。❾惟大王賜其死　希望大王能賜給我效死的機會。❿河上　指瀨水兩岸。⓫瀨下之水　當指瀨水下游的急流，因伍子胥曾經從瀨水逃奔吳國，故有此謂，事見卷三。瀨，指流經石上的湍急之水。⓬因復俱流　當作回復俱流。⓭煕　通「嬉」。嬉戲的意思。

【語　譯】六月，吳王闔閭想興兵作戰，恰巧楚國的白喜來投奔吳國。吳王闔閭問伍子胥說：「白喜是一個怎樣的人？」子胥說：「白喜是楚國白州犁的孫子。楚平王殺害了白州犁的兒子，白喜因而逃出楚國，聽說我在吳國，才趕來投奔。」闔閭說：「白州犁的兒子犯了什麼罪？」子胥說：「白州犁的兒子是楚國的左尹，名叫郄宛，一直侍奉楚平王。楚平王很喜歡他，常和他整日交談，甚至談到次日早晨才吃飯。費無忌看見後嫉妒他，就對平王說：『大王寵愛郄宛，這是舉國皆知的事，何不準備好酒席，到郄宛家走一趟，以便讓群臣都看看您對於郄宛的厚愛。』平王說：『好。』於是在郄宛家備辦酒席。費無忌又教唆郄宛說：『平王這人非常剛毅勇猛，愛好兵器，你一定要事先在堂下、門口、庭院陳列兵器。』郄宛輕信了他的話，就照著做了。等平王到達郄宛家，見了大吃一驚，說：『郄宛這是要幹什麼？』費無忌說：『恐怕將有殺君篡位的禍患，大王您趕快離開吧，事情還不知會怎樣。』平王非常憤怒，於是就殺了郄宛。各國諸侯聽說後，無不為之嘆息。白喜聽說我在吳國，所以來此請求您接見他。」闔閭接見白喜時問道：「我的國家地處偏遠，東臨大海，我聽說您父親的不幸，是因為楚王的暴怒、費無忌的讒害。你現在不以我國為遠，而來到這裡，將對我有什麼指教嗎？」白喜說：「我是楚國逃亡在外的一個犯人，父親本來無罪，卻橫遭殘殺。我聽說大王收留了窘困中的伍子胥，所以不遠千里，前來歸順，希望大王能賜給我效死的機會。」闔閭同情他的遭遇，就任命他為大夫，並同他一起商議國事。

吳國大夫被離乘出席宴會之機，問伍子胥說：「你為什麼一見到白喜就相信他呢？」子胥回答說：「我的怨仇與白喜相同，你沒有聽到過瀨水兩岸的歌謠嗎？同病者互相憐憫，同憂者互相援救。被驚飛的鳥群，互相跟隨一起棲留。瀨水下游的急湍，旋轉著波濤一起東流。胡地的馬常望著北風而站立，越地的燕常向著東日而嬉戲。誰不喜愛與自己命運相近的人，誰不悲憫自己思念的人呢？」被離說：「你說的這些都只是表面上的話，難道還有什麼內心想法用以解決疑難之事嗎？」子胥說：「我還沒有看出。」被離說：「我觀察白喜的為人，目光像鷹，步履似虎，表現出獨攬功名、擅殺生靈的個性，這樣的人是不可以親近的。」伍子胥對被離的話不以為然，仍與白喜一起侍奉吳王。

二年，吳王前既殺王僚，又憂慶忌❶之在鄰國，恐合諸侯來伐。問子胥曰：「昔專諸之事於寡人厚矣。今聞公子慶忌有計於諸侯，吾食不甘味，臥不安席，以付於子。」子胥曰：「臣不忠無行，而與大王圖王僚於私室之中，今復欲討其子，恐非皇天之意。」闔閭曰：「昔武王討紂而後殺武庚❷，周人無怨色。今若斯議，何乃天乎❸？」子胥曰：「臣事君王，將遂吳統，又何懼焉？臣之所厚其人者，細人❹也，願從於謀。」吳王曰：「吾之憂也，其敵有萬人之力，豈細人之所能謀乎？」子胥曰：「其細人之謀事，而有萬人之力也。」王曰：「其為何誰？子以言之。」子胥曰：「姓要，名離。臣昔嘗見曾折辱壯士椒丘訢❺也。」王曰：「辱之奈何？」子胥曰：「椒丘訢者，東海上人也，為齊王使於吳，過淮津❻，欲飲馬於津，津吏❼曰：『水中有神，見馬即出，以害其馬。君勿飲也。』

訢曰：『壯士所當，何神敢干？』乃使從者飲馬於津，水神果取其馬，馬沒。椒丘訢大怒，袒裼❽持劍，入水求神決戰，連日乃出，眇❾其一目。遂之吳，會於友人之喪。訢恃其與水❿戰之勇也，於友人之喪席，而輕傲於士大夫，言辭不遜，有陵人⓫之氣。要離與之對坐，合坐不忍其溢於力也。時要離乃挫⓬訢曰：『吾聞勇士之鬥也，與日戰不移表⓭，與神鬼戰者不旋踵⓮，與人戰者不達聲⓯，生往死還，不受其辱。今子與神鬥於水，亡馬失御⓰，又受眇目之病，形殘名勇，勇士所恥。不即喪命於敵，而戀其生，猶傲色於我哉！』於是，椒丘訢卒⓱於⓲詰責，恨怒並發，暝即往攻要離。於是，要離席闌⓳至舍，誡其妻曰：『我辱壯士椒丘訢於大家之喪，餘恨蔚恚⓴，暝必來也，慎無閉吾門。』至夜，椒丘訢果往，見其門不閉。登其堂，不關。入其室，不守。放髮僵臥㉑無所懼。訢乃手劍而捽㉒要離曰：『子有當死之過者三，子知之乎？』離曰：『不知。』訢曰：『子辱我於大家之眾，一死也。歸不關閉，二死也。臥不守御，三死也。子有三死之過，欲無得怨。』要離曰：『吾無三死之過，子有三不肖㉓之愧，子知之乎？』訢曰：『不知。』要離曰：『吾辱子於千人之眾，子無敢報，一不肖也。入門不咳，登堂無聲，二不肖也。前拔子劍，手挫捽吾頭，乃敢大言，三不肖也。子有三不肖而威於我，豈不鄙哉？』於是，椒丘訢投劍而嘆曰：『吾之勇也，人莫敢眥占㉔者，離乃加吾之上，此天下壯士也。』臣聞要離若斯，誠以聞矣。」吳王曰：「願承宴而待焉。」

【章　旨】此章記敘闔閭以王僚之子慶忌尚在鄰國為心腹大患，因命伍子胥設法翦除。伍子胥於是向吳王推薦了要離，並繪聲繪色地講敘了要離曾折辱東海壯士椒丘訢的情形，藉以說明要離雖然身材細小，實為天下壯士。

【注　釋】❶慶忌　吳王僚之子，以勇武著名，闔閭謀殺王僚自立後，慶忌逃亡衛國，以伺機復仇。❷武王討紂句　事見《史記・殷本紀》、〈周本紀〉等篇，武庚乃紂王之子，武王去世後，武庚與管叔、蔡叔作亂，成王命周公誅之。❸何乃天乎　《四部備要》本作「何及夫子」。❹細人　身材瘦小的人。❺椒丘訢　萬曆本作「椒丘訴」，東海壯士，曾為齊國使臣。❻淮津　淮水渡口。❼津吏　管理渡口橋梁的官吏。❽袒裼　脫去衣服，赤身露體。❾眇　偏盲，即瞎了一眼。❿訢恃其與水　徐天祜注曰：「水」字下當有「神」字。⓫陵人　用氣勢壓人。陵，通「淩」。⓬挫　折辱。⓭不移表　即日表上的影子還沒有移動。謂速戰速決，極為迅速。表，指日表，又名日晷，是古代測量日影以計時辰的儀器。⓮不旋踵　不需轉動腳跟。⓯不達聲　不會發出聲氣。⓰御　此指駕馭車馬的人。⓱卒　通「猝」。突然。⓲於　疑當作「被」。⓳席闌　喪席結束之後。⓴蔚恚　怨怒鬱結。蔚，通「鬱」。㉑偃臥　仰面臥倒。㉒捽　揪住。㉓不肖　此指責椒丘訢的行為不夠勇士的氣派。㉔眥占　側目而視，表示輕蔑。

【語　譯】闔閭二年，闔閭在殺死王僚自立一年之後，又擔憂王僚的兒子慶忌尚在衛國，惟恐他會合諸侯來討伐吳國。因而對伍子胥說：「過去推薦專諸刺殺王僚的事，你對我的情意實在深厚。現在聽說公子慶忌在聯絡諸侯設計復仇，我感到吃飯沒有味，睡覺也不安穩。我想把這件事託付給你。」伍子胥說：「我這人不忠誠，無善行，因而與大王設謀在地下室中刺殺了王僚。現在您又要我去討伐僚的兒子，恐怕不合皇天的旨意。」闔閭說：「從前周武王討伐商紂王，後來周公又奉命殺掉了紂的兒子武庚，周朝的人民並無不滿的表情。今天如果有人這樣評論，又怎麼會累及於你呢？」伍子胥說：「我既然侍奉大王，必將維護吳國的王統，我又有什麼恐懼的呢？我所看重的人，是一個瘦小的人，但我希望能讓他去圖謀慶忌。」吳王說：「我擔憂的是，我們的對手有萬人之力，難道是一個瘦小之人所能圖謀的嗎？」伍子胥說：「這個瘦小的人在謀事時，卻有萬人之力。」闔閭說：「這人是誰？你把他說給我聽聽。」伍子胥說：「這人姓要，名離。我曾經見他侮辱過壯士椒丘訢。」闔閭說：「他是怎樣折辱椒丘訢的？」伍子胥說：「椒丘訢是東海邊上的人，有一次他為齊王出使吳國，經過淮河渡口，想在渡口飲馬，管理渡口的官吏說：『淮河中有一水神，看到馬就會出來，將馬搶去吃掉。請您不要在這裡飲馬。』椒丘訢說：『在壯士面前，什麼神敢加干涉？』於是派隨從到渡口去飲馬，水神果然出來搶走了馬，馬隨即沈沒到水中不見了。椒丘訢非常憤怒，立即脫光衣服，手執寶劍跳入水中，尋找水神決戰，連戰幾天才出來，弄瞎了一只眼睛。終於來到吳國，恰巧遇上朋友家的喪事。椒丘訢倚仗著自己與水神決戰的勇敢，在朋友辦喪事的酒席上輕視在座的士大夫，出言不遜，盛氣凌人。要離坐在椒丘訢的對面，在座的人都不能忍受椒丘訢誇耀勇力。這時要離當即折辱椒丘訢說：『我聽說作為一個勇士的戰鬥，與太陽作戰，不待日晷移動；與神鬼作戰，不需移動腳後跟；與人作戰，連聲氣都不會發出。活著出去，死了回來，不受對方的侮辱。現在你與水神在水中決鬥，結果犧牲了馬，丟失了馬夫，還被弄瞎了一隻眼睛。形體已殘還要稱勇，這正是勇士的恥辱。不當場戰死在敵人手下，而是貪戀自己的生命，還在我面前表現出傲慢的神色呢！』在這裡，椒丘訢突然遭到指責後，恨怒交加，準備當晚就去攻擊要離。於是，要離在酒席結束後回到自己家中，告誡妻子說：『我今天在大家的喪席上侮辱了壯士椒丘訢，他怨怒鬱結，恨之入骨，晚上一定會來報仇，小心不要關我家所有的門。』到了晚上，椒丘訢果然來到要離住所，見他家大門敞開著，他就直登前堂。前堂的門也沒有關，他就進了要離的臥室。臥室沒有人防守。要離披散著頭髮，仰面躺著，無所畏懼。椒丘訢於是一手拿劍，一手揪住要離說：『你有三條該死的罪過，你知道嗎？』要離說：『不知道。』椒丘訢說：『你在大庭廣眾面前侮辱我，這是一該死。回家不關閉門戶，這是二該死。睡覺不設防衛，這是三該死。你有這三條該死的罪過，想必死了也不會怨恨我。』要離說：『我並無三條該死的罪過，你卻有三點不夠勇士的羞愧，你知道嗎？』椒丘訢說：『不知道。』要離說：『我在千人的面前侮辱你，你卻不敢當場回答報復，這是第一點不配作勇士。入我大門不咳嗽，進我堂屋不吱聲，這是第二點不配作勇士。先拔出劍，再用手揪住我的頭，才敢大聲說話，這是第三點不配作勇士。你有這三點不配作勇士，卻來威嚇我，難道不鄙陋嗎？』於是，椒丘訢扔下劍而嘆息說：『我的勇猛，過去從來沒有人敢輕視，可是要離卻超過我之上，他才真正是天下的壯士。』我聽到的有關要離的事就是這些，實實在在都告訴您了。」吳王說：「我希望能設宴來招待他。」

子胥乃見要離曰：「吳王聞子高義❶，惟一臨之。」乃與子胥見吳王，王曰：「子何為者？」要離曰：「臣，國東千里之人。臣細小無力，迎風則僵，負風則伏，大王有命，臣敢不盡力？」吳王心非子胥進此人，良久默然不言。要離即進曰：「大王患慶忌乎？臣能殺之。」王曰：「慶忌之勇，世所聞也，筋骨果勁，萬人莫當，走追奔獸，手接飛鳥，骨騰肉飛❷，拊膝❸數百里。吾嘗追之於江，駟馬❹馳不及。射之闇接❺，矢不可中。今子之力不如也。」要離曰：「王有意焉，臣能殺之。」王曰：「慶忌明智之人，歸窮於諸侯❻，不下諸侯之士。」要離曰：「臣聞安其妻子之樂，不盡事君之義，非忠也。懷家室之愛，而不除君之患者，非義也。臣詐以負罪出奔，願王戮臣妻子，斷臣右手，慶忌必信臣矣。」王曰：「諾。」要離乃詐得罪出奔，吳王乃取其妻子，焚棄於市。要離乃奔諸侯而行怨言，以無罪聞於天下。遂如衛，求見慶忌，見曰：「闔閭無道，王子所知。今戮吾妻子，焚之於市，無罪見誅。吳國之事，吾知其情，願因王子之勇，闔閭可得也。何不與我東之於吳？」慶忌信其謀。後三月，揀練士卒，遂之吳。將渡江於中流，要離力微，坐與❼上風，因風勢以矛鉤其冠，順風而刺慶忌。慶忌顧❽而揮之三，捽其頭於水中，乃加於膝上：「嘻嘻哉！天下之勇士也，乃敢加兵刃❾於我。」左右欲殺之，慶忌止之曰：「此是天下勇士，豈可一日而殺天下勇士二人❿哉！」乃誡左右曰：「可令還吳，以旌⓫其忠。」於是慶忌死。要離渡至江陵⓬，愍然⓭不行。從者曰：「君何不行？」要離曰：「殺吾妻子以事其君⓮，非仁也。為新君而殺故君之子，非義也。重其死，不貴無義。今吾貪生棄行，非義也。夫人有三惡以立於世，吾何面目以視天下之士？」言訖，遂投身於江。未絕，從者出之。要離曰：「吾寧能不死乎？」從者曰：「君且勿死，以俟爵祿。」要離乃自斷手足，伏劍而死。

【章　旨】此章通過描寫要離主動受命，並以苦肉計刺殺了慶忌，然後又自殺的曲折情節，生動地刻畫了一位勇士的悲劇形象，同時還深刻地揭示了忠和義的矛盾性。

【注　釋】❶高義　行為高尚合於正義。❷骨騰肉飛　骨骼肌肉呈飛騰之勢，用以形容人的雄健踴躍之貌。❸拊膝　拍拍膝蓋。❹駟馬　古代一車套四馬，故稱駟馬之車或車之駟馬。❺闇接　熟練地接住。闇，通「諳」。❻歸窮於諸侯　窮困時投奔諸侯。❼與　當作「於」。❽顧　回頭。❾刅　「創」的本字。傷害的意思。❿二人　指慶忌自己和要離二人。⓫旌　表彰。⓬江陵　今湖北省江陵縣，在長江岸邊，春秋時為楚國郢都所在地。⓭慼然　憂傷的樣子。⓮以事其君　據徐乃昌《吳越春秋札記》：「其，宋本作『吾』。」

【語　譯】伍子胥於是去見要離，對他說：「吳王聽說你行為高尚合於正義，希望你到宮中去一次。」於是要離與伍子胥一起去謁見吳王。闔閭問道：「你是做什麼的？」要離回答說：「我是國都以東千里地方的人。我雖然瘦小乏力，迎面風吹就後倒，背面風吹就前仆，但如果大王有命令，我怎敢不盡微薄之力？」吳王內心責怪伍子胥推薦了一個這麼瘦小的人，沈默了很久沒有說話。要離便上前說：「大王是憂慮慶忌吧？我能殺掉他。」吳王說：「慶忌的勇敢，天下聞名。他筋骨結實有力，萬人不可抵敵，飛步能追上奔跑的野獸，揮手可抓住空中的飛鳥，骨骼肌肉呈騰飛之勢，拍拍膝蓋，能跑數百里。我曾經追他到江邊，乘四馬之車都趕不上。彎弓射他，他能熟練地接住飛箭，射不中他。現在看來你的力量比不過他。」要離說：「只要大王有意如此，我就能殺掉他。」吳王說：「慶忌是個明智的人，雖然是在窮困中歸依諸侯，但其待遇並不低於諸侯手下的武士。」要離說：「我聽說安於自己妻子兒女的歡樂，不盡效力於國君的義務，就是不忠。貪戀家小妻室之愛，而不去消除國君的憂慮，就是不義。我將假裝獲罪出逃，願意讓大王殺掉我的妻子和兒子，砍斷我的右手，這樣慶忌必定會信任我了。」吳王說：「那好吧。」要離於是假裝獲罪外逃，吳王便派人抓走他的妻子和兒子，燒死後扔在街市上。要離就逃到各諸侯國散布怨言，讓天下人都知道他是無罪的。最後來到衛國，請求會見慶忌，見面後說：「闔閭暴虐無道，王子早有所知。如今闔閭又殺死了我的妻子和兒子，把他們帶到街市上焚燒。他們沒有罪，卻慘遭殺害。吳國的大小事情，我都詳細了解，願借王子的勇力，闔閭可一舉擒獲。您何不與我向東到吳國去走一趟？」慶忌果然聽信了要離的策謀。於是挑選了一批士兵進行訓練，三個月之後，終於動身前往吳國。船將行至大江急流之中，要離力氣不大，就坐在上風位置，借助風勢用矛鉤住慶忌的帽子，順著風力刺中了慶忌。慶忌回過頭來向要離揮了三次手，才揪住要離的頭按入水中，又提起放在膝上說：「你了不起啊！真是一個天下勇士，竟敢在我頭上動矛來傷害我。」左右的人欲殺死要離，慶忌阻止說：「此人也是天下勇士，怎麼可以在一天之內連殺兩個勇士呢！」於是告誡左右的人說：「可以讓他回到吳國去，以表彰他的忠心。」說完這些，慶忌就死了。要離乘船到達江陵後，就神情憂傷地不肯前行了。隨從問道：「您為什麼不走了？」要離說：「殺死自己的妻子和兒子來為國君效力，這是不仁。為了新任國君而殺害前任國君的兒子，這是不義。看重自己的生死，既不高貴又不合義。如今我貪戀活命卻毀棄了善行，這不是義。作為一個人活在世上卻有這三種惡行，我有什麼面目去見天下的士人？」話音未落，就跳入了江中。但還沒有淹死，又被隨從救了出來。要離說：「我怎麼能不死呢？」隨從說：「您暫且不要去死，還應等著接受官爵和俸祿。」要離就自己斬斷了手腳，伏劍自殺。

三年，吳將欲伐楚。未行，伍子胥、白喜相謂曰：「吾等為王養士，畫其策謀，有利於國，而王故伐楚，出其令，託而無興師之意，奈何？」有頃，吳王問子胥、白喜曰：「寡人欲出兵，於二子何如？」子胥、白喜對曰：「臣願用命。」吳王內計❶二子皆怨楚，深恐以兵往破滅而已。登臺向南風而嘯，有頃而嘆，群臣莫有曉王意者。子胥深知王之不定，乃薦孫子❷於王。孫子者，名武，吳人❸也。善為兵法，辟隱深居❹，世人莫知其能。胥乃明知鑒辯❺，知孫子可以折衝銷敵❻。乃一旦與吳王論兵，七薦孫子。吳王曰：「子胥託言進士，欲以自納。」而召孫子問以兵法。每陳一篇，王不知口之稱善❼，其意大悅。問曰：「兵法寧可以小試耶？」孫子曰：「可！可以小試於後宮之女。」王曰：「諾。」孫子曰：「得大王寵姬二人，以為軍隊長，各將一隊。」令三百人皆被甲兜鍪❽，操劍盾而立。」告以軍法，隨鼓進退，左右迴旋，使知其禁。乃令曰：「一鼓皆振，二鼓操進，三鼓為戰形。」於是宮女皆掩口而笑。孫子乃親自操枹❾擊鼓，三令五申，其笑如故。孫子顧視諸女連笑不止，孫子大怒，兩目忽張，聲如駭虎，髮上衝冠，項旁絕纓❿，顧執法曰：「取鈇鑕⓫！」孫子曰：「約束不明，申令不信，將之罪也。既以約束，三令五申，卒不卻行，士之過也。軍法如何？」執法曰：「斬！」武乃令斬隊長二人，即吳王之寵姬也。吳王登臺觀望，正見斬二愛姬，馳使下之令曰：「寡人已知將軍用兵矣。寡人非此二姬，食不甘味，宜勿斬之。」孫子曰：「臣既已受命為將，將法在軍，君雖有令，臣不受之。」

孫子復撝⑫鼓之，當左右進退，迴旋規矩，不敢瞬目⑬，二隊寂然無敢顧者。於是乃報吳王曰：「兵已整齊，願王觀之。惟所欲用，使赴水火，猶無難矣，而可以定天下。」吳王忽然不悅，曰：「寡人知子善用兵，雖可以霸，然而無所施也。將軍罷兵就舍，寡人不願。」孫子曰：「王徒好其言而不用其實。」子胥諫曰：「臣聞兵者，凶事，不可空試。故為兵⑭者，誅伐不行，兵道⑮不明。今大王虔心⑯思士，欲興兵戈以誅暴楚，以霸天下而威諸侯。非孫武之將，而誰能涉淮踰泗⑰，越千里而戰者乎？」於是吳王大悅，因鳴鼓會軍，集而攻楚。孫子為將，拔舒⑱，殺吳亡將二公子蓋餘、燭傭⑲。謀欲入郢⑳，孫武曰：「民勞未可恃也。」

【章　旨】此章著重描寫軍事家孫武。他在伍子胥的極力推薦下而獲得機會與吳王講論兵法，並受吳王之命，先以兵法戲劇性地小試於後宮之女，繼而率軍攻楚，大勝於拔舒之役，終於使吳王萌生了入楚都而破其郢的野心。

【注　釋】❶內計　內自計議。❷孫子　名武，字長卿，春秋時著名軍事家。著有《孫子兵法》，是中國最早最傑出的兵書。❸吳人　據《史記》本傳：「孫子武者，齊人也。」❹辟隱深居　避世隱名，深居簡出。辟，通「避」。❺鑒辯　鑒別辨明。辯，通「辨」。❻折衝銷敵　意謂擊退、消滅敵軍。折衝，使敵人的戰車後撤。衝為戰車的一種。銷，通「消」。❼王不知口之稱善　按《藝文類聚．卷五三》所引：「知」作「覺」。❽兜鍪　古代士兵戴的頭盔。❾枹　鼓槌。❿纓　古人結冠的帶子，以二組繫於冠，卷結頤下。⓫鈇鑕　古代執行斬刑時用的斧和鐵砧。⓬撝　通「揮」。指揮或揮動的意思。⓭瞬目　即眨眼。⓮為兵　治軍。⓯兵道　治軍之道。⓰虔心　誠心。⓱涉淮踰泗　跨越淮水和泗水。淮水、泗水與長江、黃河古時稱為四瀆。⓲舒　原為春秋時國名，後為楚國所占領，地在今安徽舒城縣。闔閭刺殺王僚自立為吳王後，公子蓋餘、燭傭二人投降楚國，楚封之於舒。參見卷三。⓳公子蓋餘燭傭　皆為王僚同母弟。王僚十三年春，二人受命率兵伐楚，因王僚被闔閭謀殺，他們二人便以兵降楚。參見卷三。⓴郢　春秋時楚國都城，楚文王十年自丹陽遷此。故址在今湖北江陵西北。

【語譯】闔閭三年，吳國將要討伐楚國。尚未出兵之時，伍子胥和白喜相互談論說：「我們是吃吳王俸祿的士人，為他出謀劃策，以有利於吳國，所以吳王準備討伐楚國，並且已經發出了命令，但又推託其詞，而無馬上出兵的意思，該怎麼辦呢？」過了不久，吳王問伍子胥和白喜說：「我準備出兵，你們二位覺得怎麼樣？」伍子胥和白喜回答說：「我們願意效命。」吳王內自揣摩這兩個人都怨恨楚國，因而非常擔心他們只是想利用吳國的軍隊去毀滅楚國罷了。他登上高臺，迎著南風而長嘯，過了不久又嘆氣。跟隨的諸位臣僚，沒有人明白吳王是什麼意思。惟有伍子胥深深知道吳王正在猶豫不決，就向他推薦了孫子。孫子名武，是吳國人。他本來擅長兵法，卻避世隱名，深居簡出，所以世人不知道他的才能。伍子胥是一個能明辨賢能、鑒別人才的人，知道孫子有擊退敵軍、消滅敵人的本領。於是有一天與吳王談講兵法時，七次推薦了孫子。吳王說：「伍子胥託言推薦士人，實際是想納到自己門下。」因而召見孫子，探問兵法。每當孫子陳敘一篇兵法，吳王都不知不覺地在嘴裡叫好，他的心中非常高興。吳王問道：「兵法可以用來小規模地試驗一下嗎？」孫子說：「可以！可以用您後宮的女子來小規模地試驗一下。」吳王說：「那好吧。」孫子說：「必須讓大王寵愛的兩個美姬做軍隊隊長，各帶一隊。命令三百位宮女，皆穿鎧甲戴頭盔，手拿劍、盾站好。」孫子先給她們講授軍法，要她們隨著鼓聲前進後退，左右迴轉，並且講明了軍隊的禁令，然後下令說：「敲第一遍鼓，全體振作；第二遍鼓，手拿武器前進；第三遍鼓，擺出戰鬥陣勢。」聽到這些，宮女們都捂著嘴笑。孫子於是親自拿起鼓槌擊鼓，再三叮囑說明，軍隊當嚴守紀律，但宮女們仍然嘻笑如故。孫子回頭望見宮女們連續嘻笑不停，心中非常憤怒，兩眼突然睜大，聲音猶如受驚的老虎，頭髮豎立直衝帽子，頸項兩旁連結帽子的絲帶都掙斷了。他回頭對執法官說：「拿斧和鐵砧來！」孫子說：「紀律約束不清楚，指揮號令不明確，這是將領的罪過。既然已經說明了紀律，並且再三再四地申述告誡，最後卻不執行，這就是士兵的過錯了，按軍法該怎麼處置？」執法官說：「處斬刑。」孫武立即下令處斬二位隊長，即吳王所寵愛的二位美姬。這時吳王登上高臺，觀看孫武演練兵法，看到正要處斬自己的二位愛姬時，急忙派使者向孫武傳達他的命令說：「我已經了解將軍用兵的方法了。我要是沒有這二位美姬，吃飯都會覺得無味，請不要將她們處斬。」孫子說：「我既然已經受命為將軍，而將軍的法令在軍中，是必須執行的，即使國君有命令，我也可以不接受。」於是孫子又擊鼓指揮，宮女們在聽令前進後退左右迴轉之時，無不規規矩矩，連眼睛都不敢眨一下，兩支隊伍寂靜無聲，沒有人敢回頭張望。在這種情況下，孫子才向吳王報告說：「隊伍已經操練整齊，請大王檢閱。現在可以聽憑大王怎樣使用她們，即使叫她們赴湯蹈火，也沒有什麼困難，因而可以使用她們平定天下。」吳王忽然不高興，說：「我知道你善於用兵，雖然可以由此稱霸，但卻無法施行。請將軍解散隊伍，回住所休息吧，我不想檢閱了。」孫子說：「大王只是喜歡我的用兵理論，而並不願意實際運用。」伍子胥進諫說：「我聽說戰爭是凶險的事情，不可只試不用。所以在治軍時，如果誅殺征伐不能實行，就不明白治軍的道理。現在大王誠心誠意思求賢能之士，想發動戰爭去討伐暴虐無道的楚國，並由此稱霸天下而威伏諸侯。但若無孫武這樣的將軍，又有誰能夠統領軍隊橫渡淮水、泗水，跋涉千里去作戰呢？」聽了伍子胥的這番話，吳王非常高興，於是下令鳴鼓會合各支軍隊，集中兵力攻打楚國。孫子被任命為將軍，於是一舉攻克舒城，殺死吳國逃亡的兩個將軍，即公子蓋餘、燭傭。吳王與孫武商議，想乘勝攻入楚國郢都，孫武說：「老百姓太疲憊了，還不能倚仗他們取勝。」

楚聞吳使孫子、伍子胥、白喜為將，楚國苦之，群臣皆怨，咸言費無忌讒殺伍奢❶、白州犁❷，而吳侵境，不絕於寇，楚國群臣有一朝之患❸。於是，司馬成❹乃謂子常❺曰：「太傅伍奢、左尹白州犁❻，邦人莫知其罪。君與王謀誅之，流謗❼於國，至於今日，其言不絕，誠惑之。

蓋聞仁者殺人以掩謗❽者，猶弗為也。今子殺人以興謗❾於國，不亦異乎！夫費無忌，楚之讒口，民莫知其過。今無辜殺三賢士❿，以結怨於吳。內傷忠臣之心，外為鄰國所笑。且郄、伍之家出奔於吳，吳新有伍員、白喜，秉威銳志，結讎於楚，故強敵之兵日駭。楚國有事，子即危矣。夫智者除讒以自安，愚者受佞以自亡。今子受讒，國以危矣。」子常曰：「是曩之罪也⓫，敢不圖之？」九月，子常與昭王⓬共誅費無忌，遂滅其族，國人乃謗止⓭。

【章　旨】此章插敘楚國君臣在外侵內怨的困境中深自反省，終於採取了誅殺讒佞費無忌的措施，以止謗安民。

【注　釋】❶伍奢　參見卷三。❷白州犁　此書記載有誤，當指郄宛，詳見本卷第三章及相關注釋。❸一朝之患　一時突然降臨的禍患，指亡國之禍。❹司馬成　按《左傳》作「左司馬戍」，又稱名「沈尹戍」，則「司馬」為官名。❺子常　楚公族公子囊之孫，因以「囊」為氏，名瓦，故一稱囊瓦。平王時為令尹。❻左尹白州犁　按此書記載有誤，當作左尹郄宛。❼流謗　傳播誹謗。❽掩謗　制止誹謗。❾興謗　滋長誹謗。❿三賢士　當指伍奢、伍尚和郄宛三人。⓫是曩之罪也　《左傳》作「是瓦之罪」，明萬曆本《吳越春秋》作「是囊之罪也」。

按子常又姓囊名瓦，上引二者皆可通。⑫昭王　名壬，後改名軫，又名珍。楚平王納其太子建之未婚妻秦女為室，乃生昭王。魯昭公二十七年（西元前五一五年）即位，在位二十七年。⑬國人乃謗止　按文意當作「國人謗乃止」。

【語譯】楚國聽說吳王任命孫武、伍子胥、白喜為將軍，全國叫苦，大臣們也紛紛埋怨，都說是因為費無忌進讒言殺害了伍奢、郤宛，才招來吳軍侵入國境，劫掠不斷發生，使楚國全體臣僚，都感到將有突然的災禍降臨。於是，左司馬戌就對令尹子常說：「太傅伍奢、左尹郤宛，國人都不知道他們犯了什麼罪過，您卻和平王合謀殺掉了他們。從此有關您和平王的壞話，就在國內到處傳播，直到現在，這種言論還在流傳，我對此實在困惑不解。聽說仁愛的人，以殺人去制止誹謗的事，尚且不去做。而您卻以殺人而招致國人誹謗，不也很奇怪嗎！費無忌這個人，實在是楚國的一張讒害忠良的惡嘴，但老百姓都不知道他的罪過。現在無罪枉殺了三位賢士，因此與吳國結仇。在國內傷害了忠臣的心，對外來說，也為鄰國所恥笑。況且郤、伍兩家逃到了吳國，使吳國新添了伍員、白喜為臣將，他們執掌權柄，磨礪志向，與楚國結仇，所以強敵吳國之兵日益可怕。一旦楚國發生戰禍，您也就危險了。聰明人應除掉讒佞以求自安，而愚蠢的人則聽信讒佞以自取滅亡。如今您聽信讒佞，國家也因此危險了。」子常說：「這是我過去的罪過，怎敢不設法對付呢？」九月，子常協助楚昭王殺掉了費無忌，並且誅滅了他的家族，國人的誹謗才得以停止。

吳王有女滕玉。因謀伐楚，與夫人及女會蒸魚❶，王前嘗半而與女，女怒曰：「王食魚，辱我，不忘久生❷。」乃自殺。闔閭痛之，葬於國西閶門外。鑿池積土，文石❸為椁❹，題湊❺為中❻，金鼎、玉杯、銀樽❼、珠襦❽之寶，皆以送女。乃舞白鶴於吳市中，令萬民隨而觀之，還使男女與鶴俱入羨門❾，因發機以掩之❿。殺生以送死，國人非之。

【章　旨】此章敘吳王在考慮伐楚計畫時，不慎誤傷自己女兒滕玉的自尊心，而導致她的自殺，因而負疚葬女，大肆鋪張浪費，尤其是以活男活女為滕玉殉葬的慘無人道行為，引起了國人的怨憤。

【注　釋】❶會蒸魚　據《文選》李善注引，當作「會食蒸魚」。❷不忘久生　據《文選》李善注引，當作「不忍久生」。❸文石　有紋理的石塊。❹椁　古代棺木有兩重，外曰椁，內曰棺。❺題湊　椁室內用厚木累積而成，木頭皆內向，稱題湊。❻中　指內棺，相對於外椁而言。❼銀樽　銀製的盛酒器具。❽珠襦　以珍珠綴串而成的短衣。❾羨門　墓門。❿發機以掩之　觸發機關讓墓門突然關閉，以便把他們活埋。

【語　譯】吳王有個女兒名叫滕玉。有一次吳王與夫人及女兒一起吃蒸魚，他當時因為一邊在考慮討伐楚國的事，所以一邊將一條魚先嘗了一半後又送給女兒吃。女兒滕玉惱怒地說：「父王將吃剩了的魚給我吃，侮辱了我，我不忍再活下去。」於是自殺身亡。闔閭既悲痛又內疚，把她埋葬在國都西面的閶門外邊。先挖好墓坑及墓門通道，後堆土作墳，墓內用有紋理的石塊做外椁，用題湊向內的厚木做內棺，金鑄的三足鼎、玉石琢的酒杯、銀製的酒壺、珍珠綴串的短衣等寶物，都用來隨葬女兒。然後舞白鶴為女兒送葬，隊伍經過吳都大街上時，命令成千上萬的百姓跟隨著觀看，最後還讓一男一女和白鶴一起進入墓門，於是觸發機關，把他們掩閉在墓室之中。吳王因殺活人陪葬死人，而遭到了國人的非議。

湛盧之劍❶惡闔閭之無道也，乃去而出，水行如❷楚。楚昭王臥而寤❸，得吳王湛盧之劍於床。昭王不知其故，乃召風湖子❹而問曰：「寡人臥覺而得寶劍，不知其名，是何劍也？」風湖子曰：「此謂湛盧之劍。」昭王曰：「何以言之？」風湖子曰：「臣聞吳王得越所獻寶劍三枚，一曰魚腸，二曰磐郢，三曰湛盧。魚腸之劍，已用殺吳王僚也，磐郢以送其死女，今湛盧入楚也。」昭王曰：「湛盧所以去者，何也？」風湖子曰：「臣聞越王元常❺使歐冶子造劍五枚，以示薛燭❻，燭對曰：『魚腸劍逆理不順❼，不可服也，臣以殺君，子以殺父。』故闔閭以殺王僚。一名磐郢，亦曰豪曹，不法之物，無益於人，故以送死。一名湛盧，五金之英❽，太陽之精，寄氣託靈，出之有神，服之有威，可以折衝拒敵。然人君有逆理之謀❾，其劍即出，故去無道❿以就有道⓫。今吳王無道，殺君謀楚，故湛盧入楚。」昭王曰：「其直⓬幾何？」風湖子曰：「臣聞此劍在越之時，客有酬其直者：有市之鄉三十⓭、駿馬千匹、萬戶之都二，是其一也。薛燭對曰：『赤堇之山已令無雲⓮，若耶之溪⓯深而莫測，群臣上天⓰，歐冶死矣。雖傾城量金，珠玉盈河，猶不能得此寶，而況有市之鄉、駿馬千匹、萬戶之都，何足言也？』」昭王大悅，遂以為寶。闔閭聞楚得湛盧之劍，因斯發怒，遂使孫武、伍胥、白喜伐楚。子胥陰令宣言⓱於楚曰：「楚用子期⓲為將，吾即得而殺之。子常用兵，吾即去之。」楚聞之，因用子常，退子期。吳拔六與潛二邑⓳。

【章　旨】此章以湛盧劍去吳入楚的神異之事而生發議論，借風湖子之口譴責吳王逆理無道。但此事反而激怒了吳王，因而再度興師伐楚，拔其六與潛二邑而歸。

【注　釋】❶湛盧之劍　此劍名湛盧，相傳為歐冶子所鑄，後來越國貢獻給吳王闔閭三把寶劍，湛盧為其中之一。❷如　往。❸寤　睡醒。❹風湖子　《越絕書》皆作「風胡子」，春秋時人，善於識鑒寶劍。❺越王元常　《左傳》、《史記》俱作「越王允常」。❻薛燭　春秋時越國人，善於鑒別寶劍。參見《越絕書・卷一一》。❼逆理不順　指劍上紋理倒向不順。❽五金之英　五種金屬的精華。五金指金、銀、銅、鉛、鐵，或指金、銀、銅、鐵、錫。❾逆理之謀　違背大理的策謀。❿無道　暴虐而沒有德政。⓫有道　指政治清明。⓬直　通「值」。⓭有市之鄉三十　即三十個有集市的鄉。鄉為古代行政區域單位，所轄範圍，歷代不同。周制以一萬二千五百家為鄉。春秋時各國之鄉當小於周制，如齊國郊內以二千家為一鄉，郊外以三千家為一鄉。⓮赤堇之山已令無雲　徐天祐注曰：「令」字當作「合」。按《越絕書・卷一一》有「赤堇之山已合」之句，可以作為徐注佐證。赤堇山，又名鄞城山、鑄浦山。相傳春秋時歐冶子曾鑄劍於此，在今浙江省內。⓯若耶之溪　又作「若邪溪」，相傳為歐冶子鑄劍之所。據《越絕書・卷一一》記載：歐冶子鑄劍時，「赤堇之山，破而出錫；若耶之溪，涸而出銅；雨師掃灑，雷公擊橐；蛟龍捧鑪，天帝裝炭；太一下觀，天精下之。歐冶乃因天之精神，悉其伎巧，造為大刑三、小刑二：一曰湛盧，二曰純鈞，三曰勝邪，四曰魚腸，五曰巨闕」。⓰群臣上天　《太平御覽》引作「群神上天」。又《越絕書》記此事末云：「群神不下，歐冶子即死。」可證「群臣」當作「群神」。⓱陰令宣言　暗中派人揚言。⓲子期　即公子結，楚昭王之兄。⓳吳拔六與潛二邑　按《史記・吳太伯世家》和〈伍子胥列傳〉皆記為闔閭四年吳伐楚，取六與灊。六，古國名，皋陶之後所封，魯文公五年秋為楚所滅，成為楚國的一個邑，其地在今安徽六安市。潛，又作「灊」，春秋時楚置潛邑，在今安徽潛山縣。

【語　譯】湛盧劍憎恨闔閭暴虐無道，就離開闔閭，出了吳宮，沿著水路到了楚國。楚昭王睡覺醒來，在他床上發現吳王的湛盧劍。楚昭王不知道其中的緣故，就召來善於識劍的風湖子問道：「我睡覺醒來發現了這把寶劍，但不知道它叫什麼名字，是一把什麼樣的劍？」風湖子說：「此劍稱為湛盧劍。」楚昭王說：「你根據什麼說它叫湛盧劍？」風湖子說：「我聽說吳王得到了越國貢獻的三把寶劍，第一把稱為魚腸劍，第二把稱為磐郢劍，第三把稱為湛盧劍。魚腸劍已被用於刺殺吳王僚，磐郢劍已陪葬了闔閭的女兒滕玉，而湛盧劍現在到了楚國。」楚昭王說：「湛盧劍離開吳王闔閭的原因何在？」風湖子說：「我聽說越王元常先讓歐冶子鑄造了五把劍，然後拿給薛燭鑒賞，薛燭回答說：『魚腸劍紋理顛倒混亂，不可佩戴，大臣將用它來謀殺國君，兒子將用它來謀殺父親。』所以闔閭用魚腸劍刺殺了王僚。另一把名叫磐郢劍，也叫豪曹劍，是不法之物，對活著的人無益，所以闔閭用它陪葬死者。還有一把名叫湛盧劍，五種金屬的精華，太陽的靈光，把精氣和神靈都寄託給它，所以拔出這把劍來就有神氣，佩戴上它就有威風，可以用它來抵抗和擊退敵人的進攻。但是如果佩戴它的國君有違背天理的陰謀，湛盧劍就會立即出鞘，因此而離開無道之君，歸依有道之君。如今吳王闔閭暴虐無道，先謀殺了自己的國君，又策劃進攻楚國，所以湛盧劍就來到了楚國。」楚昭王說：「這把劍的價值有多少？」風湖子說：「我聽說這把劍尚在越國時，就曾有人主動出價，願意以三十個有集市的鄉、一千匹駿馬和兩個有萬戶人口的都市交換，而且這只是求購者中的一個。薛燭當時就回答說：『赤堇山的山谷已經閉合無雲，若耶溪的溪水深不可測，當年幫助鑄劍的眾神已經回到天上去了，劍師歐冶子也死了。即使能拿出堆滿全城的黃金、裝滿河道的珠寶玉石，尚且不能得到這把寶劍，何況這區區有集市的鄉、上千匹駿馬和有萬戶人口的都市，哪值得提起呢？』」楚昭王聽了非常高興，於是把湛盧劍當作寶貝。吳王闔閭聽說楚昭王得到了湛盧劍，因此大發雷霆，於是命令孫武、伍子胥和白喜率兵攻打楚國。伍子胥暗地派人在楚國揚言說：「楚國如果任用子期為將軍，我就抓住他殺掉。如果派子常統領軍隊，我就撤兵離開他。」楚昭王聽到這一消息，因而改任子常為將軍，撤換了子期。結果吳國軍隊攻克了楚國的六和灊兩個城邑。

五年，吳王以越不從伐楚，南伐越。越王元常曰：「吳不信前日之盟❶，棄貢賜之國❷，而滅其交親❸。」闔閭不然其言。遂伐，破檇里❹。

【章　旨】此章略敘吳越用兵之始。越國本為吳國友好鄰邦，吳以越國不配合伐楚，就破壞盟約而南伐越，實啟後來滅國之禍。

【注　釋】❶前日之盟　當即本卷前文所記越王元常前來吳國獻劍三枚時締結盟約。按闔閭既以越國所獻魚腸劍刺殺王僚，則知吳越結盟事當在吳王僚執政時代。❷貢賜之國　即建立了貢賜關係的盟國。弱國向強國送物品稱為貢，強國向弱國回贈物品稱為賜。❸交親　互相親近。❹檇里　一作「檇李」，又作「醉李」，春秋時越國地名，在今浙江嘉興縣西南。據《左傳》記載：魯昭公三十二年，「夏，吳伐越，始用師於越也」。是為闔閭五年，與本書所記一致。

【語　譯】闔閭五年，吳王因為越國不派兵配合吳軍討伐楚國，而向南討伐越國。越王元常說：「吳國不信守以前締結的盟約，這是要拋棄向自己進貢的盟國，消滅親近自己的鄰邦。」闔閭對越王的話不以為然。於是派兵進攻，攻下了檇里。

六年，楚昭王使公子囊瓦❶伐吳，報潛、六之役。吳使伍胥、孫武擊之，圍於豫章❷。吳王曰：「吾欲乘危入楚都而破其郢，不得入郢，二子何功？」於是圍楚師於豫章，大破之。遂圍巢❸，克之，獲楚公子繁❹以歸，為質❺。

【章旨】此章敘吳楚矛盾進一步激化。楚國為了報復潛、六戰役的仇恨而討伐吳國，吳國於是興師還擊，並且再次被煽起入楚破郢的野心。

【注釋】❶囊瓦　即子常，楚國令尹。❷豫章　古地區名，故址在淮水之南、長江之北。與後世置於江南的豫章不是一地。❸巢　據《史記・吳太伯世家》記載，闔閭六年，楚伐吳。吳「迎而擊之，大敗楚軍於豫章，取楚之居巢而還」。則知此「巢」地即「居巢」，故址在今安徽省巢縣至巢湖一帶。❹公子繁　楚國守巢大夫。❺為質　作為人質（抵押）。

【語譯】闔閭六年，楚昭王派令尹子常率兵討伐吳國，報復吳國侵奪潛、六二邑的戰役。吳國派伍子胥和孫武率兵迎擊，將楚軍圍困在豫章。吳王闔閭對伍子胥和孫武說：「我想乘楚國的危機而進入楚國的都城，攻破郢都。如果不能進入郢都，你們二位又有什麼功勞可言？」於是吳軍將楚軍緊緊包圍在豫章，大敗楚軍。然後又包圍巢邑，一舉攻克，俘虜了楚國的守巢大夫公子繁，並把他帶回吳國，作為人質。

九年，吳王謂子胥、孫武曰：「始子言郢不可入，今果何如？」二將曰：「夫戰，借勝以成其威，非常勝之道。」吳王曰：「何謂也？」二將曰：「楚之為兵，天下強敵也。今臣與之爭鋒，十亡一存，而王入郢者，天也。臣不敢必。」吳王曰：「吾欲復擊楚，奈何而有功？」伍胥、孫武曰：「囊瓦者，貪而多過於諸侯，而唐、蔡怨之。王必伐，得唐、蔡何怨❶？」二將曰：「昔蔡昭公❷朝於楚，有美裘二枚、善珮二枚，各以一枚獻之昭王。王服之以臨朝，昭公自服一枚。子常欲之，昭公不與。子常三年留之不使歸國。唐成公❸朝楚，有二文馬❹，子常欲之，公不與，亦三年止之。唐成❺相與謀，從成公從者請馬，以贖成公。飲從者酒，醉之，竊馬而獻子常，常乃遣成公歸國，群臣誹謗曰：『君以一馬之故，三年自囚。願賞竊馬之功。』於是，成公常思報楚，君臣未嘗絕口。蔡人聞之，固請獻裘、珮於子常，蔡侯得歸。如晉告訴，以子元與太子質❻，而請伐楚。故曰：得唐、蔡而可伐楚。」吳王於是使使謂唐、蔡曰：「楚為無道，虐殺忠良，侵食諸侯，困辱二君，寡人欲舉兵伐楚，願二君有謀。」唐侯使其子乾為質於吳❼，三國合謀伐楚。舍兵於淮汭❽，自豫章與楚夾漢水為陣❾。

【章　旨】此章為破郢前奏。吳王向伍子胥、孫武問破郢之計，二將力主與楚國怨敵唐、蔡結盟，然後三國合謀伐楚。

【注　釋】❶王必伐二句　聯繫下文，此處有脫字，據徐乃昌《吳越春秋札記》說，當作：「王必伐楚，得唐、蔡而後可。」吳王曰：「唐、蔡何怨？」」❷蔡昭公　《左傳》、《史記》二書俱作「蔡昭侯」，乃蔡悼侯之弟，姬姓，名申，在位二十八年。❸唐成公　姬姓，唐惠侯之後。❹文馬　毛色有文采的馬。按《左傳》記載，定公三年，「唐成公如楚，有兩肅爽馬」。所謂肅爽馬，即駿馬。❺唐成　徐天祜校注曰：「成」當作「人」。❻以子元與太子質　按《左傳・定公三年》記作：「以其子元與其大夫之子為質焉。」❼唐侯句　按《左傳・定公四年》記作：「蔡侯因之，以其子乾與其大夫之子為質於吳。」❽舍兵於淮汭　按《左傳・定公四年》記作「舍舟於淮汭」，故徐天祜校注曰：「『兵』當作『舟』，吳乘舟從淮來，過蔡而舍之。」但此書「舍兵」解釋為「駐紮軍隊」也通。淮汭，指淮水彎曲處。❾自豫章句　按漢水自陝西流經湖北的西北部和中部，至江夏而匯入長江，春秋時楚國郢都位於漢水的西南面，而豫章地在淮水至長江之間，位於漢水的東北方向，故吳軍駐紮在豫章一帶，與楚軍隔漢水擺下陣勢。

【語　譯】闔閭九年，吳王闔閭對伍子胥和孫武說：「當初你們說還不能攻入楚國郢都，現在的情形當真如何？」二位將軍回答說：「作戰，憑藉著勝利的氣勢而威伏敵國，不是常勝之道。」吳王說：「這話是什麼意思？」二位將軍說：「楚國治軍素來有名，實為天下的強敵。現在讓我們和楚軍交鋒，不過十死一生而已，而大王要攻入郢都，就全靠天意了。我們不敢說這一定能夠如願。」吳王說：「我想再次進攻楚國，怎樣才能獲得成功呢？」伍子胥和孫武說：「楚國令尹囊瓦為人貪婪，曾多次得罪諸侯，因而唐國和蔡國都怨恨他。大王如果一定要討伐楚國，必須先取得唐、蔡二國的支持才行。」吳王說：「唐、蔡二國有什麼怨恨？」二位將軍回答說：「過去蔡昭公到楚國朝覲，帶有美麗的皮裘和上等的玉珮各二件。蔡昭公各以一件獻給楚昭王。於是楚昭王穿戴著皮裘和玉珮上朝，蔡昭公自己穿戴著另一件皮裘和玉珮。子常想要，但蔡昭公卻捨不得給。於是子常將蔡昭公扣留了三年，不讓他回國。唐成公到楚國朝覲，帶有兩匹毛色有文采的駿馬，子常想要，唐成公捨不得給，子常也扣留了他三年。唐國人商議對策，決定從唐成公的隨從那裡求取駿馬，用來贖回成公。於是請唐成公的隨從飲酒，把他們灌醉，然後偷出一匹駿馬獻給了子常，子常這才讓唐成公回國。唐國群臣誹謗成公說：『大王為了一匹馬的緣故，使自己被囚禁了三年。希望能獎賞偷馬者的功勞。』於是，唐成公經常想著報復楚國，君臣都未曾停止過議論。蔡國人聽到唐國贖回唐成公的消息後，堅決請求把皮裘和玉珮都獻給子常，蔡侯才得以回國。蔡昭公於是派人到晉國訴說了自己的遭遇，並以自己的兒子姬元和大夫的兒子做人質，請求晉國出兵討伐楚國。所以我們剛才說，要得到唐國和蔡國的支持才可以進攻楚國。」吳王於是派使者對唐、蔡兩國國君說：「楚國是一個暴虐無道之邦，他們殘殺忠臣良民，侵占諸侯國的領土，囚禁侮辱兩位國君。我現在想出兵討伐楚國，希望二位國君支持、獻謀。」於是蔡昭公送兒子姬乾到吳國作人質，吳、蔡、唐三國共同謀劃討伐楚國。吳軍乘船溯淮水而至蔡國，將所乘船隻停泊在淮河水灣後，與蔡軍會合，自豫章一帶和楚軍隔漢水擺下陣勢。

子常遂濟漢而陣，自小別山至於大別山❶，三不利❷，自知不可進，欲奔亡。史皇❸曰：「今子常無故與王共殺忠臣三人❹，天禍來下，王之所致。」子常不應。十月，楚二師陣於柏舉❺，闔閭之弟夫槩❻晨起請於闔閭曰：「子常不仁，貪而少恩，其臣下莫有死志，追之必破矣。」闔閭不許。夫槩曰：「所謂臣行其志不待命者，其謂此也。」遂以其部五千人擊子常，大敗，走奔鄭，楚師大亂。吳師乘之，遂破楚眾。楚人未濟漢，會楚人食，吳因奔而擊破之。雍滯❼五戰，徑至於郢。

【章旨】此章敘吳軍破楚入郢之役，以夫槩襲擊子常而拉開戰鬥序幕，繼而大舉進攻楚軍，節節取勝，直達郢都。

【注釋】❶自小別山句　關於小別山和大別山的具體方位，歷來說法不一，杜預注曰：「〈禹貢〉漢水至大別南入江，然則此二別在江夏界。」徐天祐注曰：「今漢陽縣北有大別山。」又引《元和郡縣志》曰：「小別山在漢陽縣。」按今在河南、湖北、安徽三省邊境有大別山，為長江、淮河分水嶺，主峰天堂寨在湖北省羅田縣東北，本書所言小別山和大別山，當是今大別山在湖北至安徽間的山脈或山峰。❷三不利　按《左傳》文義，當作「三戰不利」。❸史皇　楚國大夫。❹忠臣三人　當指伍胥、伍尚、郄宛三人。❺十月二句　按《左傳・定公四年》作「十一月庚午，二師陳於柏舉」。杜預注曰：「二師，吳、楚師。」柏舉，春秋時楚國地名，在今湖北麻城縣境內。❻夫槩　按《左傳》稱作「夫槩王」。❼雍滯　《左傳》作「雍澨」。按澨水源出湖北京山縣，東流至漢川縣，入漢水，古代亦名三澨，春秋時楚國之雍澨，當是其支流。

【語　譯】子常於是率領楚軍渡過漢水，自小別山至大別山一帶擺下陣勢，但連續三場戰鬥都對於楚軍不利，子常自己明白無法取勝，就想逃走。史皇說：「子常你曾和大王無緣無故殺害了三位忠臣，現在上天降下災禍，這是大王招來的。」子常聽了不作回答。十月，吳楚兩軍在柏舉擺下陣勢，吳王的弟弟夫槩，清晨起來就向闔閭請求說：「子常為人不講仁道，貪婪而寡恩，他的部下都沒有效死的決心，現在派兵追擊，一定能大破楚軍。」闔閭沒有允許。夫槩說：「所謂臣下根據自己的意志行事，不必等待國君的命令，說的就是這種情況。」於是夫槩率領自己的五千部眾襲擊子常，子常大敗，因而棄軍逃奔鄭國，致使楚軍內部大亂。吳軍乘勢擊潰楚軍。楚軍士兵還未渡過漢水，正在吃飯，吳軍又勇猛追擊攻破了他們。隨後吳楚兩軍，還在雍澨五次交戰，楚軍節節敗退，吳軍一直攻到郢都。

王追❶於吳寇，出固將亡❷，與妹季芈❸，出河濉❹之間，楚大夫尹固⑤與王同舟而去。吳師遂入郢，求昭王。王涉濉濟江，入於雲中⑥。暮宿，群盜攻之，以戈擊王頭，大夫尹固⑦隱王，以背受之，中肩。王懼，奔鄖⑧。大夫種建⑨負季羋以從。鄖公辛⑩得昭王，大喜，欲還之。其弟懷怒曰：「昭王是我讎也。」欲殺之，謂其兄辛曰：「昔平王殺我父⑪，吾殺其子，不亦可乎？」辛曰：「君討其臣，敢仇之者？夫乘人之禍，非仁也。滅宗廢祀，非孝也。動無令名，非智也。」懷怒不解。辛陰與其季弟巢以王奔隨⑫。吳兵逐之，謂隨君⑬曰：「周之子孫在漢水上者，楚滅之。謂天報其禍，加罰於楚，君何寶之？周室何罪，而⑭隱其賊？能出昭王，即重惠也。」隨君卜昭王與吳王，不吉，乃辭吳王曰：「今隨之僻小，密近於楚，楚實存我，有盟至今未改，若今有難而棄之⑮？今且安靜，楚敢不聽命？」吳師多⑯其辭，乃退。是時，大夫子期⑰雖與昭王俱亡，陰與吳師為市⑱，欲出昭王。王聞之，得免，即割子期心以與隨君盟而去⑲。

【章　旨】此章敘楚昭王在吳軍的追擊之下棄郢而逃，先奔鄖，繼奔隨，沿途險情迭生，真是死裡逃生。

【注　釋】❶追　徐天祜校注曰：「追」當作「迫」。❷出固將亡　按文義當作「出國將亡」。❸季芈　《左傳》作「季芈畀我」。季指排行，即伯仲叔季之季。芈，楚之姓。畀我，昭王妹之名。❹河濉　指河水和濉水。濉水即睢水，其方位說法不一，杜預注曰：「睢水出新城昌魏縣東南，至枝江縣入江。」即為今湖北境內沮水。又今安徽省東北部有濉河，但與本書所敘方位不合。❺尹固　按《左傳》作「鍼尹固」。❻雲中　古雲夢澤，地在湖北、湖南境內。❼大夫尹固　據《左傳．定公四年》，此次隱王受戈中肩者為王孫由于。❽鄖　古國名，春秋時為楚所滅，故址在今湖北京山縣、安陸縣一帶。❾種建　《左傳》作「鍾建」，楚國大夫。❿鄖公辛　姓鬥，名辛，魯昭公十四年，楚使鬥辛居鄖，故稱鄖公辛。與下文中懷、巢，皆為鬥成然之子。⓫昔平王殺我父　事在魯昭公十四年，按鬥成然本有佐立平王之功，而官至楚國令尹，但因不知度而求無厭，又與養氏結黨，故被平王所殺。⓬隨　古國名，西周初分封的諸侯國，姬姓，春秋後期成為楚的附庸。故址在今湖北隨縣南。⓭隨君　《左傳》作「隨人」。⓮而　你。⓯若今有難而棄之　按《左傳．定公四年》文義，該句下尚有「何以事君」四字，則應釋「若」為「如果」。但如釋「若」為「若何」、「奈何」，不加「何以事君」四字亦通。⓰多　贊賞。⓱子期　即公子結，楚昭王之兄。⓲為市　做交易。據《左傳》、《史記》載，子期打算代昭王赴難，以救出昭王。⓳即割子期心句　杜預注曰：「當心前割取血以盟，示至心。」意謂僅將子期胸部皮膚割破，取血而盟，並非剖胸取心。昭王之所以取子期之血，是用來表示接受他的忠誠。

【語　譯】楚昭王被吳軍逼出郢都，將要逃亡，與小妹芈畀我取道河水、濉水之間出走，楚大夫尹固與昭王同乘一隻船離去。吳軍終於進入郢都，到處搜索楚昭王。楚昭王渡濉水，過長江，進入雲中。晚上宿歇時，一群強盜襲擊昭王，用戈刺殺昭王的頭，大夫尹固為掩護昭王而用背去擋，結果被刺中了肩膀。楚昭王感到害怕，又逃奔到鄖國，大夫種建背著芈畀我跟隨在後。鄖公鬥辛得到楚昭王，心裡非常高興，打算送他回楚國。他的弟弟鬥懷憤怒地說：「楚王是我們的仇人。」鬥懷想殺掉楚昭王，便對他的哥哥鬥辛說：「過去楚平王殺害了我們的父親，現在讓我來殺死他的兒子，不也是可以的嗎？」鬥辛說：「楚平王作為國君而討伐他的臣下，誰敢仇恨他呢？況且你現在乘人之危殺楚王，這是不仁；毀滅宗族，廢棄祭祀，這是不孝；行動沒有正當的名義，這是不明智。」但鬥懷的怒氣仍然未能消解。於是鄖公辛就暗中和他的小弟弟鬥巢一起護送楚昭王投奔隨國。吳國的士兵也隨後追到隨國，對隨君說：「周王分封在漢水流域的子孫，大多都被楚國消滅了。他們臨死前說過，上天將會報復他們所遭受的災禍，要降罰於楚國，您為什麼要把楚王當作寶物呢？周王室有什麼罪過，使得您要隱藏他的賊子呢？您如果能交出楚王，即刻給予重賞。」隨君為是否將楚昭王交給吳王之事卜了一卦，結果不吉利，於是辭謝吳王說：「如今隨國偏僻狹小，又緊挨著楚國，而且楚國確實保全了我們。隨楚兩國早就訂有盟約，直到現在都未曾更改。如果因為目前楚國有了危難就背棄盟約，那以後我們又該怎樣來侍奉吳王呢？現在且讓楚王安然靜處一下，楚國豈敢不聽從吳王的命令嗎？」吳國的士兵贊賞隨君的答辭，就撤退了。這時，楚國大夫子期雖然是和昭王一起逃亡，但暗地卻正在與吳國士兵做交易，想自代昭王赴難，以能救出昭王。昭王得到消息以後，阻止了此事，才使子期免於一死。楚昭王為了接受子期代己赴難的忠誠，當即割破子期胸前的皮膚，取血和隨君再結盟約，然後一起逃走。

吳王入郢，止留。伍胥以不得昭王，乃掘平王之墓，出其屍，鞭之三百，左足踐腹❶，右手抉❷其目。誚❸之曰：「誰使汝用讒諛之口，殺我父兄，豈不冤哉？」即令闔閭妻昭王夫人，伍胥、孫武、白喜亦妻子常、司馬成❹之妻，以辱楚之君臣也。

遂引軍擊鄭。鄭定公前殺太子建而困迫子胥❺。自此鄭定公大懼❻，乃令國中曰：「有能還吳軍者，吾與分國而治。」漁者之子應募曰：「臣能還之，不用尺兵斗糧，得一橈❼而行歌道中，即還矣。」公乃與漁者之子橈❽。子胥軍將至，當道扣❾橈而歌曰：「蘆中人！」如是再。子胥聞之，愕然大驚曰：「何等？」謂與語❿：「公為何誰矣？」曰：「漁父者子。吾國君懼怖，令於國：有能還吳軍者，與之分國而治。臣念前人與君相逢於途，今從君乞鄭之國。」子胥嘆曰：「悲哉！吾蒙子前人之恩，自致於此，上天蒼蒼，豈敢忘也。」於是，乃釋鄭國，還軍守楚，求昭王所在日急。

【章　旨】此章敘吳軍入郢之後，伍子胥先掘楚平王之墓而鞭其屍，又辱楚君臣之妻而污其貞，再引軍擊鄭而報其怨，但因有漁者之子乞救而終於釋鄭還楚。吳王對伍子胥出於個人恩怨的一系列舉動也表示了認可，這實際上表現了作者的一種有仇報仇、有恩報恩的思想。

【注　釋】❶踐腹　《太平御覽》引作「踐其腹」。❷抉　挖出。❸誚　責備。❹司馬成　當作「司馬戌」。❺鄭定公句　事見本書卷三。❻鄭定公大懼　按太子建為鄭定公所殺，而吳軍入郢在西元前五〇六年，乃鄭獻公八年，此言鄭定公大懼有誤，當作「鄭獻公大懼」。❼橈　划船的槳。❽與漁者之子橈　《太平御覽》引作「與漁者之子一橈」。❾扣　通「叩」。敲擊。❿何等二句　《太平御覽》引作「『何等人者？』即請與語」。

【語　譯】吳王闔閭進入郢都，停留下來。伍子胥因為抓不到楚昭王，就掘開楚平王的墳墓，暴露出平王的屍體，先用鞭子抽打了他三百下，又用左腳踐踏他的肚子，右手挖出他的眼睛。責問他說：「誰叫你信用費無忌那張讒害阿諛的嘴，殺死了我的父親和哥哥，難道不冤枉嗎？」隨即讓闔閭娶了楚昭王的夫人，伍子胥、孫武、白喜也分別娶了子常、司馬戌等大臣的妻子，以此來侮辱楚國君臣。

然後伍子胥又率領吳軍攻打鄭國。因為鄭定公先前曾殺害了楚太子建，而且追逼過身處窮困的伍子胥。自聽到吳軍要攻打鄭國的消息後，鄭獻公非常恐懼，就在全國發布命令說：「有誰能使吳軍退兵，我將和他分國而治。」溧水漁父的兒子前來應募說：「我能退吳軍，並且不需使用一尺兵器和一斗糧食，只要有一把船槳，走在路上唱一唱歌，吳軍就會撤退。」鄭獻公就給了漁父的兒子一把船槳。伍子胥的軍隊將要進入鄭國時，漁父的兒子站在路中，敲著船槳而唱道：「蘆中人！」這樣唱了兩次。伍子胥聽到後，大為驚愕地說：「什麼人？」立即上前請問他說：「你到底是誰呀？」對方回答說：「我是溧水漁父的兒子。聽說您要攻打鄭國，我國國君惶恐不安，下令全國：有誰能使吳軍退兵，將和他分國而治。我想到先父曾和您在路途上相逢過一次，所以現在來乞求您保全鄭國。」伍子胥嘆息著說：「可悲啊！我蒙受了你父親的恩惠，才有了今天。有蒼天在上為證，我怎敢忘記呢！」於是，伍子胥就放過了鄭國，撤軍還守楚國，搜索楚昭王藏身的地方，一天比一天緊急。

申包胥亡在山中，聞之，乃使人謂子胥曰：「子之報讎，其以甚乎！子，故平王之臣，北面事之❶，今於僇❷屍之辱，豈道之極乎？」子胥曰：「為我謝申包胥曰：『日暮路遠，倒行而逆施之於道也。』」申包胥知不可，乃之於秦，求救楚。晝馳夜趨，足踵❸蹠❹劈，裂裳裹膝，鶴倚哭於秦庭，七日七夜，口不絕聲。秦桓公❺素沉湎，不恤❻國事。申包胥哭已歌曰：「吳為無道，封豕、長蛇，以食上國❼，欲有天下，政❽從楚起。寡君❾出在草澤，使來告急。」如此七日，桓公❿大驚：「楚有賢臣如是，吳猶欲滅之。寡人⑪無臣若斯者，其亡無日矣。」為賦〈無衣〉⑫之詩曰：「豈曰無衣，與子同袍。王于興師，與子同讎。」包胥曰：「臣聞戾德⑬無厭，王不憂鄰國疆埸之患，逮吳之未定，王其取分焉，若楚遂亡，於秦何利？則亦亡君之土也。願王以神靈存之，世以事王。」秦伯⑭使辭焉，曰：「寡人聞命矣，子且就館，將圖而告。」包胥曰：「寡君今在草野，未獲所伏⑮，臣何敢即安⑯？」復立於庭，倚牆而哭，日夜不絕聲，水不入口。秦伯為之垂涕，即出師而送之。

【章旨】此章敘忠臣申包胥為拯救楚國於已亡之際，先使人責備伍子胥報仇過甚，然後自赴秦庭，哭求於哀公，動之以情，訴之以理，終於說動秦王，答應立即出兵擊吳以救楚。

【注釋】❶北面事之　古代以坐北朝南為尊位，故國君見臣下皆南面而坐，臣下朝見君王則稱「北面」。❷僇　通「戮」。殺戮。此處指鞭屍。❸踵　腳後跟。❹蹠　腳掌。❺秦桓公　按申包胥求秦救楚事，在西元前五〇六年，即秦哀公三十一年，此言秦桓公有誤，當作「秦哀公」。❻不恤　不顧及。❼封豕長蛇二句　謂吳國貪暴如大豕、長蛇，屢欲吞食中原各國。封豕，猶言大豬。❽政　通「正」。❾寡君　人臣對別國稱自己國君的謙詞，意指寡德之君。❿桓公　當作「哀公」。⓫寡人　古代王侯或士大夫自謙之詞，意指寡德之人。⓬無衣　《詩經・秦風》篇名。⑬戾德　違背道德。⑭秦伯　指秦哀公。⑮未獲所伏　我還不知道他潛伏在什麼地方。⑯即安　指就館安歇。

【語　譯】申包胥在山中逃亡，聽到吳軍入郢都後所發生的一切，就派人對伍子胥說：「你這樣報仇，豈不是太過分了嗎！你原本是平王的臣下，曾北面侍奉過他，現在卻以鞭打屍體來侮辱死人，豈不是做得太絕無人道了嗎？」伍子胥說：「替我辭謝申包胥說：我的處境正如太陽快要落山而道路還很遙遠，所以只能在道路上倒行逆施。」申包胥知道不能說服伍子胥，就到秦國去，請求援救楚國。申包胥日夜奔馳，腳後跟和腳掌都裂開了，於是撕裂衣裳，包裹腿腳膝蓋，終於趕到了秦國。他像鶴一樣倚立在秦國朝廷上，哭泣了七天七夜沒有斷聲。秦哀公素來沈溺於酒樂，不關心國家政事。申包胥哭罷又唱道：「吳王貪暴無道，就像大豬、長蛇，蓄意侵食中原各國，企圖占有天下，正是從楚國開始。我們國君被迫出逃在草野之中，派我前來向大王告急。」這樣連續七天後，秦哀公大為驚訝地說：「楚國有這樣的賢臣，吳國還想消滅它。我沒有像他這樣的賢臣，大概離滅亡也不遠了。」於是為申包胥賦〈無衣〉這首詩道：「怎麼說沒有衣裳，我與你同穿一件戰袍。國王將出動軍隊，我與你同討一個仇敵。」申包胥說：「我聽說違背道德之人貪得無厭，大王即使不為鄰國戰場上的禍患擔憂，也應趁著吳國還沒有在楚國穩定局勢，大王就去獲取一份利益。如果楚國就這樣滅亡，對秦國又有什麼好處？那也是失掉了大王的土地。但願大王能看在神靈的分上，出兵保全楚國，楚國將世世代代侍奉秦國的大王。」秦哀公派人向申包胥致辭說：「我已聽到了您的指教，您暫且到賓館去安歇，我們要商量一下再答覆您。」申包胥說：

「我們國君至今仍逃亡在草野之中，還不知道他潛伏在什麼地方，我怎麼敢去就館安歇呢？」仍舊站在秦庭，倚著牆壁哭泣，日夜哭聲不斷，連一口水也不喝。秦哀公被感動得流下了眼淚，決定立即出動軍隊送申包胥回國。

十年，秦師未出，越王元常恨闔閭破之檇里❶，興兵伐吳。吳在楚，越盜掩襲之。六月，申包胥以秦師至，秦使公子子蒲、子虎率車五百乘❷，救楚擊吳。二子❸曰：「吾未知吳道❹。」使楚師前與吳戰，而即會之❺，大敗夫槩。七月，楚司馬子成❻、秦公子子蒲與吳王相守，私以間兵伐唐，滅之。子胥久留楚求昭王，不去。夫槩師敗卻退。九月，潛歸，自立為吳王。闔閭聞之，乃釋楚師，欲殺夫槩。奔楚，昭王封夫槩於棠溪❼。闔閭遂歸。子胥、孫武、白喜留，與楚師於淮澨❽。秦師又敗吳師。楚子期將焚吳軍，子西❾曰：「吾國父兄身戰，暴骨草野焉，不收，又焚之，其可乎？」子期曰：「亡國失眾，存沒所在，又何殺生以愛死？死如有知，必將乘煙起而助我。如其無知，何惜草中之骨，而亡吳國？」遂焚而戰，吳師大敗。子胥等相謂曰：「彼楚雖敗我餘兵，未有所損我者。」孫武曰：「吾以吳干戈⑩西破楚，逐昭王而屠荊平王墓，割戮其屍，亦已足矣。」子胥曰：「自霸王已來⑪，未有人臣報讎如此者也。行去矣。」

【章　旨】此章敘越王乘機伐吳和秦軍救楚擊吳，加之楚軍拼命救亡圖存，吳國在三力夾攻之下，終於導致盟國（唐）被滅、內部分裂（夫槩敗退而自立為吳王，隨後叛吳奔楚）、前線大敗，最後只好從楚國撤軍。

【注　釋】❶越王句　事見本卷闔閭五年。❷乘　春秋時戰車一乘四馬，配甲士三人，步兵七十二人。❸二子　《左傳·定公五年》作「子蒲」。這裡指子蒲、子虎二人。❹吳道　指吳軍的戰法戰術。❺而即會之　按《左傳·定公五年》作「而自稷會之」，又《史記·楚世家》也說「敗吳于稷」。稷為楚邑名，故址在今河南桐柏縣東南。❻司馬子成　按《左傳·定公五年》作「子期」。❼棠溪　《左傳》、《史記》俱作「堂溪」，當時為楚國邑名，在今河南遂平縣西北。❽與楚師於淮澨　按《左傳·定公五年》作「敗楚師於雍澨」。淮澨，指淮水、澨水之間。雍澨，當是澨水的一條支流，故址在今湖北境內。本句譯文從《左傳》。❾子西　楚大夫，名鬥宜申，乃楚平王之庶子。❿干戈　兵器。此指軍隊。⓫自霸王已來　自從各諸侯國爭霸圖王以來。已，同「以」。

【語　譯】闔閭十年，秦國救兵尚未出發之前，越王元常怨恨闔閭在五年前攻占了越國的檇里，因而出兵討伐吳國。這時吳國的軍隊還在楚國，越軍趁機突然入吳偷襲了他們。六月，申包胥帶著秦國軍隊回到楚國，秦國派公子子蒲、子虎率領五百乘戰車來救援楚國，攻擊吳軍。子蒲和子虎二位公子說：「我們不了解吳軍的戰法戰術。」於是讓楚軍先上前與吳軍交戰，秦軍隨即從稷邑與之會合，一舉大敗吳將夫槩。七月，楚司馬子成、秦公子子蒲與吳王闔閭對陣相守，楚國卻暗地分兵偷偷地襲滅唐國。伍子胥率部滯留楚國搜尋楚昭王，久久不肯撤兵。夫槩戰敗後率餘部撤退。九月，夫槩偷偷跑回吳國，自立為吳王。闔閭得知消息，就放棄了與楚軍的戰鬥，打算回國處死夫槩。夫槩於是逃奔楚國，楚昭王便把棠溪封賜給他。闔閭於是回到了吳國。而伍子胥、孫武、白喜仍留守在楚國，並且在雍澨之戰中打敗了楚軍，但隨即秦軍增援又打敗了吳軍。楚將子期打算乘勢火燒吳軍，子西說：「我國父老兄弟投身戰場，暴骨於荒山草野，尚未收屍，又放火焚燒他們，這樣做可以嗎？」子期說：「國家滅亡，百姓流離，有的尚存，有的已死，到處都是如此。我們何必為了愛惜死者的屍骨，還讓活著的人去送死呢？死者如果有知，一定會乘著火燒吳軍的煙霧，起來幫助我們。死者如果無知，為了使吳國滅亡，又何必可惜草野中的屍骨被一起燒毀呢？」於是放火進攻吳軍，致使吳軍大敗。伍子胥等人互相議論說：「他們楚軍雖然打敗了我們的部分士兵，但並沒有使我們受到根本的損害。」孫武說：「我們率領吳國軍隊西征破楚，趕跑了楚昭王，掘開楚平王的墳墓，鞭打了他的屍體，這也已經足夠了。」伍子胥說：「自從各國諸侯爭霸圖王以來，還沒有一個臣民能像我們這樣報仇雪恨的。可以撤軍回去了。」

吳軍去後，昭王反❶國。樂師扈子非荊王❷信讒佞，殺伍奢、白州犁，而寇不絕於境，至乃掘平王墓戮屍，奸喜❸以辱楚君臣；又傷昭王困迫，幾為天下人鄙，然已愧矣。乃援琴為楚作「〈窮劫〉之曲」，以暢❹君之迫厄之❺暢達也。其詞曰：「王耶，王耶，何乖烈❻？不顧宗廟❼聽讒孽，任用無忌多所殺，誅夷❽白氏族幾滅。二子❾東奔適❿吳越，吳王哀痛助忉怛⓫。垂涕舉兵將西伐，伍胥、白喜、孫武決。三戰破郢王奔發，留兵縱騎虜荊闕⓬。楚荊骸骨遭發掘，鞭辱腐屍恥難雪。幾危宗廟社稷滅，嚴王⓭何罪國幾絕。卿士悽愴民惻悷⓮，吳軍雖去怖不歇。願王更隱⓯撫忠節，勿為讒口能謗褻。」昭王垂涕，深知琴曲之情，扈子遂不復鼓矣。

【章旨】此章敘楚昭王回國後，樂師扈子作曲鼓琴，總結亡國教訓，深責楚王之過。楚昭王聽後也垂涕知悔。

【注釋】❶反　通「返」。❷荊王　即楚王，因楚國又稱「荊」或「荊楚」。❸奸喜　據盧文弨校注，當作「奸妻」。❹暢　據徐天祜校注，當作「傷」。❺之　往；到。❻何乖烈　為什麼會背離正道而不建功立業。乖，違反；背離。烈，功業。且古代謚法以有功安民、秉德遵業曰烈。❼宗廟　天子、諸侯祭祀祖先的處所。❽誅夷　即誅殺。夷，消滅。❾二子　指伍子胥和白喜。❿適　往。⓫忉怛　悲痛。⓬荊闕　楚國宮殿。⓭嚴王　據徐天祜補注，當作「莊王」。按楚成霸業自莊王始，本書作者為避漢明帝諱而改「莊」為「嚴」。⓮惻悷　悲傷。⓯更隱　再隱審深思，猶言痛定思痛。

【語　譯】吳軍撤離楚國後，楚昭王回到楚國。樂師扈子指責楚王聽信佞臣的讒言，殺害了伍奢和白州犁等人，因而導致敵軍不斷侵犯邊境，以至於掘開平王的墳墓，鞭戮死屍，姦淫人妻，以侮辱楚國的君臣。又哀憐昭王被逼得窘困出逃，差點兒被擒而為天下人所鄙視，雖然幸免於難，但也已經深感慚愧了。於是，扈子拿起琴來，邊彈邊唱，為楚王作了一首〈窮劫曲〉，以哀傷國君從困厄窘迫到通暢順達的經歷。歌詞大意說：「大王啊，大王啊，您為什麼要背離正道而不建功立業？您不為宗廟國家著想，卻去聽任讒佞小人造孽。任用費無忌，濫殺多少忠良，如白氏家族幾乎全被消滅。伍子胥、白喜先後向東逃奔到吳越一帶，吳王哀憐他們的遭遇，打算幫助他們復仇，因而流淚發兵，西征討伐楚國。任用伍子胥、白喜、孫武率軍決戰。連續三戰即攻下郢都，大王被迫出宮逃往草澤，而留楚的吳軍卻縱兵擄掠楚國的宮闕。楚平王的屍骨竟被發掘，已經腐朽的屍體還遭到鞭子的抽打，此種奇恥大辱，實難洗雪。甚至楚國的宗廟幾乎摧折，社稷幾乎毀滅，國祚幾乎斷絕，莊王為什麼會遭此罪孽？公卿士夫為之悲傷，黎民百姓為之悽惻，現在吳軍雖已撤走，但楚國臣民心中的恐怖仍未消歇。希望大王能痛定思痛，安撫節士，表彰忠烈，不讓讒佞小人有機會近前造謗誣蔑。」楚昭王聽後，被感動得流出了眼淚，他已深深領會了琴曲中所包含的實情，於是扈子也就不再彈奏了。

子胥等過溧陽❶瀨水❷之上，乃長太息曰：「吾嘗饑於此，乞食於一女子，女子飼我❸，遂投水而亡。」將欲報以百金而不知其家，乃投金水中而去。有頃，一老嫗行哭而來，人問曰：「何哭之悲？」嫗曰：「吾有女子，守居三十不嫁，往年擊綿於此，遇一窮途君子而輒飯之，而恐事泄，自投於瀨水。今聞伍君來，不得其償，自傷虛死❹，是故悲耳。」人曰：「子胥欲報百金，不知其家，投金水中而去矣。」嫗遂取金而歸。

【章旨】此章敘伍子胥從楚撤軍回吳，途中過溧陽瀨水之上時，以百金報答擊綿女子當年賑飯之恩，既照應了前文，又進一步表現了知恩圖報的思想。

【注釋】❶溧陽　地名，因在溧水之南而得名。❷瀨水　即溧水。源出安徽，流經江蘇溧陽縣境內。❸女子飼我　女子拿飯給我吃。❹虛死　白白喪生。

【語譯】伍子胥等人經過溧陽境內的瀨水時，伍子胥長長嘆息了一聲說：「我曾經餓著肚子逃至此地，向一位女子討飯吃，那位女子拿飯給我吃後，隨即就投水自盡了。」伍子胥打算以百金作為報答，但不知道那位女子的家在何處，就將百金投入水中以後才離去。過了不久，一位老婦人一路哭著走來，別人問她說：「為了什麼哭得這樣傷心？」她說：「我有一個女兒，在家裡長到三十歲還未嫁人，往年在這條江邊浣紗，遇到一位窮途困迫的君子，就拿飯給他吃，之後，惟恐事情洩露，就自投瀨水而死了。我剛才聽說當年那位伍先生來了，但沒有得到他的報償，可憐我的女兒就這樣徒然死了，所以感到悲傷。」人們告訴她說：「伍子胥想以百金作為報答，但不知道那位女子的家在何處，就將百金投到水中後走了。」這位老婦人於是從水中取出百金而回家去了。

子胥歸吳，吳王聞三師將至，治魚為鱠❶。將到之日，過時不至，魚臭。須臾，子胥至，闔閭出鱠而食，不知其臭。王復重為之，其味如故。吳人作鱠者，自闔閭之造也。

諸將既從還楚❷，因更名閶門曰「破楚門」。復謀伐齊，齊子使女為質於吳❸。吳王因為太子波聘齊女❹。女少思齊，日夜號泣，因乃為病。闔閭乃起北門，名曰「望齊門」，令女往遊其上。女思不止，病日益甚，乃至殂落❺。女曰：「令❻死者有知，必葬我於虞山❼之巔，以望齊國。」

闔閭傷之，正如其言，乃葬虞山之巔。是時，太子亦病而死。闔閭謀擇諸公子可立者，未有定計。波太子夫差⑧，日夜告於伍胥曰：「王欲立太子，非我而誰當立？此計在君耳。」伍子胥曰：「太子未有定，我入則決矣。」闔閭有頃召子胥謀立太子，子胥曰：「臣聞祀廢於絕後，興於有嗣⑨，今太子不祿⑩，早失侍御⑪，今王欲立太子者，莫大乎波秦⑫之子夫差。」闔閭曰：「夫⑬愚而不仁，恐不能奉統於吳國。」子胥曰：「夫差信以愛人，端於守節，敦於禮義，父死子代，經之明文。」闔閭曰：「寡人從子。」立夫差為太子。使太子屯兵守楚留止⑭。自治宮室，立射臺於安里⑮，華池在平昌，南城宮在長樂⑯。闔閭出入游臥，秋冬治於城中，春夏治於城外。治姑蘇之臺⑰，旦食䱉山⑱，晝游蘇臺。射於鷗陂⑲，馳於游臺。興樂石城⑳，走犬長洲㉑。斯且闔閭之霸時。於是太子定，因伐楚，破師拔番㉒。楚懼吳兵復至，乃去郢，徙于蔿若㉓。當此之時，吳以子胥、白喜、孫武之謀，西破強楚，北威齊、晉，南伐於越㉔。

【章　旨】此章概述伍子胥從楚國撤軍後，吳國所發生的變故。由於太子波病死，夫差終於在伍子胥的支持下被立為太子，為下卷的記敘，預留了伏筆。而闔閭在這時，也開始陶醉於霸業已成的勝利之中，恣意遊玩享樂。此實為吳國盛極而衰的徵兆。

【注　釋】❶治魚為鱠　剖魚做細切的魚肉。治魚，即剖魚。鱠，細切的魚肉。❷從還楚　當作「從楚還」。❸齊子使女為質於吳　《越絕書・卷二》曰：「闔廬伐齊，大克，取齊王女為質子。」❹為太子波聘齊女　徐天祜注曰：「齊景公女，孟子所謂『涕出而女於吳』，即此也。」❺殂落　死去。❻令　如果。❼虞山　山名。在今江蘇常熟縣西北。《越絕書・卷二》曰：「齊女思其國死，葬虞西山。」又《寰宇記》曰：「常熟虞山有齊女冢。」❽波太子夫差　據下文伍子胥說「父死子代」，本書是以夫差為太子波之子、闔閭之孫，則此句當作「波子夫差」，「太」字為衍文。但《左傳》、《史記》皆以夫差為闔閭之子。❾有嗣　有子孫後代。❿不祿　古代對諸侯、大夫、士等死亡的諱稱，意為不再享受俸祿。⓫侍御　古代君王貴族的侍從官，這裡指侍奉吳王闔閭的太子。⓬波秦　即太子波。「秦」字疑是衍文。⓭夫　下脫一「差」字，當補作「夫差」。⓮使太子屯兵守楚留止　按此句文意費解，疑有錯簡之誤，若將下文自「於是太子定」至「徙于蕪若」一段移到該句之前，則文意暢通。或可勉強解釋為：闔閭派太子夫差到吳國已占領的楚國領土上去駐兵守衛。⓯立射臺於安里　按《越絕書・卷二》曰：「射臺二：一在華池昌里，一在安陽里。」知此安里即「安陽里」。⓰華池在平昌二句　《越絕書・卷二》曰：「南越宮，在長樂里。」聯繫前注，則華池在平昌里，南城宮在長樂里，皆在今江蘇吳縣西南。⓱姑蘇之臺　即姑蘇臺，吳王建於姑蘇山上，在今江蘇吳縣西南。⓲旦食䱉山　《越絕書・卷二》作「旦食於紐山」。⑲射於鷗陂 《越絕書》作「射於軀陂」。⑳樂石城 吳王離宮，在今江蘇吳縣東北。㉑長洲 即長洲苑，吳為所建，內有田獵之所。故址在今江蘇吳縣太湖北。㉒因伐楚二句 據《史記》記載，闔閭十一年，「吳王使太子夫差伐楚，取番。楚恐而去郢徙鄀」。番，通「鄱」。春秋時楚邑，在今江西波陽縣。㉓蔿若 若，《左傳》、《史記》俱作「鄀」。按蔿、鄀皆為春秋時楚國邑名，在今湖北宜城縣東南。㉔南伐於越 按吳越之戰始於闔閭五年（西元前五一〇年），以越不從吳伐楚為由，吳王興兵討伐越國，破其檇里。第二次在闔閭十年（西元前五〇五年），越國乘吳軍在楚國未歸而偷襲了吳國。第三次在闔閭十九年（西元前四九六年）夏，吳王親自率軍伐越，越王句踐率軍迎擊，大敗吳軍，闔閭也因此受傷而死，詳見《左傳・定公十四年》和《史記・吳太伯世家》。

【語譯】伍子胥等率軍回到吳國，吳王接到三軍即將抵達國都的報告，於是親自剖魚切鱠。在原訂到達國都的這一天，過了預定的時間還沒有到達，結果燒好的魚鱠發了臭。不久，伍子胥趕到吳宮，闔閭端出魚鱠來慰勞他，伍子胥吃魚鱠時並未感覺到它有臭味。於是吳王重新去做，味道依然如此。吳人切魚作鱠，就是從吳王闔閭開始的。

各位將領從楚國撤軍回國後，吳王就將國都的閶門改名叫「破楚門」。吳國於是又謀劃攻打齊國，齊景公趕緊求和，並讓他的女兒到吳國作人質，吳王就為太子波娶了齊景公的這個女兒。齊女年少思念故國，日夜號哭流淚，因此而染病在身。闔閭於是建造了一座北門，取名叫「望齊門」，讓齊女到上邊遊玩。但齊女仍然思鄉不已，致使病情一天天加重，不久就去世了。她臨終前說：「如果死去的人還有知覺的話，一定要把我埋葬在虞山頂上，以便我眺望齊國。」闔閭感到很悲傷，就按齊女的遺願，把她埋葬在虞山頂上。就在這時，太子波也因病而去世了。闔閭在悲傷之餘，開始考慮在諸位公子中選擇一位可以立為太子的人，但還沒有形成確定的想法。波的兒子夫差，便日夜跑到伍子胥那裡去告訴他說：「大王正在考慮立太子的事，但除了我以外還有誰該立呢？這項決策就在您了。」伍子胥說：「立誰為太子還沒有確定，等我進宮見大王就會決定了。」不久，闔閭召見伍子胥，商議確立太子的事。伍子胥說：「我聽說一個國家的宗廟祭祀，沒有後嗣就會廢絕，有了後嗣才會興旺。現在太子不幸去世，大王過早地失去了侍從御臣。今天大王要立太子，沒有比波的兒子夫差更合適的人了。」闔閭說：「夫差愚笨而不仁義，恐怕不能承繼吳國的大統。」伍子胥說：「夫差守信愛人，操守端正，禮義敦厚，而且父親死了由兒子承代，這在經典上是有明文規定的。」闔閭說：「那就照您的意見辦吧！」於是立夫差為太子。吳國的太子確立之後，吳王又派兵進攻楚國，一舉打敗楚軍，占領了楚國的鄱邑。楚昭王懼怕吳軍再次進攻郢都，於是離開郢城，將國都遷往鄀都。吳王闔閭派太子夫差長期留在楚國，駐兵守衛吳軍已攻占的領土。自己則在吳國營造宮室，先後在安陽里修造了射臺，在平昌里興建了華池，在長樂里蓋起了南城宮。闔閭經常出入於這些地方遊玩、歇宿，秋冬在城內處理政事，春夏則在城外處理政事。他還營建了姑蘇臺，往往早晨在鮑山吃飯，白天在姑蘇臺遊玩。或在鷗陂射箭，或在游臺跑馬。或在樂石城擁姬彈琴，或在長洲苑縱犬射獵。而且這一切都發生在闔閭稱霸的時期。在這一時期，吳國憑藉伍子胥、白喜和孫武的謀略，西邊擊敗了強大的楚國，北邊威伏了齊國和晉國，南邊則討伐了越國。

卷第五

夫差內傳

【題　解】此卷以諸侯紛爭和吳越矛盾為背景，重點記敘了夫差中後期吳國在內政外交諸方面的重大失策，終於導致君亡國滅的可悲結局。越之於吳，本有殺君父之仇，夫差繼位後，即以報越為志，但一旦興師取勝，破越國、囚越君之後，就開始驕橫自得，忘乎所以，甚至因喜好佞諛、拒聽忠諫而認敵為友，放虎歸山。對這段歷史，作者出於結構上的考慮，有意放在卷七、卷八詳述，而在本卷則直接從夫差十一年寫起，旨在指斥吳王夫差昏庸殘暴、寵信讒佞，拒聽忠諫，甚至以仇敵為忠義、以忠臣為妖孽等罪過，深刻地總結了吳國由強霸而滅亡的慘痛教訓。自夫差十一年以降，吳國雖貌似強大，並仍以霸王自居，而欲北上伐齊，但由於背離了闔閭和伍子胥一起制定的任賢使能、從近制遠的基本國策，實際上已經陷入了深重的政治危機之中。而恰在此時發生的「齊魯事件」，通過子貢出使四國的彈性外交，竟然引起了一系列的連鎖反應，這又進一步加速了吳國走向覆滅的歷史進程。《越絕書》卷七曾對此評論說：「子貢一出，存魯、亂齊、破吳、強晉、霸越。」表面看來似乎言之有理，實質上不過是子貢利用了各國之間的矛盾，並使之激化而已，吳國滅亡的根本原因，還是在於吳王的昏庸誤國和太宰嚭的讒言害國。當公孫聖、伍子胥和被離相繼罹禍之後，吳王身邊「忠臣掩口」，「讒人益眾」，他本人又執迷不悟，「但貪前利，不睹後患」，這些描寫，在一定程度上已經揭示了吳王的身死國滅，具有歷史的必然性。吳國自太伯開國，歷二十五君，至夫差二十三年（西元前四七三年）覆滅，凡六百六十餘年。

十一年❶，夫差北伐齊❷，齊使大夫高氏❸謝吳師曰：「齊孤立於國，倉庫空虛，民人離散，齊以吳為強輔❹，今未往告急，而吳見伐❺，請伏❻國人於郊，不敢陳戰爭之辭，惟吳哀齊之不濫也❼。」吳師即還。

【章旨】首章對夫差元年至十年間事，不著一詞，而直接從十一年寫起，敘吳王北上伐齊，但因齊國不願應戰，且哀求之，致使吳國師出無名，只好班師南歸。

【注釋】❶十一年　此指夫差十一年，即西元前四八五年。上卷詳述止於闔閭十年，即西元前五〇五年，而對闔閭十一年至十九年間史事僅三言兩語，一筆帶過。本卷又對夫差元年至十年間史事略而不敘。前後共省略連續十九年史事，並且都是吳國稱霸時期，可見此書不是嚴格的歷史著作，而是用文學筆法來表現歷史題材。❷夫差北伐齊　夫差自西元前四九五年即位，至西元前四七三年自殺，在位二十三年。按夫差伐齊事，《左傳》、《史記》等書記載不一，據《左傳》記載，夫差十年冬，吳派使者至魯，告誡魯國出軍與吳軍一起伐齊。夫差十一年春，吳王夫差和魯哀公會師伐齊，因有齊人弒齊悼公後赴吳軍中向夫差陳辭，吳軍於是南下回國。但吳大夫徐承乘戰船自海上進入齊國，仍與齊人交過戰。❸高氏　徐天祜注曰：「當是高無平，時將上軍。」盧文弨又據《左傳》改作「高無丕」。❹強輔　猶言強大的倚靠。輔，輔助。❺吳見伐　吳國現在卻來討伐我國。見，同「現」。❻請伏　請允許跪伏。❼惟吳哀齊句　希望吳王能哀憐齊國沒有越軌的行為。濫，過分；越軌。

【語譯】夫差十一年，吳王夫差率軍北上攻打齊國，齊國派大夫高無丕向吳軍謝罪，說：「齊國國君在國內孤立無助，倉庫空虛無糧，百姓流離失所。齊國本來把吳國作為強大的倚靠，可是現在我們還沒有到吳國去告急，而吳國卻已前來討伐我們了。請允許讓我國士民、跪在郊外拜迎吳王，不敢陳訴戰爭的言辭，希望吳王能哀憐齊國沒有越軌的行為。」吳軍隨即撤離回國。

十二年，夫差復北伐齊❶。越王聞之，率眾以朝於吳，而以重寶厚獻太宰嚭❷，嚭喜受越之賂，愛信越殊甚，日夜為言於吳王。王信用嚭之計，伍胥大懼，曰：「是棄吾❸也。」乃進諫曰：「越在，心腹之病，不前除其疾，今信浮辭偽詐而貪齊。破齊，譬由磐石之田❹，無立其苗也。願王釋齊而前越。不然，悔之無及。」吳王不聽，使子胥使於齊，通期戰之會。子胥謂其子曰：「我數諫王，王不我用，今見吳之亡矣。汝與吾俱亡，亡無為也。」乃屬其子於齊鮑氏而還❺。太宰嚭既與子胥有隙❻，因讒之曰：「子胥為強暴力諫❼，願王少厚焉❽。」王曰：「寡人知之。」未興師❾，會魯使子貢聘於吳❿。

【章旨】此章敘吳國君臣在伐齊一事上發生矛盾：太宰嚭因接受了越王的賄賂，故日夜慫恿吳王釋越而伐齊。伍子胥則從吳國的根本利益出發，力諫吳王應釋齊而先伐越。但由於夫差昏庸不明，竟偏信佞辭，拒聽忠諫，結果不僅使吳國貽誤了進一步強國稱霸的時機，而且由此開始，走向敗亡的迷途。

【注釋】❶十二年二句　《史記・吳太伯世家》作夫差十一年，「復北伐齊」。《左傳・哀公十一年》記載，夫差十二年，魯哀公「會吳子伐齊」，時間與本書合，但事件進程有異。❷太宰嚭　即伯嚭，卷四中一律作白喜。據《史記・吳太伯世家》載：「夫差元年，以大夫伯嚭為太宰。」故本卷稱作「太宰嚭」。❸棄吾　據《史記》當作「棄吳」。❹磐石之田　意謂布滿大石的田地，不可耕種。❺乃屬其子句　《左傳・哀公十一年》：「使於齊，屬其子於鮑氏，為王孫氏。」《史記・吳太伯世家》也說：「使子胥於齊，子胥屬其子於齊鮑氏，還報吳王。」徐天祜注曰：「鮑氏，鮑牧也。屬其子改姓王孫氏，欲以避吳禍。」但據《左傳》，鮑牧已於夫差九年被齊悼公處死。屬，通「囑」。託付。❻有隙　有怨恨；不和。❼為強暴力諫　替齊國極力進諫。強暴，謂齊為強暴之國。❽願王少厚焉　此句是反話正說，當是進讒慣技。少厚，字面意義是稍微厚待他一點，實際是說稍微疏遠他一點。❾未興師　據《左傳・哀公十一年》載，吳齊艾陵之戰即發生於夫差十二年五月，本書則移至夫差十三年敘述。❿魯使子貢聘於吳　按本書所記子貢出使吳等四國事，多取材於《史記》和《越絕書》。子貢，孔子弟子，姓端木，名賜，字子貢。

【語　譯】夫差十二年，吳王又要出兵北上攻打齊國。越王聽到消息，便親自率領臣僚到吳國朝覲，並獻給太宰嚭許多貴重的珍寶作禮物，伯嚭高興地接受了越王的賄賂，更加喜歡和信任越王，因而日夜在吳王面前替越王講好話。而吳王又對伯嚭寵信有加，言聽計從。伍子胥感到非常恐懼，說：「這是要毀棄吳國呀！」於是向吳王進諫說：「越國的存在，是我們心腹中的病患，現在不先去根除這種病患，卻要聽信那些虛偽巧詐的花言巧語去貪圖齊國。即使攻占了齊國，也好比得到一片布滿大石的田地，無法栽種秧苗。希望大王放棄攻齊，而先去伐越，不然的話，以後反悔就來不及了。」吳王執意不聽，並派伍子胥出使齊國，去通報雙方交戰的日期。伍子胥對他的兒子說：「我幾次勸諫吳王，可是吳王不採納我的意見，現在眼看吳國就要滅亡了。你跟我一起死，死了一點意義也沒有。」於是把兒子託付給齊國的鮑氏，然後自己回到吳國。太宰嚭既然與伍子胥不和，就趁機向吳王進讒言說：「伍子胥是在替強暴的齊國進諫，希望大王疏遠他一點。」吳王說：「我知道了。」吳王還未發兵，碰巧魯國派子貢到吳國來訪問。

十三年，齊大夫陳成恆❶欲弒簡公❷，陰憚高、國、鮑、晏❸，故前興兵伐魯，魯君❹憂之。孔子❺患之，召門人❻而謂之曰：「諸侯有相伐者，丘常恥之。夫魯，父母之國也，丘墓❼在焉。今齊將伐之，子無意一出耶？」子路辭出❽，孔子止之。子張❾、子石❿請行，孔子弗許。子貢⓫辭出，孔子遣之。

【章　旨】此章插敘齊國大夫陳成恆欲作亂而先伐魯，孔子為拯救魯國，立即派遣子貢出使各國遊說，試圖以外交手段來改變局勢。

【注　釋】❶陳成恆　即陳成子，因古代「陳」、「田」音同通用，故又稱「田成子」。名恆，又名常，齊平公時為相國專權。❷簡公　齊悼公之子，名壬，西元前四八四年即位，西元前四八一年被陳成恆殺害。❸陰憚高國鮑晏　意謂心中暗自害怕齊國的高氏、國氏、鮑氏、晏氏四大家族，他們分別是高張、國夏、鮑叔牙、晏嬰的後代。❹魯君　指魯哀公。❺孔子　春秋末期著名的思想家和教育家。名丘，字仲尼，魯國人。❻門人　即弟子。❼丘墓　墳墓。此指孔子祖宗的墳墓，非孔丘之墓。❽子路辭出　子路要告辭出發。子路，孔子弟子仲由，字子路。❾子張　孔子弟子顓孫師，字子張。❿子石　孔子弟子公孫龍，字子石。⓫子貢　孔子弟子端木賜，字子貢。

【語　譯】夫差十三年，齊國大夫陳成恆想謀殺齊簡公，但心中又暗自害怕齊國的高氏、國氏、鮑氏、晏氏等四大家族，因而先發兵討伐魯國。魯哀公感到非常憂慮。孔子也為之憂患，於是召集弟子，對他們說：「諸侯之間有相互攻伐之事，我常常引以為恥。但魯國是我的父母之邦，我祖宗的墳墓都在這裡。現在齊國將要攻打魯國，難道諸位不想到各國去遊說一下嗎？」子路要告辭出發，孔子卻制止了他。子張、子石也請求前去，孔子仍不答應。最後子貢要告辭動身，孔子才同意派他去。

子貢北之齊，見成恆，因謂曰：「夫魯者，難伐之國，而君伐，過矣❶。」成恆曰：「魯何難伐也？」子貢曰：「其城薄以卑❷，其池❸狹以淺，其君愚而不仁，大臣無用，士惡甲兵❹，不可與戰。君不若伐吳。夫吳，城厚而崇❺，池廣以深，甲堅士選❻，器飽弩勁❼，又使明大夫守之，此易邦也。」成恆忿然作色，曰：「子之所難，人之所易。子之所易，人之所難。而以教恆，何也？」子貢曰：「臣聞君三封❽而三不成者，大臣有所不聽者也。今君又欲破魯以廣齊，墮❾魯以自尊，而君功不與焉❿，是君上驕⓫，下恣⓬群臣，而求以成大事，難矣。且夫上驕則犯⑬，臣驕則爭，此君上於王有遽⑭，而下與大臣交爭，如此則君立於齊，危如累卵⑮。故曰不如伐吳。且吳王剛猛而毅，能行其令，百姓習於戰守，明於法禁，齊遇為擒，必矣。今君悉四境之中⑯，出大臣以環之⑰，人民外死，大臣內空，是君上無強敵之臣，下無黔首⑱之士，孤主⑲制齊者，君也。」陳恆曰：「善。雖然，吾兵已在魯之城下矣，吾去之，吳大臣將有疑我之心，為之奈何？」子貢曰：「君按兵無伐，請為君南見吳王，請之救魯而伐齊，君因以兵迎之。」陳恆許諾。

【章　旨】此章敘子貢出使齊國，竟以詭辭說動陳成恆不攻弱魯而改伐強吳，並在同時設下圈套，由子貢立即南下遊說吳王北上伐齊。

【注　釋】❶過矣　錯了。❷城薄以卑　指城牆不厚而又低矮。❸池　指護城河。❹士惡甲兵　士兵厭惡戰爭。甲兵，指鎧甲和兵器。❺崇　高。❻甲堅士選　鎧甲堅硬，士兵齊整。❼器飽弩勁　兵器充足，弓弩強勁。❽三封　三次受封賜。❾隳　毀壞。❿不與焉　不在其中。⓫是君上驕　據《史記》、《越絕書》下脫「主心」二字，當補作「是君上驕主心」。⓬恣　放縱。⓭上驕則犯　國君驕橫就會觸犯大臣。犯，觸犯；冒犯。⓮上於王有遽　根據上下文並參閱《史記》、《越絕書》，「王」當作「主」，「遽」當作「郤」。郤，通「隙」。嫌隙；隔膜。

⑮危如累卵　比喻形勢極其危險，如同堆疊起來的蛋，隨時都可能傾倒打碎。⑯悉四境之中　全部徵用國內東南西北四境之兵。⑰環之　猶言擐甲執兵。環，通「擐」。擐甲，即穿上鎧甲。⑱黔首　庶民；平民。⑲孤主　孤立國君。

【語　譯】子貢先往北訪問齊國，見到陳成恆，就對他說：「魯國是一個難以攻打的國家，您卻要攻打它，您錯了。」陳成恆說：「魯國為什麼難以攻打呢？」子貢說：「魯國的城牆不厚而又低矮，護城河狹窄而又水淺，國君愚昧而不仁慈，大臣都無能而不中用，士兵也厭惡打仗，因此您不能與魯國交戰。我看您不如去攻打吳國。因為吳國的城牆又厚又高，護城河又寬又深，鎧甲堅硬，士兵齊整，武器充足，弓弩強勁，並且委派了賢明的大夫守衛城池，這才是容易攻打的國家。」陳成恆聽後，忿怒得臉色都變了，說：「你認為是難的，卻是別人認為容易的；你認為是容易的，卻是別人認為難的。你用這些話來指教我，是為了什麼？」子貢說：「我聽說您曾有三次將要受封，但三次都沒有成功，原因是有大臣反對您。現在您又想以攻破魯國來擴大齊國的領土，以毀壞魯國來提高自己的地位，但結果您是徒勞無功。因為您這樣做，對上來說，將使君主驕橫，對下來說，會使群臣放肆，想以此成就您的大事，是很難的。而且君主一驕橫就會觸犯大臣，大臣一驕縱就會互相爭奪，這就將使您對上和國君產生嫌隙，對下和大臣交相爭鬥。如果到了那種地步，您要在齊國立身揚名，就像堆疊起來的雞蛋一樣危險。所以我說您不如去攻打吳國。而且吳王勇猛剛毅，能貫徹自己的法令；吳國百姓熟習攻守戰術，法禁嚴明。齊軍遇上吳軍，一定會被他們擒獲。如果現在您全部徵用國內四境的士兵，讓大臣們也穿上鎧甲出征，那麼人民將在國外效死，大臣在國內的勢力空虛。這時，您在上沒有作為強敵的大臣，在下沒有平民百姓的士兵，能夠孤立國君、控制齊國的，就只有您了。」陳成恆說：「有道理。雖然這樣，但我的軍隊，已經開到魯國城下了。如果我不戰就撤軍，吳國的大臣將對我產生懷疑之心，該怎麼辦呢？」子貢說：「您先按兵不動，不攻打魯國，請允許我為您南下去見吳王，請求他們出兵救援魯國而討伐齊國，您就趁勢率領部隊迎擊他們。」陳成恆答應了子貢。

子貢南見吳王，謂吳王曰：「臣聞之，王者❶不絕世，而霸者❷無強敵。千鈞❸之重，加銖❹而移。今萬乘之齊，而私千乘之魯❺，而與吳爭強，臣竊為君恐焉。且夫救魯，顯名也；伐齊，大利也。義存亡魯，害暴齊而威強晉，則王不疑也。」吳王曰：「善。雖然，吾嘗與越戰，棲之會稽❻，入臣於吳❼，不即誅之。三年使歸❽。夫越君賢主，苦身勞力，夜以接日，內飾兵政❾，外事諸侯，必將有報我之心。子待我伐越而聽子。」子貢曰：「不可。夫越之強，不過於魯。吳之強，不過於齊。主❿以伐越而不聽臣，齊亦已私魯矣。且畏小越而惡強齊，不勇也。見小利而忘大害，不智也。臣聞仁人不因居⓫以廣其德，智者不棄時以舉其功，王者不絕世以立其義。且夫畏越如此，臣誠⓬東見越王，使出師以從下吏⓭。」吳王大悅。

【章　旨】此章敘子貢南下出使吳國，以激將法遊說吳王夫差興師伐齊以救魯，但夫差卻以擔心越王乘機偷襲吳為辭，打算先伐越而後伐齊，這就從齊魯矛盾引向了吳越矛盾這一中心事件。

【注　釋】❶王者　指行王道的人。儒家稱以仁義治天下為王道。❷霸者　指行霸道的人。儒家稱以武力、刑罰、權勢統治天下為霸道。❸千鈞　極言其重。鈞，古代重量單位，三十斤為一鈞。❹銖　極言其輕。銖，古代重量單位，二十四銖為一兩，十六兩為一斤。❺今萬乘之齊二句　按古代的國家以兵車多少來衡量其大小和地位，周朝規定：王畿千里，戰車萬乘；諸侯百里，戰車千乘。但至春秋各諸侯國爭霸時期，有的諸侯國，吞併了小國，而發展成為萬乘之國。此言「萬乘之齊」，指齊國已成為大國，而「千乘之魯」則意味著魯仍是小國。乘，四馬一車為一乘，這裡指一輛戰車。私，占為己有。❻棲之會稽　指西元前四九四年，吳王夫差在夫椒大敗越軍，又乘勝攻破越都，越王句踐以餘兵五千人棲於會稽山，後被迫屈服。棲，居住；停留。會稽，山名，在今浙江省紹興縣東南十二里。❼入臣於吳　指越王句踐被迫屈服後入吳稱臣事，參見《史記・越王句踐世家》和本書卷七。❽三年使歸　按越王句踐自西元前四九二年入臣於吳，至西元前四九〇年冬赦歸，首尾三年。參見卷七至卷八。❾內飾兵政　本書弘治本、萬曆本及《越絕書》俱作「內飾其政」。飾，通「飭」。整治。❿主　當作「王」。⓫因居　據《越絕書》當作「困厄」。⓬誠　據《史記・仲尼弟子列傳》、《越絕書》當作「請」。⓭以從下吏　以隨從充任下級官吏。這是子貢向吳王表示尊敬的一種辭令。

【語　譯】子貢南下去謁見吳王，對吳王說：「我聽說行王道的人不拒絕與世人交往，行霸道的人沒有強大的敵人。但在千鈞重物上，即使只加上輕的一銖，重心就會移動。現在擁有萬乘戰車的強齊，要私吞只有千乘戰車的弱魯，進而跟吳國爭強鬥勝，我私下替大王感到恐懼。況且援救魯國，可以顯揚名聲；討伐齊國，能夠獲取大利。而正義又要求保存危亡的魯國，損害橫暴的齊國，威懾強大的晉國，那麼稱王天下是無庸置疑的了。」吳王說：「很好。雖然如此，但我曾經和越國交戰，結果使越國君臣棲身在會稽山，又讓越王入吳稱臣，我沒有立刻殺掉他。三年後還讓他回國了。越王句踐，是一位賢明的君主，自己能吃苦耐勞，夜以繼日，對內整治國政，對外聯絡諸侯，必將有報復我的打算。你且等待我攻下越國後，再照你說的去行事。」子貢說：「不行。越國的強大，不會超過魯國，吳國的強大，不會超過齊國。大王為了討伐越國而不採納我的建議，齊國就已私吞魯國了。並且害怕弱小的越國，而厭惡強大的齊國，這是不勇敢。看見小的利益而忘記大的危害，這是不明智。我聽說仁愛的人為了推廣自己的德行，不會使人困於苦難，聰明的人為了建立自己的功業，不會放棄任何時機；行王道的人為了樹立自己的道義，不會拒絕與世人交往。而且大王這樣害怕越國，我請求東去會見越王，讓他出兵跟隨您做下吏。」吳王聽了，非常高興。

子貢東見越王，王聞之，除道郊迎❶，身御❷至舍，問曰：「此僻狹之國，蠻夷❸之民，大夫何索然❹若不辱，乃至於此？」子貢曰：「君處故來❺。」越王句踐再拜稽首❻，曰：「孤❼聞禍與福為鄰，今大夫之弔，孤之福矣。孤敢不問其說？」子貢曰：「臣今者見吳王，告以救魯而伐齊，其心畏越。且夫無報人之志，而使人疑之，拙也。有報人之意，而使人知之，殆❽也。事未發而聞之❾者，危也。三者，舉事❿之大忌也。」越王再拜，曰：「孤少失前人⓫，內不自量，與吳人戰，軍敗身辱，遁逃，上棲會稽，下守海濱，唯魚鱉見矣⓬。今大夫辱弔⓭而身見之，又發玉聲⓮以教孤，孤賴天之賜也。敢不承教？」子貢曰：「臣聞明主任人不失其能，直士舉賢不容於世。故臨財分利則使仁，涉患犯難則使勇，用智圖國則使賢，正天下定諸侯則使聖。兵強而不能行其威勢，在上位而不能施其政令於下者，其君幾乎⓯？難矣！臣竊自擇可與成功而至王者，惟幾乎⓰？今吳王有伐齊晉之志。君無愛重器⓱以喜其心，無惡卑辭以盡其禮。而伐齊，齊必戰。不勝，君之福也。彼戰而勝，必以其兵臨晉。騎士銳兵弊⓲乎齊，重寶車騎羽毛⓳盡乎晉，則君制其餘矣。」

越王再拜，曰：「昔者，吳王分其民之眾以殘吾國，殺敗吾民，鄙吾百姓，夷[20]吾宗廟，國為墟棘[21]，身為魚鱉[22]。孤之怨吳，深於骨髓；而孤之事吳，如子之畏父，弟之敬兄。此孤之死言[23]也。今大夫有賜，故孤敢以報情[24]。孤身不安重席[25]，口不嘗厚味，目不視美色，耳不聽雅音，既已三年矣。焦脣乾舌，苦身勞力，上事群臣，下養百姓，願一與吳交戰於天下平原之野，正身臂[26]而奮吳，越之士繼踵連死[27]，肝腦塗地[28]者，孤之願也。思之三年，不可得也。今內量吾國不足以傷吳，外事諸侯而不能也。願空國[29]，棄群臣，變容貌，易姓名，執箕帚，養牛馬以事之。孤雖知要領不屬[30]，手足異處，四支[31]布陳，為鄉邑笑，孤之意出焉。今大夫有賜存亡國，舉死人[32]，孤賴天賜，敢不待令乎？」子貢曰：「夫吳王為人，貪功名而不知利害。」越王慥然[33]避位[34]。子貢曰：「臣觀吳王為數戰伐，士卒不恩[35]，大臣內引[36]，讒人益眾。夫子胥為人，精誠中廉[37]，外明而知時，不以身死隱君之過，正言以忠君，直行以為國，其身死而不聽。太宰嚭為人，智而愚，強而弱，巧言利辭以內㊳其身，善為詭詐以事其君，知其前而不知其後，順君之過以安其私，是殘國傷君之佞臣㊴也。」越王大悅。子貢去，越王送之金百鎰㊵、寶劍一、良馬二，子貢不受。

【章　旨】此章敘子貢東見越王句踐，分析吳越形勢，陳說利害關係，評述吳王夫差、伍子胥和太宰嚭的為人，獻句踐存越報吳之計，目前應「無愛重器以喜其心，無惡卑辭以盡其禮」，先促成吳王釋越而伐齊，待其兵力損害、武器消耗之後，再徐制其餘。由於讓吳王釋越而伐齊策略與子貢挽救亡魯的根本目的一致，所以在這次會見中，二人的談話非常投機。

【注　釋】❶除道郊迎　清掃道路，到郊外迎接，以示敬重。❷身御　親自駕車。❸蠻夷　古代對東南少數民族的泛稱，含有輕視的意思。❹索然　同「潸然」。流淚的樣子。❺君處故來　據《越絕書》當作「弔君，故來」，與上文「索然」和下文「辱弔」相應。❻稽首　古代所行跪拜禮，叩頭至地。❼孤　古代王侯對自己的謙稱，意謂少德之人。❽殆　危險。❾聞之　《史記．仲尼弟子列傳》作「先聞」。❿舉事　起事。⓫少失前人　年少時就失去了父親。⓬唯魚鱉見矣　《越絕書》作「唯魚鱉是見」。鱉，甲魚。⓭辱弔　對他人前來哀悼的敬稱。辱，謙詞，猶言承蒙。⓮玉聲　猶曰金玉良言。⓯其君幾乎　這樣的國君有幾個呢。⓰惟幾乎　據《越絕書》當作「其惟臣幾乎」。⓱重器　寶器。⓲弊　破損；敗壞。⓳羽毛　指用羽毛裝飾的旗幟。⓴夷　削平。㉑墟

棘　長滿荊棘的廢墟。㉒身為魚鱉　按《越絕書》作「身為魚鱉餌」。㉓死言　誓死之言。㉔報情　告知內情。㉕身不安重席　意謂越王只使用單層席子。按古代坐席以層數多少分尊卑，《禮記‧禮器》曰：「天子之席五重，諸侯之席三重，大夫再重。」㉖正身臂　按《越絕書》作「整襟交臂」。㉗繼踵連死　一個接一個戰死。猶言前仆後繼。繼踵，足跟相接。㉘肝腦塗地　形容竭忠盡力，不惜一死。㉙空國　空有國家，即暫時不做國君。㉚要領不屬　意謂被斬首。要領，指腰、頸。屬，連接。㉛支　同「肢」。㉜舉死人　拯救死去的人民。㉝慥然　猝然；惶恐的樣子。㉞避位　離開座位。表示謙恭的態度。㉟恩　據蔣光煦《斠補隅錄‧吳越春秋》曰：宋本作「息」。㊱內引　內心引咎。㊲精誠中廉　為人真誠，內心清白高潔。㊳內　同「納」。㊴佞臣　指善於在君王面前花言巧語、阿諛奉承的大臣。㊵鎰　古代重量單位，二十兩為一鎰。一說二十四兩為一鎰。

【語譯】子貢東去請見越王，越王聽說後，清掃道路，到郊外迎接子貢，並親自駕車把他送到賓館，問道：「這裡是偏僻狹小的國家，落後的蠻夷人民，大夫怎麼流著淚，好像並不感到屈辱，而來到了這裡呢？」子貢說：「為了哀悼您，所以來了。」越王跪地叩頭，拜了兩拜，說：「我聽說禍與福是相互依存的，而今大夫來表示哀悼，這就是我的福分了。我怎敢不請問您的指教呢？」子貢說：「我近來見了吳王，告訴他要援救魯國而攻打齊國，可是吳王心中害怕越國。況且如果沒有報復別人的意願，卻使別人懷疑，這是笨拙的；如果有報復他人的意願，卻讓他人知道，這是不安全的；事情還未發動就被傳揚開去，這是危險的。以上三點，正是起事的大忌。」越王又拜了兩拜，說：「我年少時就失去了父親，心裡不自量力，而與吳人交戰，結果軍隊失敗，自己受辱，隨即脫身逃走，上到會稽山棲居，下至海邊困守，唯有魚鱉與之相見。今天承蒙大夫哀悼而前來相見，又以金玉良言指教我。我這是仰賴了上天的恩賜，怎敢不秉承教誨呢？」子貢說：

「我聽說賢明的君主任用人才，不會讓他們的才能得不到發揮，但正直的士臣推舉賢才，卻不能在世間容身。所以面對財富，分發利祿，要用仁愛的人；渡過災禍，衝破危難，要用勇敢的人；運用智慧，圖謀國事，要委任賢士；匡正天下，安定諸侯，要起用聖人。若能如此，在兵力強大時卻不能發揮他的威勢，在上位的人卻不能把自己的政令貫徹實施下去，這樣的國君有幾個呢？難找啊！當然，作為臣下也可私自選擇能與之成就功業的人，幫助國君稱王天下，但這樣的臣下又有幾個呢？現在吳王有討伐齊國、晉國的意願。您要不惜以國內的寶器去討取吳王的歡心，要不厭惡用謙恭的言辭去尊奉他，做到完全合乎禮節。而吳國一旦攻打齊國，齊國必定會迎戰。假如吳國失敗，那是您的福氣。假如吳國戰勝了齊國，一定還會調動軍隊進逼晉國。這樣，吳國的騎兵、銳卒、重金、寶物、車馬、羽旗已先後在齊國和晉國損耗殆盡，那麼您就可以制服吳國的殘餘力量了。」越王拜了又拜，說：「過去，吳王曾分派他臣民中的許多人來摧殘我的國家，殺害我的臣民，輕視我的百姓，削平我的宗廟，使我的國家變成了長滿荊棘的廢墟，使我自己也成為魚鱉的食料。我對吳王的怨恨，已深入骨髓之中，但我平時侍奉吳王，又好像兒子害怕父親，弟弟敬畏兄長。這是我的誓死之言。今天大夫賜教於我，所以我敢把內情向您報告。我的身體不安於坐臥舒適的軟席，口舌不品嘗淳厚的美味，眼睛不看美麗的女色，耳朵不聽優雅的音樂，這樣已經三年了。我自己脣乾舌燥，吃苦耐勞，對上服事群臣，對下教養百姓，但願能在天下平原曠野上與吳國交戰一次，我們越國士卒將整裝上陣，並肩前進，奮力攻吳，即使一個個腳跟緊挨地接連戰死，肝腦塗地，也在所不辭。這就是我的心願。如此盼望了三年，一直未能實現。現在對內估量，我的國家還沒有足夠的力量去損傷吳國，對外來說，也沒有能力去服事諸侯。因而我情願暫時離開王位，辭別群臣，改變容貌，更換姓名，前往吳國以備灑掃、養牛馬來服事吳王。雖然我知道這樣做，可能會腰、頸被斬，手腳分離，四肢拋散，為鄉里所譏笑，但我的決心已經下定。今天大夫前來賜教，以保存滅亡的越國，拯救死去的人民。我仰賴上天的恩賜，怎敢不等待您的指教呢？」子貢說：「吳王夫差的為人，只顧貪圖功名，卻不知道利益與禍害的關係。」越王慌忙離開座位，謙恭地聽著。子貢繼續說：「我觀察吳王多次出兵征伐，士兵不得休息，大臣內心自咎，讒佞的人日益增多。伍子胥為人真誠，內心清白高潔，辦事精明而且知道把握時機，不會因為害怕殺頭就隱瞞君主的過失。他言論公正，為的是忠於自己的國君，他行為正直，一切從國家的利益出發，即使因此而犧牲生命，他也不聽勸告。太宰嚭的為人，看似聰明而其實愚蠢，看似堅強而其實軟弱。他慣於以花言巧語來進納自己，善於以詭秘欺詐來服事國君。他只知眼前利益，而不知事發後果，因而總是順從國君的錯誤以求保全自己的私利。這是一個殘害國家、損傷君王的佞臣。」越王聽了非常高興。子貢離開越國時，越王送給他一百鎰金、一把寶劍、兩匹好馬，但子貢一概謝絕，沒有接受。

至吳，謂吳王曰：「臣以下吏之言❶告於越王，越王大恐，曰：『昔者孤身不幸，少失前人，內不自量，抵罪❷於吳。軍敗身辱，逋逃❸出走，棲於會稽，國為墟莽❹，身為魚鱉❺。賴大王之賜，使得奉俎豆❻，修❼祭祀❽，死且不敢忘，何謀之敢？』其志甚恐，將使使者來謝於王。」

子貢館五日，越使果來，曰：「東海役臣❾句踐之使者臣種❿，敢修下吏⓫，少聞於左右⓬：昔孤不幸，少失前人，內不自量，抵罪上國，軍敗身辱，逋逃會稽，賴王賜得奉祭祀，死且不忘。今竊聞大王興大義，誅強救弱，困暴齊而撫周室，故使賤臣以奉前王所藏甲二十領⓭、屈盧⓮之矛、步光⓯之劍，以賀軍吏。若將遂大義，敝邑雖小，請悉⓰四方之內，士卒三千人以從下吏，請躬被堅執銳⓱，以前受矢石，君臣死無所恨矣。」吳王大悅，乃召子貢曰：「越使果來，請出士卒三千，其君從之，與寡人伐齊，可乎？」子貢曰：「不可。夫空人之國，悉人之眾，又從其君，不仁也。受幣⓲，許其師，辭其君，即可。」吳王許諾。

【章　旨】此章敘子貢從越返吳後，越王果然言聽計從，立即派遣使臣赴吳，送禮致意，並願出動三千士卒，跟隨吳王討伐齊國，終於使吳王放鬆警惕，接受了子貢的請求。

【注　釋】❶下吏之言　即前文子貢對吳王所說「東見越王，使出師以從下吏」的承諾。❷抵罪　犯罪；得罪。

❸逋逃　即逃亡。❹墟莽　廢墟草叢。❺身為魚鱉　按《越絕書》作「身為魚鱉餌」。❻俎豆　古代祭祀用的兩種祭器。俎是陳置牲口的桌几，豆是盛肉類食物的器皿。❼修　整治。❽祭祀　祭神祀祖。古代帝王、諸侯的祭祀在宗廟進行。吳王破越時，曾夷平了越王的宗廟，後又允許他修治宗廟，恢復祭祀，故曰「修祭祀」。❾東海役臣　即越國供吳王役使的臣子，因越國地臨東海，故以東海代越國。❿種　越國大夫，姓文，名種，字少禽（一作子禽）。⓫敢修下吏　大膽來充當下級官吏。修，修習。⓬少聞於左右　意謂代句踐向吳王左右略微陳告如下。左右，指吳王身邊的近臣。古人對人不直稱其名，而只稱他的左右，以表示尊敬。⓭領　衣領。引申為衣服的件數。⓮屈盧　古代造矛的良匠名，後用作良矛的代稱。⓯步光　古劍名。⓰悉　盡。⓱被堅執銳　披上堅固的鎧甲，執掌銳利的兵器。被，通「披」。⓲幣　禮物；貨幣。

【語　譯】子貢回到吳國，對吳王說：「我把要越王出兵充當下吏隨從伐齊的話告訴了越王，越王聽了非常恐懼，說：『過去我很不幸，年少時就失去了父親，又不自量力，竟得罪了吳國。以致軍隊戰敗，自身受辱。後來逃亡出走，棲居在會稽山，國都變成了廢墟草叢，自己也成了魚鱉的食料。幸賴大王的恩賜，使我還能捧持祭器，整治祭祀，大王的恩德至死都不敢忘記，哪裡還敢有什麼圖謀？』他的內心非常恐懼，打算馬上派遣使者來向大王謝罪。」子貢在賓館住了五天後，越王的使臣果然來到吳國，對吳王說：「東海奴僕句踐的使者文種，冒昧前來充當下吏，特向大王左右略微轉述所聞：過去句踐我非常不幸，年少時就失去了父親，後又不自量力，竟得罪了上國。以致軍隊戰敗，自身受辱，最後逃亡到會稽山棲身。幸賴大王的恩賜，使我還能供奉祭祀，此恩此德我至死不忘。如今我私下聽說大王將伸張正義，討伐強暴，援救弱小，圍困暴虐的齊國，以安撫周室，所以派遣賤臣文種，前來獻上先王所收藏的鎧甲二十件、屈盧矛、步光劍，以此向您的將士表示祝賀。如果大王就要出動正義之師，敝國雖然弱小，請允許我盡起國內所有的三千士兵，前來跟隨大王充當下吏，請允許句踐我親自身披堅固的鎧甲、手執銳利的武器，走在隊伍前面，抵擋敵人的箭矢和飛石，君臣上下即使戰死也無所遺恨了。」吳王聽了非常高興，於是召見子貢說：「越王的使者果然來了，請求出動士兵三千，越王本人也請隨軍前來，與我一同討伐齊國，可以嗎？」子貢說：「不可以。弄空別人的國家，調走人家所有的士兵，又要人家的國君跟隨出征，這是不仁義的。您接受他們禮物，允許他們派軍隊出征，辭謝他們的國君隨行，就可以了。」吳王答應照辦。

子貢去晉，見定公❶曰：「臣聞慮不預定，不可以應卒❷。兵不預辦，不可以勝敵。今吳、齊將戰，戰而不勝，越亂之必矣。與戰而勝，必以其兵臨晉，君為之奈何？」定公曰：「何以待之？」子貢曰：「修兵伏卒以待之。」晉君許之，子貢返魯。

【章旨】此章略敘子貢最後出使晉國，通報戰情，勸定公修兵伏卒，準備迎戰。然後回到魯國，結束此次四國之行。

【注釋】❶定公　晉頃公之子，名午，西元前五一一年即位，在位三十七年。❷卒　通「猝」。突然的意思。

【語　譯】子貢離開吳國又前往晉國，謁見晉定公說：「我聽說，考慮事情不預先擬定，就不能夠應付突然的變化；治理軍隊不預先備戰，就不能夠戰勝敵人。現在吳國和齊國將要開戰，吳國要是不能取勝，越國一定會趁機擾亂吳國。吳國要是戰勝了齊國，必定會趁勢將軍隊逼近晉國，您將怎麼對付？」晉定公說：「您說該怎麼對付呢？」子貢說：「整治兵器，埋伏軍隊，等待他們到來。」晉定公表示同意，子貢這才返回魯國。

吳王果與九郡之兵，將與齊戰。道出胥門❶，因過姑胥之臺❷，忽晝假寐❸於姑胥之臺而得夢，及寤❹而起，其心恬然悵焉。乃命太宰嚭，告曰：「寡人晝臥有夢，覺而恬然悵焉。請占❺之，得無所憂哉？夢入章明宮，見兩鑩❻蒸而不炊，兩黑犬嗥以南嗥以北，兩鋘❼殖❽吾宮牆，流水湯湯❾越吾宮堂，後房鼓震篋篋❿有鍛工⓫，前園橫生梧桐。子為寡人占之。」太宰嚭曰：「美哉！王之興師伐齊也。臣聞章者，德鏘鏘⓬也。明者，破敵聲聞，功朗明也。兩鑩蒸而不炊者，大王聖德氣有餘也。兩黑犬嗥以南嗥以北者，四夷⓭已服，朝諸侯也。兩鋘殖宮牆者，農夫就成，田夫耕也。湯湯越宮堂者，鄰國貢獻，財有餘也。後房篋篋鼓震有鍛工者，宮女悅樂，琴瑟和也。前園橫生梧桐者，樂府鼓聲也。」吳王大悅，而其心不已。召王孫駱[14]問曰：「寡人忽晝夢，為予陳之。」王孫駱曰：「臣鄙淺於道，不能博大，今王所夢，臣不能占。其有所知者，東掖門亭長，長城公弟公孫聖[15]。聖為人少而好游，長而好學，多見博觀，知鬼神之情狀，願王問之。」王乃遣王孫駱，往請公孫聖，曰：「吳王晝臥姑胥之臺，忽然感夢，覺而悵然，使子占之，急詣[16]姑胥之臺。」公孫聖伏地而泣，有頃而起，其妻從旁謂聖曰：「子何性鄙！希睹人主，卒[17]得急召，涕泣如雨。」公孫聖仰天嘆曰：「悲哉！非子所知也。今日壬午，時加南方[18]，命屬上天[19]，不得逃亡，非但自哀，誠傷吳王。」妻曰：「子以道自達於主，有道當行，上以諫王，下以約身。今聞急召，憂惑潰亂，非賢人所宜。」公孫聖曰：「愚哉！女子之言也。吾受道十年，隱身避害，欲紹[20]壽命。不意[21]卒得急召，中世[22]自棄，故悲與子相離耳。」遂去，詣姑胥臺。吳王曰：「寡人將北伐齊魯，道出胥門，過姑胥之臺，忽然晝夢。子為占之，其言㉓吉凶。」公孫聖曰：「臣不言，身名全；言之，必死百段於王前。然忠臣不顧其軀。」乃仰天嘆曰：「臣聞好船者必溺，好戰者必亡。臣好直言，不顧於命，願王圖之。臣聞章者，戰不勝，敗走傽偟㉔也。明者，去昭昭㉕，就冥冥㉖也。入門見鑊蒸而不炊者，大王不得火食㉗也。兩黑犬嘷以南嘷以北者：黑者，陰也；北者，匿也。兩鋘殖宮牆者，越軍入吳國，伐宗廟，掘社稷也。流水湯湯越宮堂者，宮空虛也。後房鼓震篋篋者，坐太息也。前園橫生梧桐者，梧桐心空，不為用器，但為盲僮㉘，與死人俱葬也。願大王按兵修德，無伐於齊，則可銷㉙也。遣下吏太宰嚭、王孫駱解冠幘㉚，肉袒㉛徒跣㉜，稽首謝於句踐，國可安存也，身可不死矣。」吳王聞之，索然㉝作怒，乃曰：「吾天之所生，神之所使。」顧力士石番以鐵鎚擊殺之。聖乃仰頭向天而言曰：「吁嗟！天知吾之冤乎？忠而獲罪，身死無辜，以葬我以為直者，不如相隨㉞為柱㉟，提我至深山，後世相屬為聲響。」於是吳王乃使門人㊱提之蒸丘㊲：「豺狼食汝肉，野火燒汝骨，東風數至，飛揚汝骸，骨肉糜爛，何能為聲響哉？」太宰嚭趨進曰：「賀大王喜，災已滅矣。因舉行觴㊳，兵可以行。」吳王乃使太宰嚭為右校司馬㊴，王孫駱為左校㊵，及從句踐之師伐齊。

【章旨】此章敘吳王興師伐齊，臨行時因晝臥有夢，而請人占卜吉凶。太宰嚭借占夢而乘機獻諛詞，繼續慫恿吳王伐齊；王孫駱稱謙不占而推薦公孫聖，實為避禍以保名全身；公孫聖則借釋夢而冒死進忠諫，極力阻止吳王伐齊。吳王終因喜佞諛、惡直諫而怒殺公孫聖，決意北上伐齊。圍繞一夢而寫出四人面目稟性，堪稱妙筆。但此種妙筆，又實是在為後文伍子胥的悲劇而渲染氣氛。

【注釋】❶胥門　城門名。據《越絕書‧吳地傳》曰：「胥門外有九曲路，闔閭造以遊姑胥之臺。」❷姑胥之臺　即姑蘇臺。吳王闔閭建於姑蘇山上，在今江蘇吳縣西南。❸假寐　不脫衣冠而睡。❹寤　睡醒。❺占　此指占夢。即根據夢中所見，來預測人事的吉凶。❻鑑　鼎類炊事器具中的一種，與「鬲」、「鎘」同。❼鋘　徐天祜注：「鋘，刀名。鋙鋘山出金，作刀，可切玉。」❽殖　即殖立，這裡是插入的意思。❾湯湯　大水激流貌。❿鼓震篋篋　拉動風箱，發出「篋篋」的響聲。⓫鍛工　鍛造鐵器的工匠。⓬德鏘鏘　猶言德行高揚。

⑬四夷　東夷、西戎、南蠻、北狄統稱四夷，這是古代對華夏族以外各少數民族的蔑稱。⑭王孫駱　吳國大夫。⑮東掖門亭長二句　《越絕書》作「東掖門亭長越公弟子公孫聖」。東掖門，吳宮東邊的旁門。亭長，官職名，這裡指守衛門亭的官吏。長城公，其人不詳，與越公是否為一人也不可知。公孫聖，吳國忠臣，任吳都東掖門亭長。⑯詣　往。⑰卒　通「猝」。突然。⑱時加南方　時辰在正午。古代陰陽家以十二地支分屬四方，南方為巳、午、未，屬火。午時屬正南方。⑲命屬上天　按陰陽家所使用的「六壬」法，日在壬午，又加時在午時，為火神司天，則為不祥之兆，故曰「命屬上天」。⑳紹　延續。㉑不意　出乎意料之外。㉒中世　人世的中途，即中年。㉓其言　當作「具言」或「言其」。㉔傽偟　驚慌失措的樣子。㉕昭昭　光明。㉖冥冥　黑暗。㉗火食　熟食。㉘盲僮　《越絕書》中「盲」作「甬」，「僮」作「當」，則上下二句應斷作「但為甬，當與死人俱葬也」。甬，通「俑」。指用以殉葬的木偶。㉙銷　通「消」。消除。㉚解冠幘　脫下帽子和頭巾。㉛肉袒　脫去上衣，裸露肢體。㉜徒跣　赤足步行。㉝索然　興盡；沒有意味。㉞相隨　指夫妻相隨的生活。㉟柱　琴瑟繫絃之木。㊱門人　守門人。㊲蒸丘　又名蒸山，在江蘇吳縣西北三十里。㊳行觴　行酒；依次敬酒。㊴右校司馬　官職名，與左校司馬一同掌管軍政，其職位高於左校司馬。㊵左校　據《越絕書・卷一〇》當作「左校司馬」。

【語　譯】吳王夫差果然調集了九個郡的士兵，將要和齊國作戰。他率領軍隊從胥門出發，路過姑蘇臺，忽然大白天感到瞌睡，就和衣在姑蘇臺小睡而做了一個夢，等到醒了起來，內心感到有些淡淡的惆悵。於是召見太宰嚭，告訴他說：「我白天睡覺做了一個夢，醒後感到有些淡淡的惆悵。請你來占一下這個夢，莫非有什麼憂患嗎？我在夢中進入了章明宮，看到兩口鑩架在那裡，樣子像在蒸飯，但鑩下沒有生火。又看到兩條黑狗，一條在朝南嗥叫，一條在朝北嗥叫。有兩把刀插在我的宮牆上，一股激流正嘩嘩地淌過我的宮室殿堂。後房好像有鍛工在用風箱篋篋地鼓風，前面園子中橫著生長了一棵梧桐樹。你為我占一下這個夢吧！」太宰嚭說：「美妙啊！這是大王出兵討伐齊國的吉祥之兆。我聽說『章』的意思是仁德到處傳揚高張，『明』的意思是擊敗敵人後武功顯赫，名震天下。兩口鍾架在那裡蒸飯卻不生火，是表示大王的聖明仁德之氣充盈。兩條黑狗，一條朝南嗥叫，一條朝北嗥叫，是表示四方異族已經歸順，各國諸侯前來朝拜。兩把刀插在宮牆上，是表示農夫獲得豐收，田裡的人正在耕作。一股激流嘩嘩地淌過宮室殿堂，是表示鄰國進貢納獻，財物充足有餘。後房類似鍛工拉動風箱，發出篋篋的聲音，是表示宮女愉悅歡樂，琴瑟聲音和諧。前面園子中橫著長出的梧桐樹，是表示樂府中的鼓聲響亮。」吳王聽了非常高興，但其內心還是不夠踏實。於是又召見王孫駱，問道：「我白天忽然做了一個夢，你替我解釋一下。」王孫駱說：「我對於陰陽占卜淺陋得很，不能博大，今天大王所做的夢，我不能占卜。但我知道一個人，他是長城公的弟弟，現任東掖門亭長，名叫公孫聖。公孫聖這個人小的時候就喜歡交遊，長大後喜好學習，見多識廣，能夠知道鬼神的性情和形狀，希望大王問問他。」吳王於是派遣王孫駱去請公孫聖，對他說：「吳王白天睡在姑蘇臺，忽然做了一個夢，醒後感到惆悵，讓你占卜一下這個夢，你趕快到姑蘇臺去吧！」公孫聖聽後伏在地上哭泣不止，過了一會才爬起來。他的妻子在旁邊對他說：「你這人的本性怎麼這樣鄙賤！平時一直希望能面見君主，現在突然被緊急召見，反而哭得淚如雨下。」公孫聖仰天嘆息說：「可悲啊！這不是你能夠知道的。今天日在王午，又加上時辰正在南方的午時，性命將歸屬上天，無法逃脫避免。我不只是為自己哀傷，確實是為吳王哀傷。」他的妻子說：「你把你的理論講述給君主聽就是了。有道理就應當施行，對上用以勸諫君主，對下用以約束自身。現在聽到吳王的緊急召見，你卻被弄得憂愁困惑，心潰神亂，這不是賢能的人所應有的姿態。」公孫聖說：「愚蠢啊！真是婦人之見。我修煉道行十年，一直隱匿自己，遠避禍害，就是想延續壽命。沒想到突然接到緊急召見的命令，剛到中年就要自己去送命，所以我是在為與你永別而感到悲傷啊！」於是離開了家，前往姑蘇臺。吳王說：「我將要北上討伐齊國和魯國，率領軍隊從胥門出發，路過姑蘇臺，忽然在大白天做了一個夢。你替我占一下這個夢，詳細說說是吉是凶。」公孫聖說：「我如果不說，身軀名譽都可保全；如果說了，必定是被碎屍百段而死在大王面前。但是作為一個忠臣，是不能顧惜自己的軀體的。」於是仰天嘆息說：「我聽說喜好划船的人必定溺水而死，喜好打仗的人必定陣亡以終。我喜歡直言不諱，不顧惜自己的生命，希望大王能好好考慮我的話。我聽說『章』的意思是作戰不能取勝，失敗後傽偟逃走。『明』的意思是捨棄光明而走入黑暗。進入宮門看到鑩蒸飯而不生火，是表示大王終將得不到熟食吃。兩條黑狗，一條朝南嗥叫，一條朝北嗥叫，『黑』的意思是陰暗不明，『北』的意思是隱匿不現。兩把刀插在宮牆上，是表示越國軍隊侵入吳國，破壞宗廟，掘毀社稷。一股激流嘩嘩地淌過宮室殿堂，是表示宮內已洗劫一空。後房類似鼓動風箱發出篋篋的聲音，是表示有人坐在那兒嘆息。前面園子中橫著生長的梧桐樹，是暗示梧桐樹心是空的，不能製作有用的器具，只能做成木俑，應當陪死人一起埋葬。希望大王停止征戰，修積德行，不再討伐齊國，這樣就可以消除禍患。同時派遣您的臣下太宰嚭、王孫駱脫掉帽子和頭巾，裸露肢體，赤腳步行，前往越國向句踐磕頭謝罪，這樣吳國才可以安然幸存，您也就可以幸免不死了。」吳王聽後興味索然，繼而發怒，說：「我是上天的兒子，神的使者，一切聽天由命。」於是回頭叫力士石番用鐵鎚打死公孫聖。公孫聖於是仰頭向著蒼天說道：「老天呀！您知道我的冤屈嗎？忠誠反而遭受罪過，無罪也將被害死，與其把我作為一個直言之士埋葬，還不如讓我們夫妻相隨而死，一同變為琴瑟的絃柱。請把我的屍體提到深山中去，使我們夫妻在下一世仍然相隨為伴，一同發出琴瑟相和的聲響。」於是吳王就派門人把公孫聖的屍體提到蒸丘，說：「豺狼將吃掉你的肉，野火將燒毀你的骨頭，東風吹幾次，也將把你的屍首殘骸刮走，這樣骨肉都將糜爛無存，看你還怎麼能夠發出聲響？」太宰嚭急速向吳王進言說：「向大王賀喜，災禍已經消除了。就此舉杯行酒，軍隊可以出發了。」吳王於是任命太宰嚭為右校司馬，王孫駱為左校司馬，並讓句踐派來的軍隊也跟隨著去討伐齊國。

伍子胥聞之，諫曰：「臣聞興十萬之眾，奉師千里，百姓之費，國家之出，日數千金。不念士民之死，而爭一日之勝，臣以為危國亡身之甚。且與賊居❶，不知其禍，外復求怨，徼幸❷他國，猶治救瘑疥❸，而棄心腹之疾，發當死矣。瘑疥，皮膚之疾，不足患也。今齊陵遲❹千里之外，更歷楚、趙之界，齊為疾，其疥耳。越之為病，乃心腹也。不發則傷，動則有死。願大王定越而後圖齊。臣之言決矣，敢不盡忠？臣今年老，耳目不聰❺，以狂惑❻之心，無能益國。竊觀《金匱》❼第八，其可傷也。」吳王曰：「何謂也？」子胥曰：「今年七月辛亥平旦⑧，大王以首事⑨。辛，歲位⑩也。亥，陰前之辰⑪也。合壬子，歲前合也，利以行武，武決勝矣。然德⑫在，合斗擊丑⑬。丑，辛之本也⑭。大吉⑮為白虎⑯而臨辛，功曹⑰為太常⑱所臨亥。大吉得辛為九醜⑲，又與白虎並重。有人若以此首事，前雖小勝，後必大敗。天地行殃，禍不久矣！」吳王不聽，遂九月使太宰嚭伐齊。軍臨北郊，吳王謂嚭曰：「行矣，無忘有功，無赦有罪。愛民養士，視如赤子⑳。與智者謀，與仁者友。」太宰嚭受命，遂行。吳王召大夫被離㉑，問曰：「汝常與子胥同心合志，並慮一謀，寡人興師伐齊，子胥獨何言焉？」被離曰：「子胥欲盡誠於前王㉒，自謂老狂，耳目不聰，不知當世之所行，無益吳國。」

【章旨】此章敘伍子胥聞吳軍臨行而進諫，指出齊國對於吳國來說，不過是瘑疥之疾，而越國則為吳國的心腹之患，因而再次力勸吳王先定越而後伐齊，並預言若釋越而伐齊，則「前雖小勝，後必大敗」。

【注　釋】❶與賊居　指與句踐所派的三千越兵同處一軍北上伐齊。❷儌幸　同「僥倖」。❸痛疥　疥瘡。❹陵遲　本義指山坡緩延，這裡引申為遼闊、遙遠。❺耳目不聰　聽覺和視覺都因衰老而變差。❻狂惑　狂妄昏惑。❼金匱　古代一部占卜的書。現存的《黃帝金匱經》可能與此書有某種承傳關係，或是後人託古以自重。❽辛亥平旦　辛亥這一天的黎明。平旦，指寅時，相當於現在的清晨三時至五時。❾首事　首先起事。此指吳王夫差興兵伐齊事。❿歲位　歲星所在的位置。古人認為歲星（即木星）每十二年（實際為一一點八六二二年）繞天一周，因以歲星紀年。但歲星運行的方向，是自西向東，與將黃道所分十二支的方向正相反，便假設了一個太歲星與歲星相應，自東向西作反向運行，並以每年太歲所在的部分用地支來紀年。後來陰陽術數又以陰陽五行理論來劃分每年春夏秋冬太歲所在的位置，據《黃帝龍首經》、《六壬大全》等書，知秋天以西方七宿為歲位，以北方七宿為歲前，以東方七宿為歲對，以南方七宿為歲後。而西方和秋在五行中都為金，又以天干庚辛相配。故曰：「辛，歲位也。」⓫陰前之辰　即厭前的一個辰次。據《欽定協紀辨方書・卷四》引《天寶歷》曰：「陰陽不將者，以月建為陽，謂之陽建，正月起寅，順行十二辰。月厭為陰，謂之陰建，正月起戌，逆行十二辰。分於卯酉，會於子午。厭前枝幹自相配者為陽將，厭後枝幹自相配者為陰將，厭後幹配厭前枝者為陰陽俱將，厭前幹配厭後枝者，為陰陽不將也。」以此推算，則七月陽建於申，陰建於辰，亥尚在辰前五位，故曰：「亥，陰前之辰也。」下句「合壬子，歲前合也」，屬三合局，以「申、辰、子水合，主流動無滯」，合的位置在歲前，即西方歲位的前方，原因是天干壬、地支子，都位於北方，皆合於水，故曰「歲前合也」。詳見《六壬大全・卷一》、《欽定協紀辨方書・卷四》。⓬德　指歲神中的德神，又稱「歲枝德」，主救危而濟弱。⓭合斗擊丑　仍就歲前北方而言，斗即指斗宿，為北方七宿之一，屬於吳國的分野。丑是斗宿所在的辰次，又稱星紀。⓮丑辛之本也　從字義來說，據班固解釋：「萬物紐芽於丑」、「萬物悉新於辛也」，所以說丑是辛的根本。從引申義來說，辛為西方之金，有殺伐進退之義，丑指代吳國，意謂凡殺伐進退之事都應以吳國的利益為根本。⓯大吉　十二神之一，也稱「十一月將」，屬十神，位於丑。今存《黃帝金匱經》第八經即題名「大吉殺」，可能是後人依據本書所記伍子胥「觀《金匱》第八」而有意附會。⑯白虎　本是西方七宿的合稱，後來術數家又把白虎作為十二將之一，專主權煞，屬凶將。⑰功曹　十二神之一，也稱「十月將」，屬木神，位於寅。⑱太常　十二將之一，主文章穀帛等，屬吉將。⑲九醜　六壬占法中六十四課之一，大致是以「乙戊己辛壬五干，合子午卯酉四支為九，此等日遇丑臨仲（仲指子午卯酉），乃凶禍、不美之兆，故名九醜」。詳見《黃帝金匱經》、《六壬大全》、《御定星歷考原》。⑳赤子　嬰兒。㉑被離　吳國大夫，姓被名離。㉒前王　指吳王闔閭。

【語譯】伍子胥得知消息後，向吳王進諫說：「我聽說您已發動了十萬士兵，將要行軍千里，百姓的耗費，國家的支出，每天達數千金之多。不顧惜士兵和百姓的死活，而去爭一日的勝利，我認為您這樣做，將會嚴重地危害國家，毀掉自身。況且是與有殺父之仇的越兵共處一軍，卻沒有察覺到其中的禍患，反而又向外擴張而招惹怨恨，想僥倖戰勝他國。這好比只救治疥瘡，而放棄心腹的疾病不管。假使心腹的疾病一旦發作，人就無可救藥了。而疥瘡只是皮膚上的毛病，實不足為患。現在齊國遠隔千里之外，更加上吳齊之間還要經過楚國和趙國的邊界，那麼齊國對於吳國的危害來說，只不過是個疥瘡罷了。而越國對於吳國的危害，卻是心腹大患。這種心腹之患即使不發作，也能造成傷害，一旦發作就會致吳國於死地。希望大王先平定越國，然後再考慮討伐齊國。我的話已經說得很絕了，但我怎敢不向大王盡力效忠呢？我現在年紀老了，耳朵不靈眼睛不明，僅以自己狂妄昏惑的想法，尚不能有益於國家。但我私下觀看過《金匱》第八經，推衍其事的確可以使人憂傷。」吳王問：「這話怎麼講？」伍子胥說：「今年七月辛亥日的寅時，是大王首先起事的時間。這天的日干辛，正是當時歲星所在的位置。而這天的辰支亥，又是厭前的一個辰次。以此推衍正合於壬子水局，合的位置在歲前即北方，這本來是有利於出師行使武力，並且通過決戰可以取得勝利。但因有德神在其中救危濟弱，所以將合併斗宿，衝擊丑次。而丑又正是辛的根本。但因位於天盤丑位的大吉神，此時是與白虎將相遇而臨地盤辛位，位於天盤寅位的功曹神與太常將相會，而臨地盤亥位。大吉神之丑，得辛相配而成為九醜之占，本是凶禍之兆，加之又與白虎凶將並重，就是凶上加凶了。如果有人在此時起事，起先雖然會獲得小的勝利，後來則必定遭受大的失敗。天地施行災殃，禍害不久就會降臨。」吳王不聽伍子胥的勸諫，於是在九月派太宰嚭率兵討伐齊國。軍隊開到吳都北郊，吳王對太宰嚭說：「出發吧，不要忘記有功的人，不要赦免有罪的人。要愛護百姓，教養士卒，就像對待嬰兒一樣。要和智者謀事，要和仁者交友。」太宰嚭接受命令後，終於出發了。吳王召見大夫被離問道：「你常常和伍子胥心同志合，慮謀一致，對我出兵討伐齊國，伍子胥獨自還說了些什麼？」被離說：「伍子胥只是想向先王竭盡忠誠，他說自己年老昏狂，耳朵不靈，眼睛不明，已不了解當今的形勢和策略，對吳國已沒有什麼用處了。」

王遂伐齊，齊與吳戰於艾陵❶之上，齊師敗績❷。吳王既勝，乃使行人❸成好於齊，曰：「吳王聞齊有沒水❹之慮，帥❺軍來觀。而齊興師蒲草，吳不知所安集，設陣為備，不意❻頗傷齊師。願結和親❼而去。」齊王曰：「寡人處此北邊，無出境之謀。今吳乃濟江淮❽踰千里而來我壤土，戮我眾庶❾。賴上帝哀存，國猶不至顛隕❿。王今讓以和親，敢不如命？」吳齊遂盟而去。

【章　旨】此章略敘吳王不聽忠諫，執意伐齊，雖以小勝而與齊結盟，實則勞師傷財，於吳利少而損多。

【注　釋】❶艾陵　春秋時齊國地名，在今山東省萊蕪縣東北。據《左傳》、《國語》記載，吳齊艾陵之戰當在吳王夫差十二年。❷敗績　大敗；潰敗。❸行人　古代通使之官，即使者。❹沒水　被水淹沒。❺帥　同「率」。帶領。❻不意　沒有料到。❼和親　和睦相親。也表示與敵議和，結為姻親。此處似僅指議和，未及聯姻事。❽濟江淮　渡過長江淮河。❾眾庶　即眾民、眾百姓。❿顛隕　猶言覆滅。顛，顛覆。隕，隕墜。

【語　譯】吳王於是率領軍隊討伐齊國，齊軍與吳軍在艾陵一帶交戰，結果使齊軍大敗。吳王取得勝利之後，就委派使者去與齊國議和，使者對齊王說：「吳王聽說齊國有被洪水淹沒的憂慮，就率領軍隊前來觀看。但因齊國從蒲草叢中出動了軍隊，吳軍不知道安全集合的地方，就布設陣勢以作防備，沒有料到竟略微傷害了齊軍。現在吳國願意與齊國結盟和親，然後撤軍回國。」齊王說：「我居守在這一北方邊境之地，並沒有踰越國境的打算。現在吳軍卻渡過長江、淮河，踰越千里而來，侵略我的國土，殺戮我的百姓。幸賴上帝哀憐而保存了我們，國家尚不至於覆滅。大王現在讓以和親，我怎敢不遵命服從呢？」於是吳國與齊國締結了盟約，然後撤軍離去。

吳王還，乃讓❶子胥曰：「吾前王履德❷，明達於上帝，垂功用力，為子西結強讎於楚。今前王譬若農夫之芟殺❸四方蓬蒿❹，以立名於荊蠻❺，斯亦大夫之力。今大夫昏耄❻而不自安，生變起詐，怨惡而出。出則罪吾士眾，亂吾法度，欲以妖孽挫衄❼吾師。賴天降衷❽，齊師受服。寡人豈敢自歸其功？乃前王之遺德，神靈之祐福也。若子於吳則何力焉？」伍子胥攘臂❾大怒，釋劍而對曰：「昔吾前王，有不庭之臣❿，以能遂疑計，不陷於大難。今王播棄⓫，所患外不憂，此孤僮⓬之謀，非霸王之事。天所未棄，必趨其小喜，而近其大憂。王若覺寤⓭，吳國世世存焉；若不覺寤，吳國之命斯促矣。員不忍稱疾辟易⓮，乃見王之為擒。員誠前死，掛吾目於門，以觀吳國之喪。」吳王不聽。坐於殿上，獨見四人向庭相背而倚，王怪而視之。群臣問曰：「王何所見？」王曰：「吾見四人相背而倚，聞人言則四分走矣。」子胥曰：「如王言，將失眾矣。」吳王怒曰：「子言不祥。」子胥曰：「非惟不祥，王亦亡矣。」

後五日，吳王復坐殿上，望見兩人相對，北向人殺南向人。王問群臣：「見乎？」曰：「無所見。」子胥曰：「王何見？」王曰：「前日所見四人，今日又見二人相對，北向人殺南向人。」子胥曰：「臣聞四人走，叛也。北向殺南向，臣殺君也。」王不應。

吳王置酒文臺⑮之上，群臣悉在，太宰嚭執政，越王侍坐，子胥在焉。王曰：「寡人聞之：君不賤有功之臣，父不憎有力之子。今太宰嚭為寡人有功，吾將爵之上賞⑯。越王慈仁忠信，以孝事於寡人，吾將復增其國，以還助伐之功。於眾大夫如何？」群臣賀曰：「大王躬行⑰至德，虛心養士，群臣並進，見難爭死，名號⑱顯著，威震四海，有功蒙賞，亡國復存⑲，霸功王事，咸被⑳群臣。」於是，子胥據地垂涕曰：「於乎㉑哀哉！遭此默默㉒；忠臣掩口，讒夫在側；政敗道壞，諂諛㉓無極；邪說偽辭，以曲為直；舍讒攻忠，將滅吳國；宗廟㉔既夷㉕，社稷不食㉖；城郭丘墟，殿生荊棘。」吳王大怒曰：「老臣多詐，為吳妖孽。

乃欲專權擅威，獨傾吾國。寡人以前王之故，未忍行法。今退自計，無沮㉗吳謀。」子胥曰：「今臣不忠不信，不得為前王之臣。臣不敢愛身，恐吳國之亡矣。昔者桀㉘殺關龍逢㉙，紂㉚殺王子比干㉛，今大王誅臣，參㉜於桀紂。大王勉之，臣請辭矣。」

子胥歸，謂被離曰：「吾貫弓㉝接矢於鄭楚之界，越渡江淮，自致於斯。前王聽從吾計，破楚見凌㉞之讎，欲報前王之恩而至於此。吾非自惜，禍將及汝。」被離曰：「未諫不聽㉟，自殺何益？何如亡乎？」子胥曰：「亡臣安往？」吳王聞子胥之怨恨也，乃使人賜屬鏤㊱之劍。子胥受劍，徒跣㊲褰裳㊳，下堂中庭，仰天呼怨，曰：「吾始為汝父忠臣立吳，設謀破楚，南服勁越，威加諸侯，有霸王之功。今汝不用吾言，反賜我劍。吾今日死，吳宮為墟，庭生蔓草，越人掘汝社稷，安忘我乎？昔前王不欲立汝，我以死爭之，卒得汝之願，公子㊴多怨於我。我從有功於吳，今乃忘我定國之恩，反賜我死，豈不謬哉？」吳王聞之，大怒曰：「汝不忠信，為寡人使齊，託汝子於齊鮑氏，有我外之心㊵。」急令自裁：「孤不使汝得有所見。」子胥把劍，仰天嘆曰：「自我死後，後世必以我為忠。上配夏殷之世，亦得與龍逢、比干為友。」遂伏劍而死㊶。吳王乃取子胥屍，盛以鴟夷㊷之器，投之於江中，言曰：「胥，汝一死之後，何能有知？」即斷其頭，置高樓上，謂之曰：「日月炙㊸汝肉，飄風㊹飄汝眼，炎光㊺燒汝骨，魚鱉食汝肉，汝骨變形灰，有何所見？」乃棄其軀，投之江中。子胥因隨流揚波，依潮來往，蕩激崩岸。於是吳王謂被離曰：「汝嘗與子胥論寡人之短。」乃髡㊻被離而刑之。

【章旨】此章描敘伍子胥被害的悲劇結局。吳王夫差伐齊歸來後，被勝利沖昏頭腦，更加忘乎所以，執迷不悟，不僅深責伍子胥昏耄滋事，而且置酒慶功，給太宰嚭爵之上賞，為越王復增其國。伍子胥在「忠臣掩口，讒夫在側」的情勢下冒死進諫，先攘臂釋劍而責君之過，再據地垂涕而弔國之悲，終於觸怒吳王，竟使人賜劍命其自裁，甚至連與伍子胥主張一致的被離也遭受髡刑。

【注釋】❶讓　以辭相責。❷履德　施行仁德。❸艾殺　猶言砍伐。艾，通「刈」。❹蓬蒿　蓬草與蒿草。❺荊蠻　古代對江南楚地人民的泛稱。❻昏耄　年老而糊塗。❼挫衂　挫敗。衂，「衄」的俗字。失敗、挫折的意思。❽降衷　降福。❾攘臂　捋袖舉臂。❿不庭之臣　君王特許可以不上朝執禮的重臣。⓫播棄　拋棄。⓬孤僮　據《國語・吳語》當作「孩童」。⓭覺寤　醒悟。寤，通「悟」。⓮辟易　退避。⓯文臺　吳國宮中臺名。⓰爵之上賞　賜給最高等級的爵位俸祿作為獎賞。⓱躬行　親自實踐；身體力行。⓲名號　名位尊號。指吳國稱霸事。⓳亡國復存　指本已滅亡了的越國，在吳王夫差的恩賜之下，又被恢復保存下來。⓴咸被　遍及。㉑於乎　同「嗚呼」。感嘆詞。㉒默默　沈默不言。即指「忠臣掩口」。㉓諂諛　阿諛獻媚，指以不實之詞奉承人。《荀子・修身》曰：「以不善先人者謂之諂，以不善和人者謂之諛。」㉔宗廟　天子、諸侯祭祀祖先的處所。㉕夷　削平。㉖社稷不食　社稷得不到祭祀。《周禮・春官・大宗伯》注曰：「社稷，土穀之神，有德者配食焉。」㉗沮　敗壞；毀壞。㉘桀　指夏桀，夏代亡國之君。㉙關龍逢　古史傳說夏代末年的賢臣，因夏桀暴虐荒淫，他多次直諫，後被桀囚禁殺死。㉚紂　指商紂，商代亡國之君。㉛比干　商末紂王的叔父，官少師。紂王淫亂，比干犯顏強諫，被紂王剖心而死。㉜參　通「三」。㉝貫弓　彎弓；張滿弓。貫，通「彎」。㉞見凌　被欺凌。㉟未諫不聽　徐乃昌《吳越春秋札記》以為「未」字疑誤。譯文姑且作「既」字解釋。㊱屬鏤　劍名。㊲徒跣　赤腳步行。㊳褰裳　撩起衣裳。㊴公子　指吳國王族子弟。㊵我外之心　即不忠於我的打算。㊶遂伏劍而死　據《左傳》記載，吳王夫差賜屬鏤劍令伍子胥自殺，事在西元前四八四年，即吳王夫差十二年。㊷鴟夷　一種用皮革製成的口袋，形如鴟鳥。㊸炙　燒烤。㊹飄風　按《太平御覽・卷四九二》引作「熛風」。熛風，即疾風。㊺炎光　火光。㊻髡　剃去頭髮，是古代的一種刑法。

【語譯】吳王回國，就責備伍子胥說：「我的先王施行仁德，明白地通達於上帝，垂留功績，使用武力，為了你而與西鄰楚國結下人仇。先王就像農夫砍伐四方的蓬蒿一樣，因而在荊楚一帶樹立了威名，此中也有你的力量和功勞。現在你年老糊塗而不安分守己，滋生變故，激起詐偽，怨恨憎惡也因此而出。怨惡一出，就怪罪我的士卒民眾，擾亂我的法令制度，欲用妖孽來挫敗我的軍隊。幸賴上天降福，齊國軍隊已經被我制服。我怎麼敢歸功於自己呢？這是仰仗了先王的遺德和神靈的福祐啊！像你現在對吳國又出了什麼力呢？」伍子胥非常憤怒地捋袖舉臂，解下佩劍回答說：「過去我們先王在位時，有可以不上朝執禮的大臣，因為這些人能夠決斷疑難計謀，使國家不至陷於大的災難。現在大王對這些老臣棄置不用，對外來的禍患不以為憂，這像是小孩式的計謀，不像一個霸王的行事。由於上天還沒有拋棄吳國，必定會使你趨向小的喜悅，但實際上已接近大的憂患。大王現在如果能夠醒悟，吳國還可以世世代代保存傳遞下去；大王現在如果還不醒悟，吳國的壽命此後就短促了。我不忍心託病退避，而坐觀大王被俘。如果我先死了，就把我的眼睛掛在城門上，以便觀看到吳國的滅亡。」吳王聽了不予理睬。一天，吳王和一群大臣坐在殿堂上，惟有吳王看見有四個人面向庭院，背對背倚靠在一起。吳王奇怪地注視著他們，大臣們問道：「大王看見了什麼？」吳王說：「我看見四個人，背對背倚靠在一起，聽到有人說話，就四下散開走了。」伍子胥說：「如果像大王所說的那樣，則知大王將失去眾人了。」吳王發怒說：「你說這話不吉利。」伍子胥說：「不只是不吉利，連大王也難逃一死。」過了五天之後，吳王又坐在殿堂上，望見兩個人面對面爭鬥，結果朝北的人殺掉了朝南的人。吳王問大臣們：「你們看到了什麼嗎？」大臣們回答說：「什麼也沒有看見。」伍子胥問：「大王看見了什麼？」吳王說：「幾天前看見四個人背靠背，今日又見兩個人面對面，結果朝北的人殺掉了朝南的人。」伍子胥說：「我聽說四人逃走，是反叛。朝北的人殺掉朝南的人，是有臣僚在謀弒國君。」吳王聽了沒有應聲。

吳王在文臺之上設置酒宴，大臣們都與會在座，太宰嚭主持酒會，越王應邀陪坐，伍子胥也出席了。吳王說：「我聽說：君王不輕視有功勞的大臣，父親不厭惡有勇力的兒子。現在太宰嚭為我建立了功勛，我將賜給他最高等級的爵位俸祿作為獎賞。越王慈愛仁義，忠誠守信，以孝心服事於我，我將再一次增益他的國土，以回報他派遣軍隊協助我討伐齊國的功勞。全體大夫對此有何看法？」大臣們祝賀說：「大王親自施行高尚的道德，虛心延攬培養才智之士，臣僚們都受到任用，遇到危難無不爭相效死。大王名位尊號顯赫著名，聲威震驚四海，有功的臣僚受到獎賞，滅亡的國家又得以生存。大王建立的霸王功業，其恩惠遍及群臣。」於是，伍子胥趴在地上流著眼淚說：「唉，完蛋了啊！遭遇這樣的沈默不言。忠臣緘口不諫，只因讒佞小人在大王身邊；政治敗壞，道德淪喪，阿諛獻媚的話，說得不著邊際。邪惡的言論，虛偽的說辭，把彎的都說成了直的。大王不懲治讒佞小人，反而歸罪於忠臣，這將使吳國走向滅亡。宗廟被夷為平地，社稷得不到祭祀，內城和外城都變為荒丘廢墟，宮殿之地也長滿荊棘。」吳王非常憤怒地說：「老臣多有詭詐，實為吳國的妖孽。你就想著把持大權，專擅威風，獨自一人左右我的國家。我因為先王曾重用過你的緣故，還不忍心對你施行刑法。現在你退朝回去自己考慮一下，不要再敗壞吳國的計謀。」伍子胥說：「現在我若不忠誠不守信，就不配為先王的臣下。我已不敢顧惜自己的軀體，因為恐怕吳國就要滅亡了。從前夏桀殺了忠臣關龍逢，商紂殺了忠臣王子比干，現在大王又要殺我，這正好使你與夏桀、商紂並列為三。望大王自勉，我請求告辭了。」

伍子胥退朝回去後，對被離說：「我當初在鄭國和楚國的邊界之地彎弓接箭，渡越長江淮河，自己來到這裡。先王聽從我的計策，攻破楚國，使我報了父兄被殺之仇。我是想報答先王的恩情，才到達這種地步的。我並不顧惜自己，但此禍也將牽及於你。」被離說：「已經進諫於吳王而不聽，你現在自殺又有什麼好處？還是逃走吧，怎麼樣？」伍子胥說：「一個逃亡之臣能到哪裡去呢？」吳王聽說伍子胥有怨恨的情緒，就派人賜給他一把屬鏤劍。伍子胥接過寶劍，撩起衣裳，赤腳步行，從堂上走到宮廷之中，仰頭對天呼訴怨憤，說：「我最初做你父親的忠臣，幫助他取得了王位。以後又出謀劃策，在西面攻破了楚國，在南面降服了強勁的越國，於是吳國的聲威得以超越於諸侯之上，我本人也有使吳國興霸稱王的功勞。現在你不但不採納我的建議，反而賜給我寶劍。我今天就自殺而死，但吳國的宮殿將變為廢墟，庭院也將蔓生野草，越國人掘毀你的國家祭壇，你怎麼能忘記我呢？過去先王不想立你做太子，我冒死為你相爭，終於實現了你的願望，致使公子們多怨恨於我。我從有功於吳國開始，到而今你卻忘記了我安定國家的恩德，反而賜劍命我自殺，豈不荒謬嗎？」吳王聽到這些話，非常憤怒地說：「你不忠誠守信，為我出使齊國，你把自己的兒子託付給齊國鮑氏，就已有不忠於我的打算。」於是又命令伍子胥急速自盡，說：「我不會讓你有機會看見什麼。」伍子胥手執寶劍，仰面對天嘆息說：「自我去世以後，後代一定會把我當作忠臣，上配夏、商兩朝，也能與關龍逢、比干做朋友。」於是以劍自殺而死。吳王隨後把伍子胥的屍體取走，裝在一個用皮革製成的口袋裡，投入江水之中，說道：「伍子胥，你死了以後，還怎麼能夠有知覺？」吳王當即還把伍子胥的頭砍了下來，掛在高樓之上，對他說：「日月燒烤你的肌肉，疾風飄吹你的眼睛，火光焚燒你的骨頭，魚鱉吞噬你皮肉，你的形體和骨頭都變成了灰，你還能看見什麼？」然後拋棄伍子胥的軀體，投入江水之中。伍子胥的屍體就隨著江流揚起的波浪，順著潮水的漲落，猛烈地衝激和震盪江岸。於是吳王又對被離說：「你曾和伍子胥一起議論過我的短處。」就對被離處以剃髮之刑作為懲罰。

王孫駱聞之，不朝。王召而問曰：「子何非❶寡人而不朝乎？」駱曰：「臣恐耳！」曰：「子以我殺子胥為重乎？」駱曰：「大王氣高，子胥位下，王誅之。臣命何異於子胥？臣以是恐也。」王曰：「非聽宰嚭以殺子胥，胥圖寡人也。」駱曰：「臣聞人君❷者，必有敢諫之臣。在上位者，必有敢言之交。夫子胥，先王之老臣也。不忠不信，不得為前王臣。」吳王中心❸悷然❹，悔殺子胥：「豈非宰嚭之讒子胥？」而欲殺之。駱曰：「不可。王若殺嚭，此為二子胥也。」於是不誅。

【章　旨】此章敘伍子胥死後，吳王夫差終於從王孫駱的恐懼不朝和直言相告中略生悔意，但並未從根本上認識到自己的錯誤，而僅僅是疑嚭行讒而欲殺之，加之由於王孫駱的迂腐之勸，結果連讒臣太宰嚭也未除掉，這就注定吳王夫差必將走向身死國滅的絕境。

【注　釋】❶非　責難。❷人君　即君主。❸中心　內心。❹悷然　悲傷的樣子。

【語譯】王孫駱聽到伍子胥自殺和被離受髡刑的消息後，不來上朝。吳王召見王孫駱而問道：「在哪些地方你認為我做得不對而不來上朝？」王孫駱回答說：「我害怕呀！」吳王說：「你認為我殺掉伍子胥的處分太重了嗎？」王孫駱說：「大王氣勢高張，伍子胥地位低下，大王於是殺掉了他。而我的生命與伍子胥又有什麼不同呢？所以我感到害怕。」吳王說：「我並非聽了太宰嚭的話才殺伍子胥的，而是因為伍子胥要謀害我。」王孫駱說：「我聽說做一位國君，一定要有敢於直言進諫的大臣。在上位的人，一定要有敢於直言相告的朋友。就伍子胥來說，他是先王的老臣。如果不忠誠不守信，他就不可能成為先王的大臣。」吳王內心感到悲傷，後悔殺了伍子胥，說：「難道不是因為太宰嚭曾說過伍子胥的壞話嗎？」因而又想殺掉太宰嚭。王孫駱說：「不能夠殺。大王如果殺太宰嚭，這等於是第二個伍子胥。」於是吳王沒有殺太宰嚭。

十四年，夫差既殺子胥，連年不熟，民多怨恨。吳王復伐齊，闕為闌溝於商魯之間❶，北屬蘄❷，西屬濟❸。欲與魯晉合攻於黃池❹之上。恐群臣復諫，乃令國中曰：「寡人伐齊，有敢諫者死。」太子友❺知子胥忠而不用、太宰嚭佞而專政，欲切言之，恐罹尤❻也，及以諷諫❼激於王。清旦❽懷丸持彈，從後園而來，衣袷履濡❾，王怪而問之曰：「子何為袷衣濡履，體如斯也？」太子友曰：「適游後園，聞秋蜩⑩之聲，往而觀之。夫秋蟬登高樹，飲清露，隨風撝撓⑪，長吟悲鳴，自以為安。不知螳螂超枝緣條，曳腰聳距而稷其形⑫。夫螳螂翕心⑬而進，志在有利。不知黃雀盈綠林⑭，徘徊枝陰⑮，⿰足𠂢⿰足咸⑯微進，欲啄螳螂。夫黃雀但知伺螳螂之有味，不知臣挾彈危擲⑰，蹭蹬⑱飛丸而集其背。今臣但虛心⑲志在黃雀，不知空埳⑳其旁，闇忽㉑埳中，陷於深井。臣故袷體濡履，幾為大王取笑。」王曰：「天下之愚，莫過於斯。但貪前利，不睹後患。」太子曰：「天下之愚，復有甚者。魯承周公之末㉒，有孔子之教，守仁抱德，無欲於鄰國，而齊舉兵伐之，不愛民命，惟有所獲。夫齊徒舉而伐魯，不知吳悉境內之士，盡府庫之財，暴師㉓千里而攻之。夫吳徒知踰境征伐非吾之國㉔，不知越王將選死士㉕，出三江㉖之口，入五湖㉗之中，屠我吳國，滅我吳宮。天下之危，莫過於斯也。」吳王不聽太子之諫，遂北伐齊。越王聞吳王伐齊，使范蠡㉘、洩庸㉙率師屯㉚海通江，以絕吳路。敗太子友於始熊夷㉛，通江淮轉襲吳，遂入吳國，燒姑胥臺，徙其大舟㉜。

【章　旨】此章敘吳王在歲歉民怨之際，再次興師伐齊，並以「有敢諫者死」為令而絕塞言路。儘管有太子友，曾以其特殊身分，借「螳螂捕蟬，黃雀在後」之事為喻，給予諷諫，也未能使吳王中止這種「但貪前利，不睹後患」的愚蠢舉動，結果在吳師北上、國內空虛之時，越王果然派兵乘虛襲吳，打敗太子友，直入吳境。

【注　釋】❶闕為闌溝句　按《國語・吳語》曰：「闕為深溝，通於商魯之間。」闕，同「掘」。挖掘的意思。闌溝，即邗溝，按《左傳・哀公九年》曰：「秋，吳城邗，溝通江淮。」知吳掘邗溝事在夫差十年。其溝連通長江與淮水，大致是自今揚州市南長江北岸起，至今清江市淮水南岸止，今之運河即古邗溝水。商，指宋國，商朝滅亡後，王室後裔被封在其舊都（今河南商丘），是為宋國，故宋國也稱商。聯繫下文，則吳在夫差十四年又增長邗溝以通沂水與濟水。❷蘄　據《國語・吳語》當作「沂」。指沂水，在魯國境內。❸濟　水名，在宋國境內。❹黃池　春秋時地名，在今河南封丘縣西南，濟水故道南岸。西元前四八二年，吳王夫差與晉定公、魯哀公等會盟於此。❺太子友　吳王夫差之子，《國語・吳語》稱作「王子友」。❻罹尤　遭受罪過。尤，罪過；過失。❼諷諫　以婉言隱語相勸諫。❽清旦　清晨。❾衣祫履濡　衣服和鞋子都沾濕了。祫，同「洽」。沾潤的意思。濡，浸漬；濕潤。❿秋蜩　即下文所說秋蟬，又稱鳴蜩，其聲相續甚長，無高低相間的節奏。⓫摀撓　揮擺撓動。摀，同「揮」。⓬曳腰聳距句　拖著腰身，挺起爪子，傾側著牠的形體前進。曳，拖；牽引。距，爪子。稷，當讀為「側」，以側，稷聲近而假借。⑬翕心　猶言屏息。翕，斂息。⑭盈綠林　按《太平御覽》引作「緣茂林」。⑮枝陰　樹枝上隱蔽的地方。⑯蹶蹶　按古今字書皆不見此二字。據楊慎《俗言》當作「踙跋」。踙，細行，兩足不相過。跋，急行而輕也。⑰危擲　向高處發射彈丸。⑱蹭蹬　此處作擬聲詞用。⑲虛心　此處作「靜心」、「專心」解釋。⑳埳　垍之譌字，即地面凹陷處，此指陷阱。㉑闇忽　倏忽；遽然。㉒魯承周公之末　魯國承繼周公的餘緒。周公，西周初年政治家，姓姬，名旦。曾輔助武王滅商，因而被封於今山東曲阜，是為魯公。但周公未就封，留佐武王，武王去世後又輔佐成王，而使其子代己就封於魯。㉓暴師　指軍隊在外，蒙受風霜雨露。㉔非吾之國　不歸順我們的國家，此指齊國。㉕死士　敢死之士。㉖三江　說法不一，徐天祜注曰：「一說松江、錢塘、浦陽江也。《吳郡賦》注：『松江下七十里分流，東北入海者為婁江，東南流者為東江，併松江為三江。』今其地亦名三江口，即范蠡乘舟所出之地。」㉗五湖　有多種說法，徐天祜注曰：「一說貢湖、遊湖、胥湖、梅梁湖、金鼎湖也。韋昭曰：『胥湖、蠡湖、洮湖、滆湖、就太湖而五。』虞翻云：『太湖之水通五道，謂之五湖。』」㉘范蠡　春秋末年楚國宛（今河南南陽）人，仕越為大夫，輔助越王句踐滅吳後入齊國，改名鴟夷子皮。至陶（今山東定陶西北）稱朱公，以經商致富。㉙洩庸　《國語・吳語》作「舌庸」，越國大夫。㉚屯　駐守。㉛始熊夷　據《國語・吳語》當作「姑熊夷」，其地在吳國國都的郊外。㉜大舟　徐天祜注曰：「即餘皇舟也。」

【語　譯】夫差十四年，吳王夫差殺害伍子胥以後，吳國連年歉收，人民多有怨恨。吳王打算再次討伐齊國，先自長江至淮水，開掘一條運河，一直通達宋國和魯國之間，北連沂水，西接濟水。想聯合魯國和晉國會師於黃池，一起攻打齊國。吳王惟恐諸位大臣又來進諫，就在國內發布命令說：「我打算再次討伐齊國，如有敢於前來進諫的人，一律處以死刑。」太子友知道伍子胥忠心耿耿卻不被重用，太宰嚭則阿諛奉承而獨攬政權。他本想向吳王直言極諫，但因害怕遭受罪過，就改用婉言隱語進行勸諫，以啟發吳王。一天清晨，他懷著彈丸，手執彈弓，從王宮後面的園林中走出來，衣服和鞋子都沾濕了，吳王見了覺得奇怪，問他說：「你怎麼把衣服和鞋子都沾濕了，身上弄成這個樣子呢？」太子友說：「我剛才到後園中去遊玩，聽到秋蟬的鳴叫聲，就走上前去觀看。只見秋蟬登上高挺的樹枝，喝著清涼的露水，聽任風的揮擺撓動，拖長音調盡情吟唱，發出悲鳴之聲，自以為安全。不知此時有螳螂已經越上高枝，正沿著長條，拖著腰身，挺起爪子，傾側著牠的形體，向秋蟬逼近。而螳螂此時屏息前進，志在有利可圖。不知綠林中充滿了黃雀，其中有一隻在高枝上隱蔽的地方徘徊，正兩足輕跳，慢慢前進，想啄食螳螂。而黃雀當時只知道等著品嘗螳螂的美味，不知道我正手執彈弓，將彈丸高高射出，蹭蹬一聲，擊中牠的背部。而我當時也只專心致志於黃雀，不知道身旁有一口井，忽然一腳踩空，掉到了深井之中。所以我身上的衣服和鞋子都弄濕了，差點被大王所取笑。」吳王說：「天下之事，沒有比這更愚蠢的了。只貪圖眼前的好處，看不到身後的禍患。」太子友說：「天下之事，還有比這更愚蠢的。例如魯國承繼周公的餘緒，又有孔子的教化，施行仁義，持守道德，對鄰國沒有欲望，但齊國卻要興兵討伐魯國，不愛惜人民的生命，只希望能夠有所獲取。而齊國只知道興兵討伐魯國，不知道吳國已調集了全國士兵，竭盡國庫錢財，將蒙受風霜雨露行軍千里而進攻齊國。而吳國只知道踰越國境去征伐不歸順我們的國家，不知道越王將要挑選敢死之士，出三江口，入五湖中，屠殺我們吳國，毀滅我們吳國的宮殿。天下之事，沒有比這更危險的了。」吳王不聽從太子友的勸諫，於是率兵北上討伐齊國。越王句踐聽說吳王率兵北上討伐齊國，就派遣范蠡、洩庸率領軍隊駐守海上，直通至江，以便斷絕吳軍的歸路。越軍在始熊夷一舉擊敗太子友的軍隊，然後通過長江、淮水轉而攻襲吳國，於是深入吳國境內，燒毀了姑胥臺，駕走了吳國的大戰船。

吳敗齊師於艾陵❶之上，還師臨晉，與定公❷爭長未合❸。邊候❹。吳王夫差大懼，合諸侯❺謀曰：「吾道遼遠，無會前進，孰利？」王孫駱：「不如前進，則執諸侯之柄❻，以求其志。請王屬❼士，以明其令，勸❽之以高位，辱之以不從，令各盡其死。」夫差昏秣馬食士❾，服兵被甲❿，勒馬銜枚⓫，出火於造⓬，闇行而進。吳師皆文犀長盾⓭、扁諸⓮之劍，方陣⓯而行。中校之軍⓰皆白裳、白髦⓱、素甲、素羽之矰⓲，望之若荼⓳。王親秉鉞⓴，戴旗㉑以陣而立。左軍皆赤裳、赤髦、丹甲、朱羽之矰，望之若火。右軍皆玄裳、玄輿㉒、黑甲、烏羽之矰，望之如墨。帶甲三萬六千，雞鳴㉓而定陣，去晉軍一里。天尚未明，王乃親鳴金鼓，三軍譁吟㉔，以振其旅，其聲動天徙地。晉大驚，不出，反距堅壘㉕。乃令童褐㉖請軍，曰：「兩軍邊兵接好㉗，日中無期㉘。今大國越次而造弊邑之軍壘，敢請辭㉙故？」吳王親對曰：「天子有命，周室卑弱，約諸侯貢獻，莫入王府，上帝鬼神而不可以告㉚，無姬姓㉛之所振懼㉜，遣使來告，冠蓋㉝不絕於道。始周依負㉞於晉，故忽於夷狄㉟。會晉今反叛如斯，吾是以蒲服㊱就君，不肯長弟㊲，徒以爭強。孤進不敢去，君不命長，為諸侯笑。孤之事君決㊳在今日，不得事君命㊴在今日矣。敢煩使者往來，孤躬親聽命於藩籬之外。」童褐將還，吳王躡㊵左足與褐決㊶矣。及報，與諸侯、大夫列坐於晉定公前。既以通命，乃告趙鞅㊷曰：「臣觀吳王之色，類有大憂。小則嬖妾㊸、嫡子㊹死，否則吳國有難；大則越人入，不得還也。其意有愁毒㊺之憂，進退輕難㊻，不可與戰。主君宜許之以前期㊼，無以爭行而危國也。然不可徒許，必明其信。」趙鞅許諾，入謁定公曰：「姬姓於周，吳為先老可長，以盡國禮。」定公許諾，命童褐復命。於是，吳王愧晉之義，乃退幕而會。二國君臣並在，吳王稱公前，晉侯次之，群臣畢盟。

【章旨】此章敘吳王夫差再次打敗齊國軍隊後，又還師臨晉，與晉定公爭為諸侯之長，因突然接到越軍入吳的警報，而急於求得盟長後立即回師救國，於是只好連夜出動軍隊，以武力威脅晉國君臣，終於迫使晉國讓吳為長。

【注釋】❶艾陵　齊國地名，在今山東省萊蕪縣東北。❷定公　指晉定公，姬姓，名午，西元前五一一年即位，在位三十七年。❸爭長未合　爭做諸侯之長（即盟主）還未達成協議。❹邊候　指邊境伺望偵察的哨所報警告急。候，通「堠」。本指古代瞭望敵情的土堡，如斥堠、烽堠即是。此處用作動詞，指邊境哨所報警。按《國語・吳語》曰：「邊遽乃至，以越亂告。」則是邊哨乘驛車至黃池向吳王告急。❺合諸侯　據《國語・吳語》當作「合大夫」。❻執諸侯之柄　執掌諸侯之長的權柄。❼屬　同「囑」。❽勸　勉勵；獎勵。❾秣馬食士　把馬匹餵飽，讓士兵吃飽。❿服兵被甲　拿起兵器，穿上鎧甲。服，執持。被，通「披」。穿著的意思。⓫銜枚　古代夜行軍時，令每位士兵口中都橫銜一根形如竹筷的器具，用以防止喧囂。⓬造　「灶」的通假字。《國語・吳語》記此事曰：「出火灶。」可為證。⓭文犀長盾　用有紋理犀牛皮製作的長盾牌。⓮扁諸　劍名。徐天祜注曰：「闔廬既鑄成干將、莫耶二劍，餘鑄得三千，並號扁諸之劍。」⓯方陣　方形之陣，古代作戰陣法之一。⓰中校之軍　即中軍。古代行軍作戰，分左、中、右三軍，由主帥所在的中軍發號施令。⓱白髦　用白色牛毛製作的旗幟。髦，通「旄」。⓲矰　短箭。⓳荼　白色的茅草花。⓴鉞　古兵器，形如大斧，裝有長柄。㉑戴旗　即載旗。㉒玄輿　黑色的戰車。㉓雞鳴　相當於丑時，即今一時至三時。㉔譁吟　大聲喧叫。㉕反距堅壘　關閉通道，堅守壁壘。距，閉。㉖童褐　按《國語・吳語》作「董褐」，即晉國大夫司馬寅，參見《左傳・哀公十三年》。㉗邊兵接好　據《國語・吳語》當作「偃兵接好」。偃兵，停止戰爭。接，合。㉘日中無期　據《國語・吳語》當作「日中為期」。㉙辭　據《國語・吳語》當作「亂」。㉚告　告祭。㉛姬姓　指與周王室同宗的姬姓諸侯。㉜振懼　震怖、畏懼。㉝冠蓋　本指官吏的服飾和車乘，這裡借指外交官。冠，禮帽。蓋，車蓋。

㉞依負　依仗；依恃。㉟忽於夷狄　忽視、疏遠了夷狄。吳國居東南，常被中原國家稱為夷狄，所以吳王在這裡，也以夷狄來自稱吳國。㊱蒲服　同「匍匐」。表示恭敬盡力。㊲長弟　兄長和弟弟，此指兄弟間的長幼順序。㊳決　據《國語・吳語》此「決」字當是衍字。㊴命　據《國語・吳語》當作「亦」。㊵蹋　踩。㊶決　通「訣」。訣別的意思。㊷趙鞅　即趙簡子，春秋末年晉國的正卿，又名志父，也稱趙孟。㊸嬖妾　寵愛的妾。㊹嫡子　正妻所生的兒子。也可專指嫡長子。㊺愁毒　憂愁痛苦。㊻進退輕難　進攻和退守都不怕死。輕難，輕於赴難，不怕死。㊼前期　先前所約定的事。

【語　譯】吳王率兵在艾陵擊敗齊軍之後，又回師逼臨晉軍，與晉定公爭做諸侯之長，還未達成協議。這時，吳國邊境的哨所報警告急。吳王夫差非常恐懼，於是集合大夫商議說：「我們道路遙遠，現在放棄盟會與繼續前進，哪個有利？」王孫駱說：「不如繼續前進，這樣就可以執掌諸侯之長的權柄，以求實現我們的志向。請大王囑告全體士卒，嚴明軍令，以高官厚祿為獎賞，以不服從命令為恥辱，使他們能夠各自盡力效死。」於是吳王夫差在黃昏時分下令把戰馬餵飽，讓士兵吃飽，然後各自帶上兵器，穿上鎧甲，手中勒馬，口中銜枚，從灶裡引上火把，連夜行軍。吳軍都帶著有紋理犀牛皮的長盾牌和扁諸劍，排列成方形陣式前進。中軍都穿著白衣裳，打著白髦旗，披著白鎧甲，背著白羽短箭，望上去像一片白色的茅草花。吳王親自拿著鉞，身旁樹著軍旗而站立在方陣中間。左軍都穿著紅衣裳，打著紅髦旗，披著紅鎧甲，背著紅羽短箭，望上去像火海。右軍都穿著黑衣裳，駕著黑戰車，披著黑鎧甲，背著黑羽短箭，望上去像墨池。全軍披著鎧甲的將士共有三萬六千人，雞叫時分就列好了陣，離晉軍只有一里遠。天還沒亮，吳王夫差就親自擂響戰鼓，三軍一起響應，大聲喧譁，以振奮軍威，其聲驚天動地。晉軍非常驚恐，不敢出來應戰，關閉通道，堅守壁壘。晉國於是派遣童褐到吳軍軍營探問情況，童褐說：「兩國軍隊已約定停戰和好，會盟時間訂在今天中午。現在貴國卻違背規定而來到敝國軍隊的營壘邊，請問一下為什麼會發生這種變亂？」吳王親自回答說：「是因為天子下達了命令，周王室現在勢衰力弱，原約定各國諸侯進貢奉獻，實際上卻無人將貢品送入王室的府庫，以致沒有東西可用以告祭天帝鬼神，也沒有一個姬姓國家來維護天子的震怖畏懼，所以天子派遣使臣到吳國告急，使臣來往奔馳，絡繹不絕。起初周王室依靠晉國，因而疏遠了我們這些僻遠的夷狄國家。現在看見晉國這樣背叛王室，所以我恭敬盡力，趕來使晉君履行職責，但晉君不肯遵循兄長弟幼的順序和禮節，只是以武力爭強。我既然已經前來，就不敢輕易離去，因為晉君不肯讓我做盟長，將使我被各諸侯恥笑。要我服事晉君，在今天見分曉；不能服事晉君，也在今天見分曉。現在大膽煩請使者回去通報，我將親自在營壘外面聽候答覆。」童褐將要轉身回營，吳王走上前去踩了一下他的左腳表示與他訣別。童褐回營匯報，與諸侯、大夫分行坐在晉定公面前。匯報結束以後，童褐告訴趙鞅說：「我觀察吳王的神態臉色，好像心中有大的憂愁。小而言之，可能是他的愛妾或長子死了，不然就是國內遭受了災難；大而言之，可能是越國軍隊攻入了吳國，而吳軍又不能馬上趕回去相救。看他的意思，因有大愁大痛的憂患，無論進攻和退守都會輕於赴難，所以我們不能和他交戰。主君應該答應先前已約定的事情，不要為了爭排行而危害國家。然而也不能白白答應他，一定要吳王明確表示他會守信。」趙鞅同意童褐的意見，立即晉見定公說：「在周朝姬姓中，吳國先人資格最老，可以讓吳王做盟長，以做到完全符合國際禮節。」晉定公表示同意，並立即派童褐回復吳王。於是，吳王為晉國的義舉而感到慚愧，隨後退回營帳中參加會盟。兩國君臣都應邀在座，吳王自稱「公」，排在前面，晉君稱「侯」，排在吳王之後。諸位大臣也都參加了盟誓。

吳既長晉而還，未踰於黃池。越聞吳王久留未歸，乃悉士眾將踰章山❶，濟三江，而欲伐之。吳又恐齊、宋之為害，乃命王孫駱告勞❷于周，曰：「昔楚不承供貢，辟遠❸兄弟之國。吾前君闔閭不忍其惡，帶劍挺鈹❹，與楚昭王相逐於中原❺。天舍其忠❻，楚師敗績。今齊不賢❼於楚，又不恭王命❽，以遠辟兄弟之國。夫差不忍其惡，被甲帶劍，徑至艾陵，天福於吳，齊師還鋒❾而退。夫差豈敢自多❿其功，是文、武之德⓫所祐助。時歸吳，不熟於歲⓬，遂緣江泝淮⓭，開溝深水，出於商、魯之間，而歸告於天子執事⓮。」周王⓯答曰：「伯父⓰令子來乎！盟國一人則依矣，余實嘉之。伯父若能輔余一人，則兼受永福，周室何憂焉？」乃賜弓弩王阼⓱，以增號謚⓲。吳王還歸自池⓳，息民散兵。

【章　旨】此章敘吳王在爭得盟長後，班師回國途中，既知越國已增派軍隊進攻吳國，又害怕齊國與宋國乘機偷襲，因命王孫駱告勞於周敬王，試圖拉大旗作虎皮，奉天子以威諸侯。

【注　釋】❶章山　山名，徐天祜注曰：「即〈禹貢〉所謂『內方』。在江夏郡竟陵縣東北，今荊門長林縣。」按徐注有誤，與文中所說章山的方位不合，此章山當在今浙江境內，具體方位不詳。❷告勞　報告功勞。❸辟遠　排除、疏遠。下文所說「遠辟」與此同義。❹鈹　古代兵器，劍屬，形如刀而兩邊有刃。❺中原　即原中，指代戰場。古代車戰，只能在平原上展開，故以中原指代戰場。❻天舍其忠　據明萬曆本《吳越春秋》作「天念其忠」。又《國語・吳語》作「天舍其衷」，也可通。❼賢　按《國語・吳語》作「鑒」。❽不恭王命　不奉行周王的命令。恭，奉行。❾還鋒　即交鋒。❿自多　猶言自負，自誇。⓫文武之德　周文王、周武王的德業。⓬歲　一年的收成。⓭緣江泝淮　順長江而下，逆淮水而上。緣，同「沿」。⓮天子執事　對天子的敬稱，表示自己不敢直接報告天子，而只能向天子的執事大臣報告。⓯周王　即周敬王，周景王之子，名匄，西元前五一九年即位，在位四十四年。⓰伯父　即吳伯父夫差。⓱王阼　王位。阼，東階。⓲號謚　指王號與謚號。⓳吳王還歸自池　據徐天祜注，「池」字上當有「黃」字。

【語　譯】吳王與晉定公相爭取得盟長後班師回國，還沒有越過黃池。這時，越王聽說吳王滯留在外已久，尚未南歸，就出動所有軍隊，將要越過章山，渡過三江，想再次進攻吳國。吳王又害怕齊國和宋國乘危發難，就派王孫駱向周敬王報告功勞，說：「過去楚國不承擔天子的貢賦，疏遠兄弟國家。我先王闔閭不能容忍這種惡行，便拿起劍、鈹等武器，與楚昭王在戰場上角逐。上天顧念先王的忠心，使楚軍慘遭潰敗。現在齊簡公不以楚國為借鑒，又不奉行天子的命令，疏遠兄弟國家。夫差不能容忍這種惡行，便披甲執劍，逕直到達齊國艾陵，上天降福於吳國，使齊軍一交鋒就敗退。我夫差哪敢誇耀自己的功勞，這主要是因為有文王和武王德業的佑助。當時回到吳國，不等莊稼成熟，就又沿長江逆淮水北上，挖掘深溝，通水為河，直達宋國和魯國之間，因而回來向天子報告。」周敬王回答說：「是吳伯父夫差派你來的吧！盟國有夫差一人為長就有依靠了，我確實很讚賞這件事。伯父如果能夠輔佐我一人，就可一起享受永久的幸福，周王室還有什麼憂慮呢？」於是賞賜弓弩、王位給吳王，並加封王號和謚號。吳王從黃池回到吳國後，就解散了軍隊，讓人民休息。

二十年，越王興師伐吳，吳與越戰於檇李❶。吳師大敗，軍散，死者不可勝計。越追破吳，吳王困急，使王孫駱稽首請成❷，如越之來也。越王對曰：「昔天以越賜吳，吳不受也。今天以吳賜越，其可逆乎？吾請獻句❸、甬東❹之地，吾與君為二君乎！」吳王曰：「吾之在周，禮前王一飯❺。如越王不忘周室之義，而使為附邑❻，亦寡人之願也。行人❼請成列國之義，惟君王有意焉。」大夫種曰：「吳為無道，今幸擒之，願王制其命。」越王曰：「吾將殘汝社稷，夷汝宗廟。」吳王默然。請成七反❽，越王不聽。

【章　旨】此章敘越王興師伐吳，大敗吳軍，吳王於困急中遣使求和，甚至甘願附邑稱臣，均遭到越王的拒絕。

【注　釋】❶檇李　古地名，本書卷四作「檇里」，《公羊傳》作「醉李」，故址在今浙江嘉興縣西南。❷請成　求和。❸句　指句章，在今浙江餘姚東南。❹甬東　指甬江以東，即今浙江舟山群島一帶。❺禮前王一飯　意謂前王闔閭曾在周王室受到請吃一餐飯的禮遇。❻附邑　即附屬的國家。❼行人　使者；外交官。❽反　通「返」。

【語　譯】夫差二十年，越王句踐出動軍隊討伐吳國，吳軍與越軍在檇李交戰。吳軍大敗，軍隊潰散，陣亡者不計其數。越軍乘勝追擊，攻入吳國境內，吳王被困，處境危急，便派王孫駱去叩拜越王，請求講和，就像越王當年派使者來向吳王求和一樣。越王回答說：「當年上天把越國賜給吳國，吳王卻沒有接受。現在上天把吳國賜給越國，我怎麼可以違背上天的旨意呢？我情願獻出句章和甬東的土地，我和吳王都將是那個地方的君主。」吳王說：「我們吳國在周王室，天子對先王尚有賜一頓飯吃的禮遇。如果越王還沒有忘記周王室的情義，而讓吳國作為越國的附屬國家，這也符合我的願望。現在派使臣前來請求結成邦國之好，希望大王也有意於此種大義。」越國大夫文種說：「吳王行為暴虐無道，今天有幸可以抓住他，希望大王制裁他的性命。」越王回覆吳王說：「我將要毀滅你的國家，鏟平你的宗廟。」吳王聽後默不作聲。吳王派使者前去求和往返七次，越王始終都沒有答應。

二十三年，十月，越王復伐吳。吳國困不戰，士卒分散，城門不守，遂屠吳。吳王率群臣遁去，晝馳夜走，三日三夕，達於秦餘杭山❶。胸中愁憂，目視茫茫，行步猖狂❷，腹餒口饑，顧得生稻而食之❸，伏地而飲水。顧左右曰：「此何名也？」對曰：「是生稻也。」吳王曰：「是公孫聖所言不得火食走傽偟也。」王孫駱曰：「飽食而去，前有胥山❹，西坂❺中可以匿止。」王行，有頃，因得生瓜❻已熟，吳王掇❼而食之。謂左右曰：「何冬而生瓜，近道人不食何也？」左右曰：「謂糞種之物，人不食也。」吳王曰：「何謂糞種？」左右曰：「盛夏之時，人食生瓜，起居❽道傍，子❾復生，秋霜，惡之，故不食。」吳王歎曰：「子胥所謂旦食者也。」謂太宰嚭曰：「吾戮公孫聖，投胥山之巔，吾以畏責天下之慚，吾足不能進，心不能往。」太宰嚭曰：「死與生，敗與成，故有避乎？」王曰：「然。曾無所知乎？子試前呼之，聖在，當即有應。」吳王止秦餘杭山，呼曰：「公孫聖！」三反呼，聖從山中應曰：「公孫聖！」三呼三應。吳王仰天呼曰：「寡人豈可返乎？寡人世世得聖也❿。」

【章　旨】此章敘越王再次興師伐吳，終於攻陷吳都，吳王率領群臣狼狽逃竄，至秦餘杭山中，觸景傷情，回想公孫聖和伍子胥的預言，竟一一應驗，方覺悔之晚也。

【注　釋】❶秦餘杭山　又名陽山，在今江蘇吳縣西北。《越絕書・吳地傳》曰：「秦餘杭山者，越王棲吳夫差山也，去縣五十里。山有湖水，近太湖。」❷猖狂　此處意為行步踉蹌的樣子。❸顧得生稻而食之　按《太平御覽》卷八三九引作「顧得生稻而取食之」。生稻，即生稻穀。❹胥山　在今江蘇吳縣西南。❺西坂　西山坡。❻生瓜　瓜名。❼掇　拾取；採摘。❽起居　大便。❾子　瓜籽。❿寡人世世得聖也　徐天祐依據《越絕書》卷一〇吳王曰：「公孫聖令寡人得邦，誠世世相事！」認為該句「得」字下當有「事」字。

【語　譯】夫差二十三年十月，越王再次率領軍隊討伐吳國，吳國內外交困，無力迎戰，士兵已分別離散，城門也無人把守，於是越軍直入吳都，屠殺城內百姓。吳王只好率領群臣棄城而逃，日夜不停地奔跑了三天三晚，才到達秦餘杭山。吳王心中愁悶憂慮，眼前迷茫，行步踉蹌，肚裡饑餓，口中乾渴，看見路旁有生稻穀，便採來就吃，看見地上有水，便趴下就喝。然後回頭問近臣說：「我剛才採吃的叫什麼名字？」近臣回答說：「它叫生稻穀。」吳王說：「這就是公孫聖所說的吃不到熟食，倉皇逃走呀！」王孫駱說：「吃飽了就走吧！前面有座山叫胥山，西面山坡中可以躲藏。」吳王繼續前行，走了不久，因為看見一種生瓜已經成熟，便摘來吃了。吳王問近臣說：「為什麼冬天還有瓜生長，而且靠近路旁，怎麼沒有人摘去吃呢？」近臣說：「它被稱為糞種的植物，所以人們不吃。」吳王問：「什麼叫糞種？」近臣說：「盛夏季節，人們吃了生瓜，過往時在路旁大便，大便中的瓜籽，又在地上生長結瓜，經過秋天霜打，人們厭惡它，所以不吃。」吳王感嘆地說：「這就是伍子胥所說的早飯呀！」於是對太宰嚭說：「我殺死了公孫聖，把他的屍體扔到了胥山頂上。我因此而產生了一種害怕天下人譴責的慚愧，現在腳也邁不動步，心中也不想往前走了。」太宰嚭說：「死去與活著，成功與失敗，本有定數，難道有躲得過去的嗎？」吳王說：「理當如此。但事先就一無所知嗎？你不妨試一試，向前方呼叫公孫聖，如果公孫聖的靈魂尚在，他會立即有回應的。」於是吳王停在秦餘杭山，聽見太宰嚭呼喊道：「公孫聖！」這樣呼喊了三次，又聽見公孫聖從山中回應道：「公孫聖！」三呼三應。吳王仰面朝天呼叫說：「我難道還能夠返回吳國嗎？那麼，我將讓世世代代事奉公孫聖。」

須臾，越兵至，三圍吳。范蠡在中行❶，左手提鼓，右手操枹❷而鼓之。吳王書其矢而射種、蠡之軍，辭曰：「吾聞狡兔以死，良犬就烹❸。敵國如滅，謀臣必亡。今吳病矣，大夫何慮乎？」大夫種、相國蠡急而攻。大夫種書矢射之，曰：「上天蒼蒼，若存若亡。越君句踐下臣種敢言之：昔天以越賜吳，吳不肯受❹，是天所反。句踐敬天而功，既得返國。今上天報越之功，敬而受之，不敢忘也。且吳有大過六，以至於亡，王知之乎？有忠臣伍子胥忠諫而身死，大過一也。公孫聖直說而無功，大過二也。太宰嚭愚而佞言，輕而讒諛，妄語恣口，聽而用之，大過三也。夫齊、晉無返逆行❺，無僭侈❻之過，而吳伐二國，辱君臣，毀社稷，大過四也。且吳與越同音共律❼，上合星宿❽，下共一理，而吳侵伐，大過五也。昔越親戕吳之前王❾，罪莫大焉，而幸伐之，不從天命而棄其讎，後為大患，大過六也。越王謹上列青天，敢不如命？」大夫種謂越君曰：「中冬❿氣定，天將殺戮。不行天殺，反受其殃。」越王敬拜，曰：「喏。今圖吳王，將為何如？」大夫種曰：「君被五勝之衣⓫，帶步光⓬之劍，仗屈盧⓭之矛，瞋目大言⓮以執之。」越王曰：「諾。」乃如大夫種辭吳王曰：「誠以今日聞命。」言有頃，吳王不自殺。越王復使謂曰：「何王之忍辱厚恥也？世無萬歲之君，死生一也。今子尚有遺榮，何必使吾師眾加刃於王？」吳王仍未肯自殺。句踐謂種、蠡曰：

「二子何不誅之？」種、蠡曰：「臣，人臣之位，不敢加誅於人主⑮。願主急而命之，天誅⑯當行，不可久留。」越王復瞋目怒曰：「死者，人之所惡。惡者，無罪於天，不負於人。今君抱六過之罪，不知愧辱而欲求生，豈不鄙哉？」吳王乃太息⑰，四顧而望，言曰：「諾！」乃引劍而伏之死。越王謂太宰嚭曰：「子為臣，不忠無信，亡國滅君。」乃誅嚭并妻子。吳王臨欲伏劍，顧謂左右曰：「吾生既慚，死亦愧矣。使死者有知，吾羞前君地下，不忍睹忠臣伍子胥及公孫聖。使其無知，吾負於生。死必連繄、組⑱以罩吾目，恐其不蔽，願復重羅繡三幅，以為掩明。生不昭我，死勿見我形。吾何可哉！」越王乃葬吳王以禮，於秦餘杭山卑猶⑲。越王使軍士集於我戎⑳之功，人一隰土㉑以葬之。宰嚭亦葬卑猶之旁。

【章旨】此章敘吳國君臣終於陷入越兵重圍之中，吳王夫差以「六大過」而被勒令自殺，太宰嚭以「不忠無信」而被誅，吳國也隨著夫差身死而徹底覆滅。是年為夫差二十三年，即西元前四七三年。

【注　釋】❶中行　即中軍。❷枹　擊鼓用的鼓槌。❸狡兔以死二句　比喻事成後即拋棄有功之人。《韓非子·六微》曰：「狡兔盡則良犬烹，敵國滅則謀臣亡。」❹吳不肯受　據《斠補隅錄·吳越春秋》曰：宋本在此句下有「絕滅而聽其成」六字。❺返逆行　倒行逆施的行為。❻僭侈　越分、奢侈。❼同音共律　使用的語音和律曆相同。❽上合星宿　據李淳風《乙巳占·卷三》曰：「斗、牛，吳越之分野。」❾昔越親戕吳之前王　指西元前四九六年吳越檇李之戰中，越軍打敗吳軍，並刺傷吳王闔閭，以致身死一事。詳見《左傳·定公十四年》和《史記·吳太伯世家》。❿中冬　即仲冬，指冬季的第二個月。⓫五勝之衣　指繡有五行相勝圖紋的衣服。五勝，五行相勝，即水勝火，火勝金，金勝木，木勝土，土勝水。⓬步光　劍名。⓭屈盧　矛名。⓮瞋目大言　怒目厲聲。⓯人主　君主。⓰天誅　與上文「天殺」意同，即為天所誅殺。⓱太息　出聲長嘆。⓲縶組　均指絲帶。⓳卑猶　山名，為秦餘杭山山脈之一，離吳縣十七里，近太湖。⓴我戎　殺伐。按「我」字古義同「殺」。戎，伐也。㉑隰土　低濕之地的土。

【語　譯】一會工夫，越國軍隊追到秦餘杭山，分三路把吳國君臣團團圍住。范蠡在中軍，左手提著鼓，右手拿著鼓槌擊鼓助威。吳王把一封信寫在箭上，然後射入文種、范蠡軍中，信上寫道：「我聽說如果狡猾的兔子已被全部獵殺，那麼好的獵狗也就該被烹炒吃掉了。如果敵國已被消滅，那麼出謀劃策的大臣也必定死到臨頭。現在吳國已經困頓不堪了，大夫何不考慮考慮呢？」但大夫文種、相國范蠡反而加緊進攻。大夫文種也把一封信寫在箭上射給吳王，信上寫道：「上天蒼蒼茫茫，好像是要你存在，又好像是要你滅亡。越王句踐的臣下文種，現在大膽向吳王進言：過去上天曾把越國賜給吳國，而吳國卻不肯接受，這就違背了上天的旨意。但因越王句踐恭奉天命而建立了功德，所以能夠重返自己的國家。現在上天為了報答越王的功德，因而把吳國賜給了越國，越王應當恭敬地接受，不敢忘記上天的恩惠。況且吳國已有六個重大失誤，以至於亡國，大王知道嗎？有一位忠臣伍子胥向你進諫忠言卻被處死，這是第一個重大過失。公孫聖直言勸說而沒有功勞，這是第二個重大過失。太宰嚭愚笨無能卻善於花言巧語，為人輕浮而專事讒害忠良、奉承君主，荒誕的話往往信口而出，你卻偏聽偏信而重用他，這是第三個重大過失。齊國和晉國既沒有倒行逆施的行為，也沒有越分、奢侈的過錯，而吳國卻北上討伐二國，侮辱二國的君臣，毀壞二國的祭壇，這是第四個重大過失。又吳國和越國使用著相同的語音和律曆，在天上同屬一個星宿，在地上同處一個地脈，而吳國卻要侵略討伐越國，這是第五個重大過失。過去越王曾親自殺傷了吳國先王闔閭，罪過沒有比這更大的了，而吳國又有幸攻破了越國，你卻不順從上天的旨意而放過了自己的仇敵，以致後來釀成大患，這是第六個重大過失。越王恭敬地尊奉青天於上位，怎敢不遵從天的旨意呢？」大夫文種對越王說：「時屆仲冬，氣數已定，上天將要施行殺戮。如果不遵從天的旨意殺掉吳王，自己反而會遭到天的懲罰。」越王恭敬地行過拜手禮，說：「對！那麼現在就去圖謀吳王，我該怎麼辦呢？」大夫文種說：「大王披上五勝衣，佩上步光劍，拿著屈盧矛，怒目厲聲而將他抓住。」越王說：「好吧！」於是按照大夫文種的意思而去對吳王說：「我確實想在今天聽到您的答覆。」說完後過了一會，吳王還沒有自殺。越王又派人對吳王說：「大王這樣忍受屈辱、厚顏無恥，是為了什麼呢？世上沒有活一萬歲的君主，有生有死誰都一樣。現在你還有一些君王的榮耀留存，為什麼一定要讓我派部眾把兵刃加在你的身上呢？」吳王聽了仍然不肯自殺。句踐對文種、范蠡說：「你們兩人為什麼不去殺掉他？」文種、范蠡說：「我們處在臣下的位置，自然不敢對國君施行誅殺。希望大王加急催命他自裁，上天誅殺的旨意必須執行，不能讓他久留於人世。」越王再次瞪大眼睛憤怒地說：「死，是人人都憎惡的事。但憎惡死的人，應當沒有得罪上天，沒有辜負他人。現在你犯了六大罪過，卻不知道慚愧羞辱，而想僥倖求生，難道不覺得鄙陋嗎？」吳王於是出聲長嘆，向四周回顧而望，說道：「好吧！」於是抽劍自刎而死。越王又對太宰嚭說：「你作為一個大臣，卻不忠於國君，不守信用，以致國家滅亡，國君自殺。」於是將太宰嚭及其老婆孩子一併殺死。吳王臨要伏劍自殺前，回頭對身邊的人說：「我活著已覺慚愧，死後也會羞愧。假使死去的人還有知，我既羞見先王於地下，也不忍心看到伍子胥和公孫聖。假使死去的人無知，我也對不起活著的人們。我死以後，一定要編織絲帶，覆蓋在我的眼睛上，恐怕這樣還不能完全遮住，希望能再用三幅羅繡加蓋，以便遮住眼前的光線。我活著時這雙眼睛不能使我明白看清，死了以後就不要讓世人看見我的形體。我該怎樣做才合適啊！」越王於是按照國君的禮儀，把吳王安葬在秦餘杭山脈的卑猶山。越王讓全軍士兵為慶祝殺伐的功績而集合起來，一人一捧濕土，埋葬了吳王。太宰嚭也埋葬在卑猶山的旁邊。

卷第六

越王無余外傳

【題　解】本卷記敘越國王族的淵源和世系。越國，在今浙江省境內，也稱於越，其土著居民屬古越族。夏朝奠基者禹王，本屬古羌族，以後融入華夏族，他生於石紐（今四川省川北縣南），娶於越國，葬於越國。禹王第六代後裔少康在位時，封庶子無余為越君，派他守護禹墓，歲時祭祀。無余傳數十代而衰微，其後裔無壬復興，又傳無曎、夫譚，直到元常才開創了霸業。從無余建國（夏少康元年）到元常稱霸（周敬王元年），歷經夏、商、周三朝，約一千五百多年。傳中除記敘了越國王族的興衰歷史以外，還詳細追敘了越國王族始祖禹王的豐功偉績，雜糅史實和神話，塑造了一個上古帝王的光輝形象。而有關無余的記敘卻相當簡略，但因他是越國的開國君主，故仍以無余為題。

越之前君無余❶者，夏禹❷之末封也。禹父鯀❸者，帝顓頊❹之後。鯀娶於有莘氏❺之女，名曰女嬉❻。年壯未孳❼，嬉❽於砥山❾，得薏苡❿而吞之，意若為人所感，因而妊孕，剖脅而產⓫高密⓬。家於西羌⓭，地曰石紐⓮。石紐在蜀西川⓯也。

【章　旨】首章緊扣題目，標出越國首封之君無余，隨即轉入無余祖先的追述，落腳在高密（即禹），為以下詳敘夏禹作伏筆。

【注　釋】❶無余　《越絕書》作「無餘」，大禹的第六代孫夏王少康的庶子，首先受封於越，實為越國的開國君主。❷夏禹　姒姓，也稱大禹、戎禹，一說名文命。鯀之子。傳說原為夏后氏部落領袖，後奉舜命治理洪水有功，因而被舜選為繼承人，舜死後擔任部落聯盟領袖。❸鯀　一作「鮌」，傳說為堯舜時代的一個部落首領，居於崇，號崇伯，故址在今陝西省大荔縣。❹顓頊　傳說中古代部族首領，號高陽氏，生於若水，居於帝丘（今河南濮陽）。❺有莘氏　古代部落名，在今陝西省郃陽縣境內。❻女嬉　鯀妻，禹母，又名女志、脩已。❼孳　生子。❽嬉　遊戲。❾砥山　又名砥柱，在今山西省平陸縣東黃河中流。《水經注》曰：「昔禹治洪水，山陵當水者鑿之，故破山以通河。河水分流，包山而過，山見水中若柱然，故曰砥柱也。」❿薏苡　多年生草本植物，莖葉略似高粱，果實橢圓形，堅硬而光滑。種仁白色，名苡米，或薏苡仁，可食用，也可入藥。薏苡為夏王族祖先的圖騰，所以夏王族姓姒。按苡、姒都從「以」得聲，上古音相近。下文有吞薏苡而妊孕的神話，即吞苡米而生子，因而姓姒，所謂「因生以賜姓」，正是圖騰之證。⓫剖脅而產　這是一種故作神異的諱飾之辭。脅，指從腋下至腰上的部分。⓬高密　禹之別名。《帝王世紀》曰：「父鯀妻脩已，見流星貫昴，夢接意感，又吞神珠薏苡，胸坼而生禹。名文命，字密，身九尺二寸長，本西夷人也。」一說高密為禹所封國。⓭西羌　指西部羌族領地，在今四川茂汶羌族自治縣一帶。⓮石紐　地名。一說在今四川茂汶羌族自治縣正東北川縣之南。一說在今四川茂汶羌族自治縣西南汶川縣之西北。譙周《蜀本紀》載：「禹本汶山郡廣柔縣人，生於石紐。」按廣柔即汶川，其地有石紐村。⓯西川　今四川省汶川縣。

【語譯】越國最早的君主無余，是夏禹王的後代封君。禹的父親鯀，是顓頊高陽氏的後裔。鯀娶有莘氏的女兒為妻，名叫女嬉。女嬉年過三十，還沒有生孩子，有一天到砥山遊玩，採得苡米便吞下去，意識中好像被別人觸動了，因而懷孕。懷孕期滿，剖開腋下脇骨才生下禹。家居西羌，其地名叫石紐。石紐在今蜀地西川。

帝堯之時，遭洪水滔滔，天下沈漬，九州❶閼塞❷，四瀆❸壅閉❹。帝乃憂中國❺之不康，悼黎元❻之罹咎，乃命四嶽❼，乃舉賢良，將任治水。自中國至於條方❽，莫❾薦人，帝靡所任。四嶽乃舉鯀而薦之於堯。帝曰：「鯀負命毀族❿，不可。」四嶽曰：「等⓫之群臣，未有如鯀者。」堯用治水，受命九載，功不成。帝怒曰：「朕⓬知不能也。」乃更求之，得舜，使攝行⓭天子之政。巡狩⓮，觀鯀之治水，無有形狀⓯，乃殛⓰鯀於羽山⓱。鯀投於水，化為黃能⓲，因為羽淵⓳之神。

【章旨】此章追敘帝堯任用鯀治理洪水失敗，最後被舜帝處罰的情形。

【注釋】❶九州　說法不一。《尚書・禹貢》稱冀、兗、青、徐、揚、荊、豫、梁、雍為九州。《爾雅・釋地》以冀、豫、雝、荊、揚、兗、徐、幽、營為九州。《周禮・職方》以揚、荊、豫、青、兗、雍、幽、冀、并為九州。❷閼塞　即壅塞。❸四瀆　《爾雅・釋水》曰：「江、河、淮、濟為四瀆。四瀆者，發源注海者也。」今按四瀆原來都直接流入海中，後來淮河與運河匯合，濟河與黃河匯合。❹壅閉　閉塞不通。❺中國　指黃河中游一帶地區，即中原。以華夏族為主體的上古各王朝建都於中原，四方為蠻、夷、戎、狄各族，故自稱中國。❻黎元　即黎民，指民眾，百姓。❼四嶽　帝堯的決策大臣。有二說：《尚書・孔疏》曰：「羲和之四子，分掌四嶽之諸侯。」《國語・韋注》曰：「四嶽，官名，主四方之祭，為諸侯伯。」❽條方　即鳴條，大約在黃河下游今山東省境內。❾莫　沒有人。指代詞。❿負命毀族　違背教令，毀壞同類。《尚書・堯典》作「方命圮族」。⓫等　同類之間互相比較。⓬朕　我；我的。秦代以後專用於帝王自稱。⓭攝行　代理行使。⓮巡狩　《孟子・梁惠王下》曰：「天子適諸侯曰巡狩。巡狩者，巡所守也。」此指部落聯盟領袖到所屬各部落視察。⓯無有形狀　不成形；不像樣。⓰殛　殺也。此處作流放、處罰解。⓱羽山　山名，具體方位有二說。一說在江蘇東海縣西北九十里，接贛榆縣及山東郯城縣界。一說在山東蓬萊縣東南三十里。⓲能　徐天祜注曰：或作「熊」。據《左傳・昭公七年》載：「晉侯有疾，夢黃熊入於寢門。子產曰：昔堯殛鯀於羽山，其神化為黃熊，以入於羽淵。」杜預注曰：「熊音雄，獸名。亦作能，如字。」⓳羽淵　在江蘇東海縣西北。亦名羽澤。

【語譯】帝堯在位的時候，遭受滔天洪水的災難，大地汪洋一片，九州交通斷絕，長江、黃河、淮水、濟水四大河流都淤塞不通。帝堯憂慮中國不安寧，悲悼黎民百姓遭禍害，於是命令大臣四嶽推舉賢良之才，將任用他去治理洪水。從中國直到邊遠之處，沒有哪個推薦人才，帝堯無法任用。四嶽就推舉鯀而保薦給帝堯。堯說：「鯀不服從教令，還毀敗善類，不可任用。」四嶽說：「衡量這班臣下，沒有誰比得上鯀的了。」於是帝堯只好任用鯀來治理洪水。鯀接受任命九年，治水沒有成效。帝堯發怒說：「我早就知道他不能用。」於是再去尋求人才，得到舜，便讓他代理行使部落聯盟領袖的職務。舜於是到各地去視察，看到鯀治理洪水的工程很不像樣，就將鯀流放到邊遠的東方羽山。鯀投水自殺，其靈魂變成黃熊，成為羽淵之神。

舜與四嶽舉鯀之子高密。四嶽謂禹曰：「舜以治水無功，舉爾嗣考之勳❶。」禹曰：「俞❷！小子敢悉考績以統❸天意，惟委❹而已！」禹傷父功不成，循江泝河，盡濟甄淮❺，乃勞身焦思，以行七年。聞樂不聽，過門不入，冠掛不顧❻，履遺不躡；功未及成，愁然❼沈思。乃案《黃帝中經曆》❽，蓋聖人所記❾，曰：「在於九山❿，東南天柱⓫，號曰宛委。赤帝在闕⓬，其巖之巔，承以文玉⓭，覆以磐石。其書金簡，青玉為字，編以白銀，皆瑑其文[14]。」禹乃東巡登衡嶽[15]，血[16]白馬以祭，不幸[17]所求。禹乃登山，仰天而嘯。因夢見赤繡衣男子[18]，自稱玄夷蒼水[19]使者：「聞帝使文命[20]於斯，故來候之。非厥歲月，將告以期，無為戲吟[21]，故倚歌[22]覆釜之山[23]。」東顧謂禹曰：「欲得我山神書者，齋於黃帝巖嶽之下[24]，三月庚子，登山發石，金簡之書存矣。」禹退又齋。三月庚子，登宛委山，發金簡之書，案金簡玉字，得通水之理[25]。復返歸嶽，乘四載[26]以行川，始於霍山[27]，徊集五嶽[28]。詩云：「信彼南山，惟禹甸之[29]。」遂巡行四瀆，與益[30]、夔[31]共謀。行到名山大澤，召其神而問之山川脈理、金玉所有、鳥獸昆蟲之類及八方[32]之民俗，殊國[33]異域土地里數，使益疏[34]而記之。故名之曰《山海經》[35]。

【章　旨】此章記敘禹繼承父業而受命治水，七年勞身焦思，仍未成功。後得仙人指點，於宛委山發獲金簡之書，才明白疏通洪水的道理。於是巡行五嶽四瀆，廣泛勘察，為統治天下水土做準備。

【注釋】❶舉爾嗣考之勳　推薦你繼承父親的事業。爾，你。嗣，繼承。考，父親，後來只稱亡父曰考。❷俞　嘆詞，表示驚喜或驚異，相當於「呦」。❸統　本著。《周易・乾卦》曰：「乃統天。」《釋文》引鄭注曰：「本也。」❹委　委任。❺循江泝河二句　二句詞性及結構相同，循、泝、盡、甄都是作動詞用。循，順流而下。泝，通「溯」。逆流而上。盡，窮；究。甄，明；察。❻顧　回頭看。❼愁然　臉色改變的樣子。愁，通「愀」。❽黃帝中經曆　託名黃帝的一部術數之書。❾蓋聖人所記　按《初學記》引作「蓋見聖人所記」。❿九山　《淮南子・墬形》曰：「何謂九山？會稽、泰山、王屋、首山、太華、岐山、太行、羊腸、孟門。」⓫天柱　即宛委山。在今浙江省紹興縣東南，為會稽山之主峰。山勢高峻，上有石匱。據《十道志》載：「石匱山一名宛委，一名玉笥，一名天柱。昔禹得金簡玉字於此。」⓬赤帝在闕　赤帝住在宮闕裡。赤帝，神話中五帝之一，為南方之神。⓭丈玉　弘治本、萬曆本均作「文玉」。⓮琢其文　弘治本、萬曆本均作「瑑其文」。瑑，在玉器上雕飾凸紋。引申義為文飾。⓯衡嶽　即衡山，此指浙江省的會稽山。上有禹穴，又名禹井，相傳為禹藏金簡玉字之所，一說為夏禹葬地。⓰血　用作動詞，意謂「取……血」。⓱幸　疑誤，當作「幸」，通「達」。引申義為通、暢。⓲仰天而嘯二句　按《初學記》引作「仰天而嘯，忽然而臥，因夢見赤繡文衣男子」。⓳玄夷蒼水　仙人名。⓴文命　禹之別名。㉑戲吟　呼喚呻吟。㉒歌　這裡指嘆氣聲。《素問陰陽應象大論》：「在聲為歌。」㉓覆釜之山　即會稽山。《輿地志》曰：「會稽山有石，狀如覆釜，謂之覆釜山。」㉔齋於黃帝巖嶽之下　據蔣光煦《斠補隅錄・吳越春秋》：宋本帝下有「之」字，「巖嶽」作「嶽巖」。㉕得通水之理　獲知疏通洪水的道理。徐天祜注曰：「禹未嘗兩至越，其至越，在會計之時，非治水時也。〈禹貢〉記南方山川，多與今不合，禹治水時未嘗親至南方故也。《孟子》曰：『禹八年於外。』而〈禹貢〉云：『作十有三載，乃同。』……此書謂勞身焦思七年，功未及成，乃東巡登宛委，發金簡之書，得通水之理。使禹之治水七年，而後得神書，始知通水之理，不已晚乎？」今按徐注指出禹治水在時間上的矛盾，頗為有見。至於以〈禹貢〉記南方山川與元代不合，來證明禹不曾親到南方治水，則無意義。因為《尚書・禹貢》本是戰國時的著作，並非禹王治水的實錄，不足為憑。㉖四載　四種交通工具。按《說文解字》曰：「水行乘舟，陸行乘車，山行乘樏，澤行乘䡅。」所謂樏，即後世之轎。所謂䡅，猶今之橇。㉗霍山　即上文之衡嶽，指天柱山。㉘五嶽　先秦古籍只稱四嶽，《爾雅》始有五嶽之稱。具體山名歷代說法不一。常指東嶽泰山（在今山東省），西嶽華山（在今陝西省），南嶽衡山（在今湖南省），北嶽恆山（在今河北省），中嶽嵩山（在今河南省）。㉙信彼南山二句　引自《詩經》中〈信南山〉一詩。南山，即終南山，屬秦嶺山脈，在今陝西省西安市南。甸，治理。㉚益　即伯益，舜時東夷部落首領。相傳善於畜牧和狩獵，被舜任為虞。他為禹所重用，助禹治水有功，被選為繼承人。禹去世後，由於他的推讓，禹子啟才繼位。一說伯益與啟爭奪王位，為啟所殺。㉛夔　舜帝時掌管音樂的大臣。㉜八方　東、東南、南、西南、西、西北、北、東北。㉝殊國　別國；異國。㉞疏　分條目說明。㉟山海經　大約成書於戰國，又經秦漢，有所增刪，今存本十八卷，主要記述各地山川、道里、部族、物產、祭祀、醫巫、原始風俗，往往參雜怪異，保存遠古的神話傳說和史地文獻材料甚多。

【語　譯】舜帝和四嶽推薦鯀的兒子禹繼續治水。四嶽對禹說：「由於你父親治水沒有成效，舜推薦你繼承你父親的事業。」禹說：「呦！我小子定當熟悉先父的事跡，本著天的意旨辦事。儘管委任吧！」禹憂傷父親治水沒有成效，於是對長江、黃河、濟水、淮水四大水系進行考察，或順流而下，或逆水而上，窮源竟委，深入勘測。勞身焦思，奔走七年。聽到音樂也不欣賞，經過家門也不進去。帽子被樹枝掛住，也不回頭看一眼；鞋子被草叢絆掉，也來不及穿上。但治水事業仍未及於成功，使他愁容滿面，思慮沈重。於是，他查閱了《黃帝中經曆》一書，因見聖人所記說：「在天下九山中，東南有座天柱山，別號宛委山。南方之神赤帝，住在山巖頂上的宮闕中。宮闕是用有文彩的玉柱支撐建成，頂上覆蓋著一塊巨大的石頭。裡面藏有一卷天書，是用黃銅鑄成的簡片，青玉鑲嵌的文字，以白銀絲編聯成冊，文辭都修飾得很優美。」於是禹往東方巡視，登上會稽山的天柱峰，用白馬的血來祭祀赤帝，但未達到所追求的目的。禹就登上天柱峰頂，仰面對天大聲呼喊。忽然困倦而睡，夢見有一位穿著紅色繡衣的男子，自稱是玄夷蒼水使者，前來對禹說：「聽說舜帝委派你到這裡來，所以我前來恭候。現在還沒有到索取天書的時間，我將把預定的日期告訴你，希望你不要呼喚呻吟，故意倚立在覆釜山上嘆氣。」玄夷蒼水使者回頭向東方望了望，又對禹說：「要想得到我山神的天書，應先在黃帝的山巖下面齋戒。三月庚子那天，再登上天柱山，揭開一塊石板，金簡天書就藏在那裡。」禹夢醒後下山，先到黃帝的山巖下面齋戒。至三月庚子日，禹登上天柱峰，揭開石塊，取得金簡天書。下山後認真查閱金簡玉字，才終於明白了疏通洪水的道理。於是又回到衡嶽天柱山，分別乘坐舟、車、輴、橇等各種交通工具以渡越山川草澤。他從衡嶽天柱山出發，在天下五嶽之間巡迴駐紮。所以《詩經》中〈信南山〉一詩曰：「信彼南山，惟禹甸之。」禹於是還考察了長江、黃河、濟水、淮水，與隨行的益和夔共同謀劃。每到名山大澤，禹就召喚當地神靈前來相見，並向他們詢問諸如山河的脈絡與走向、銅礦玉石的蘊藏量、鳥獸昆蟲的種類，以及各地的民俗、他國異地的地理位置等，這些都讓益分別條目予以記載，所以取名為《山海經》。

禹三十未娶，行到塗山[1]，恐時之暮，失其度制[2]，乃辭云：「吾娶也[3]，必有應矣。」乃有白狐九尾造於禹[4]，禹曰：「白者，吾之服也❺。其九尾者，王之證也❻。」塗山之歌曰❼：「綏綏❽白狐，九尾痝痝❾。我家嘉夷❿，來賓為王⓫。成家成室，我造彼昌⓬。天人之際⓭，於茲則行。明矣哉！」禹因娶塗山，謂之女嬌⓮，取辛壬癸甲⓯。禹行十月，女嬌生子啟。啟生不見父，晝夕呱呱⓰啼泣。

【章旨】此章敘禹娶塗山女，新婚四天後，即告別妻子，為治水奔忙，至兒子出生尚不見歸家。旨在表彰禹公而忘私的工作精神。

【注釋】❶塗山　山名，其所在說法不一。一說在今安徽懷遠縣東南、淮河東岸，又名當塗山。《左傳·哀公七年》曰：「禹合諸侯於塗山。」一說在今四川重慶市巴縣。晉常璩《華陽國志·卷一》曰：「禹娶於塗山……今江州塗山是也。」一說在今浙江紹興縣西北。《越絕書·記地傳》曰：「塗山者，禹所娶妻之山也，去縣三十五里。」據情理推測，當以後說為是。❷度制　此處指婚姻制度。《禮記·內則》曰：「三十而有室。」《春秋穀梁傳·文公十二年》曰：「丈夫三十而娶，女子……二十而嫁。」這是周代婚制，堯舜時是否如此已不可知。❸吾娶也　按《初學記》所引，當作「吾之娶也」。❹乃有白狐句　按《初學記》所引，「尾」字下有「而」字。白狐，狐的一種。毛色隨季節變化，夏毛灰褐色，冬毛變白，毛皮珍貴。古以白狐為祥瑞。九尾，即九尾狐，為傳說中獸名，唐以前多以九尾狐為瑞獸，宋代以降，則有以九尾狐為妖魅多詐的象徵者，如《封神榜》以紂妃妲己為九尾狐化身。此言白狐九尾，即白色的九尾狐，當為瑞獸。❺白者二句　夏代崇尚白色，故有此稱。❻其九尾者二句　古人認為奇數為陽，偶數為陰。逢九進位，所以九是究極的最大的陽數，象徵著帝王。

❼塗山之歌曰　按《太平御覽・卷九〇九》引作「塗山人歌曰」。❽綏綏　野獸獨行求偶的樣子。《詩經・有狐》曰：「有狐綏綏，在彼淇梁。」❾痝痝　據《太平御覽・卷九〇九》所引，當作「龐龐」，因「龐龐」亦可寫作「痝痝」，形似而誤。龐龐，厚實；粗人。❿嘉夷　美好的外族人。夷，本指夷族，泛指外族人或客籍人。塗山女為當地土著越族人，禹為外來的羌族人。⓫來賓為王　上門女婿可任部落酋長。來賓，來作客；來入贅。賓，用作動詞，男子入贅，女子出嫁，都可以叫「賓」。或加女旁作「嬪」。據《尚書・堯典》，堯嫁二女與舜，稱「嬪於虞」。⓬成家成室二句　按《初學記》引作「成子家室，我都攸昌」。《太平御覽・卷九〇九》引作「成子家室，我都彼昌」。家室，同「室家」。合而言之，指家庭，夫妻。分而言之，室謂夫婦所居，家謂一門之內。古禮：男以女為室，女以男為家。又家室也可指家中的人。⓭天人之際　天道和人事的相互關係。⓮女嬌　《史記・夏本紀・索隱》引《系本》作「女媧」。《漢書・古今人表》作「女趫」。⓯取辛壬癸甲　《呂氏春秋》曰：「禹娶塗山氏，不以私害公，自辛至甲四日，復往治水。」⓰呱呱　小兒哭聲。

【語譯】禹滿三十歲還沒有娶妻，巡行到塗山，擔心年齡再增大，會違背「丈夫三十而娶」的婚姻制度，就向人們宣告說：「我打算娶妻成家了，當有祥瑞應驗吧！」於是有一隻九尾白狐來到禹的面前現形，禹說：「白色正是我們部落所崇尚的服色，九尾之九是陽數的究極之數，這正是帝王的徵兆。」所以塗山有人作歌說：「尋尋覓覓顧盼有情的白狐啊，九道花紋的尾巴已經豐滿修長。我家中新來的異族嘉賓啊，來做上門女婿，擔任部落之王。建立起美滿的家庭啊，我跟隨你永遠發達興旺。天道和人事密切關聯，遇到這樣的時機則應馬上行動，這是很明白的啊！」於是，禹娶塗山女子為妻，她的名字叫做女嬌，從辛日到甲日，新婚才四天，禹就告別妻子為治水奔忙去了。禹離家十月，女嬌生下了兒子啟。啟出生後因看不到父親，便日日夜夜哇哇地啼哭。

禹行，使大章步東西，豎亥度南北❶，暢八極❷之廣，旋天地之數❸。禹濟江南省水理❹，黃龍負舟，舟中人怖駭。禹乃啞然❺而笑曰：「我受命於天，竭力以勞萬民。生，性也；死，命也。爾何為者？」顏色不變，謂舟人曰：「此天所以為我用。」龍曳尾❻舍舟而去。南到計於蒼梧❼，而見縛人，禹拊❽其背而哭。益曰：「斯人犯法❾，自合如此，哭之何也？」禹曰：「天下有道，民不罹辜❿。天下無道，罪及善人。吾聞一男不耕，有受其饑；一女不桑，有受其寒。吾為帝統治⓫水土，調民安居，使得其所。今乃罹法⓬如斯，此吾德薄不能化民證也，故哭之悲耳。」

【章　旨】此章記敘禹遇危險不驚、見囚犯而哭的兩個事例，表現出其死生有命的敬天思想和恤民責己的憂患意識。

【注　釋】❶使大章步東西二句　按萬曆本《吳越春秋》，「大章」當作「太章」。據《淮南子・墬形》曰：「禹使太章步自東極至於西垂，豎亥步自南極至於北垂。」許慎曰：「太章、豎亥，善行人，皆禹臣。」步，丈量的意思，古以步為長度單位，每步六尺。度，丈量。❷八極　八方極遠的地方，指大地的極限。❸旋天地之數　旋，旋轉，這裡是運算的意思。天地之數，即一、二、三、四、五、六、七、八、九、十等數字。據《易經・繫辭上》曰：「天數五，地數五，五位相得而各有合。天數二十有五，地數三十，凡天地之數，五十有五。」又曰：「天一，地二；天三，地四；天五，地六；天七，地八；天九，地十。」即在十個數中，以奇數為天數，以偶數為地數。奇數一、三、五、七、九相加為二十五，故曰「天數二十有五」。偶數二、四、六、八、十相加為三十，故曰「地數三十」。天數二十五與地數三十之和為五十五，故曰「凡天地之數，五十有五」。按《易經・繫辭》是以天地之數推衍人事鬼神的變化。此書所言「旋天地之數」，是運用天數和地數來計算山川的里程與面積。❹南省水理　在南方考察水文地理。省，考察。❺啞然　笑的樣子；笑的聲音。❻曳尾　拖著尾巴。❼蒼梧　山名，又名九嶷山，在今湖南省寧遠縣境內。❽拊　拍。❾犯法　按萬曆本作「犯罪」。❿罹辜　遭遇罪過。⓫統治　統領治理。⓬罹法　猶言犯法。

【語　譯】禹繼續巡行，派遣太章從東到西、豎亥從南到北測量土地，直至八方極遠的廣闊地域，並運用天數和地數來計算山川土地的里程與面積。有一次，禹乘船橫渡長江到南方去考察水文地理，遇上一條黃龍用背頂船，船上的人都驚恐失措，而禹卻哈哈大笑說：「我接受上天的命令，竭盡全力撫慰廣大民眾。生為人性所欲，死有天命所定。你黃龍想要幹什麼呢？」禹面不改色對船上的人說：「這條黃龍是上天派來供我們驅使的。」於是，黃龍放過渡船，拖著尾巴游走了。還有一次，禹和益等南巡至蒼梧山考察時，遇上一個被綑綁著的犯人，禹走上前去拍著犯人的背而哭泣不已。益說：「這人犯了法，自然應當如此處罰，你哭他幹什麼？」禹說：「天下政治清明，一般民眾就不會犯罪；天下政治昏亂，好人也難免受刑。我聽說一個男子不耕田種植，天下就有人挨餓；一個女子不採桑養蠶，天下就有人挨凍。我為舜帝統領治理水土，調理人民安居樂業，使他們各自得到所需求的東西。可是，現在卻有像這樣犯法的人，這正是我的德行微薄，不能用以教化人民的證明啊！因此我哭他哭得很悲傷。」

於是，周行寓內❶，東造絕跡❷，西延積石❸，南踰赤岸❹，北過寒谷❺。徊崑崙❻，察六扈❼，脈地理，名金石。寫❽流沙❾於西隅❿，決弱水⓫於北漢。青泉⓬、赤淵⓭，分入洞穴。通江東流，至於碣石⓮。疏九河⓯於涽淵⓰，開五水⓱於東北。鑿龍門⓲，闢伊闕⓳。平易相土⓴，觀地分州。殊方各進，有所納貢㉑。民去崎嶇㉒，歸於中國。堯曰：「俞！以固冀於此㉓。」乃號禹曰伯禹，官曰司空㉔，賜姓姒氏㉕，領統州伯㉖，以巡十二部㉗。堯崩㉘，禹服三年之喪㉙，如喪考妣㉚，晝哭夜泣，氣不屬聲㉛。堯禪位於舜，舜薦大禹，改官司徒㉜，內輔虞位㉝，外行九伯㉞。

【章旨】此章記敘禹平治水土，劃分州邑的豐功偉績，並因此而受到堯帝、舜帝的賞識與封賜。

【注釋】❶寓內　即天下。寓，同「宇」。❷東造絕跡　東到海邊。造，到；及於。絕跡，足跡斷絕的地方，此指海邊。❸積石　山名。有二說：一說指大積石，即今大雪山，在青海省南部。一說指小積石，即古唐述山，在今甘肅省臨夏西北。❹赤岸　徐天祐引《水經注》曰：「新安縣南白石山名廣陽山，水曰赤岸水。」❺寒谷　又名黍谷、燕谷，在今北京市密雲縣西南。❻崑崙　中國的主幹山脈。西起帕米爾高原，東至海邊，長七千多里。脈出新疆的葱嶺，分為中、東、西三支。古史所謂之崑崙，專指中崑崙南端，為黃河、長江之源。❼六扈　徐乃昌《吳越春秋札記》以為「六」當作「玄」。《山海經・中山經》曰：「又東十二里曰陽虛之山，多金，臨於玄扈之水。」今按玄扈山和玄扈水，均在陝西省洛南縣西。玄扈水源出於玄扈山，逕至陽虛山下，因洛水東北流而注入玄扈水，故又名洛汭。❽寫　排除。❾流沙　即沙漠。徐天祐引《地理志》曰：「流沙在居延西北。」知此處指今甘肅省境內的沙漠。❿西隅　即西方邊境。隅，靠邊沿的地方。⓫弱水　即今甘肅省的張掖河，俗稱黑河，發源於祁連山下，經張掖市西北，流至鼎新合北大河，至綠園又分東西兩河，分別流入蘇克諾爾和嘎順諾爾二湖，即古代的居延海。按《尚書・禹貢》曰：「導弱水至於合黎，餘波入於流沙。」合黎，在今甘肅張掖、高臺及酒泉諸縣之北，與龍首山合稱北山。本書稱「決弱水於北漢」，當在此一帶地區，但此地無「北漢」地名，若指漢水之源，方位不合，疑為「北漠」之誤，或作「北河」、「北山」亦可。⓬青泉　即青溪，古代水名，發源於今江蘇省南京市鍾山西南，流入秦淮河，逶迤九曲，今已湮沒。⓭赤淵　古代湖名，在今江蘇省句容縣西南，上接九源，下通秦淮河，今已乾涸。⓮碣石　山名，在今河北省昌黎縣西北。《尚書・禹貢》曰：「夾右碣石入於河。」又曰：「太行、恆山至於碣石，入於海。」⓯九河　古代黃河自孟津而北，分為九道，故名九河。《尚書・禹貢》曰：「九河既道。」《爾雅・釋水》以徒駭、太史、馬頰、覆鬴、胡蘇、簡、絜、鉤盤、鬲津為九河。九河古道，湮廢已久，當在今山東德州市以北，天津市南一帶地方。⓰溷淵　污濁的深潭。溷，濁水。⓱五水　指東北一帶的五條河流，其名不詳。⓲龍門　山名。一說在今陝西韓城縣與山西河津縣之間。《尚書・禹貢》曰：「導河積石，至於龍門。」一說在河南洛陽市南。《漢書・溝洫志》賈讓奏曰：「昔大禹治水，山陵當路者毀之，故鑿龍門，闢伊闕。」則知龍門、伊闕在一個地方。⑲伊闕　在今河南省洛陽市南。《水經注・伊水》曰：「昔大禹疏以通水，兩山相對，望之若闕，伊水歷其間北流，故謂之伊闕矣。」⑳平易相土　在地勢平坦開闊的田野上觀察土質。按《尚書・禹貢》將土壤按白、黑、赤、黃、塗泥等分為九等以確定田賦。㉑納貢　諸侯或藩屬向天子貢獻方物。按堯舜時代各方所納貢賦不同，詳見《尚書・禹貢》。㉒崎嶇　指高峻陡險的山區。㉓以固冀於此　本來就希望這樣。冀，希望。㉔司空　官名。西周時司空主管建築工程、製造車服器械、監督手工業奴隸，為六卿之一。漢代也設司空，但職責有所不同。㉕賜姓姒氏　先秦時代，姓和氏不同。姓是用來標誌母系血統的，而氏則標誌男子部族名稱。直到周朝，還有女子稱姓、男子稱氏的規定。春秋時代，姓只作同族血統的標誌，不分男女；而氏則可以按封邑、官職、祖宗謚號、居住地方命名。戰國以後，姓和氏逐漸混同，只表同族的血緣關係。本文所謂「賜姓姒氏」，是姓、氏混同的表現。按上古「因生以賜姓」，則當為姒姓。因禹是其母吞苡米懷孕而生，故夏王族姓姒。㉖州伯　各州長官。㉗十二部　十二個部落。㉘崩　天子之死。㉙服三年之喪　按古代喪制，臣為君、子為父、妻為夫等要服喪三年。㉚如喪考妣　像死了父母一樣悲傷。考妣，父死曰考，母死曰妣。㉛氣不屬聲　氣息接不上聲音。㉜司徒　官名。西周開始設置，主管教化等，為六卿之一，漢代也沿置司徒，但職責有所不同。㉝內輔虞位　在宮內輔佐舜帝執政。按舜帝，姚姓，有虞氏，故又稱虞舜。㉞九伯　九州之伯，即九州的長官。

【語譯】自此之後，禹在天下四面八方巡迴視察，東到海邊，西至積石，南過赤岸，北越寒谷。迂迴於崑崙上下，察訪於玄扈水邊，弄清山川脈理，探明金石礦藏。在西陲甘肅治理沙漠，在北山一帶疏通弱水。讓青泉河和赤淵湖分別流入地下陰河。疏通長江東流入海，直至碣石山下。又在污泥深潭的沼澤地帶疏導黃河的九條支流，在東北地區開通五條河道。在陝西山西之間開鑿龍門山以疏通黃河，在河南洛陽開闢伊闕以疏通伊水。在地勢平坦開闊的田野上勘察土質以確定田賦，在東南西北觀察地形以劃分州邑。九州四夷都分別按規定向天子貢獻方物。人民離開高峻陡險的山區，來到中原平地定居。堯帝說：「呦！我本來就希望這樣。」於是稱禹為伯禹，封官為司空，賜姓為姒，讓他統領九州長官，巡察十二個部落。堯帝逝世後，禹守喪三年，像死了自己的父母一樣哀傷，沒日沒夜地痛哭流涕，直哭得下氣不接上氣。堯臨死前將帝位禪讓給舜，舜即位後薦舉伯禹，改封為司徒，要他在宮內輔佐舜帝執政，對外行使統領九州長官的職權。

舜崩，禪位命禹。禹服三年，形體枯槁❶，面目黎黑。讓位商均❷，退處陽山❸之南、陰阿❹之北。萬民不附商均，追就禹之所。狀若驚鳥揚天，駭魚入淵，晝歌夜吟，登高號呼，曰：「禹棄我，如何所戴！」禹三年服畢，哀民不得已❺，即天子之位。三載考功❻，五年政定。周行天下，歸還大越❼，登茅山❽以朝四方❾，群臣觀示❿。中州⓫諸侯防風⓬後至，斬以示眾，示天下悉⓭屬禹也。乃大會計⓮治國之道，內美釜山州慎之功⓯，外演聖德以應天心。遂更名茅山曰會稽之山。因傳國政，休養萬民，國號曰夏后。封有功，爵有德。惡無細而不誅，功無微而不賞。天下喁喁⑯，若兒思母，子歸父。而留越，恐群臣不從，言曰：「吾聞食其實者，不傷其枝；飲其水者，不濁其流。吾獲覆釜之書⑰，得以除天下之災，令民歸於里閭⑱，其德彰彰⑲若斯，豈可忘乎？」乃納言聽諫，安民治居室，靡山⑳伐木為邑㉑，畫作印㉒，橫木為門。調權衡㉓，平斗斛㉔，造井㉕示民，以為法度。鳳凰棲於樹，鸞鳥巢於側，麒麟步於庭，百鳥佃於澤㉖。

【章旨】此章記敘禹在人民群眾的擁戴下即天子位，建立夏朝，施行善政，賞功誅惡，休養萬民，終至眾瑞並呈。

【注釋】❶禹服三年二句　按《太平御覽．卷八二》引作「禹服喪三年，朝夕號泣，形體枯槁」。枯槁，憔悴。❷商均　舜帝的兒子。❸陽山　《史記．夏本紀》曰：「禹辭辟舜之子商均於陽城。」徐天祜引《史記》注劉熙曰：「今潁川陽城是也。」知此書所說陽山即「陽城山」，在今河南省登封縣北。❹陰阿　指今河南省嵩縣至禹縣之間的山地。❺不得已　得不到歸依。已，止也。歸依的意思。按「不得已」三字也可斷為與下句相連，即「不得已即天子之位」。❻考功　考核功績。❼歸還大越　按《史記．越世家．正義》引作「還歸大越」。❽茅山　在浙江紹興市東南，即會稽山。徐天祜注引《十道志》曰：「會稽山，本名茅山，一名苗山。」❾以朝四方　使四方部落酋長及九州長官前來朝見。❿觀示　猶言觀瞻。⓫中州　古豫州地處九州中間，稱為中州。

⑫防風　古代部落酋長名。《國語・魯語》曰：「昔禹致群神於會稽之山，防風氏後至，禹殺而戮之，其骨節專車。」⑬悉　盡。⑭會計　總結計議。《周禮・天官・小宰》有「聽出入以要會」之句，其注曰：「月計曰要，歲計為會。」後指管理財物及其出納等事。⑮釜山州慎之功　指禹治水時，在天柱山謹慎齋戒、小心發石而獲得天書之後，才取得疏通洪水，使民安居樂業的功績。參見本卷第三章。釜山，按《輿地志》曰：「會稽山有石，狀如覆釜，謂之覆釜山。一名釜山。」州慎，據萬曆本當作「中慎」。中慎，心中謹慎小心。⑯喁喁　魚口向上，露出水面呼吸的樣子。比喻人民對禹的歸服仰慕。⑰吾獲覆釜之書　指禹在天柱山獲得天書一事，詳見本卷第三章。⑱里閭　里巷；鄉里。古制以五家為鄰，五鄰為里，二十五家為閭。即里和閭戶數相等。⑲彰彰　明白；顯著。⑳靡山　毀山；平山。㉑邑　小城市。㉒畫作印　疑為「畫地作印」，承上文「為邑」而來，意謂畫地作圖，修建房屋。或將「畫作印」一句移在「橫木為門」之後，作刻畫印章解釋也可通。㉓權衡　秤量物體輕重的器具。權，秤錘。衡，秤桿。㉔斗斛　量器，也為容量單位。十升為斗，十斗為斛。㉕井　古文借作「刑」。《一切經音義・卷二〇》引《易說》曰：「井為刑法也。」㉖鳳凰棲於樹四句　言其眾瑞並呈。鳳凰，傳說中的瑞鳥。鸞鳥，傳說中的神鳥。麒麟，傳說中的瑞獸。百鳥佃於澤，謂鳥群在沼澤地帶幫助人們耕作。佃，耕作。

【語譯】舜帝逝世，遺命將天子之位傳給禹。禹為舜守喪三年，朝夕哭泣，形體乾瘦，面貌憔悴發黑。他將天子之位讓給了舜的兒子商均，自己退居到位於陽山之南、陰阿之北的陽城。可是天下百姓不歸附商均，而紛紛追至禹的住所。其來勢好像受驚的鳥群衝向高空，好像受駭的魚群潛入深潭。白天嘆氣，夜晚呻吟，登上高山大聲呼號，說：「禹拋棄了我們，我們所擁戴的人在哪裡呀！」禹服喪三年期滿，同情人民得不到歸依，就登上了天子之位。用三年時間考核臣下的功績，五年後使政治局勢走向穩定。於是巡迴視察天下各州，然後返回越族地區，登上茅山，下令四方部落首領前來朝見，諸位大臣也都來觀禮。中州部落首領防風氏無故遲到，禹當場將他斬首示眾，顯示普天之下全部臣屬禹王。接著全面總結計議治理國家的道理。禹內心自我讚美當年在釜山謹慎獲取天書，才平治水土、安定天下的功績，但對眾人卻稱頌堯舜的功德，以順應上天的旨意。於是將茅山更名為會稽山。隨後發布國家政令，讓天下百姓休養生息，確定國家名號叫做「夏」。分封土地給有功之臣，賞賜爵號給有德之人。凡罪過不因為細小而不處罰，凡功績不因為輕微而不獎賞。於是天下百姓無不仰慕歸服，就像兒女思念和歸依父母一般。禹想留守越地，恐怕群臣反對，便宣告說：「我聽說吃了樹上的果實，就不要傷害它的枝條；喝了河裡的清水，就不要污濁了它的下游。我因在覆釜山獲得天書，憑藉它才得以消除天下洪水之災，使老百姓安居樂業。越地的功德如此顯著，難道可以忘記它嗎？」於是認真聽取和採納群臣的批評與建議，為安定人民而興建房屋，劈山砍樹築起城邑，劃地即成圖印，橫木便為門戶。調整稱量物體重量的衡器，統一斗斛之類的容器，制定刑法公之於眾，作為人們行為的準則。於是鳳凰來到樹上棲息，鸞鳥來到屋旁築巢，麒麟來到庭院散步，百鳥來到沼澤地帶幫助人們耕作。

遂已耆艾❶將老，歎曰：「吾晏歲年暮，壽將盡矣，止絕斯矣。」命群臣曰：「吾百世❷之後，葬我會稽之山。葦槨桐棺❸，穿壙❹七尺，下無及泉，墳高三尺，土階三等，葬之後曰無改畝❺，以為居之者樂，為之者苦。」禹崩之後，眾瑞❻並去。天美禹德而勞❼其功，使百鳥還為民田❽，大小有差，進退有行，一盛一衰，往來有常。禹崩，傳位與益。益服三年，思禹未嘗不言。喪畢，益避禹之子啟於箕山之陽❾。諸侯去益而朝啟，曰：「吾君，帝禹子也。」啟遂即天子之位，治國於夏❿。遵〈禹貢〉⓫之美，悉九州之土以種五穀⓬，累歲不絕。啟使使⓭以歲時春秋⓮而祭禹於越，立宗廟於南山⓯之上。

【章旨】此章記敘大禹逝世，遺命歸葬於會稽山。禹子啟繼位後，為禹立宗廟於南山，歲時祭祀。

【注釋】❶耆艾　年至五、六十歲之時。據《禮記・曲禮》載，五十曰艾，六十曰耆。❷百世　此處為死的婉稱，猶言「百年」、「百歲」。❸葦椁桐棺　指用蘆葦做成的外椁，用桐木做成的內棺。❹壙　墓穴。❺葬之後曰無改畝　據蔣光煦《斠補隅錄・吳越春秋》，宋本「曰」作「田」。所謂「田無改畝」，與前面的遺囑一致，都是從節葬出發，要求不要大建陵墓，葬後不要使田土縮小了面積。按《越絕書・記地傳》曰：禹「因病亡死，葬會稽。葦椁桐棺，穿壙七尺；上無漏泄，下無及水；壇高三尺，土階三等，延袤一畝」。所謂「延袤一畝」，即墓地只能占地一畝。本書據《越絕書》中這段記載而改寫為「田無改畝」，旨在強調節葬精神。❻眾瑞　指上文「鳳凰棲於樹，鸞鳥巢於側，麒麟步於庭，百鳥佃於澤」等祥瑞。❼勞　慰問；慰勞。❽使百鳥還為民田讓鳥群回來幫助人民耕種，與上文「百鳥佃於澤」義同。田，通「佃」。耕種的意思。按《地理志・南山》：「山上有禹井、禹祠，相傳下有群鳥耘田也。」《水經注》曰：「鳥為之耘，春拔草根，秋啄其穢。」❾箕山之陽　箕山南面。箕山，在今河南省登封縣東南，相傳堯帝時高士許由曾隱居於此，故又名許由山。❿夏　古地名，一說在今河南省禹縣，傳說舜帝封禹於此。一說在今山西省夏縣，傳說啟以下歷代夏王墓葬多在此縣，只有少康墓在河南省太康縣。⓫禹貢　《尚書》篇名，著重記敘禹的功績，主要內容是治理天下山水、使民安居樂業和劃分九州、統一中國、使各以其職來貢。此處也可就字面意義解釋為禹的功績。⓬五穀　五種穀物。其說法不一：一說指麻、菽、麥、稷、黍。一說指黍、稷、菽、麥、稻。後來統稱穀物為五穀，不一定限於五種。⓭使　使派遣使者。⓮歲時春秋　在每年春秋。歲，年。時，季。⓯南山　即會稽山，上有禹王墓。

【語　譯】禹的大業告成時，已經五、六十歲將要老了，他嘆息說：「我已至晚歲暮年，壽限將要完了，事業也到此為止了。」於是命令諸位大臣說：「我去世之後，要把我埋葬在會稽山，用蘆葦做外槨，用桐木做內棺，向下挖七尺深做墓穴，穴底不要見泉水，向上堆土三尺高作為墳墓，壘土階三級即可，埋葬之後不要擴展墓地，使田土縮小了面積，因為這樣做只是為了讓死者享樂，而興建的人卻要受苦了。」禹王逝世後，鳳凰、鸞鳥、麒麟、百鳥等瑞鳥瑞獸都隨之離去。但上天為了表彰禹的美德和慰勞他的功績，還是讓鳥群回來幫助人民耕種。百鳥耕種的面積大小不等，前進後退行列整齊，有時鳥來得多，有時鳥來得少，飛來飛去自有規律。禹臨死之前傳王位給益。益守喪三年，天天心想禹王，口念禹王。守喪完畢，益避開禹的兒子啟，隱居在箕山南面。於是各部落首領離開益而去朝拜啟，說：「我們的君主，應當是禹王的兒子啊！」啟於是登上天子之位，定夏為都執掌國政。他繼承大禹開創的功業和美德，在九州的田土上全部種上五穀，年年如此，從不間斷。啟在每年春秋時節都要派遣使臣到越地祭祀禹王，並在會稽山上興建了禹王廟。

禹以下六世而得帝少康❶。少康恐禹祭之絕祀，乃封其庶子❷於越，號曰無余。余始受封，人民山居，雖有鳥田❸之利，租貢纔❹給宗廟祭祀之費。乃復隨陵陸❺而耕種，或逐禽鹿而給食。無余質朴，不設宮室之飾，從民所居，春秋祠禹墓於會稽。無余傳世十餘❻，末君微劣，不能自立，轉從眾庶❼為編戶之民❽，禹祀斷絕。十有餘歲，有人生而言語，其語曰「鳥禽呼」，嚥喋嚥喋❾，指天向禹墓曰：「我是無余君之苗末❿。我方修前君祭祀，復我禹墓之祀，為民請福於天，以通鬼神之道。」眾民悅喜，皆助奉禹祭，四時致貢。因共封立，以承越君之後，復夏王之祭。安集鳥田之瑞，以為百姓請命⓫，自後稍有君臣之義，號曰無壬。壬生無曎，曎專心守國，不失上天之命。無曎卒，或⓬為夫譚⓭。夫譚生元常⓮，常立，當吳王壽夢、諸樊、闔閭之時⓯，越之興霸自元常矣⓰。

【章　旨】此章記敘越國，自無余受封開國、經無壬中興、至元常稱霸的歷史，大致勾畫出越國王族的世系。

【注　釋】❶禹以下六世句　據《史記‧夏本紀》載，禹死後，子啟立；啟死後，子太康立；太康死後，弟中康立；中康死後，子相立；相死後，子少康立。知此處所說「六世」是指包括禹在內的連續執政的六位君王。❷庶子　指妾所生的兒子。也指正妻所生之子中除長子（即嫡長子）以外的其他兒子。❸鳥田　參見本卷第七章㉖和第八章❽。又據《越絕書‧記地傳》載：「大越海濱之民，獨以鳥田，大小有差，進退有行。」❹纔　通「才」。方始；僅只。❺陵陸　山上平地。❻無余傳世十餘　按越國自無余開國以後世系不詳，此曰「傳世十餘」，是約略推測而言。❼眾庶　百姓；民眾。❽編戶之民　編入戶籍的平民。❾嘸喋嘸喋　鳥叫聲。❿苗末　子孫後代。⓫請命　祈求生計。⓬或　有人。⓭夫譚　《越絕書》作「夫鐔」。⓮元常　《史記》、《越絕書》均作「允常」。⓯常立二句　按壽夢、諸樊之後，還有餘祭、餘昧、僚，接著才是闔閭。從壽夢即位的西元前五八五年起，到闔閭死亡的西元前四九六年止，共九十年。越王元常不可能有這樣長的壽命。《史記‧越世家》曰：「允常之時，與吳王闔閭戰而相怨伐。允常卒，子句踐立。」那麼，確切地說，原句應為「常立，當吳王闔閭之時」。⓰越之興霸句　按《越絕書‧記地傳》曰：「越王夫鐔以上至無餘，久遠，世不可紀也。夫鐔子允常，允常子句踐，大霸稱王。」《史記‧越世家》也曰：「自少康之庶子封於會稽，「後二十餘世，至於允常」。據翦伯贊主編《中國歷史年表》，少康即位在西元前二〇一五年，在位二十一年，無余受封建立越國當在少康時代，而元常去世在西元前四九七年，是知越國自無余開國至元常去世時，已有一千五百年左右。

【語　譯】禹王以下第六代帝少康在位，擔心禹王的祭祀斷絕，就將自己的一個庶子封在大越，他的名字叫做無余。無余開始受封的時候，大越的人民都居住在山丘上，雖然有百鳥幫助耕種的便利，但所有的田租貢賦僅僅能夠供給宗廟祭祀的費用。於是又發動人民依傍山丘平地開墾耕種，有時也以獵取飛禽走獸來提供食物。無余生活樸素，不興建王宮大殿，跟老百姓居住在一起，每年春秋兩季上會稽山祭掃禹王墓。無余以後，王位承傳了十多代，至末代君主懦弱無能，不能自立，混同百姓變為編入戶籍的平民，禹王的祭祀便中斷了。過了十多年以後，有一個人生下來就會說話，他的話叫做「鳥禽呼」，嘸喋嘸喋像鳥禽呼叫一般，指著天對著禹王墓說：「我是無余國君的後代子孫。我正在修治前代君主的祭祀，要恢復我禹王墓的祭祀，替人民向天祈求幸福，並且傳達鬼神的旨意。」民眾百姓非常高興，都來協助敬奉禹王的祭祀，四季敬獻貢品。隨即共同擁戴這個人，讓他承接越國王族的統緒，以恢復夏王少康以來對於禹王墓的祭祀。同時穩定和聚合百鳥助耕等祥瑞，來替老百姓向天祈求生計。從此以後，漸漸確立了君主和臣民之間的禮義。這個自稱無余君後裔的人，名叫無壬。無壬生了個兒子名叫無曎，無曎專心守護越國，沒有辜負上天的囑託。無曎去世後，有個叫夫譚的人繼位。夫譚生了個兒子叫元常。元常在位，與吳王闔閭執政大致同時。越國興起霸業，就是從元常開始的。

卷第七

句踐入臣外傳

【題解】從本卷起，《吳越春秋》開始把越王句踐作為主要人物來刻畫。西元前四九六年五月，吳王闔閭乘越王允常之喪而興師伐越，剛即位的越王句踐，率軍迎擊於檇李（在今浙江嘉興縣西南），結果大敗吳軍，並將吳王闔閭刺成重傷致死。吳王夫差即位後，立志為父復仇，終於在西元前四九四年，統帥全國精銳大敗越軍於夫椒（在今浙江紹興縣北），使句踐僅存殘兵五千，被迫退守於會稽山。當時，越王句踐面對吳軍的圍困，也曾產生過「殺妻子、燔寶器、觸戰以死」的念頭，但立即被文種等大臣勸止了。為了救亡圖存，他們決定向吳王卑辭厚禮，忍辱求和，甚至答應讓句踐夫婦入吳為奴僕和婢妾。同時利用太宰嚭貪利多欲的弱點，暗中贈送美女寶器，以爭取他的聲援。本卷略去上述重要史事，而直接從越王句踐五年（西元前四九二年）五月寫起，生動地記敘了句踐率夫人及范蠡等入臣於吳的全過程。首先，開篇的餞行場面描寫就獨具特色，作者幾乎是純用對話來推動情節的發展和揭示人物的精神世界。在這種生離死別的情境中，句踐作為一個血肉之軀，面對危國辱身的羞恥和前程未卜的憂患，也自然而然地表現出了諸如仰天嘆息、舉杯垂涕、一再自責自傷等人之常情；但作為一位深謀遠慮的政治家，當句踐為了國家的命運而同群臣一起分析形勢、制訂策略、委任國事的時候，就突出地表現了他能夠忍辱負重、處危自若、聞死不驚的非凡意志和膽略。全體大臣在句踐的這種情緒影響下所激發的肺腑之言，既表現出各位臣僚對越王的忠心耿耿和這個群體的精誠合作，又透露出各自的職務與才幹，具有聞其聲即知其人的藝術效果。其次，作者對越王等入臣三年生涯的描寫詳略得當，情節波瀾起伏，引人入勝。越王句踐到達吳國後，按照忍辱圖存、以屈求伸的既定方針，內懷怨毒之心而深藏不露，外執美詞之說而示順示忠，甚至不惜以親口嘗糞這樣極齷齪、極卑下的效勞來博取吳王的信任。因而儘管有伍子胥多次犯顏直諫，力勸吳王殺掉句踐，消滅越國，但吳王夫差還是被太宰嚭的讒佞之言和句踐的虛情假義所迷惑，以致剛愎自用，拒聽忠諫，最終赦免句踐回國，放虎歸山，從而釀成了吳國滅亡的大患。

越王句踐五年❶五月，與大夫種、范蠡入臣於吳❷，群臣皆送至浙江❸之上，臨水祖道❹，軍陣固陵❺。大夫文種前為祝，其詞曰：「皇天祐助，前沈後揚。禍為德根，憂為福堂。威人者滅，服從者昌。王雖牽致，其後無殃。君臣生離，感動上皇。眾天哀悲，莫不感傷。臣請薦脯⑥，行酒二觴⑦。」越王仰天太息，舉杯垂涕，默無所言。種復前祝曰：「大王德壽，無疆無極。乾坤受靈⑧，神祇⑨輔翼⑩。我王厚之⑪，祉祐⑫在側。德銷百殃，利受其福。去彼吳庭，來歸越國。觴酒既升，請稱萬歲。」

越王曰：「孤承前王餘德，守國於邊，幸蒙諸大夫之謀，遂保前王丘墓⑬。今遭辱恥，為天下笑，將孤之罪耶？諸大夫之責也？吾不知其咎⑭，願二三子論其意。」

大夫扶同⑮曰：「何言之鄙⑯也！昔湯⑰繫於夏臺⑱，伊尹⑲不離其側。文王⑳囚於石室，太公㉑不棄其國。興衰在天，存亡繫㉒於人。湯改儀㉓而媚於桀㉔，文王服從而幸於紂㉕。夏殷恃力而虐二聖，兩君屈己以得天道。故湯王不以窮自傷，周文不以困為病。」

越王曰：「昔堯㉖任舜、禹㉗而天下治，雖有洪水之害，不為人災。

變異不及於民，豈況於人君乎？」

大夫苦成㉘曰：「不如君王之言。天有曆數㉙，德有薄厚。黃帝㉚不讓，堯傳天子㉛。三王㉜，臣弒其君㉝。五霸㉞，子弒其父。德有廣狹，氣有高下。今之世，猶人之市，置貨以設詐，抱謀以待敵，不幸陷厄㉟，求伸而已。大夫不覽於斯，而懷喜怒。」

越王曰：「任人者不辱身，自用者危其國。大夫皆前圖未然㊱之端，傾敵破讎，坐招泰山之福。今寡人守窮若斯，而云湯文困厄後必霸㊲，何言之違禮儀？夫君子爭寸陰㊳而棄珠玉，今寡人冀得免於軍旅之憂，而復反係獲㊴敵人之手，身為傭隸㊵，妻為僕妾㊶，往而不返，客死敵國。若魂魄有㊷，愧於前君。其無知，體骨棄捐㊸。何大夫之言，不合於寡人之意？」

於是大夫種、范蠡曰：「聞古人曰：居不幽，志不廣；形不愁，思不遠。聖王賢主，皆遇困厄之難，蒙不赦之恥，身拘而名尊㊹，軀辱而聲榮，處卑而不以為惡，居危而不以為薄。五帝德厚而窮厄之恨(45)，然尚有泛濫之憂。三守暴困之辱，不離三獄之囚(46)。泣涕而受冤，行哭而為隸，演《易》作卦，天道佑之。時過於期，否終則泰(47)。諸侯並救王命(48)，見符朱鬣、玄狐(49)，輔臣結髮(50)，拆獄破械，反國(51)修德，遂討其讎。擢假(52)海內，若覆手背，天下宗之，功垂萬世。大王屈厄(53)，臣誠盡謀。夫截骨之劍，無削剟(54)之利，臽鐵(55)之矛，無分髮之便，建策之士，無暴興之說。今臣遂天文(56)，案墜籍(57)，二氣(58)共萌，存亡異處。彼興則我辱，我霸則彼亡。二國爭道，未知所就。君王之危，天道之數，何必自傷哉？夫吉者凶之門，福者禍之根。今大王雖在危困之際，孰知其非暢達之兆哉？」

大夫計硯(59)曰：「今君王國於會稽，窮於入吳，言悲辭苦，群臣泣之。雖則恨悷(60)之心，莫不感動，而君王何為謾辭譁說(61)，用(62)而相欺？臣誠不取。」

【章旨】首章描敘越國群臣送越王入臣於吳時，在浙江邊上餞別的情景。儘管有群臣舉杯祝酒，稱其德壽，但越王句踐既以辱身危國為恥，又以前程未卜為憂，因而在生離死別之際，他不能不舉杯垂涕，一再自責自傷，致使酒會一開始就籠罩在一種沈重而感傷的悲劇氣氛之中。於是諸位大臣先後陳詞進諫，勸慰越王要正視目前危國辱身這一嚴峻的現實，但應堅信：「興衰在天，存亡繫於人」，只要君臣同心，必能返國而後霸。並以商湯王、周文王等「聖王賢主，皆遇困厄之難，蒙不赦之恥」，而後否極泰來，「功垂萬世」的事例來勉勵越王，希望他「不以窮自傷」，「不以困為病」，而應忍辱圖存，以屈求伸。

【注釋】❶越王句踐五年　即西元前四九二年，吳王夫差四年。❷入臣於吳　到吳國去做奴僕。❸浙江　即錢塘江，流經今浙江省內入杭州灣，以其上游多曲折，故稱浙江。❹祖道　古人於出行前祭祀路神稱祖道，後來也稱餞行為祖道。❺固陵　古地名，在今浙江省蕭山市西興鎮。相傳范蠡曾築城於此，言可以固守，故稱固陵。❻薦脯　指祭祀時進獻乾肉。❼行酒二觴　明吳琯校本作「行酒三觴」。觴，盛有酒的杯子。❽乾坤受靈　指天地授以神靈。受，同「授」。❾神祇　天地之神。❿輔翼　輔佐庇護。⓫厚之　以天地授靈、神祇輔助為厚恩。⓬祉祐　福祉、佑助。⓭丘墓　即墳墓。⓮咎　罪過。⓯扶同　越國大夫。徐天祜注曰：「《史記》作『逢同』。」但《越絕書》中的「逢同」似與本著中的扶同不是一人。⓰鄙　鄙陋。⓱湯　又稱武湯、武王、天乙、成湯、商湯等，原為夏末商族領袖，任用伊尹執政，後來消滅夏朝，建立了商朝。湯繫於夏臺事，在夏桀之時。參見《史記・夏本紀》。⓲夏臺　夏朝的監獄名。⓳伊尹　商湯的大臣，名伊，尹是官名。一說名摯。曾輔佐商湯討伐夏桀，建立了商朝。⓴文王　即周文王，商末周族領袖。姬姓，名昌，商紂時為西伯，也稱伯昌。文王囚於石室事，即指他曾被商紂囚禁於羑里（今河南湯陰北）的經歷，參見《史記・殷本紀》和〈夏本紀〉。

㉑太公　即姜太公，姜姓，呂氏，名望，一說字子牙，西周初年官太師，也稱師尚父。㉒繫　涉及；關係。㉓改儀　改變儀容。㉔桀　夏朝最後一個國君，名履癸。後被商湯所敗，出奔南方而死。㉕紂　商朝最後一個國王，一名受，亦稱帝辛。後因周武王會合西南各族向商進攻，他在牧野之戰中以兵敗而自焚。㉖堯　傳說中古代部落聯盟領袖。即陶唐氏，名放勛，史稱唐堯。他在位時，曾命舜攝位行政，死後由舜繼位。㉗舜禹　均為傳說中古代部落聯盟領袖。舜，姚姓，有虞氏，名重華，史稱虞舜。他在位時，曾命禹治水，後禪位於禹。禹，姒姓，亦稱大禹、夏禹、戎禹。一說名文命。父鯀，曾奉堯命治水，九年未治平，被舜放逐，死在羽山。子禹又奉舜命治水，因有功而被舜選為繼承人，舜死後擔任部落聯盟領袖。㉘苦成　《國語・吳語》中稱為越國五大夫之一。㉙曆數　即天道，也指朝代更替的次序。㉚黃帝　傳說中上古部落領袖，為中原各族的共同祖先，姓公孫，名軒轅。詳見《史記・五帝本紀》。㉛堯傳天子　盧文弨校云：「天子」疑為「天下」。㉜三王　指夏禹、商湯、周文王或夏禹、商湯、周文武。㉝臣弒其君　指商湯誅滅夏桀、周武王誅滅商紂等。㉞五霸　指春秋時代五個稱霸天下的諸侯，說法不　。一說指昆吾、大彭、豕韋、齊桓、晉文；二說指齊桓、晉文、秦穆、楚莊、吳闔閭；三說指齊桓、晉文、秦穆、宋襄、楚莊；四說指齊桓、晉文、楚莊、吳闔閭、越句踐。其中第三說是最通行的說法。㉟陷厄　陷入困境。㊱未然　還沒有成為事實。㊲而云句　指前文大夫扶同所說商湯和周文王之事。㊳寸陰　短暫的光陰。㊴係獲　即俘獲、俘虜的意思。㊵僕隸　僕役；奴隸。㊶僕妾　被役使的婢妾。㊷若魂魄有　徐天祜校注曰：此下當有「知」字。㊸棄捐　拋棄。㊹身拘而名尊　意謂身雖被拘囚，而後名則尊榮。拘，囚。㊺五帝德厚句　徐大祜校注曰：「而」當作「無」。㊻三守暴困之辱二句　徐天祜疑此二句前有闕文，聯繫下文有「演《易》作卦」等語，則知此處所說，當指周文王曾被商紂王囚於羑里等事。據《史記・周本紀》曰：「西伯（即周文王）蓋即位五十年。其囚羑里，蓋益《易》之八卦為六十四卦。」㊼否終則泰　謂閉塞到極點，則轉向通泰。否、泰本為《周易》的兩個卦名，後常以否、泰連用，喻指命運的好壞、事情的順逆。㊽諸侯並救王命　據《史記・殷本紀》載：「紂囚西伯羑里。西伯之臣閎夭之徒，求美女、奇物、善馬

以獻紂，紂乃赦西伯。」(49)見符朱鬣玄狐　看見朱鬣、玄狐的出現，以為祥瑞的徵兆。符，祥瑞的徵兆。朱鬣，指一種長著紅色頸毛的文馬。(50)結髮　指成婚之夕，男左女右共髻束髮。此處引申為同心共志。(51)反國　即歸國。反，同「返」。(52)擢假　猶言駕御。(53)屈厄　委屈困迫。(54)削剟　即削割。(55)臽鐵　能刺進鐵。臽，同「陷」。(56)遂天文　觀察天空的星象。遂，窮究。(57)案墜籍　查考地理典籍。案，查考。墜，據蔣光煦《斠補隅錄・吳越春秋》曰：宋本作「墬」，即古「地」字。(58)二氣　指陰陽二氣。(59)計硯　越國大夫，《越絕書》作「計倪」。(60)悷　悲傷。(61)謾辭譁說　猶胡言亂語。謾辭，謊言。譁說，虛夸之辭。(62)用　以；因此。

【語　譯】越王句踐五年五月，句踐和大夫文種、范蠡被迫到吳國去充當奴僕，越國的大臣們一齊送至浙江邊上，在水畔祭祀路神，為越王等餞行，越國的五千殘兵，也在固陵城下列陣送行。大夫文種向越王敬酒，其祝詞說：「皇天保祐和輔助越國，前雖沈淪，後必奮揚。災禍是功德的根基，憂患是幸福的殿堂。威勢淩人者將滅亡，柔服順從者將盛昌。大王雖然現在牽累致禍，但此後再沒有災殃。越國君臣的活活離散，已感動了上天。上天都感到了悲哀，沒有人不感傷的。請允許我進獻乾肉，諸位先乾了這三杯酒。」越王句踐仰頭舉杯，對天嘆息，淚流滿面，默默無言。文種再次上前向越王敬酒說：「大王的功德無邊，壽命無疆。願天地授以神靈，神祇予以輔佐庇護。我們大王將深深感激天地神祇的厚恩，福祐就伴隨在大王的身邊。大王的德行可以消去一切災殃，接受了上天的賜福，就會諸事順利。最終會離開吳國宮庭，順利回到越國。斟滿了酒的杯子已經舉起，請大家三呼萬歲。」

越王句踐說：「我繼承先王留下的功德，在海邊守衛自己的國家，有幸承蒙諸位大夫的謀劃，於是才保住了先王的陵墓。現在我遭受了這樣的奇恥大辱，被天下人嘲笑，這是我的罪過呢？還是諸位大夫的責任呢？我不知道自己錯在哪裡，希望諸位發表各自的看法。」

大夫扶同說：「大王這話說得多麼鄙陋啊！過去成湯被囚禁在夏朝的監獄裡，大臣伊尹仍不離開他的左右。周文王被囚禁在商朝的石室中，姜太公仍不拋棄他的國家。國家的興盛與衰落在於天意，但國家的存在與滅亡卻關涉到人的努力。成湯更改儀容以取悅於夏桀，周文王柔服順從而獲得商紂的寵信。夏桀和商紂都是依仗武力來虐待成湯、周文王兩位聖人，而兩位聖人卻能委屈自己以順從天意。所以成湯不因為窮迫而自我悲傷，周文王也不把困厄當作病患。」

越王句踐說：「從前唐堯任用虞舜、虞舜任用夏禹，天下大治，雖然有洪水泛濫的災害，但不會導致人禍。洪水泛濫的災害既不禍及於百姓，又豈能加害於國君呢？」

大夫苦成說：「事實並不像大王所說的那樣。上天自有其運行的規律，人的德行也有厚薄之分。黃帝時代尚未實行禪讓制度，至唐堯時才把王位禪讓給虞舜。三王時代，有大臣殺死國君的事發生。五霸時代，兒子殺死父親的事也常見。德行有寬廣狹窄之分，氣格有崇高卑下之別。當今的社會好比人入集市，放置貨物用來設計詐騙，懷抱謀略用來對付敵手，如果不幸陷入困境，尋求伸腰走出困境罷了。大夫們沒有看到這一點，因而才心懷喜怒。」

越王句踐說：「知人善任的君王不致使自己遭受侮辱，剛愎自用的君王則往往會危害國家。大夫們都應該預先謀劃到尚未成為事實的緣起，為國家消滅仇敵，使國君安坐而得享泰山般的福祐。現在我困守窮迫如此，可是你們卻說像商湯王、周文王那樣，先遭困厄而後必稱霸，這些話說得多麼違背禮義呀？君子為了爭奪一寸光陰，可以丟棄珠寶玉石。我本來期望著能免除率兵作戰的憂苦，可是現在反而被拘囚在敵人手中，自己成為奴隸，妻子成為婢妾。我這一去可能回不來了，必將死於敵國他鄉。假如魂魄有知，則將使我在九泉之下愧見於先王；假如魂魄無知，那麼我的軀體骨頭也將拋棄在他鄉敵國。為什麼各位大夫的話，總不合於我的本意呢？」

於是大夫文種、范蠡說：「曾聽古人說：居處不幽暗，志向就不會廣闊；形體沒有愁勞，思慮就不會深遠。凡聖王賢主，都曾遭遇過困厄的苦難，蒙受過不可赦免的恥辱。但他們自身雖被拘囚，而後名位卻更尊貴；軀體雖受侮辱，而後聲望卻更榮耀。他們處卑賤之位而不認為是運惡，居危險之境而不認為是命薄。五帝道德深厚而無窮厄的怨恨，然而也還有洪水泛濫的憂患。周文王三次忍受突然受困的恥辱，先後做過三個監獄的囚犯，都沒有逃離。他只是流著淚忍受冤屈，邊走邊哭地去做奴僕，推演《周易》作成六十四卦，自始至終都有上天保佑。過了這段時期，便轉危為安。諸侯們聯合起來援救文王的性命，他們看見朱鬣、玄狐的出現，以為祥瑞的徵兆，於是輔佐大臣都同心協力，拆毀牢籠，打破枷鎖，文王被救回周國復廣施恩德，然後討伐他的仇敵。駕御海內取代商紂，竟易如反掌，於是天下人以周文王為宗主，其功德流傳萬世。希望大王在困厄中能忍受委屈，我們臣下一定竭力謀劃。但能砍斷骨頭的寶劍也沒有削皮剔毛的便利，能刺穿鐵的長矛也沒有分理頭髮的方便，獻計建策的謀士也沒有能使國家突然興盛的勸說。近來臣下觀察天空星象，查考地理典籍，得知陰陽二氣共同萌生，其生存滅亡卻有不同的安排。吳國興盛，那麼我們越國就要受辱；我們越國稱霸，那麼吳國就要滅亡。兩國交爭，尚不知誰近天道。大王目前的危難，也是天道的氣數所致，何必悲傷呢？吉往往就是凶入的大門，福往往就是禍生的根源。如今大王雖然處在危險困苦之際，但誰知這不是舒暢通達的先兆呢？」

大夫計硯說：「大王在會稽立國，不幸陷入困境而被迫入吳，因而言辭悲苦，群臣也為之哭泣。雖然這是出於悔恨悲傷之心，使人無不為之感動，但大王為什麼要故意說一些胡言亂語，用來欺騙大家呢？我以為這實在不可取。」

越王曰：「寡人將去入吳，以國累諸侯大夫❶，願各自述，吾將屬❷焉。」

大夫皋如❸曰：「臣聞大夫種忠而善慮❹，民親其知❺，士樂為用。今委國一人，其道必守。何順心佛命群臣❻？」

大夫曳庸❼曰：「大夫文種者，國之梁棟，君之爪牙❽。夫驥❾不可與匹馳❿，日月不可並照，君王委國於種，則萬綱千紀無不舉者。」

越王曰：「夫國者，前王之國，孤力弱勢劣，不能遵守社稷，奉承宗廟。吾聞父死子代，君亡臣親。今事棄諸大夫，客官於吳，委國歸民，以付二三子，吾之由⓫也，亦子之憂也。君臣同道，父子共氣，天性自然。豈得以在者盡忠，亡者為不信乎？何諸大夫論事一合一離，令孤懷心不定也？夫推國任賢，度功績成者，君之命也。奉教順理，不失分[12]者，臣之職也。吾顧諸大夫以其所能，而云委質[13]而已。於乎[14]！悲哉！」

計硯曰：「君王所陳者，固其理也。昔湯入夏[15]，付國於文祀[16]。西伯之殷[17]，委國於二老[18]。今懷夏將滯[19]，志在於還。夫適市之妻，教嗣糞除[20]，出亡之君，勑[21]臣守禦。子問以事，臣謀以能。今君王欲士之所志，各陳其情，舉其能者，議其宜也。」

越王曰：「大夫之論是也。吾將逝[22]矣，願諸君之風[23]。」

大夫種曰：「夫內修封疆[24]之役，外修耕戰之備。荒無遺土，百姓親附。臣之事也。」

大夫范蠡曰：「輔危主，存亡國。不恥屈厄之難，安守被辱之地。往而必反[25]，與君復讎者，臣之事也。」

大夫苦成曰：「發君之令，明君之德。窮與俱厄，進與俱霸。統煩理亂[26]，使民知分[27]。臣之事也。」

大夫曳庸曰：「奉令受使，結和諸侯。通命達旨，賂往遺來[28]。解憂釋患[29]，使無所疑。出不忘命，入不被尤[30]。臣之事也。」

大夫皓進[31]曰：「一心齊志，上與等之。下不違令，動從君命。修德履義，守信溫故。臨非決疑[32]，君誤臣諫。直心不撓[33]，舉過列平[34]。不阿[35]親戚，不私於外。推身致君，終始一分。臣之事也。」

大夫諸稽郢[36]曰：「望敵設陳[37]，飛矢揚兵。履腹涉屍，血流滂滂[38]。貪進不退，二師[39]相當。破敵攻眾，威凌百邦。臣之事也。」

大夫皐如曰：「修德行惠，撫慰百姓。身臨憂勞，動輒躬親。弔死存疾，救活民命。蓄陳儲新，食不二味[40]。國富民實，為君養器[41]。臣之事也。」

大夫計硯曰：「候天察地，紀曆[42]陰陽。觀變參[43]災，分別妖祥。日月含色，五精[44]錯行，福見[45]知吉，妖出知凶。臣之事也。」

越王曰：「孤雖入於北國[46]，為吳窮虜，有諸大夫懷德抱術，各守一分，以保社稷，孤何憂焉？」遂別於浙江之上，群臣垂泣，莫不咸哀。越王仰天歎曰：「死者，人之所畏。若孤之聞死，其於心胸中會無怵惕㊼。」遂登船徑去，終不返顧㊽。

【章　旨】此章緊承前章，繼續採用對話手法，描敘越國君臣在浙江邊上餞別的情景。各位大臣的勸慰勉勵，雖然並不能驅散越王心中的恥辱和憂傷，但卻道出了蘊藏在他心底的志向，同時也表現出諸位大臣對越王的忠心耿耿，從而增強了他忍辱圖存、以屈求伸的信心。於是句踐從嘆息垂涕、自責自傷，轉為鎮定自若，聞死不驚。在他徵求意見、制訂策略、委任國事的過程中，諸位大臣不僅明確表達了對越王盡忠獻身的決心，而且主動承擔了「輔危主、存亡國」的歷史使命和具體職責。酒會的氣氛也由沈痛而感傷，轉為嚴肅而悲壯。

【注　釋】❶諸侯大夫　諸位大夫。徐乃昌《吳越春秋札記》曰：按「侯」字疑衍。❷屬　託付。❸皋如　越國大夫。❹善慮　善於謀劃。❺知　同「智」。❻何順心佛命群臣　徐天祐注此句「言一人足矣，何必從心所欲，大命群臣也？」順心，從心所欲。佛，大。❼曳庸　越國大夫。本書卷五作「洩庸」，《國語・吳語》作「舌庸」。❽爪牙　得力的助手。❾驥　良馬；千里馬。❿匹馳　雙馬並馳。⓫由　經歷。⓬分　職分；名分。⓭委質　古代始事，必先書其名於策，委死之質於君，然後為臣，示必死節於其君也。⓮於乎　通「嗚呼」。⓯昔湯入夏　指商湯曾被夏桀召去囚於夏臺事。⓰文祀　商湯的大臣。⓱西伯之殷　指周文王曾被商紂囚於羑里事。

西伯，西方諸侯之長，即周文王。之，往。⑱二老　當指周文王的兩位大臣散宜生和閎夭，在文王被商紂囚於羑里時，他們都已年老。⑲今懷夏將滯　據蔣光煦《斠補隅錄・吳越春秋》云：宋本「滯」作「遰」。徐乃昌《吳越春秋札記》以為此句當作「今遝夏將遰」，謂句踐許吳以入臣，至夏將往也。遝，迨；及。遰，去；往。⑳適市之妻二句　謂要去集市的妻子，會吩咐她的孩子掃除污穢。嗣，子孫。糞除，掃除。㉑勑　告誡；誡飭。㉒逝　往。㉓願諸君之風　徐天祐校注曰：「願」下當有「聞」字。風，通「諷」。即諷諭。㉔封疆　築土為臺，以表識疆境，叫封疆。也可指疆界。㉕反　同「返」。㉖統煩理亂　統攝煩雜，治理混亂。㉗分　職分；本分。㉘賂往遺來　以財物贈送來往使者。賂，贈送財物。遺，給予。㉙解憂釋患　解除憂患。釋，消釋。㉚被尤　遭受責難。㉛皓進　越國大夫。㉜臨非決疑　遇到非常事情能解決疑難。㉝撓　彎曲；屈服。㉞舉過列平　檢舉過失，主持公平。㉟不阿　不迎合；不偏袒。㊱諸稽郢　越國大夫。㊲設陳　即設陣。陳，同「陣」。指作戰陣勢。㊳滂滂　流湧貌，此處用以形容血流成河。㊴二師　指左、右二軍。㊵食不二味　猶言與民吃同樣的飲食，不求異味。㊶養器　培養人才。㊷紀曆　紀時的曆法。㊸參　驗證。㊹五精　五方之星。㊺見　出現。見，同「現」。㊻北國　指吳國，在越國北方。㊼怵惕　恐懼；驚懼。㊽返顧　同「反顧」。回頭的意思。

【語　譯】越王句踐說：「我將要離開大家到吳國去，越國的政事就得勞累諸位大夫了，希望各位談談自己的看法，我將以國事相託。」

大夫皋如說：「我聽說大夫文種忠心耿耿而又善於謀劃，老百姓都親近信任他的智慧，士大夫也樂意為他所用。現在把國政委託給文種一人統管，既定的治國方針，一定能夠堅持遵守。何必隨心所欲地去廣泛任命各位臣僚呢？」

大夫曳庸說：「大夫文種是越國的棟梁之才，是大王的得力助手。千里馬不可雙駕並馳，日和月不可一同照耀。大王如果把國家大事委託給文種統籌安排，那麼千頭萬緒都會得以綱舉目張。」

越王句踐說：「國家是先王的國家，我力量薄弱，處於劣勢，不能守護社稷，奉祀祖廟。我聽說父親死了，兒子替代，國君外出，大臣親政。現在我把越國的政事扔給諸位大夫，到吳國去任職稱臣，國家和人民都託付給你們幾位，我遭難受辱的經歷，也就是你們的憂愁。君和臣堅持同一種追求，父和子具有共同的氣質，這是天賦本性，自然如此。怎麼能夠認為留在國內就是盡忠，不留在國內就是不可信的呢？為什麼諸位大夫議論事情一部分契合，一部分背離，而使我心懷不定呢？推究國事，任命賢良，衡量功德，考核成績，這是國君的使命。奉行教化，遵循事理，不失本分，這是大臣的職責。我看待諸位大夫，是根據各自的才能，而你們所說的，不過是盡忠死節而已。嗚呼！可悲啊！」

大夫計硯說：「大王所說的這些，本來就是事理的當然。從前商湯將被夏桀召去囚於夏臺時，就將國家託付給大臣文祀。周文王將被商紂召去囚於羑里時，就將國事委託於散宜生和閎夭二位老臣。現在大王許吳以入臣，至夏將往，其志意本在於存身回國。要到集市去的妻子，會吩咐她的孩子掃除污穢，要出外逃亡的國君，會命令他的大臣守衛國家。作為兒子也會以自己所做的事向母親請教，作為大臣則會以自己的才能為國君謀劃。現在大王想了解士大夫的志向，希望大家陳述各自的心情，列舉自己的才能與特長，議論一下適宜於自己做的事情。」

越王句踐說：「計硯大夫的意見是對的。我馬上就要離開越國前往吳國，願意聽一聽諸位大夫的諷諭。」

大夫文種說：「對內整治好戍守疆界的兵役，對外做好耕種和戰鬥的準備。讓荒野沒有遺棄的土地，百姓都親近歸附。這是我的事情。」

大夫范蠡說：「輔佐危難中的君主，保存滅亡了的國家。不以遭受委屈困迫的災難為恥，安於忍受被侮辱的境地。今日前往吳國，不久一定返回越國，為大王報仇。這是我的事情。」

大夫苦成說：「發佈大王的命令，宣揚大王的恩德。窮困時與大王共患難，顯達時與大王成霸業。統攝煩雜，治理混亂，使百姓知守本分。這是我的事情。」

大夫曳庸說：「奉命出使，交結諸侯。通報各國情況，轉達國君旨意，饋贈來往使者。設法排憂解難，消除對方的疑慮。出使國外，不忘記自己的使命；回到國內，不遭受別人的責難。這是我的事情。」

大夫皓進說：「心志齊一，與君上等同。臣下不違抗命令，一切行動聽從國君的指揮。修養道德，履行正義，遵守信約，溫習故訓。遇到非常事情能解決疑難，看到國君的錯誤，臣下敢於進諫。心志正直，不屈不撓，檢舉過失，主持公平。不偏袒親戚，不私通外邦。把整個身心都貢獻給國君，始終如一。這是我的事情。」

大夫諸稽郢說：「瞭望敵情，設置戰陣。發射飛箭，高舉兵器，在血流成河的戰場上，踩著敵人的肚子作戰，跨過敵人的屍體衝鋒。只知前進，決不後退，左、右兩軍互相配合。攻破敵眾，威震諸侯各國。這是我的事情。」

大夫皐如說：「修養道德，施行恩惠，撫慰百姓。親身體驗憂患勞苦，一有舉動，就要親自實踐。弔唁死者，問候病人，挽救人民的生命。積蓄陳穀，儲藏新糧，與民同食，不求異味。國家富強，人民殷實，為國君培養人才。這是我的事情。」

大夫計硯說：「觀測天候地形，推算陰陽曆法。詳察驗證災變，分別妖異吉祥。日月有時會發生蝕變，五方之星也會運行錯亂，福瑞出現應知道是吉，妖異出現當知道是凶。這是我的事情。」

越王句踐說：「我雖然馬上要前往北國，成為吳國的窮途奴僕，但有諸位大夫懷藏盛德，抱負方略，各自堅守分內的職責以保衛國家，我還有什麼可擔憂的呢？」於是在浙江邊上與眾人告別，大臣們個個垂頭啜泣，心中無不感到哀痛。越王句踐仰面對天，感嘆地說：「死亡本是人人都害怕的。可是現在如果我聽到死的噩耗，內心一點也不會感到驚懼。」於是登船徑直離去，始終不再回頭。

越王夫人乃據船哭❶，顧烏鵲啄江渚❷之蝦，飛去復來，因哭而歌之曰❸：「仰飛鳥兮烏鳶❹，凌玄虛號翩翩❺。集洲渚兮優恣，啄蝦矯翮❻兮雲間。任厥❼兮往還。妾無罪兮負地，有何辜兮譴天❽。颿颿❾獨兮西往，孰知返兮何年？心惙惙❿兮若割，淚泫泫⓫兮雙懸。」又哀今⓬曰：「彼飛鳥兮鳶烏，已迴翔兮翕蘇⓭。心在專兮素蝦，何居食兮江湖。徊復翔兮游颺⓮，去復返兮於乎⓯！始事君兮去家，終我命兮君都。終來遇兮何幸⓰，離我國兮去吳⓱。妻衣褐⓲兮為婢，夫去冕⓳兮為奴。歲遙遙兮難極，冤悲痛兮心惻⑳。腸千結兮服膺㉑，於乎哀兮忘食。願我身兮如鳥，身翱翔兮矯翼㉒。去我國兮心搖，情憤惋㉓兮誰識！」

越王聞夫人怨歌，心中內慟，乃曰：「孤何憂？吾之六翮㉔備矣！」

【章　旨】此章寫越王夫人伴句踐乘船入吳途中，所發出的怨歌與哀吟。她目睹飛鳥的自由往返，觸景生情，聯想到自己和丈夫入吳為奴將失去自由，「孰知返兮何年？」因而悲痛呼號，如泣如訴，致使越王這樣聞死不驚的人也「心中內慟」。但越王卻說：「孤何憂？吾之六翮備矣！」又使他與夫人的精神境界區別開來。

【注　釋】❶據船哭　按《太平御覽．卷五七一》引作「據船而哭」。❷渚　指水中小塊陸地或水邊。❸因哭而歌之曰　按《太平御覽》引作「哭訖，即承之以歌，其辭曰」。❹鳶　鷙鳥名，俗稱鷂鷹、老鷹。❺淩玄虛號翩翩　徐天祜注曰：「「號」當作「兮」。玄虛，指高空。❻矯翮　猶言展翅高飛。揚雄〈解嘲〉有「矯翼厲翮，恣意所存」之句。矯，高舉。翮，本指羽莖，也代指鳥翼。❼任厥　徐天祜注曰：「此闕一字。」厥，其的意思。❽譴天　得罪上天。❾颿颿　馬飛馳貌。此處形容船行之快。❿惙惙　憂鬱的樣子。⓫泫泫　流淚的樣子。⓬哀今　據明萬曆本當作「哀吟」。⓭翕蘇　聚在一起休息。⓮游颺　遨遊高飛。⓯於乎　同「嗚呼」。感嘆詞。⓰終來遇兮何幸　徐天祜注曰：「「幸」當作「辜」。又按《太平御覽．卷五七一》引作「中年遇兮何辜」。⓱離我國兮去吳　按《太平御覽．卷五七一》引作「離我國兮入吳」。⓲褐　粗布衣服。⓳冕　古代帝王、諸侯、卿大夫所戴的禮帽。後專指皇冠。⑳惻　憂傷、悲痛。㉑服膺　牢記在心中；衷心信服。㉒矯翼　展翅高飛。㉓憤

惋　悲憤惋惜。㉔六翮　指健羽。《韓詩外傳・卷六》曰：「夫鴻鵠一舉千里，所恃者六翮爾。」

【語　譯】越王夫人於是倚船而哭，看到烏雀啄食江中小洲水邊的魚蝦，飛去飛來，就哭著唱道：「仰看飛鳥啊烏鴉老鷹，凌空飛翔啊來去翩翩。棲集在江中小洲啊任意嬉戲，展翅啄蝦啊直上雲間。任其上下啊自由往還。我既沒有罪過啊辜負大地，又有什麼罪過啊得罪上天。孤舟飛馳啊載我西往，誰知返歸啊在哪一年？我心憂傷啊有如刀割，眼淚流淌啊雙掛腮邊。」又哀吟道：「那些飛鳥啊老鷹烏鴉，已回旋飛翔啊又聚在一起歇息。一心專注啊白色小蝦，哪裡食宿啊就在江湖。回旋又翱翔啊遨遊高飛，飛去又飛來啊優游嗚呼！當初服事國君啊離開家鄉，願我命終了啊伴君於國都。到頭來的遭遇啊有何罪過，離開我的祖國啊入臣於吳。妻子將穿著粗布衣服啊做婢妾，丈夫將除掉國君的禮帽啊當奴僕。歲月遙遠啊難至盡頭，冤屈悲痛啊內心憂愁。愁腸千結啊將仇恨牢記在心，嗚呼哀嘆啊竟忘了飲食。但願我的身體啊有如飛鳥，躍身翱翔啊展翅高飛。離開我的祖國啊內心搖蕩，心情憤恨惋惜啊有誰知道。」

越王句踐聽了夫人怨憤的歌吟，內心非常悲痛，但他卻說：「我有什麼可憂傷的呢？我已經為起飛準備好了強健的翅膀。」

於是入吳，見夫差，稽首❶再拜稱臣，曰：「東海賤臣句踐❷，上愧皇天❸，下負后土❹。不裁❺功力，污辱王之軍士，抵罪❻邊境。大王赦其深辜⑦，裁⑧加役臣，使執箕帚⑨。誠蒙厚恩，得保須臾⑩之命，不勝仰感俯愧。臣句踐叩頭頓首。」吳王夫差曰：「寡人於子亦過矣，子不念先君之讎乎？」越王曰：「臣死則死矣，惟大王原之。」伍胥在旁，目若熛火⑪，聲如雷霆，乃進曰：「夫飛鳥在青雲之上，尚欲繳⑫微矢以射之，豈況近臥於華池⑬，集⑭於庭廡⑮乎？今越王放於南山⑯之中，游於不可存之地，幸來涉我壤土，入吾梐梱⑰，此乃廚宰之成事，食也，豈可失之乎？」吳王曰：「吾聞誅降殺服，禍及三世。吾非愛越而不殺也，畏皇天之咎，教而赦之⑱。」太宰嚭諫曰：「子胥明於一時之計，不通安國之道。願大王遂其所執⑲，無拘群小之口。」夫差遂不誅越王，令駕車養馬，秘於宮室之中。

【章旨】此章描寫吳國君臣對越王入吳後的不同態度。句踐稽首稱臣，咎己請罪，卑辭謝恩，首先贏得了吳王的好感。因而當伍子胥直言進諫，力主殺掉越王之時，吳王卻以「畏皇天之咎」為由，堅持要赦免句踐。加上有太宰嚭進言聲援，越王句踐才僥倖闖過第一道難關，暫時得以幸存不誅。

【注釋】❶稽首　古代所行跪拜禮，叩頭至地。一說行跪拜禮時，兩手拱至地，頭至手，不觸及地。❷東海句　越國瀕臨東海，故句踐自稱「東海賤臣」。❸皇天　對天的尊稱。許慎《五經異義》引《尚書》曰：「天有五號：尊而君之，則曰皇天；元氣廣大，則稱昊天；仁覆閔下，則稱旻天；自上監下，則稱上天；據遠視之蒼蒼然，則稱蒼天。」❹后土　古時稱地神或土神為后土。此指社稷。❺裁　量度。❻抵罪　獲罪。❼深辜　深重的罪孽。❽裁　裁決；判決。❾執箕帚　即備灑掃的意思。此指做奴僕。❿須臾　此處意為從容、苟延。⓫熛火　赤色的火焰。⓬繳　射鳥時繫在箭上的生絲繩。⓭華池　傳說中崑崙山上的仙池。此指吳國宮中的水池。⓮集　棲止。⓯庭廡　泛指屋宇庭院。庭，堂前之地。廡，堂下周圍的走廊、廊屋。⓰南山　南方的山，當指會稽山。⓱梐梱　也作「梐枑」。指古代官署前，用木條交叉製成的柵欄，以它阻截人馬。俗稱「行馬」。⓲教而赦之　明萬曆本作「教我赦之」。⓳遂其所執　成全其（句踐）執箕帚的願望。

【語譯】於是越王到達吳國，見到吳王夫差，跪地叩頭再拜，自稱臣下，說：「東海邊上的卑賤之臣句踐，對上有愧於皇天，對下有負於社稷。我因不自量力，污辱過大王的軍士，在吳越邊境犯下了罪孽。大王赦免我的深重罪孽，裁決我做個差役小臣，讓我拿著簸箕掃帚，在宮中掃除不潔。承蒙大王厚恩，得以保住苟延的生命，我實在感激不盡，同時又慚愧不已。臣句踐在此，向大王叩頭頓首。」吳王夫差說：「我對你也過分了一點，但你沒想想殺死我父王的深仇嗎？」越王句踐說：「我如果戰死，也就死了，希望大王寬恕我。」伍子胥站在旁邊，目光好似火焰閃射，聲音好似雷霆震盪，上前進諫說：「鳥兒飛行在青雲之上，人們還想用繫著生絲繩的短箭把牠射下來，更何況牠已飛近，就臥伏在宮中的水池邊，棲息在庭院的走廊上呢？越王一直放肆於會稽山一帶，遊蕩在他不該占有的地方，如今僥倖他已踏上了我國的領土，進入了我們的柵欄，這是廚師就可完成的事情，作為食物，難道可以丟掉他嗎？」吳王夫差說：「我聽說誅殺降服的人，將會禍及三代。我並非因喜歡越王而不殺他，我是害怕皇天追究罪過，是皇天教我赦免他的。」太宰嚭進諫說：「伍子胥只明白一時的計策，而不精通安國的道理。希望大王成全越王執箕帚的願望，而不要被眾小人的意見所拘束。」吳王夫差於是不殺越王，命令他駕車養馬，把他秘密地關在宮室之中。

三月，吳王召越王入見。越王伏於前，范蠡立於後。吳王謂范蠡曰：「寡人聞貞婦不嫁破亡之家，仁賢不官絕滅之國。今越王無道，國已將亡，社稷壞崩，身死世絕，為天下笑。而子及主俱為奴僕，來歸於吳，豈不鄙❶乎？吾欲赦子之罪，子能改心自新，棄越歸吳乎？」范蠡對曰：「臣聞亡國之臣不敢語政，敗軍之將不敢語勇。臣在越不忠不信，今越王不奉大王命號，用兵與大王相持，至今獲罪❷，君臣俱降。蒙大王鴻恩，得君臣相保，願得入備掃除，出給趨走，臣之願也。」此時越王伏地流涕，自謂遂失范蠡矣。吳王知范蠡不可得為臣，謂曰：「子既不移其志，吾復置子於石室之中。」范蠡曰：「臣請如命。」吳王起入宮中，越王、范蠡趨入石室。

【章　旨】此章敘吳王召見句踐與范蠡之時，當面譏貶越王，誘勸范蠡「改心自新，棄越歸吳」，但范蠡卻能忠心耿耿，「不移其志」，寧願跟隨越王入石室為奴僕，也絕不叛國投敵為吳臣。從而使范蠡的高尚節操，在與越王共患難的過程中，經受了嚴峻的考驗。

【注　釋】❶鄙　鄙陋。❷至今獲罪　據盧文弨校注，疑「今」為「令」。

【語　譯】三月，吳王夫差在宮中召見越王句踐。越王跪在前面，范蠡隨後站著。吳王對范蠡說：「我聽說有節操的女子不嫁給破敗的人家，仁人賢士不在滅亡的國家做官。如今越王不修德政，國家已經將要滅亡，社稷壇墠也將毀壞崩潰，自身死亡，世系斷絕，被天下人恥笑。而你和你的主人都成為奴僕，一起來歸順吳國，難道不覺得鄙陋嗎？我現在想赦免你的罪過，你能改過自新，離開越國而投效吳國嗎？」范蠡回答說：「我聽說亡國之臣不敢議論政事，敗軍之將不敢談說勇敢。我在越國為臣時不忠誠不守信，如今因越王不遵從大王的號令，調動軍隊與大王對峙，致使我們犯下罪孽，君臣一起投降。承蒙大王鴻恩，使我們君臣得以保住性命。我希望入內能為大王掃除不潔，出外能供大王驅使，這就是我的心願。」此時越王跪伏在地上淚水長流，自以為就要失去范蠡了。吳王從范蠡的回答中，知道無法讓范蠡做吳國的大臣，於是對他說：「你既然不願改變自己的志向，那我就只好再把你關在石室中了。」范蠡說：「我請求服從命令。」吳王起身回到宮內，越王、范蠡又走進石室。

越王服犢鼻❶，著樵頭❷。夫人衣無緣之裳，施左關之襦❸。夫斫剉❹養馬，妻給水、除糞、灑掃。三年不慍怒❺，面無恨色。

吳王登遠臺❻，望見越王及夫人、范蠡坐於馬糞之旁，君臣之禮存，夫婦之儀具。王顧謂太宰嚭曰：「彼越王者，一節之人。范蠡，一介之士。雖在窮厄之地，不失君臣之禮，寡人傷之。」太宰嚭曰：「願大王以聖人之心，哀窮孤❼之士。」吳王曰：「為子赦之。」後三月，乃擇吉日而欲赦之。召太宰嚭謀曰：「越之與吳，同土連域，句踐愚黠❽，親欲為賊。寡人承天之神靈，前王之遺德，誅討越寇，囚之石室。寡人心不忍見，而欲赦之，於子奈何❾？」太宰嚭曰：「臣聞無德不復，大王垂仁恩加越，越豈敢不報哉？願大王卒意❿。」

【章　旨】此章敘越國君臣在吳宮養馬三年，表面上無怨無恨，「雖在窮厄之地，不失君臣之禮」，因而引起了吳王夫差的惻隱之心，加之太宰嚭以「無德不復」的常理來勸說吳王施恩以圖報，終於使夫差心動，打算擇吉日赦免越王。

【注　釋】❶犢鼻　一種形似小牛鼻子的圍裙，又名犢鼻褌。❷樵頭　指樵夫用以束髮的頭巾，也泛指粗布頭巾，又名幧頭。❸左關之襦　指前襟向左扣的短衣。❹斫剉　剁切草料。剉，通「莝」。指馬吃的草料。❺慍怒　惱怒。❻吳王登遠臺　據蔣光煦《斠補隅錄・吳越春秋》曰，宋本「臺」作「高」，那麼下句首字「望」則當連上斷，即「吳王登遠高望」。❼窮孤　窮困孤苦的人。❽愚黠　據萬曆本當作「愚黯」，意謂愚昧無知。❾奈何　如何；怎樣。❿卒意　徐天祜注曰：「終其意也。」

【語　譯】越王句踐圍著犢鼻圍裙，戴著粗布頭巾。夫人穿著不縫邊的衣裳，加罩前襟左扣的短衣。丈夫剁切草料餵養馬匹，妻子擔水餵馬、清除馬糞、灑掃馬廄。三年不曾有過惱怒，臉上沒有怨恨的神色。

吳王夫差登上遠處一個高臺，望見越王句踐及夫人、范蠡分坐在馬糞堆旁，仍保持著君臣之間的禮節，具備夫婦之間的禮儀。吳王夫差回頭對太宰嚭說：「那邊越王句踐是一個有氣節的人，范蠡是一個耿介之士。他們雖然處在窘迫困厄的境地，但仍然不失君臣之間的禮節，我為他們感到悲傷。」太宰嚭說：「希望大王能以聖人的心腸，哀憐這幾個窮困孤苦的人。」吳王夫差說：

「我將為你赦免他們。」二個月後，吳王夫差選定吉日，打算赦免越王。於是召太宰嚭入宮商議說：「越國與吳國位於同一分野之地，疆域相連，越王句踐愚昧無知，想親自為賊作亂。我承受上天的神靈和先王的遺德，出兵討伐越寇，並將越王關進了石室。我不忍心看到越王現在的情景，因而想赦免他，你以為怎麼樣？」太宰嚭說：「我聽說沒有施予了恩德而得不到回報的事。現在大王垂留仁恩施加於越王，越王難道敢不報答您嗎？但願大王能完成這一心願。」

越王聞之，召范蠡告之曰：「孤聞於外，心獨喜之，又恐其不卒❶也。」范蠡曰：「大王安心，事將有意，在《玉門》第一。今年十二月戊寅之日，時加日出❷。戊，囚日❸也。寅，陰後之辰❹也。合庚辰，歲後會也❺。夫以戊寅日聞喜，不以其罪罰，日也。時加卯而賊❻戊，功曹為騰蛇而臨戊❼，謀利事在青龍❽。青龍在勝光❾而臨酉，死氣❿也。而剋⓫寅，是時剋其日，用⓬又助之，所求之事，上下有憂。此豈非天網四張，萬物盡傷⓭者乎？王何喜焉？」

果子胥諫吳王曰：「昔桀囚湯而不誅，紂囚文王而不殺，天道還反⑭，禍轉成福。故夏為湯所誅，殷為周所滅。今大王既囚越君而不行誅，臣謂大王惑之深也。得無夏殷之患乎？」吳王遂召越王，久之不見。范蠡、文種憂而占之曰：「吳王見擒⑮也。」有頃，太宰嚭出，見大夫種、范蠡而言越王復拘於石室。伍子胥復諫吳王曰：「臣聞王者攻敵國，克之則加以誅，故後無報復之憂，遂免子孫之患。今越王已入石室，宜早圖之，後必為吳之患。」太宰嚭曰：「昔者，齊桓割燕所至之地以貺燕公⑯，而齊君獲其美名。宋襄濟河而戰⑰，《春秋》以多其義⑱。功立而名稱，軍敗而德存。今大王誠赦越王，則功冠於五霸，名越於前古。」吳王曰：「待吾疾愈，方為太宰赦之。」

【章　旨】此章敘越王句踐聽說吳王夫差有赦意而心喜，但范蠡卻借占卜以示憂。果然不出所料，由於伍子胥一再犯顏力諫，曉以利害，終於使吳王有所猶豫動搖。即使有太宰嚭以德義功名為由來慫恿吳王赦免越王，夫差最後還是做出了推遲赦期的決定。這一轉變增加了情節的曲折波瀾，更加引人入勝。

【注　釋】❶不卒　不能實現。❷時加日出　按范蠡此占是六壬中最常用的求貴神（即貴人）法。加，是指以天盤加於地盤之上。日出，即卯時，相當於今五時至七時之間。❸囚日　即忌日。據《欽定協紀辨方書・卷三四・用日法》曰：「日貴旺相得令，忌休囚之氣，而日干尤重。……剋月令者囚，受剋於月令者死，皆凶。」❹陰後之辰　即厭後的一個時辰。厭指月厭，為陰，謂之陰建。正月起戌，逆行十二辰。此占在十二月，月建（陽建）為丑，月厭（陰建）為亥。寅已在亥後三位，故曰：「寅，陰後之辰也。」❺合庚辰二句　是指合於「陰陽不將」的吉日。據《欽定協紀辨方書・卷四》載：十二月如有辛丑、辛卯、庚子、庚寅、庚辰、己丑、己卯、丁丑、丁卯、丙子、丙寅、丙辰為陰陽不將，臨近戊寅的僅有庚辰，故曰「合庚辰」。又因冬季以北方七宿為歲位，以西方七宿為歲後，而天干庚位於西方，故曰「歲後會也」。❻賊　犯害。❼功曹為騰蛇而臨戊　俞樾《讀吳越春秋》曰：「戊字誤，當作巳。功曹者，寅也。范蠡占此為十二月戊寅日卯時，以日辰起貴神，則寅為螣蛇而臨地盤巳位。」今按古代術數家布十二支為地盤，又以十干寄之，其中丙和戊皆寄於巳，即戊巳丙在地盤上共處於一位，則知臨戊與臨巳同義，不改也可。詳見黃宗羲《易學象數論・卷六》。功曹，十二神之一，又稱「十月將」，屬木神，在寅位。騰蛇，又作「螣蛇」，十二將之一，為凶將。❽青龍　十二將之一，為吉將。❾勝光　十二神之一，又稱「六月將」，屬火神，在午位。❿死氣　指無氣之辰，與生氣相對，常居月建前四辰。當時是十二月，月建為丑，丑前的第四個辰次即酉，故曰「青龍在勝光而臨酉，死氣也」。其日忌戰鬥、征伐、求醫、安置產室、經營種植等。詳見《欽定協紀辨方書・卷四》。⓫剋　制伏。六壬四課之中，察其五行取相克為用。剋指上克下，即天盤克地盤。⓬用　六壬占卜術語，即發用。《六壬大占・起例》曰：「占六壬者，以日之干支為體，式之有克為用。」用又助之，承前句「時剋其日」而來，意謂以有克發用推衍也克日。據《四庫全書・六壬大全提要》曰：「《吳越春秋》所載……范蠡之占十二月戊寅，時加日出，亦以為青龍臨酉，功曹為螣蛇，是戊日丑為陽貴也。」所言極是，但還有必要進一步指出，范蠡此占，在六壬法六十四課中屬「天網課」。據《六壬大全・卷七》曰：「凡課占時與用神同克日為天網課。」此言「時剋其日，用又助之」，正與之相合。

⑬天網四張二句　按《六壬大全・卷七・天網課》引〈象〉曰：「天網四張，萬物盡傷。產孕損子，逃亡遭殃。戰有埋伏，病入膏肓。先凶有救，後獲吉祥。」又〈天網課・訂訛〉曰：「旺相克囚死，謂之天網四張，萬物盡傷。」⑭還反　即旋反。還，迅速。⑮見擒　打算捕捉越王。見，擬議。⑯齊桓句　據《史記・齊太公世家》載：齊桓公二十三年（西元前六六三年），「山戎伐燕，燕告急於齊。齊桓公救燕，遂伐山戎，至於孤竹而還。燕莊公遂送桓公入齊境。桓公曰：『非天子，諸侯相送不出境，吾不可以無禮於燕。』於是分溝割燕君所至與燕」。貺，賜與。⑰宋襄濟河而戰　據《左傳・僖公二十二年》曰：「冬十一月己巳朔，宋公及楚人戰於泓。宋人既成列，楚人未既濟。司馬曰：『彼眾我寡，及其未既濟也，請擊之。』公曰：『不可。』既濟而未成列，又以告。公曰：『未可。』既陳而後擊之，宋師敗績。公傷股，門官殲焉。國人皆咎公。公曰：『君子不重傷，不禽二毛。古之為軍也，不以阻隘也。寡人雖亡國之餘，不鼓不成列。』」⑱春秋以多其義　按《春秋》記此事曰：「冬十有一月己巳朔，宋公及楚人戰於泓，宋師敗績。」只是客觀敘事，看不出有何讚美之辭。但《公羊傳》認為：「偏戰者日爾，此其言朔何？《春秋》辭繁而不殺者正也。……故君子大其不鼓不成列，臨大事而不忘大禮，有君而無臣，以為雖文王之戰，亦不過此也。」太宰嚭之說，當由此而來。多，稱讚。

【語　譯】越王句踐得知吳王夫差打算赦免他的消息，就召見范蠡告訴他說：「我從外面聽到了這個消息，內心中獨自高興，但又惟恐此事不能實現。」范蠡說：「大王請安心等我占問一下，此事將有意為之的話，根據《玉門經》第一經當可以測知。今年十二月戊寅日得知消息，時辰在日出卯時。戊是休囚犯忌的一個日干，寅是月厭（陰建）之後的一個辰支。在天盤和地盤上，正合於陰陽不將的吉日庚辰，是在西方歲後與天干庚會合。所以在戊寅日聽到喜訊，不會以他的罪過而受懲罰，這是日子的徵兆。但因時辰在卯時，加於地盤上就會犯害戊，以此日辰起貴神，則天盤上功曹寅位為騰蛇而臨地盤戊位，要謀利的事情則應求之於吉將青龍。而此時青龍處在天盤勝光午位而臨地盤酉位，此是無氣之辰。由此可見，卯不僅犯害戊，而且還制伏寅，此是以時辰制伏日辰，即使發用推衍後也仍是有助於時辰制伏日辰，故知我們所謀求的事情，上下都有憂患。這難道不就是〈天網課〉中所說天網四面張開，萬物盡受傷害的情勢嗎？請問大王這有什麼值得高興呢？」

果然，伍子胥諫勸吳王夫差說：「從前夏桀拘囚商湯而不誅，商紂拘囚周文王而不殺，於是天道迅速轉禍變成了福。因此夏朝被商湯所消滅，商朝被周武王所消滅。現在大王既然已經把越王囚禁起來，卻又不施行誅殺，我認為大王所受的迷惑太深了，這能夠不重複夏朝和商朝的禍患嗎？」吳王夫差於是傳令宣召越王句踐，但過了很久還不接見他。范蠡、文種感到擔憂，就占了一卦，卦辭說：「吳王打算捕捉越王。」過了一會兒，太宰嚭從宮中出來，接見大夫文種、范蠡，說越王將再次被拘囚在石室中。伍子胥再次諫勸吳王說：「我聽說一個君王進攻敵國，攻克後就應將敵國君王殺掉，因此以後才沒有被報復的憂慮，這就為子孫後代免除了禍患。如今越王已經被關入石室之中，適宜於及早圖謀處置，不然，以後一定成為吳國的禍患。」太宰嚭說：「從前，齊桓公將燕莊公送他所至齊國之地割讓給燕國，作為對燕莊公的賞賜，因而齊桓公獲得了美名。宋襄公在泓作戰，要等楚軍渡河完畢並列好陣勢才進攻，《春秋》也因此而讚美他的仁義。齊桓公功成而名就，宋襄公軍隊雖敗而仁德長存。現在大王如果真能赦免越王，那麼您的功德將高出於五霸之上，您的聲名也將超越於以前的古人。」吳王夫差說：「等到我的疾病痊癒後，才好為太宰赦免越王。」

後一月，越王出石室❶，召范蠡曰：「吳王疾，三月不愈。吾聞人臣之道，主疾臣憂。且吳王遇孤，恩甚厚矣。疾之無瘳❷，惟公卜焉。」范蠡曰：「吳王不死，明矣。到己巳日，當瘳。惟大王留意。」越王曰：「孤所以窮而不死者，賴公之策耳。中復猶豫，豈孤之志哉？可與不可，惟公圖之。」范蠡曰：「臣竊見吳王真非人❸也，數言成湯❹之義而不行之。願大王請求問疾，得見，因求其糞而嘗之，觀其顏色，當拜賀焉。言其不死，以瘳起日期之❺。既言信後，則大王何憂？」

越王明日謂太宰嚭曰：「囚臣❻欲一見問疾。」太宰嚭即入言於吳王，王召而見之。適遇吳王之便❼，太宰嚭奉溲惡❽以出，逢戶中❾，越王因拜，請嘗大王之溲，以決吉凶。即以手取其便與惡而嘗之。因入曰：「下囚臣句踐賀於大王，王之疾至己巳日有瘳，至三月壬申病愈。」吳王曰：「何以知之？」越王曰：「下臣嘗事師聞糞者，順穀味、逆時氣❿者死，順時氣者生。今者，臣竊嘗大王之糞，其惡味苦且楚酸。是味也，應春夏之氣，臣以是知之。」吳王大悅，曰：「仁人也。」乃赦越王得離其石室，去就其宮室，執牧養之事如故。越王從嘗糞惡之後，遂病口臭，范蠡乃令左右皆食岑草⓫，以亂其氣。

【章　旨】此章敘越王望赦受阻之後，范蠡又抓住吳王患疾將癒的契機，奉勸句踐請求問疾嘗糞以決吉凶，試圖通過這種極齷齪、極卑下的效勞，來示仁示忠。隨著這一策略的實施，不僅把越王句踐忍辱圖存、以屈求伸的意志，刻畫到了極點，而且把吳王夫差的警惕與懷疑、猶豫與動搖，也減少到了極點。結果立竿見影，吳王聞之大悅，並且立即赦免越王離石室而就宮庭。這對於句踐離吳歸越來說，無疑是有決定意義的一大步。

【注　釋】❶越王出石室　徐天祜注曰：「『出』當作『坐』。」❷瘳　減損。❸非人　不是人。意謂其不是好人。❹成湯　即商湯，商朝開國君主，已見前注。❺以瘳起日期之　意以范蠡所卜吳王「到己巳日當瘳」來期許他。❻囚臣　越王自稱。❼便　指大小便。❽溲惡　指尿和糞。徐天祜注曰：「溲，即便也。惡，大溲也。大小溲，亦曰前後溲。」❾戶中　門口。❿時氣　四季之氣。⓫岑草　徐天祜引〈會稽賦〉注曰：「岑草，蕺也，菜名，擷之小有臭氣。凶年民斸其根食之。」

【語　譯】一個月以後，越王坐在石室，召見范蠡說：「吳王生了病，三個月不見好轉。我聽說為臣之道，當國君生病時，臣下也擔憂。況且吳王待我，恩義太厚了。現在吳王的病還不見痊癒，希望你能幫我占卜一下。」范蠡說：「吳王不會病死，這是很清楚的。到己巳那一天，吳王的病應當開始好轉。希望大王留心注意。」越王句踐說：「我之所以能在遭受困厄以來而免於身死，都是依賴你的計策。現在已至半途如果再猶豫，這哪裡是我的志向？事情可行還是不可行，希望你精心策劃一下。」范蠡說：「我私下觀察吳王，覺得他真的不是個好人，數次說起成湯的大義，他卻不施行。希望大王請求探問吳王的病情，如能見到吳王，就要求拿他的糞便來嘗一下，同時觀察一下他的臉色，然後應當跪拜道賀，說他不會死，並以其疾病開始好轉的日期來期許他。等您說的這些話被證實以後，大王還有什麼可憂慮的呢？」

越王句踐在第二天對太宰嚭說：「囚臣句踐，想面謁吳王以探問病情。」太宰嚭當即進宮告訴了吳王，吳王宣召接見越王。碰巧遇上吳王剛剛解了大小便，太宰嚭端著吳王的屎尿走出來，在門口碰見越王。越王於是向太宰嚭行拜手禮，請求嘗一下吳王的糞便，以判斷病情的吉凶。說完就用手取吳王的屎與屎嘗了嘗。嘗後就進去對吳王說：「囚臣句踐向大王道賀，大王的疾病至己巳那天就會開始好轉，至三月壬申那天就會痊癒。」吳王夫差說：「你怎麼知道的呢？」越王句踐說：「下臣曾經拜專門聞嘗糞便的內行為師，得知糞便與穀物味道一致，而與季節氣味相逆的，病人將會死去；與季節氣味一致的，病人將會活著。剛才，我私下嘗了一下大王的糞便，其大便味苦而酸楚。這種味道，是順應春夏季節的氣味的，我因此而知道大王將會痊癒。」吳王夫差聽了非常高興，說：「你真是個仁義的人。」於是寬恕越王，允許他搬離石室，住到宮室中去，像往常一樣仍然做放養馬匹之類的事情。越王句踐自從嘗過糞便之後，就染上了口臭的毛病，范蠡於是要越王身邊的人，都嚼食岑草，以擾亂越王口中散發出來的臭氣。

其後，吳王如越王期日疾愈，心念其忠。臨政之後，大縱酒於文臺。吳王出令曰：「今日為越王陳北面❶之坐，群臣以客禮事之。」伍子胥趨出❷，到舍上，不御坐❸。酒酣，太宰嚭曰：「異乎！今日坐者，各有其詞。不仁者逃，其仁者留。臣聞同聲相和，同心相求。今國相❹剛勇之人，意者❺內慚至仁之存也，而不御坐，其亦是乎！」吳王曰：「然。」於是范蠡與越王俱起，為吳王壽❻，其辭曰：「下臣句踐從小臣范蠡，奉觴上千歲之壽。辭曰：皇在上，令昭下四時，并心察慈仁者。大王躬親鴻恩，立義行仁，九德❼四塞❽，威服群臣。於乎休哉！傳德無極，上感太陽，降瑞翼翼❾，大王延壽萬歲，長保吳國。四海咸承，諸侯賓服❿。觴酒既升，永受萬福。」於是吳王大悅。

明日，伍子胥入諫曰：「昨日大王何見乎？臣聞內懷虎狼之心，外執美詞之說，但為外情以存其身。豺⓫不可謂廉，狼不可謂親。今大王好聽須臾⓬之說，不慮萬歲之患。放棄忠直之言，聽用讒夫之語。不滅瀝血之讎⑬，不絕懷毒之怨。猶縱毛爐炭之上幸其焦⑭，投卵千鈞之下望必全，豈不殆⑮哉？臣聞桀⑯登高自知危，然不知所以自安也；前據白刃⑰自知死，而不知所以自存也。惑者知返，迷道不遠。願大王察之。」

吳王曰：「寡人有疾三月，曾不聞相國一言，是相國之不慈也。又不進口之所嗜，心不相思，是相國之不仁也。夫為人臣，不仁不慈，焉能知其忠信者乎？越王迷惑，棄守邊之事，親將其臣民，來歸寡人，是其義也。躬親為虜，妻親為妾，不慍⑱寡人，寡人有疾，親嘗寡人之溲⑲，是其慈也。虛其府庫，盡其寶幣⑳，不念舊故㉑，是其忠信也。三者既立，以養㉒寡人。寡人曾聽相國而誅之，是寡人之不智也，而為相國快私意耶！豈不負皇天乎？」子胥曰：「何大王之言反也？夫虎之卑勢，將以有擊也。狸㉓之卑身，將求所取也。雉㉔以眩移㉕拘於網，魚以有悅死於餌。且大王初臨政，負《玉門》㉖之第九，誡事之敗，無咎矣。今年三月甲戌，時加雞鳴㉗。甲戌，歲位㉘之會將㉙也。青龍㉚在酉，德㉛

在土，刑[32]在金，是日賊[33]其德也。知父將有不順之子，君有逆節之臣。大王以越王歸吳為義，以飲溲食惡為慈，以虛府庫為仁。是故，為無愛於人，其不可親。面聽貌觀，以存其身。今越王入臣於吳，是其謀深也。虛其府庫，不見恨色，是欺我王也。下飲王之溲者，是上食王之心也。下嘗王之惡者，是上食王之肝也。大哉！越王之崇吳[34]，吳將為所擒也。惟大王留意察之，臣不敢逃死以負前王。一旦社稷丘墟[35]，宗廟荊棘，其悔可追乎？」吳王曰：「相國置之，勿復言矣，寡人不忍復聞。」

於是，遂赦越王歸國，送於蛇門[36]之外，群臣祖道[37]。吳王曰：「寡人赦君，使其返國，必念終始，王其勉之。」越王稽首曰：「今大王哀臣孤窮，使得生全還國，與種、蠡之徒，願死於轂下[38]。上天蒼蒼，臣不敢負。」吳王曰：「於乎！吾聞君子一言不再，今已行矣，王勉之。」越王再拜跪伏，吳王乃引越王登車，范蠡執御[39]，遂去。

【章　旨】此章詳敘吳王夫差終於赦免越國君臣歸國的具體情形。由於「吳王如越王期日疾愈，心念其忠」，因而在文臺酒會上「為越王陳北面之坐」，命「群臣以客禮事之」，這實際上意味著吳王夫差已經把過去的仇怨一筆勾銷。滿朝文武大臣除伍子胥以外，無不「同聲相和」，加之句踐和范蠡又乘機向吳王敬酒謝恩，頌其德壽，更使夫差飄然自得，喜形於色。如此種種跡象顯示：吳王赦免越王歸國，已經指日可待了。這一切當然逃不過伍子胥的敏銳目光，但為了維護吳王的尊嚴，他在酒會上隱忍未發，僅以不御坐來表明他對越王的清醒認識，直至第二天才入宮向吳王極力進諫。然而剛愎自用、執迷不悟的吳王夫差，不僅拒聽忠諫，反而深責伍子胥不仁不慈，不忠不信。最後吳王終於赦免越王，放虎歸山，並率領群臣送於蛇門之外。其中以伍子胥的兩段諫詞寫得最為精采。

【注　釋】❶北面　指面向北。古禮，臣拜君，卑幼拜尊長，皆面向北行禮，因而居臣下、晚輩之位曰「北面」。❷趨出　急步走出。❸御坐　亦作「御座」。侍坐。❹國相　據盧文弨校注，當作「相國」。❺意者　料想；猜測。❻為吳王壽　壽是古代飲酒之禮。宋本作「醻」，或作「酬」。為壽，即指飲酒時的獻酬，意謂敬酒、祝酒、勸酒。❼九德　指九種品德，具體內容說法不一，如《逸周書・常訓》曰：「九德：忠、信、敬、剛、柔、和、固、貞、順。」❽四塞　布滿；充塞。❾翼翼　繁盛的樣子。❿賓服　歸順；服從。⓫豺　野獸名。形似犬而殘猛如狼，俗名豺狗。⓬須臾　從容；從諛。⓭瀝血之讎　言滴血為誓，示必報之仇。⓮猶縱毛爐炭之上幸其焦　徐天祜注曰：「『其』當作『不』。」⓯殆　危險。⓰桀　指夏桀。⓱刅　「創」的本字。據文意當作「刃」，以字形相似而誤。⓲慍　怒。⓳溲　大小便。⓴幣　財物。㉑舊故　以往的交友。㉒養　事奉。㉓狸　獸名。

似狐而小，身肥而短。㉔雉　野雞。㉕眩移　目奪神移。㉖玉門　古代的一部占卜之書。㉗雞鳴　即丑時，相當於今一時至三時。㉘歲位　人歲所在的位置。㉙將　月將，此指三月將從魁，屬金神，在酉位。㉚青龍　十二將神之一，為吉將。㉛德　指德神，為福祐之神，主救阨而濟弱。按此占用陰貴，甲日用丑為貴人，貴人屬土。此德即指貴人之德，故曰「德在土」。㉜刑　指刑戮之神，主傷殘。有自刑、互刑、朋刑等之分，此占屬自刑，雞鳴為丑，丑刑戌，戌屬金，故曰「刑在金」。㉝賊　犯害。㉞祟吳　當作「崇吳」。「崇」與「祟」字形相似而誤。崇吳，即禍害吳國。㉟丘墟　廢墟；荒地。㊱蛇門　吳國都城南門名。㊲祖道　古人於出行前，祭祀路神稱祖道，後來也稱餞行為祖道。㊳轂下　敬稱，猶殿下、閣下、麾下之類。㊴執御　執鞭駕車。

【語　譯】後來，吳王夫差正如越王句踐所期許的日期病癒，因而內心想念著越王的忠誠。臨朝處理政事之後，在文臺大擺酒宴。吳王夫差發出命令說：「今天要為越王安排面向北的座位，各位大臣當以賓客之禮相待越王。」伍子胥急步走出，回到自己家裡，沒有侍坐陪酒。酒飲到酣暢之時，太宰嚭說：「奇怪啊！今天在座的，各自發表了祝詞。不仁義的人離席逃走了，仁義的人都留下侍坐。我聽說同聲相和，同心相求。如今相國是一個剛強勇猛的人，卻沒有侍坐陪酒，我猜想凡是內心正為世上存在越王這樣的至仁至義而感到慚愧的人，就不願陪酒侍坐，相國大概也是如此吧！」吳王夫差說：「是的。」就在這時，范蠡與越王句踐一同站起來，為吳王夫差敬酒，其祝詞說：「下臣句踐、隨從小臣范蠡，奉上這杯酒，祝大王壽及千歲。我們的祝詞是：皇天在上，下令光照天下四季，專心體察慈善仁義的人。大王親自廣布鴻恩，樹立道義，施行仁政，您的九種品德播惠於天下四方，您的威儀鎮服了全體大臣。嗚呼，盡善盡美啊！大王的恩德，將廣泛而長久地傳播，無盡無極，在上將感動太陽，降下眾多祥瑞。大王延年益壽，萬壽無疆，長久保祐吳國。四海之內都承奉，各國諸侯皆順從。請大家斟滿酒一起舉杯，祝願大王永遠享受萬種福祐。」聽了這些祝詞，吳王夫差非常高興。

第二天，伍子胥入宮向吳王夫差進諫說：「昨天大王在酒會上看見了什麼嗎？我聽說胸內懷有虎狼之心的人，對別人卻口操優美的說辭，這種人只是做出一些表面情意，目的是為了保護自己。對豺不能談論廉潔，對狼不能談論親愛。如今大王喜歡聽從諛的言詞，而不考慮以後無窮的憂患。放棄忠良正直的言詞不聽，而偏聽偏信讒佞小人的諛詞。不消滅您曾滴血誓報的仇敵，不除絕您曾滿懷毒痛的怨恨。這好比把毛髮拋置在爐中的炭火上，而僥倖其不被燒焦，把雞蛋投放在千鈞重壓之下，而希望其完好無損，難道不危險嗎？我聽說夏桀登高的時候，知道自己處於危險之中，卻不知道怎樣才能使自己安全；胸前被鋒利的刀刃頂著，知道自己正面臨著死亡，卻不知道怎樣才能保存自己。已迷惑的人如果知道返回，迷失的道路還不會太遠。願大王明察。」吳王夫差說：「我生病達三個月之久，不曾聽到相國一聲問候，這是相國不慈愛。又不進獻我喜歡吃的食物，心裡頭也不惦記著我，這是相國不仁義。作為一名大臣，不仁義，不慈愛，怎麼能知道他是忠誠守信的呢？越王曾有過迷惑，但後來放棄守衛邊境，親自率領他的臣民，歸順於我，這是他的仁義。又親自到吳國來做奴僕，他的妻子也親自來做婢妾，不僅不惱恨我，而且在我生病之時，他親口嘗過我的糞便，這是他的慈愛。獻空他的國庫，貢盡他的珍寶財物，不再顧念往日的舊友，這是他的忠誠守信。仁義、慈愛、忠信這三種品德越王都已具備，並以此來事奉我。我那次如果聽相國的話而將他誅殺，那就是我的不明智，而為相國暢快私心啦！豈不是有負於皇天嗎？」伍子胥說：「為什麼大王的話如此違背情理？老虎擺出低伏的姿勢，將要用來發動進攻。

狸低身伏地之時，是將要求取牠所喜歡的東西。野雞因為羽毛令人目奪神移而被網羅捕捉。游魚因為喜歡餌食而死於釣鉤之上。況且大王病癒後初次臨朝處理政事，就有違於《玉門經》第九經的旨意，它告誡人們，應以事情的失敗為鑒戒，才會免於過失。今年三月甲戌那天大王臨朝，時辰在雞叫丑時。甲戌日，太歲所在的位置與三月將從魁會合。此日吉將青龍在酉位，德神福祐於土，刑神自刑於金，這是日辰犯害了貴神的福德。由此可知，父親將有不孝之子，國君將有變節之臣。而大王卻把越王歸順吳國視為義，把他飲尿吃糞視為慈，把他獻空國庫視為仁。因此，我認為越王對人民沒有仁愛之心，這種人是不可親近的。他察顏觀色，表面順從，目的是保全自己的生命。如今越王到吳國做奴僕，這是他的老謀深算。他獻空越國的倉庫，不表現出怨恨的臉色，這是他欺騙大王。他從下飲大王的尿，實際是為了向上吃大王的心；他從下嘗大王的糞，實際是為了向上吃大王的肝。事關重大啊！越王正在禍害吳國，吳國將會被他所占領。希望大王留意觀察，我不敢逃避死亡以辜負先王。一旦社稷變為廢墟，宗廟長滿荊棘，到那時再後悔還能補救嗎？」吳王夫差說：「相國把此事放在一邊吧，不要再說了，我不忍再次聽到。」

於是，吳王夫差終於赦免越王句踐回國，並且親自送到吳國都城南面的蛇門外，吳國的大臣也隨同前來為越王餞行。吳王夫差對越王句踐說：「我今天寬恕你，讓你回越國去，你一定要始終記住這分情意，並以此勉勵自己。」越王句踐跪地叩頭說：「今天大王可憐我孤苦窮困，讓我得以活著回到越國，我和文種、范蠡等人，將心甘情願為大王盡忠效死。蒼天在上，我不敢有負於大王。」吳王夫差說：「嗚呼！我聽說君子一句話不說兩遍，現在你應該走了，請你自勉。」越王句踐跪伏在地，再次叩頭行禮。吳王夫差於是扶起越王，讓他上車，范蠡執鞭駕車，於是越王一行離吳而去。

至三津❶之上，仰天歎曰：「嗟乎！孤之屯厄❷，誰念復生渡此津也？」謂范蠡曰：「今三月甲辰，時加日昳❸，孤蒙上天之命，還歸故鄉，得無後患乎？」范蠡曰：「大王勿疑，直眂❹道行。越將有福，吳當有憂。」至浙江之上，望見大越山川重秀，天地再清，王與夫人歎曰：「吾已絕望❺，永辭萬民。豈料再還，重復鄉國。」言竟掩面，涕泣闌干❻。此時萬姓咸歡，群臣畢賀。

【章　旨】此章描寫越國君臣離吳歸越、死裡逃生後的感嘆和喜悅，以及國內群臣百姓前來歡迎祝賀的情景。

【注　釋】❶三津　渡口名。❷屯厄　也作「迍厄」。指境遇受挫折，不順當。❸日昳　指未時，相當於今十三時至十五時。日昳的本義為日昃，即午後太陽偏西之時。❹直眂　即直視，目光注視前方。眂，古「視」字。❺吾已絕望　據蔣光煦《斠補隅錄·吳越春秋》曰：宋本下有「宮闕」二字。❻闌干　縱橫貌。

【語　譯】越國君臣一行，來到三津渡口，越王句踐仰面對天，長聲嘆息說：「唉呀！我遭受困厄，誰曾想到還能活著經過這個渡口呢？」又對范蠡說：「今天是三月甲辰日，時辰在日昳未時，我承蒙上天的旨意，得以回歸故鄉，今後是否還會有禍患呢？」范蠡說：「大王不必有疑慮，兩眼向前看，沿著大道一直走，越國將會得到福祐，吳國則會遭受禍患。」不久來到浙江邊上，望見大越山河重呈秀麗，天地再現清明，越王句踐與夫人感嘆地說：「我本來已經絕望，以為與越國百姓永別了。哪裡料到今天還能回歸故鄉，重建故國！」說完掩面哭泣，熱淚縱橫。此時越國百姓無不歡欣鼓舞，諸位大臣也個個前來迎接祝賀。

卷第八

句踐歸國外傳

【題　解】此卷以越國作為吳國的屬國，使吳越矛盾暫時趨於緩和為背景，著重記敘越王句踐自吳歸越、死裡逃生之後，如何在一片廢墟上發憤圖強、興國復仇的過程。句踐歸國時，吳王夫差僅封地百里於越，但越國百姓仍然信任和擁護句踐，希望他能夠復興越國，再圖霸業。於是越王句踐立即委任范蠡，首先在會稽山立國樹都，升堂臨政，以作為越國已經恢復的象徵。接著下令全國百姓採葛織布進獻給吳王，繼續示順示忠以麻痺吳王。此舉果然立竿見影，吳王夫差隨後接連賜書贈物，增封益地，使越國的土地擴展為「縱橫八百餘里」，即已恢復到越國原有千里疆域的五分之四。這不僅為越國君臣提供了用武之地，而且也大大增強了越國政權的向心力和凝聚力。於是，越國君臣堅持把這種發憤圖強的精神，貫徹到國家事務中去，制訂並實行了一系列有利於富民強國、報仇復國的政策和方略。一方面緩刑薄罰，省其賦稅，廣收民心，由富民走向強國；一方面對吳國採取麻痺政策，既在暗地爭取齊、晉、楚等鄰國的支持，又公開厚事於吳，表面上盡心自守，無示計謀，實際是靜觀待變，試圖利用國際風雲變幻所提供的機遇而承其弊以伐吳。尤其是越王句踐在勤政愛民方面，表現出了堅強的意志和驚人的毅力，不僅「出不敢奢，入不敢侈」，「食不重味，衣不重綵」；而且堅持「苦身勞心，夜以接日。目臥則攻之以蓼，足寒則漬之以水。冬常抱冰，夏還握火。愁心苦志，懸膽於戶，出入嘗之，不絕於口。」他的這種為發憤圖強而愁心苦志的精神，曾對後世的志士產生過積極的影響。

越王句踐臣吳，至歸越，句踐七年也❶。百姓拜之於道，曰：「君王獨無苦矣？今王受天之福，復於越國，霸王之跡自斯而起。」王曰：「寡人不慎天教，無德於民。今勞萬姓❷擁於岐路❸，將何德化以報國人？」顧謂范蠡曰：「今十有二月己巳之日，時加禺中❹，孤欲以此到國，何如？」蠡曰：「大王且留，以臣卜日。」於是范蠡進曰：「異哉！大王之擇日也。王當疾趨，車馳人走。」越王策馬飛輿，遂復宮闕。

【章　旨】首章緊承前卷，略敘越王句踐入臣於吳近三年之後，終於生還故國，途中因受到越國百姓的擁拜與期許，而立志復興越國，再圖霸王之業，從此開始進入越國歷史的一個特殊時代。

【注　釋】❶越王句踐臣吳三句　按句踐七年，即西元前四九〇年，吳王夫差六年。徐天祜注曰：《國語》：句踐「與范蠡入臣於吳，三年，而吳人遣之」。當魯哀公五年，是為句踐七年，正與此合。此書於句踐五年書入吳事，至是歸國，首尾三年也。❷萬姓　指人民。❸岐路　岔道。❹禺中　即隅中，指巳時，相當於今九時至十一時。

【語　譯】越王句踐入吳為奴將近三年，至返回越國時，已是句踐七年的冬天。越國百姓站在路旁迎拜越王，說：「作為君王豈會沒有苦難？現在大王接受上天的福祐，已經返回越國。成就霸王的業績，將自此後起始。」越王句踐說：「我不謹慎小心地奉聽上天的教誨，沒有恩惠播施於人民。今天有勞各位父老鄉親迎聚於岔道，我將以什麼樣的德行去感化人民，以報答全國人民的信任呢？」又回頭對范蠡說：「今天是十二月己巳日，時辰在巳時，我想以今天作為回到越國宮殿的日子，怎麼樣？」范蠡說：「大王暫且停留一下，讓我占卜擇個吉日。」於是范蠡進言曰：「奇妙啊！大王所選擇的日子。大王應當急速趕路，車疾驅，人快走。」越王於是鞭馬飛車，終於返回以往的宮闕。

吳封地百里於越，東至炭瀆❶，西止周宗❷，南造❸於山❹，北薄❺

於海❻。越王謂范蠡曰：「孤獲辱連年，勢足以死，得相國之策，再返南鄉。今欲定國立城，人民不足，其功不可以興，為之奈何？」范蠡對曰：「唐虞卜地❼，夏殷封國❽，古公營城❾，周雒威折萬里❿，德致八極⓫，豈直欲破強敵收鄰國乎？」越王曰：「孤不能承前君之制⓬，修德自守，亡眾棲於會稽之山⓭，請命乞恩，受辱被⓮恥，囚結吳宮。幸來歸國，追以百里之封。將遵前君之意，復於會稽之上⓯，而宜釋吳之地。」范蠡曰：「昔公劉去邰而德彰於夏⓰，亶父讓地而名發於岐⓱。今大王欲⓲國樹都，并敵國之境，不處平易⓳之都，據四達⓴之地，將焉立霸王之業？」越王曰：「寡人之計未有決定，欲築城立郭㉑，分設里閭㉒，欲委屬於相國。」於是范蠡乃觀天文㉓，擬法㉔於紫宮㉕，築作小城。周千一百二十一步㉖，一圓三方。西北立龍飛翼之樓，以象天門㉗。東南伏漏石竇㉘，以象地戶㉙。陵門㉚四達，以象八風㉛。外郭築城而缺西北，示服事吳也，不敢壅塞㉜。內以取吳，故缺西北，而吳不知也。

北向稱臣，委命[33]吳國。左右易處[34]，不得其位，明臣屬也。城既成，而怪山自生者[35]，琅琊東武海中山[36]也。一夕自來，故名怪山[37]。范蠡曰：「臣之築城也，其應天矣。崑崙[38]之象存焉。」越王曰：「寡人聞崑崙之山，乃地之柱，上承皇天[39]，氣吐宇內[40]，下處后土[41]，稟受無外，滋聖生神，嘔養[42]帝會[43]，故帝處其陽陸[44]，三王[45]居其正地。吾之國也，扁[16]天地之壤，乘東南之維[47]，斗去極北[48]，非糞土之城[49]，何能與王者比隆盛哉？」范蠡曰：「君徒見外，未見於內。臣乃承天門制城，合氣於后土，嶽象已設，崑崙故出，越之霸也。」越王曰：「苟如相國之言，孤之命也。」范蠡曰：「天地卒號[50]，以著其實。」名東武，起游臺其上[51]，東南為司馬門，立增[52]樓冠其山巔，以為靈臺[53]。起離宮於淮陽[54]，中宿臺在於高平[55]，駕臺在於成丘[56]，立苑於樂野[57]，燕臺在於石室[58]，齋臺在於襟山[59]。句踐之出游也，休息食室於冰廚[60]。

【章　旨】此章敘越王句踐返越之後，立即決定在會稽山上立國樹都，並委任范蠡負責施行。范蠡在設計與興建城郭樓臺的過程中，象天法地，以應天意民心，體現了越國當時外示事吳、內以取吳，而終成霸業的意圖。

【注　釋】❶炭瀆　徐天祜注引《越舊經》：「炭瀆在會稽縣東六十里。」《越絕》曰：「句踐稱炭聚，載從炭瀆至鍊塘。」《會稽志》作「炭浦」。❷周宗　徐乃昌《吳越春秋札記》按《水經・浙江水注》述此事作「西至朱室」。其地在今浙江省蕭山縣東北二十二里洛思山下。❸造　到。❹山　指會稽山。❺薄　靠近。❻海　指東海杭州灣。❼唐虞卜地　指堯舜時代為避洪水之災擇地而居。唐指堯帝，姓伊祁，名放勛，初封於陶，又封於唐，號陶唐氏，史稱唐堯。虞指舜帝，姓姚，有虞氏，名重華，史稱虞舜。❽夏殷封國　指夏代和商代把爵位、土地賜給諸侯，在封定的區域內建立邦國。❾古公營城　指周太王古公亶父因戎、狄之威逼，而率領族人由豳（今陝西彬縣東北）遷移到岐山下（今陝西岐山北），建築城郭家室，從而使周族逐漸強盛。❿周雒威折萬里　當指周成王時代，周公姬旦奉命出師東征，平定叛亂，並營雒邑作為東都。⓫八極　八方極遠之地。⓬越王曰二句　徐乃昌《吳越春秋札記》按《水經・浙江水注》越王曰下作「先君無餘，國在南山之陽，社稷宗廟在湖之南。孤不能承前君之制」，此脫十八字。⓭亡眾棲於會稽之山　據蔣光煦《斠補隅錄・吳越春秋》曰，宋本在「亡眾」下有「破軍」二字。⓮被　遭遇。⓯復於會稽之上　按萬曆本《吳越春秋》作「復以會稽之上」，又據蔣光煦《斠補隅錄・吳越春秋》曰：宋本作「復以於會稽之上」。⓰公劉去邰句　公劉曾於夏代末年率領周族人民離開邰（今陝西武功縣境內）而遷到豳（今陝西彬縣東北），墾荒安居。公劉，為古代周族領袖，相傳是后稷曾孫。⓱亶父讓地句　古公亶父本居於豳（今陝西彬縣東北），因受戎狄侵奪而遷居於岐山之下，豳人舉國扶老攜弱，盡復歸古公於岐下，諸國聞古公仁，亦多歸之。於是古公乃貶戎狄之俗，而營築城郭室屋，而邑別居之。從而使周族逐漸強盛，至周文王時追尊古公為太王。亶父，即古公亶父，古代周族領袖，周文王的祖父。

⑱今大王欲　徐天祜注曰：「欲」字下當有「立」字。⑲平易　指地勢平坦開闊。⑳四達　指道路通達四方。㉑築城立郭　修築城郭。古代城市的內城稱為城，外城稱為郭。㉒里閭　即里巷、鄉里的意思。古代以二十五家為一里，亦稱一閭。㉓天文　指日月星辰等天體，在宇宙間分布運行等現象。㉔擬法　仿效；效法。㉕紫宮　星座名，古代天文家把天體垣星分為三垣，中垣有紫微十五星，也稱紫宮。傳說則以紫宮為天帝的居室，所以古代也將人間帝王的宮殿稱為紫宮。㉖周千一百二十一步　據蔣光煦《斠補隅錄・吳越春秋》，宋本作「周千一百二十二步」。又按龍溪精舍刊本《吳越春秋》也作「周千一百二十二步」。㉗西北立龍飛翼之樓二句　按《太平御覽・卷一七六》引作「西北立飛翼之樓，以象天門；為兩螺繞棟，以象龍角」。天門，傳說中天上的門，後也指帝王宮殿之門。㉘伏漏石竇　在地下埋設泄水的石洞。㉙地戶　地的門戶。㉚陵門　高門。陵，崇也，體崇高也。徐乃昌《吳越春秋札記》以為陵門即陸門，亦通。㉛八風　指東、東南、南、西南、西、西北、北、東北等八個方位吹來的風，總稱八風。㉜壅塞　本意為堵塞而不使通，此指築城防禦。㉝委命　寄託性命。㉞左右易處　左右互換所處的位置。㉟而怪山自生者　按《藝文類聚・卷八》及《太平御覽・卷四七》均引作「怪山自至。怪山者」。㊱琅琊東武海中山　即琅琊東武山，位於山東諸城縣東南一百五十里的黃海邊上。㊲一夕自來二句　按《太平御覽・卷四七》引作「一夕自來，百姓怪之，故名怪山。形似龜體，故謂龜山」。今本脫。又徐天祜注怪山曰：即龜山也，在府東南二里，一名飛來，一名寶林，一名怪山。《越絕》曰：「龜山，句踐所起游臺也。」《寰宇記》：「龜山，即琅琊東武山，一夕移於此。」㊳崑崙　山名。在新疆、西藏之間，西接帕米爾高原，東延入青海省境內，層峰疊嶺，勢極高峻。《山海經》、《淮南子》、《神異經》、《穆天子傳》等書有一些關於崑崙山神話傳說的記載。又《初學記・卷五》引《河圖括地象》曰：「崑崙山為天柱，氣上通天，崑崙者，地之中也。」㊴皇天　對天的尊稱。㊵宇內　即天下。㊶后土　古時稱地神或土神為后土。㊷嘔養　培育、滋養。㊸帝會　帝王的都會。㊹帝處其陽陸　徐天祜以為「帝」字上當有「五」字。所謂五帝，說法不一。一說指伏羲、神農、黃帝、堯、舜；一說指黃帝、顓頊、帝嚳、堯、舜；一說指少昊、顓頊、高辛、堯、舜。陽陸，

謂日光直射之地。㊺三王　指夏禹、商湯、周文王，或指夏禹、商湯、周文武。㊻扁　徐天祜以為「扁」疑當作「偏」。㊼維　隅，角也。㊽斗去極北　謂斗宿遠在北極星的北面。斗宿屬北方七宿之一，為吳越之分野。北極星又稱之曰北辰，《論語·為政》曰：「為政以德，譬如北辰，居其所而眾星共（拱）之。」按越王此言是借星宿的位置，以喻越國地處東南一隅，不居眾星所拱之正地。㊾非糞土之城　徐乃昌《吳越春秋札記》曰：「非」字疑衍。今按「非」作「雖非」解也通。糞土，猶言低劣、鄙賤。㊿卒號　終有名號。(51)名東武二句　按《太平御覽·卷一七七》引作「於東武山，起遊臺其上」。(52)增　同「層」。(53)靈臺　徐天祜注引《水經注》曰：「怪山者，越起靈臺於山上，又作三層樓，以望雲物。」(54)起離宮於淮陽　徐天祜注引《越絕書》云：「離臺，周五百六十步，在淮陽里丘。」又引《越舊經》云：「淮陽宮，在會稽縣東南三里。」(55)中宿臺在於高平　徐天祜注曰：《越絕》「宿」作「指」，云「中指臺馬丘，周六百步，在高平里」。《越舊經》：「中宿在會稽縣東七里。」(56)駕臺在於成丘　按《越絕書·卷八》曰：「駕臺，周六百步，今安城里。」(57)立苑於樂野　徐天祜注引《越絕書》曰：「越王弋獵之處大樂，故謂樂野。其山上石室，越王所休謀也。」《十道志》：「樂野，句踐以此野為苑，今有樂瀆村。」(58)燕臺在於石室　徐天祜注引《越舊經》：「宴臺在州東南十里。」(59)齋臺在於襟山　徐天祜按：越境無襟山。《越絕》曰：「稷山者，句踐齋戒臺也。」既曰齋臺，則「襟」當作「稷」。稷山，在會稽縣東五十三里。(60)休息食室於冰廚　按《初學記·卷二四》引作「休息石室，食於冰廚」。冰廚者，所以備膳羞也。

【語　譯】吳王夫差封還給越國方圓百里之地，東面到達炭瀆，西面止於朱室，南面到達會稽山，北面靠近杭州灣的海邊。越王句踐對范蠡說：「我連續幾年遭受屈辱，按其情勢，本來足可致死，幸得相國的策謀，我才能夠重返南方故鄉。現在我想安定國家、建立都城，但目前人民生活不足，不能夠大興土木之工，該怎麼辦呢？」范蠡回答說：「堯舜時代為避洪水災禍便擇地而居，夏商二代分封諸侯各建邦國，古公亶父因避戎狄由豳遷岐，重新營建城郭家室，周公姬旦奉命東征平亂，興建雒邑，威服天下，德化八方，哪裡僅僅是想消滅強敵以收併鄰國呢？」越王說：「我不能繼承先君的成法，修養德行以自保國土，竟致僅存逃亡之眾，退守於會稽山上，不得已向吳王祈請性命，乞求恩賜，遭受奇恥大辱，囚禁於吳國宮中。如今有幸回歸祖國，隨後吳王又分封方圓百里之地。我打算遵循先君的意願，在會稽山上重建國都，而應該放棄在吳王所封之地重建國都的念頭。」范蠡說：「從前公劉離邰遷豳，而大顯功德於夏末，古公亶父將豳地讓給戎狄，而後發跡揚名於岐周。現在大王要重新建立國家和都城，繼而收併敵國的土地，如果不鎮守在地勢平坦開闊的都城，不占據道路四通八達的位置，將如何建立霸王的事業？」越王說：「我的計劃尚未最後決定，想將修築城郭、分設里巷等事，全權委託給相國。」在此之後，范蠡於是上觀日月星象，仿效天上的紫微垣，築成一座小城。方圓一千一百二十二步，一面為圓形，三面為方形。城的西北面聳立著一座飛翼之樓，以象徵天的大門。東南面在地下埋設泄水的石洞，以象徵地的門戶。陸路高門四通八達，以象徵八方來風。修築外郭城牆時，在西北面留下缺口，以表示越國服事於吳國，不敢築城防禦。內心卻是想要奪取吳國，故在西北面留下缺口不築城牆，而吳國並不知曉越國的真正意圖。越國向北方稱臣，以寄託性命於吳國，因而使城的左右互換所處的位置，以表明越國臣屬於吳。城郭築成之後，有一座怪山自動飛來。所謂怪山，實即黃海邊上的琅琊東武山。一天晚上自己飛來，所以取名叫怪山。范蠡說：「我所建築的都城，它與天文相應，崑崙山的形象也已仿存其中了。」越王說：「我聽說崑崙山就是頂天立地的支柱，在上承受天體的重量，雲氣噴吐天地之間。下居地神之所，承受的範圍極大，能滋生聖人神仙，滋養帝王的都會，所以五帝擇居在日光直射的位置，三王居住在它的正中之地。我們越國，已偏離天地正中的區域，處於東南之一隅，所屬分野的斗宿，遠在北極星的北面，雖然不是鄙賤的都城，但怎麼能與五帝三王比興隆昌盛呢？」范蠡說：「大王只看到外表現象，而未見其內在實質。我是取法天門而興建城郭，又與地神氣數相合，山嶽之形已經設制，崑崙之象所以存於其中，這象徵著越國將成霸業。」越王句踐說：「假如真如相國所說的一樣，那就是我的使命了。」范蠡說：「天地終有名號，以標舉其實。」在東武山，建起一座游臺，東南設司馬門，又建立三層高樓，超出於其山峰巔之上，作為靈臺。還在淮陽建起一座離宮，在高平里建起一座中宿臺，在成丘建起一座駕臺，在樂野設立了一座弋獵苑，在石室設立了一座燕臺，在稷山建起一座齋臺。句踐出遊時，就在石室休息，在冰廚用餐。

越王乃召相國范蠡、大夫種、大夫郢❶，問曰：「孤欲以今日上明堂❷臨國政，專恩致令❸，以撫百姓，何日可矣？惟三聖❹紀綱❺維持。」范蠡曰：「今日丙午日也。丙，陽將❻也，是吉日矣。又因良時，臣愚以為可無始有終，得天下之中。」大夫種曰：「前車已覆，後車必戒，願王深察。」范蠡曰：「夫子故不一二見也。吾王今以丙午復初臨政，解救其本，是一宜。夫金制始，而火救其終❼，是二宜。蓄金之憂，轉而及水❽，是三宜。君臣有差，不失其理，是四宜。王相俱起，天下立矣❾，是五宜。臣願急升明堂臨政。」越王是日立政，翼翼❿小心，出不敢奢，入不敢侈。越王念復吳讎，非一旦也。苦身勞心，夜以接日。目臥則攻之以蓼⓫，足寒則漬⓬之以水。冬常抱冰，夏還握火。愁心苦志，懸膽於戶，出入嘗之，不絕於口。中夜潛泣，泣而復嘯⓭。

【章　旨】此章敘越王句踐在新的都城和宮殿建成之後，擇吉日升明堂臨國政，小心翼翼，勤政愛民，並且為了復國報仇，而長期堅持苦身勞心，甚至以出入嘗膽等種種特殊方式來磨礪自己的意志。

【注　釋】❶大夫郢　指越國大夫諸稽郢。❷明堂　古代帝王宣明政教的地方，凡朝會、祭祀、慶賞、選士、養老、教學等大典，均在此舉行。❸專恩致令　按《藝文類聚．卷三八》引作「布恩致令」。❹三聖　徐天祜注曰：「謂聖臣也，指上三人而言。子胥曰：『越有聖臣范蠡。』」按聖臣，指德智、才能出眾的臣子。❺紀綱　治理。❻陽將　據《御定星曆考原．卷三．陰陽不將》條曰：「厭前枝幹自相配者為陽將，純陽無陰也。」按陰陽術數家把甲、丙、戊、庚、壬稱為陽日（即剛日），又把子、寅、辰、午、申、戌六支稱為陽辰（即剛辰），丙午這天是陽日與陽辰相配，即純陽無陰也，故謂之陽將。❼夫金制始二句　此用五行相剋說，金入火而銷亡，即火克金。❽蓄金之憂二句　此用五行相生說，金化而生水，即金生水。❾王相俱起二句　按此以日辰言政事。此處王指王日，為四時正王之辰，四正之位，帝王之象；相指相日，四時官日所生也，相氣之辰，宰相之象。此處喻指越王句踐和相國范蠡。❿翼翼　恭敬的樣子。⓫蓼　植物名，即辣蓼，葉味辛香，有刺激作用。⓬濆　浸泡。⓭中夜潛泣二句　按《太平御覽・卷三九二》引作「乃中夜抱柱而哭，哭訖，承之以嘯。於是群臣咸曰：君王何愁心之甚也？夫復仇誅敵，非君王之憂，自是臣下之急務」。

【語　譯】越王句踐於是召見相國范蠡、大夫文種和大夫諸稽郢，問道：「我想在今天登上明堂處理國家政事，布施恩惠，下達政令，以安撫全國百姓，你們認為哪天好呢？希望三位聖臣輔助治理國事，維持政局。」范蠡說：「今天是丙午日。丙午為陽日和陽辰相配，是陽將之日，這樣的日子臨政吉祥。加之又選擇好的時辰，愚臣認為可以在沒有好的開端時達到好的結局，最終取得天下之中正。」大夫文種說：「前面的車子已經翻倒，後面的車子一定要引以為誡，希望大王能深思明察。」范蠡說：「你本來不過看到問題的十分之一二罷了。我們大王今天以丙午日重新開始處理政事，以解救越國的根本命運，這是第一適宜。吳越戰爭雖因金而在開始制服了越國，但金入火即銷亡，越國可憑藉丙午之火來解救它的結局，這是第二適宜。吳越之爭雖因金而使越國鬱積了許多恥辱憂傷，但用火可以化金而生水，這是第三適宜。儘管國家遭禍受辱，但大王和臣子之間相處仍有等級差別，不失君臣的禮數，這是第四適宜。大夫和相國都在大難中崛起，現在臨政，可以使天下安定，這是第五適宜。我希望大王趕快登上明堂處理朝政。」越王於是從這天起治理朝政，恭敬謹慎，無論在宮內宮外都厲行儉樸，不敢奢侈。越王深知報復吳國之仇，不是一朝一夕之事，因而堅持夜以繼日地勞苦自己的身心，眼睛睏倦，就用辣蓼的辛香刺激，腳板寒冷，就用冷水浸泡以提神。冬天寒冷時，常懷抱冰雪，夏天炎熱時，還手握火爐。為保持心懷憂患和磨礪意志，他還將苦膽懸掛在門口，出門進門時都要嘗一嘗，使口中有苦味不斷。深更半夜常常暗中獨自哭泣，哭罷又長聲哀嘆。

越王曰：「吳王好服之離體❶，吾欲采葛❷，使女工織細布獻之，以求吳王之心，於子何如？」群臣曰：「善。」乃使國中男女入山采葛❸，以作黃絲之布，欲獻之。未及遣使，吳王聞越王盡心自守，食不重味，衣不重綵，雖有五臺❹之遊，未嘗一日登翫：「吾欲因而賜之以書，增之以封，東至於勾甬❺，西至於檇李❻，南至於姑末❼，北至於平原❽，縱橫八百餘里。」越王乃使大夫種索葛布十萬❾、甘蜜九黨❿、文笥⓫七枚、狐皮五雙、晉竹⓬十廋⓭，以復封禮⓮。吳王得之，曰：「以越僻狄⓯之國無珍，今舉其貢貨而以復禮，此越小心念功，不忘吳之效也。夫越本興國千里，吾雖封之，未盡其國。」子胥聞之，退臥於舍，謂侍者曰：

「吾君失其石室之囚，縱於南林之中，今但因虎豹之野而與荒外⑯之草。於吾之心，其無損也？」吳王得葛布之獻，乃復增越之封，賜羽毛之飾⑰、機杖⑱、諸侯之服。越國大悅，采葛之婦傷越王用心之苦，乃作苦之詩⑲，曰：「葛不連蔓棻台台⑳，我君心苦命更之㉑。嘗膽不苦甘如飴㉒，令我采葛以作絲㉓，女工織兮不敢遲。弱於羅兮輕霏霏㉔，號絺素㉕兮將獻之。越王悅兮忘罪除，吳王歡兮飛尺書㉖。增封益地賜羽奇，機杖茵褥㉗諸侯儀。群臣拜舞天顏㉘舒，我王何憂能不移！」

【章　旨】此章敘越王句踐為投合吳王所好而命令越國百姓採葛織布以獻，從而使得吳王夫差能夠繼續保持對越王的信任，並且一再「增封益地賜羽奇」。而越國的臣民，乃至採葛之婦，都對越王的這一策略表示了理解和支持，真正做到了上下同心，患難與共，這是越國能夠從廢墟上重新崛起的根本原因之一。

【注　釋】❶離體　謂衣服寬鬆，離開人體的肌膚有一定的間隙。❷葛　植物名，多年生的蔓草，莖的纖維可織葛布。徐天祜注引《詩》毛氏《箋》：「葛，所以為絺綌。」❸乃使國中句　按此所入之山名葛山，據《越絕書・卷八》載：「葛山者，句踐罷吳，種葛，使越女織治葛布，獻於吳王夫差，去縣七里。」❹五臺　即指前文記載的靈臺、中宿臺、駕臺、燕臺、齋臺等五臺。❺勾甬　句章的甬東之地。勾，通「句」。指句章。甬指甬東，漢杜預注曰：「甬東，越地，會稽句章縣東海中洲也。」即今浙江省舟山島。❻檇李　古地名，在今浙江省嘉興縣西南。❼姑末　徐天祐注曰：「即春秋越姑蔑之地。姑蔑地名有二：魯國卞縣南有姑蔑城，越之姑蔑至秦屬會稽，為太末縣，今衢州。」❽平原　徐天祐注曰：《越絕》作「武原」，今海鹽縣。❾索葛布十萬　按《太平御覽・卷一九八》引作「賫葛布十萬」。賫，持物贈人。❿甘蜜九黨　按《太平御覽・卷一九八》引作「甘蜜九欓」。欓，木桶。⓫文笥　有文彩的方形盛器。笥是盛衣物或飯食的方形盛器，以竹或葦製成。⓬晉竹　即箭竹。晉是「箭」字的古文。晉戴凱之《竹譜》曰：「箭竹，高者不過一丈，節間三尺，堅勁中矢，江南諸山皆有之，會稽所生最精好。故《爾雅》云：東南之美者，有會稽之竹箭焉。」⓭廋　通「搜」。徐天祐注引《漢書・溝洫志》：「漕船五百搜。」今文作「艘」，船總名也。⓮以復封禮　按《太平御覽・卷一九八》引作「以報增封之禮」。⓯狄　徐天祐注曰：「狄」當作「狹」。盧文弨云：「狄」當與「逖」同。逖，遠也。⓰荒外　八方之外。指荒遠的地區。⓱羽毛之飾　指儀仗中以羽毛裝飾的旌旗之類。⓲機杖　指機弩兵器之類。機，主弓弩發放之樞機。杖，兵器。⓳乃作苦之詩　徐天祐注曰：《事類賦》引《吳越春秋》曰：「乃作苦何之歌。」《會稽賦》注亦引此書曰：「仍作何苦之詩。」清杜文瀾《古謠諺》引為「乃作何苦之歌」。⓴葛不連蔓棻台台　按《太平御覽・卷九九五》引作「葛不連蔓葉台台」。蔣光煦《斠補隅錄・吳越春秋》云宋本作「葛不連蔓棻台台」。葛不，指葛的花蒂。此「不」字是「柎」的古本字，訓作萼足，即花蒂。台台，同「怡怡」。和悅貌。㉑我君心苦命更之　蔣光煦《斠補隅錄・吳越春秋》云宋本作「我君心苦，受命更之」。㉒甘如飴　徐天祐注曰：《事類賦》及《越舊經》所引，皆作「味若飴」。飴，糖膏。㉓令我采葛以作絲　按《太平御覽・卷五七一》引作「我今採葛以作絲」。徐天祐在此句下注曰：《文選》注引采葛婦詩，有「饑不遑食四體疲」一句，此書無之，闕文也。今按此句見《文選・卷二〇・曹子建應詔詩》「饑不遑食」句下，為唐人李善注引，云出《吳越記》，未知其與《吳越春秋》是否為一書。㉔輕霏霏　猶言輕飄飄。霏霏，雪下飄飛貌。㉕絺素　色白質細的葛布。㉖尺

書 信札；書信。㉗茵褥 床褥；褥子。㉘天顏 君王的容顏。

【語譯】越王句踐說：「吳王夫差喜好穿寬鬆離體的衣服，我想派人上山採葛，讓女工們織成細布獻給吳王，以求得吳王的歡心，你們覺得怎樣？」各位大臣回答說：「好！」於是下令國內男女上葛山採葛，以葛藤的纖維織成黃絲布，打算獻給吳王。尚未派遣使臣時，吳王夫差就已聽說越王句踐歸國後竭盡心力，克守本分，吃飯不求多種菜肴，穿衣不求五顏六色，雖然有五座游臺可供遊玩，卻未曾有一天去登臺賞玩過。吳王說：「我想根據越王句踐的表現而賜給他書信，增加他的封地。東面直至句章的甬東，西面到達檇李，南面擴至姑蔑，北面增達武原，方圓八百多里。」越王句踐於是委派大夫文種送去葛布十萬匹、甘蜜九木桶、彩色方形盛器七枚、狐狸的毛皮五雙、箭竹十船，以此作為報答擴增封地的禮物。吳王收到這些禮物後說：「原以為越國這樣偏僻狹小的國家沒有珍貴的物品，今天卻能盡其方物進貢吳國以作為答謝之禮，這是越王小心盡忠，念念不忘吳國功德的效驗啊！越國本來已建起方圓千里的國家，我雖然給越國增加了封地，但仍未達到其原有的疆域。」伍子胥聽到這些消息後，回家躺在床上，對侍奉左右的人說：「我們大王放走了本已關在石室的囚犯，讓他歸縱於南方山林之中，現在只是利用虎豹縱橫的原野，而贈與荒遠地區的一棵草罷了。這對於我的心來說，怎麼會沒有損傷呢？」吳王夫差收到越國進獻的葛布之後，於是再次增加越國的封贈，賜給用羽毛裝飾的旌旗、機弩兵器和諸侯的服飾等。越國君臣百姓都非常高興，有一位採葛女子，為越王用盡苦心討好吳王，深表同情和悲傷，於是作了一首〈何苦詩〉，詩中說：「葛的花蒂連著藤蔓，花美葉茂和悅可愛，我們大王心懷愁苦，秉承天意把它採摘。出入嘗膽不覺苦，反覺其味似糖甜。命令我們上葛山，採來葛藤抽葛絲。女工匆匆上織機，日夜織布不敢怠慢。柔如絲羅輕飄飄，取名絺素獻吳王。越王大喜，忘記自己是免罪之人；吳王狂歡，立即賜給越王一封書信：內容是擴增封地賜給羽旗，還有機弩兵器和床褥等諸侯使用的儀仗。大臣們紛紛起舞拜賀，越王的臉上露出了笑容。此情此景，我們大王還有什麼憂愁不能排除啊！」

於是，越王內修其德，外布其道，君不名教，臣不名謀，民不名使，官不名事。國中蕩蕩❶，無有政令。越王內實府庫❷，墾其田疇❸，民富國強，眾安道泰。越王遂師八臣與其四友，時問政焉。大夫種曰：「愛民而已。」越王曰：「奈何？」種曰：「利之無害，成之無敗，生之無殺，與之無奪❹。」越王曰：「願聞。」種曰：「無奪民所好，則利也。民不失其時，則成之。省刑去罰，則生之。薄其賦斂❺，則與之。無多臺游，則樂之。靜而無苛❻，則喜之。民失所好，則害之。農失其時，則敗之。有罪不赦，則殺之。重賦厚斂❼，則奪之。多作臺游以罷民❽，則苦之。勞擾民力，則怒之。臣聞善為國者，遇民如父母之愛其子，如兄之愛其弟，聞有饑寒為之哀❾，見其勞苦為之悲。」越王乃緩刑❿薄罰，省其賦歛⓫。於是，人民殷富⓬，皆有帶甲之勇⓭。

【章旨】此章敘越王句踐在文種等大臣的輔佐下，內修其德，外布其道，堅持施行以「利之無害，成之無敗，生之無殺，與之無奪」為基本內容的愛民政策，寬刑薄罰，減省賦稅，終於使越國逐漸出現了「人民殷富，皆有帶甲之勇」的新局面。

【注釋】❶蕩蕩　恣肆貌。❷府庫　官府儲存財物兵甲的倉庫。❸田疇　即耕種的田地。古人稱穀地為田，麻地為疇。❹與之無奪　徐天祜依據下文內容，認為在此句之下當有「樂之無苦，苦之無怒」二句。❺賦歛　當作「賦斂」。即賦稅。❻苛　騷擾。❼歛　當作「斂」。❽罷民　使民疲困。罷，通「疲」。疲困、軟弱的意思。❾聞有饑寒為之哀　據蔣光煦《斠補隅錄．吳越春秋》載，宋本作「聞其飢寒為之哀」。❿緩刑　寬刑。⓫歛　當作「斂」。⓬殷富　殷實；富足。⓭有帶甲之勇　指人民有披戴鎧甲上戰場的勇氣。

【語譯】從此以後，越王句踐一方面加強自身的道德修養，一方面對臣民宣布他的治國之道：君王不公開稱說政教，大臣不公開稱說策謀，人民不公開稱說使命，官吏不公開稱說政事，全國放任恣肆，沒有政令下達。越王句踐實際上卻在國內率領人民充實糧倉兵庫，開墾耕地，使人民富足，國家強盛，百姓安居樂業，政治局勢穩定。越王句踐於是拜八位大臣和四位朋友為師，經常向他們請教施政治國之道。大夫文種說：「愛護人民罷了。」越王說：「如何愛護人民呢？」文種說：「利於民而不害於民，使他們成功而不使他們失敗，讓他們生存而不殺害他們，給予他們好處而不掠奪他們。」越王說：「我想聽你說得具體一些。」文種說：「不掠奪人民所喜好的東西，就是利於民了。不讓人民錯失季節時機，就有助於他們成功。減省刑罰，就是讓人民生存。少徵賦稅，就給予了人民好處。君王不多登臺遊玩，就會使人民歡樂。讓人民生活安定，不去騷擾他們，就會使人民充滿喜悅。如果讓人民失去了自己所喜好的東西，就是有害於民了。讓農民耕作錯過了季節，就會使他們失敗。人民犯了罪不予赦免，就是殺害生靈。加重賦稅，就是掠奪人民。多次舉行登臺遊玩的活動使人民疲困，就是讓人民受苦。勞累騷擾人民的精力，就會激起他們的憤怒。我聽說：善於治國的君主，對待人民就像父母愛護自己的孩子，就像兄長愛護自己的弟弟，聽說他們受了饑寒，就會為之哀傷，看見他們受苦受累，就會為之悲痛。」越王句踐於是寬刑少罰，減省賦稅。從此之後，人民逐漸殷實富足，都有披上鎧甲走向戰場的英勇氣概。

九年，正月，越王召五大夫❶而告之曰：「昔者，越國遁棄宗廟，身為窮虜，恥聞天下，辱流諸侯。今寡人念吳，猶躃者❷不忘走，盲者不忘視。孤未知策謀，惟大夫誨之。」

扶同❸曰：「昔者❹亡國流民，天下莫不聞知。今欲有計，不宜前露其辭。臣聞擊鳥之動，故前俯伏❺。猛獸將擊，必餌毛帖伏❻。鷙鳥❼將搏，必卑飛戢翼❽。聖人將動，必順辭和眾。聖人之謀，不可見其象，不可知其情。臨事而伐，故前無剽過之兵❾，後無伏襲之患。今大王臨敵破吳，宜損少辭❿，無令泄也。臣聞吳王兵強於齊晉，而怨結於楚。大王宜親於齊，深結於晉，陰固⓫於楚，而厚事於吳。夫吳之志，猛驕而自矜⓬，必輕諸侯而凌鄰國。三國決權⓭，還⓮為敵國，必角勢交爭。越承其弊，因而伐之，可克也。雖五帝之兵，無以過此。」

范蠡曰：「臣聞謀國破敵，動觀其符⓯。孟津之會，諸侯曰可，武王辭之⓰。方今吳楚結讎，構怨⓱不解。齊雖不親，外為其救。晉雖不附，猶效其義。夫內臣謀而決讎其策，鄰國通而不絕其援，斯正吳之興霸，諸侯之上尊⓲。臣聞峻高者隤⓳，葉茂者摧⓴。日中則移，月滿則虧㉑。四時不並盛，五行㉒不俱馳。陰陽更唱㉓，氣有盛衰。故溢堤之水，不淹其量，熻乾之火㉔，不復其熾。水靜則無漚瀴㉕之怒，火消則無熹毛㉖

之勢。今吳乘諸侯之威，以號令於天下，不知德薄而恩淺，道狹而怨廣，權懸㉗而智衰，力竭而威折，兵挫而軍退，士散而眾解。臣請按師整兵，待其壞敗，隨而襲之。兵不血刃㉘，士不旋踵㉙，吳之君臣為虜矣。臣願大王匿聲㉚，無見其動，以觀其靜。」

大夫苦成曰：「夫水能浮草木，亦能沈之。地能生萬物，亦能殺之。江海能下谿谷，亦能朝之。聖人能從眾，亦能使之。今吳承闔閭之軍制、子胥之典教㉛，政平未虧，戰勝未敗。大夫嚭者，狂佞之人，達於策慮，輕於朝事。子胥力於戰伐，死於諫議。二人權㉜，必有壞敗。願王虛心自匿，無示謀計，則吳可滅矣。」

大夫浩㉝曰：「今吳君驕臣奢，民飽軍勇，外有侵境之敵，內有爭臣之震，其可攻也。」

大夫句如㉞曰：「天有四時，人有五勝㉟。昔湯㊱武㊲乘四時之利而制夏殷，桓㊳繆㊴據五勝之便而列六國。此乘其時而勝者也。」

王曰：「未有四時之利，五勝之便，願各就職也。」

【章旨】此章描寫越王句踐為復仇雪恥，而召集五位大夫出謀劃策的情景。針對吳國的內部矛盾和國際關係，五位大夫各抒己見，分別從不同的角度，探討了「謀國破敵」的方略，主要形成了兩點共識：一是在國際交往中，「宜親於齊，深結於晉，陰固於楚，而厚事於吳」，充分利用國際風雲變幻所提供的機遇，乘其弊而伐之。二是在鬥爭策略上，宜「虛心自匿，無示謀計」，靜觀待變，乘時出擊。

【注釋】❶五大夫　即指下文扶同、范蠡、苦成、浩、句如五位大夫。❷躃者　足不能走的人。❸扶同　按《史記・越王句踐世家》作「逢同」。❹昔者　按明萬曆本《吳越春秋》作「昔之」。❺摯鳥之動二句　徐天祜在這二句下注曰：「此上八字文衍。」❻餌毛帖伏　收斂其毛，馴順地伏在地上。徐天祜注曰：「『餌』當作『弭』。」弭毛，猶言收斂其毛。帖伏，伏地馴順貌。❼鷙鳥　指猛禽，如鷹鸇之類。❽戢翼　斂翅；止飛。❾剽過之兵　劫殺的士兵。剽，劫殺；搶劫。❿宜損少辭　按明萬曆本《吳越春秋》作「宜損之辭」。⓫陰固　暗中深結。⓬自矜　猶自誇。⓭決權　決斷輕重高下。權，本意是秤錘，也謂稱量。《孟子・梁惠王》曰：「權，然後知輕重。」⓮還　通「旋」。迅速的意思。⓯符　祥瑞的徵兆。⓰孟津之會三句　據《史記・周本紀》載：周武王九年，曾因伐紂與八百諸侯會盟於孟津。諸侯皆曰：「紂可伐矣。」武王曰：「女未知天命，未可也。」乃還師歸。孟津，又名盟津，在今河南省孟縣南。⓱構怨　結怨。⓲上尊　尊奉；尊稱。⓳隤　徐天祜注曰：亦作「頹」，下墜也。⓴葉茂者摧　按明萬曆本《吳越春秋》作「茂葉者摧」。㉑虧　缺損。㉒五行　指水火木金土，古人以為各種物質都由這五種元素構成。㉓唱　徐天祜注曰：「『唱』當作『倡』。」㉔熻乾之火　即燃燒完畢的火。熻，燃燒。㉕漚瀴　指水泡浮湧。漚，浮漚，即水上的泡沫。瀴，瀴滓；大水貌。㉖熏毛　猶言烤焦毛髮。熏，烤炙。㉗權懸　本意是秤錘高懸，此謂權勢高懸。㉘血刄　當作「血刃」，謂殺傷人而刃著血也。㉙旋踵　轉足之間，形容迅速。也可作退縮解。㉚匿聲　隱匿不宣。㉛典教　典章教化。㉜二人權　二人較量、抗衡。㉝大夫浩　按本書卷七作「大夫皓進」。㉞句如　徐天祜注曰：《左傳》、《國語》皆作「皋如」。又本書卷七也作「皋如」。㉟五勝　五行相勝，即水勝火，火勝金，金勝木，木勝土，土勝水。㊱湯　指成湯，原為商族領袖，夏末桀王無道，諸侯紛起，成湯任用伊尹執政，陸續攻滅鄰近的諸侯小國，成為當時強國，後來一舉滅夏，建立商朝，詳見《史記・殷本紀》。㊲武　指周武王，姓姬，名發。商朝末年紂王昏亂暴虐，武王聯合各諸侯國東攻伐紂，終於消滅商朝，建立西周王朝，詳見《史記・周本紀》。㊳桓　指齊桓公，姓姜，名小白。西元前六八五～前六四三年在位，任用管仲進行改革，聯合諸侯尊王攘夷，成為春秋五霸之一，詳見《史記・齊太公世家》。㊴繆　指秦繆公，又稱秦穆公，姓嬴氏，名任好。西元前六五九～前六二一年在位，任用百里奚、蹇叔、由餘為謀臣，曾擊敗晉國，滅梁、芮兩國，後來因被晉國擊敗，轉而向西發展，攻滅十二國，為春秋五霸之一。

【語譯】越王九年正月，句踐召見五位大夫，對他們說：「過去越國因戰鬥失敗而拋下宗廟逃走，我本人也成為了境遇窘困的奴僕，所遭受的恥辱傳遍天下，各諸侯國無不知曉。現在我念念不忘報復吳國之仇，就像兩腿皆病的人，念念不忘起身走路，雙目失明的人，念念不忘看見光明。但我還不知道應該採取什麼樣的策略計謀才好，希望各位大夫不吝賜教。」

人夫扶同說：「過去越國敗亡，人民流離，普天之下無人不知。現在想商定復仇的計策，不宜於過早暴露自己的意圖。我聽說凶猛的野獸打算出擊，必定收斂其毛，馴順地伏在地上。猛禽將要捕捉獵物，必定斂翅低飛。聖人將有軍事行動，必定會以和順的言辭團結群眾。即使聖人制定了計謀，也不能看出其計謀的跡象，更不能知道其計謀的詳情。直到舉事之時才宣布討伐，因而前面沒有劫殺的士兵，後面沒有埋伏襲擊的禍患。現在大王要面臨敵人擊破吳國，應當減少言辭，不使自己的意圖洩露。我聽說吳王夫差如今兵力比齊國和晉國強大，但與楚國結怨很深。大王應當同齊國親近結交，加深與晉國的關係，暗中加強與楚國的往來，而表面上要更加忠心地服事吳國。吳王夫差志氣威猛，為人傲慢而又喜自誇，必定會輕慢諸侯而欺凌鄰國。吳、齊、晉三國為決斷高下，迅速會互為敵國，必定要較量權勢互相爭奪。越國乘吳國疲困之時，立即出兵討伐，可以一舉制勝。即使從前五帝用兵，也沒有超過這種情形的戰例。」

相國范蠡說：「我聽說圖謀國事，消滅敵人，要在行動中觀察其祥瑞的徵兆。從前周武王為討伐商紂，與八百諸侯在孟津會盟，諸侯們都說可以立即伐紂，但武王卻以為時機未到而辭歸。當時吳楚兩國結下深仇，鬱積的怨恨，不能消解。齊國同吳國的關係雖然並不密切，但仍會成為救吳的外援。晉國雖然不是吳國的附屬國，還是會仿效齊國救吳的大義。內有大臣謀劃來決斷他們的策略，外與鄰國結交而不會斷絕他們的援救，這正是吳國建立霸業，為諸侯所尊奉的原因。我聽說陡峭高大的東西容易倒塌，葉子茂盛的植物容易摧折。太陽到正午就要偏斜，月亮至十五圓滿之後就會缺損。春夏秋冬四季不能同時興旺，金木水火土不能一起運動。陰陽交替倡始，元氣有盛有衰。所以滿出堤壩外流的水，不會再淹沒蓄水的限度，燃燒乾淨了的火堆，不會再重新燃燒。水面平靜，則沒有泡沫浮湧的怒吼，火堆熄滅，就已無烤焦毛髮的熱度。現在吳王夫差利用諸侯之長的威勢，在天下發布命令，卻不知道德行淺薄則恩德不深，思想狹隘則怨忿廣大，權勢高懸則智慧衰退，力量耗盡則威風掃地，士兵挫敗則軍隊潰退，士卒潰散則群眾也瓦解。我請求屯止軍隊，休整兵力，等到吳國毀敗衰微之時，隨後出兵攻襲。兵器還不曾殺人染血，士卒還來不及旋轉腳跟，吳國的君王臣僚就成了俘虜。我希望大王匿志不宣，不讓人看到你將有所行動，只讓人看到你在靜養休息。」

大夫苦成說：「水能讓草木上浮，也能讓草木下沈。地能夠生長萬物，也能夠殺死萬物。江海能在下容納谿谷，也能向上朝會谿谷。聖人能夠順從民眾，也能夠支使民眾。現在吳國繼承闔閭的軍事體制和伍子胥的典章教化，政局平穩，尚未虧損，戰爭獲勝，尚未大敗。大夫伯嚭是個狂妄佞巧的人，擅長於出謀劃策，不善於處理朝廷政事。伍子胥征戰討伐有功，又敢於冒死進諫議政。二人較量爭鬥，必定給吳國帶來破壞衰敗。希望大王虛懷若谷，藏志在心，不暴露自己的謀略計畫，那麼吳國就可以滅掉了。」

大夫浩說：「現在吳國君王驕傲，臣僚奢侈，人民滿足，軍隊勇敢，國外有侵犯邊境的敵人，國內有諫諍大臣的震怒，吳國是可以攻克的。」

大夫句如說：「天時有春夏秋冬四季，人事有水火金木土五行相勝。從前商湯王、周武王都是利用四時的優勢而分別制服了夏朝和商朝，齊桓公、秦穆公都是憑藉五行相勝的便利而位居於六大強國之列。凡此都是利用各自的時機而取得勝利的範例。」

越王句踐說：「現在越國還沒有出現四時的優勢和五行相勝的便利，希望大家各盡職守。」

卷第九

句踐陰謀外傳

【題　解】此卷記敘越國君臣在國內政局基本穩定、國家實力初步恢復的形勢下，秘密策畫破吳大計及其具體實施有關計策的情形。曾蒙受過奇恥大辱的越王句踐，自吳歸越之後，堅持勤政愛民，發憤圖強，立志滅吳雪恥。但因「五年未聞敢死之士，雪仇之臣」，報仇心切的越王，終於失去耐心，開始對大臣們產生不滿情緒，甚至公開責備他們易得而難使。於是引出大夫計硯對越王雖已得士而不能使士的批評和建議，從而使越王那種急於求成的心態得以及時調整，實際為後來君臣共謀滅吳大計，做好了思想上的準備。所以當文種、計硯和范蠡相繼進獻計策或提出建議時，越王句踐又能虛心採納，從善如流。大夫文種所進獻的「九術之策」，是本卷「句踐陰謀」的主要內容，但付諸實施的僅有四術。第一術是尊天事鬼，以求其福，使越國不遭受災禍。第二術是奉獻名山神材，使吳王起姑蘇之臺，導致吳國「民疲士苦，人不聊生」。第三術是選擇西施、鄭旦二美女進行特殊訓練後再獻給吳王，以惑其心而亂其謀。第四術更為陰險毒辣，越王先年派遣文種出使吳國，藉口「水旱不調，年穀不登，人民饑乏」而向吳王請糴粟糧萬石，來年豐收後擇精粟萬石而蒸，再還給吳國。吳王見越粟種嘉而使吳民種植，結果粟種不生，導致「吳民大饑」。儘管在後三術的實施過程中，都遭到了伍子胥的反對，但由於越國君臣把握了吳王夫差的性格特點，加之有太宰嚭的聲援，所以能使其計謀一一得逞。另外，大夫計硯勸諫越王暫緩伐吳，提出「必察天地之氣」，方能「興師舉兵」，實是以術數家的占卜理論來說服越王應進一步「內蓄五穀，實其金銀，滿其府庫，勵其甲兵」。而相國范蠡先後建議越王，聘請精通劍術的越女和精通射術的陳音，教習士卒，訓練軍隊，則是為了增強越國的軍事實力。計硯和范蠡的這些建議與舉措，實際上與文種所獻九術，在精神上是一致的。

越王句踐十年①二月，越王深念遠思，侵辱於吳，蒙天祉福，得越國②。群臣教誨，各畫一策，辭合意同，句踐敬從，其國已③富。反越五年④，未聞敢死之友⑤。或謂諸大夫愛其身，惜其軀者。乃登漸臺⑥，望觀其群臣有憂與否。相國范蠡、大夫種、句如之屬，儼然⑦列坐，雖懷憂患，不形顏色❽。越王即鳴鐘驚檄❾而召群臣，與之盟曰：「寡人獲辱受恥，上愧周王❿，下慚晉楚。幸蒙諸大夫之策，得返國修政，富民養士。而五年未聞敢死之士、雪讎之臣，奈何而有功乎？」群臣默然莫對者。越王仰天歎曰：「孤聞主憂臣辱，主辱臣死。今孤親被⓫奴虜之厄，受囚破之恥，不能自輔，須⓬賢任仁，然後討吳，重負諸臣大夫，何易見而難使也⓭？」

【章旨】首章描敘越王句踐在「返國修政，富民養士」期間，念念不忘報復吳仇，但因「五年未聞敢死之士，雪仇之臣」，加之有人說諸大夫愛身惜軀，他終於沈不住氣了：首先暗中觀察群臣有憂與否；繼而鳴鐘警檄，召群臣盟誓；最後仰天嘆息，當眾責備諸臣大夫易得而難使。真實而生動地刻畫了越王句踐急欲報仇的迫切心理。

【注釋】❶越王句踐十年　即西元前四八七年，吳王夫差九年。❷得越國　徐天祜注曰：「『得』下當有『返』字。」❸已　通「以」。作「因而」解。❹反越五年　按越王夫婦及范蠡自吳歸越在句踐七年，至此時僅三年。或指諸大臣自句踐五年五月送越王入臣於吳至浙江之上，然後返越，至此時則近五年也。反，通「返」。❺友　據盧文弨校，「友」當作「士」。❻漸臺　越國臺名，臨水而築，故名漸臺。❼儼然　形容莊重。❽不形顏色　不在臉上表露出來。形，顯露；表現。顏色，臉色。❾驚檄　警檄，猶言報警的官方文書。驚，通「警」。檄，指古代官方文書，用木簡，長尺二寸，多作徵召、曉諭、申討等用，後泛稱這類官方文書為檄。❿周王　指周天子敬王匄。⓫被　遭遇。⓬須　求。⓭何易見而難使也　據俞樾《諸子平議補錄．吳越春秋》：樾謹按：「見」當作「得」。此傳所載越王及計硯之言，與《國策．齊策》管燕、田需之言相似，彼作「士何其易得而難用也」。《韓詩外傳》：管蒸作宋燕，田需作陳饒，亦曰「何士大夫易得而難用也」。二書皆是「得」字。故知此傳「見」字之誤。得，古作「㝵」，見《說文》，故往往誤作「見」。《史記．趙世家》：踰年歷歲，未得一城。〈趙策〉「得」誤作「見」，即其例也。

【語　譯】越王句踐十年二月，越王深念遠思，往日被吳國侵凌侮辱，幸蒙上天福祐，得以返回越國。諸位大臣都進言施教，每人謀畫一項計策，言辭投合，意圖相同，句踐恭敬地採納施行，越國因此而富強起來。但他返回越國五年以來，尚未聽說有敢於效死的士人。有人說諸位大夫都愛身惜軀，貪生怕死。於是越王登上臨水高臺，在遠處觀察他的大臣們是否心懷憂患。他看到相國范蠡、大夫文種和句如等輩都形容莊重地列坐其間，雖然心懷憂患，但不在臉色上表露出來。越王立即鳴鐘報警，緊急傳令，召來全體大臣，與他們一起盟誓，然後說：「我因為遭受恥辱，在上愧對周王，在下慚見晉楚諸侯。幸蒙諸位大夫出謀畫策，才得以返回越國，整飭政治，富民養士。但是五年以來尚未聽說有敢於效死的士人和能夠報仇雪恥的大臣，怎樣才能有功效呢？」全體大臣默不作聲，沒有人回答。越王句踐仰面朝天，長長地嘆了一口氣，說：「我聽說君主有憂慮，臣下會感到恥辱；君主蒙受了恥辱，臣下會為之效死。現在我親身遭受做奴僕的厄運，受到國破被囚禁的恥辱，不能只靠自己幫助自己，所以召求賢士，任用仁人，然後討伐吳國。我把重任託付給諸位臣僚大夫已久，為什麼臣僚大夫容易求得卻難於使用呢？」

於是，計硯年少官卑，列坐於後，乃舉手而趨❶，蹈席❷而前進，曰：「謬哉，君王之言也。非大夫易見而難使，君王之不能使也。」越王曰：「何謂？」計硯曰：「夫官位、財幣❸、金賞者，君之所輕也。操鋒履刃，艾命❹投死者，士之所重也。今王易財之所輕❺，而責士之所重，何其❻殆❼哉！」於是越王默然不悅，面有愧色，即辭群臣，進計硯而問曰：「孤之所得士心者何等？」計硯對曰：「夫君人❽，尊其仁義者，治之門也。士民者，君之根也。開門固根，莫如正身❾。正身之道，謹左右❿。左右者，君之所以盛衰者也。願王明選左右，得賢而已。昔太公⓫九聲而足⓬，磻溪⓭之餓人也，西伯⓮任之而王⓯。管仲，魯之亡囚⓰，有貪分之毀⓱，齊桓得之而霸⓲。故傳曰：失士者亡，得士者昌。願王審於左右，何患群臣之不使也？」越王曰：「吾使賢任能，各殊其事。孤虛心高望，冀聞報復之謀。今咸匿身隱形，不聞其語，厥⑲咎⑳安在？」計硯曰：「選賢實士，各有一等。遠使以難㉑，以效其誠。內告以匿，以知其信。與之論事，以觀其智。飲之以酒，以視其亂㉒。指之以使㉓，以察其能。示之以色，以別其態。五色㉔以設，士盡其實，人竭其智。知其智盡實㉕，則君臣何憂？」越王曰：「吾以謀士效實，人盡其智，而士有未盡進辭有益寡人也。」計硯曰：「范蠡明而知內，文種遠以見外。願王請大夫種與深議，則霸王之術在矣。」

【章　旨】此章記敘大夫計硯和越王句踐，就如何「選賢實士」問題展開討論。計硯雖然「年少官卑，列坐於後」，卻敢於當眾指出越王的話不對：「非大夫易見而難使，君王之不能使也。」越王聽了雖「默然不悅，面有愧色」，卻能立即單獨召見計硯問計。面對越王的誠懇請教，計硯不僅論證了「失士者亡，得士者昌」這個帶有普遍意義的道理，而且進一步指出「選賢實士，各有一等」，要使「士盡其實，人竭其智」，君王必須要知人善任，並極力推薦大夫文種可與深議。充分表現了計硯敢於直言進諫、面責君過和越王虛心納諫、從善如流的品質。

【注釋】❶趨　疾走。❷蹈席　越過坐席。蹈，踏。❸財幣　即財物。❹艾命　捨生；捐軀。艾，通「刈」。❺今王易財之所輕　徐天祜注曰：「易」字不通，疑「吝」字之誤。「吝」、「吝」同。❻何其　多麼。❼殆　危險。❽君人　君主。❾正身　修身。❿左右　在旁侍奉的人。此指近臣。⓫太公　即太公望呂尚，姜姓，俗稱姜太公。早年窮困潦倒，至年老於渭水垂釣時，遇周文王而立為師，後又輔佐武王滅商，以有功而封於齊。詳見《史記·齊太公世家》。⓬九聲而足　意謂以高聲歌唱、自在生活為滿足。九聲，指宮、商、角、徵、羽五聲，合宮清、商清、角清、徵清四高聲為九聲。⓭磻溪　在今陝西寶雞市東南，源出南山，北流入渭水。相傳為太公望未遇文王時垂釣之處。⓮西伯　商末周族領袖，姬姓，名昌，原居岐山之下，曾任用呂尚為師，受到諸侯的擁護，商紂時為西方諸侯之長，稱西伯。後遷都於豐。在位五十年。死後謚為文王。⓯王　成就王業。⓰管仲二句　管仲是春秋初期政治家，名夷吾，字仲。早年和鮑叔牙友善，後因齊亂，鮑叔牙隨公子小白出奔莒，管仲隨公子糾出奔魯。及小白立為齊君，是為桓公。鮑叔牙乃極力向桓公推薦管仲，桓公乃以欲親戮管仲為名而派使者請諸魯。本書所謂「管仲，魯之亡囚」，即指此事。請參見《史記·齊世家》及〈管晏列傳〉。⓱有貪分之毀　徐天祜注引《史記·卷六二》管仲曰：「吾始困時，嘗與鮑叔賈，分財利多自與，鮑叔不以我為貪，知我貧也。」⓲齊桓得之而霸　齊桓公因曾被管仲射中帶鉤，本欲殺管仲，後來聽從鮑叔牙的勸諫而迎受管仲，任命為國相，主張通貨積財，富國強兵，九合諸侯，一匡天下，使桓公成為春秋五霸之首。⓳厥　其中。⓴咎　過失。㉑遠使以難　徐天祜注曰：「試以難事。」㉒飲之以酒二句　徐天祜注曰：酒能亂性。《論語》：「惟酒無量，不及亂。」㉓指之以使　徐天祜注引《曲禮》：「耆指使。」注：「指事使人也。」㉔五色　泛指各種色彩。㉕知其智盡實　盧文弨校云：如上文，「實」上當有「其」字。

【語譯】這時，年輕官小，坐於後列的計硯，舉起手來，快步走出，越過坐席來到越王跟前，說：

「錯了啊！君王您剛才所說的話。不是大夫們容易求得而難於使用，而是大王您不能使用。」越王句踐說：「這話怎麼說？」計硯說：「官位、財物、賞金之類的東西，是君王所輕視的。而挺著劍鋒、踩著刀刃，捨命赴死的行為，則是士人所重視的。現在大王吝惜財物這類君王所輕視的東西，卻指責士人所重視的行為，這是多麼危險啊！」於是越王沈默不語，不大高興，臉上露出慚愧之色，當即讓群臣退下，單獨召見計硯而問道：「我用以贏得士人之心的東西是什麼呢？」計硯回答說：「君主統治人民，要尊重他們中的仁人義士，這是治國的法門。仁義之士和老百姓，就是國君的根基。但開啟治國法門和鞏固國君根基，都比不上國君端正自身。端正自身的途徑，就是要謹慎地選用左右的輔佐大臣。左右的輔佐大臣如何，關係到國君治運的盛衰。希望大王英明選用左右的輔佐大臣，也不過是求得賢士罷了。從前姜太公以高聲歌唱為滿足，是位在磻溪垂釣的餓漢，但周文王任用他為太師而成就了王業。管仲曾從公子糾奔魯，後來成了逃亡魯國的囚犯，早年與鮑叔牙經商時有貪財的壞名聲，但齊桓公卻任命他為國相而成就了霸業。所以有書記載說：失去士人，國家就會滅亡，得到士人，國家就會昌盛。希望大王審慎選用身邊的輔佐大臣，哪裡還會憂慮群臣不聽使用呢？」越王句踐說：「我使用賢士，任命能人，各自授予不同的職事。我虛心以待，期望甚高，希望能聽到報仇雪恥的策謀。可是直到今天他們都不出聲，不露頭，聽不到他們的建議，其中的過失在哪裡呢？」計硯說：「選擇賢良，核實才士，各有相應的原則。把難辦的事交給遠方的外交使臣，以此來驗證他是否忠誠。把隱秘的事告訴執掌內政的大臣，以此來了解他是否守信。和臣下議論政事，以此來觀察他的智力。把酒賜給臣下飲用，以此來察看他是否沈迷亂性。指定事情派臣下去做，以此來考察他的才能。把美色展示給他們看，以此來辨別各人的情態。各種美色都展示之後，士人都完全顯露了各自的實情，臣僚都充分表現了各自的智慧。了解了他們的智慧，掌握了他們的實際，那麼君臣之間還有什麼可擔憂的呢？」越王句踐說：「我已經在謀求讓士人貢獻自己的實力，讓臣僚竭盡自己的智慧，可是有的士人還是沒有盡智獻策以使我受益。」計硯說：「范蠡明察而可以了解內情，文種識遠而可以預見外事。希望大王召請大夫文種，與他深入討論，那麼成就霸王之業的策略計謀也就有了。」

越王乃請大夫種而問曰：「吾昔日受夫子之言，自免於窮厄之地。今欲奉不羈❶之計，以雪吾之宿讎❷，何行而功乎？」大夫種曰：「臣聞高飛之鳥，死於美食；深泉之魚，死於芳餌。今欲伐吳，必前求其所好，參其所願，然後能得其實。」越王曰：「人之所好，雖其願，何以定而制之死乎？」大夫種曰：「夫欲報怨復讎，破吳滅敵者有九術❸，君王察焉。」越王曰：「寡人被辱懷憂，內慚朝臣，外愧諸侯，中心迷惑，精神空虛，雖有九術，安能知之？」大夫種曰：「夫九術者，湯❹文❺得之以王❻，桓❼穆❽得之以霸，其攻城取邑❾，易於脫屣❿，願大王覽之。」

種曰：「一曰尊天事鬼⑪，以求其福。二曰重財幣以遺⑫其君，多貨賄⑬以喜其臣。三曰貴糴⑭粟⑮槀⑯以虛其國，利所欲以疲其民。四曰遺美女以惑其心而亂其謀。五曰遺之巧工良材，使之起宮室，以盡其財。六曰遺之諛臣，使之易伐⑰。七曰強其諫臣，使之自殺。八曰君王國富而備利器⑱。九曰利甲兵以承其弊。凡此九術，君王閉口無傳，守之以神，取天下不難，而況於吳乎？」

越王曰：「善！」乃行第一術，立東郊以祭陽，名曰東皇公⑲。立西郊以祭陰，名曰西王母⑳。祭陵山㉑於會稽，祀水澤於江州㉒。事鬼神二年，國不被災。

越王曰：「善哉！大夫之術。願論其餘。」種曰：「吳王好起宮室，用工不輟㉓。王選名山神材，奉而獻之。」越王乃使木工三千餘人，入山伐木。一年，師㉔無所幸，作士㉕思歸，皆有怨望㉖之心，而歌〈木客之吟〉㉗。一夜，天生神木一雙，大二十圍㉘，長五十尋㉙，陽為文梓㉚，陰為楩柟㉛。巧工施校，制以規㉜繩㉝，雕治圓轉，刻削磨礱㉞，分以丹青㉟，錯畫文章㊱，嬰㊲以白璧，鏤以黃金，狀類龍蛇，文彩生光。乃使大夫種獻之於吳王。曰：「東海役臣、臣孤句踐，使臣種，敢因下吏聞於左右：賴大王之力，竊為小殿，有餘材，謹再拜獻之。」吳王大悅㊳。子胥諫曰：「王勿受也。昔者桀㊴起靈臺㊵，紂起鹿臺㊶，陰陽不和，寒暑不時，五穀㊷不熟，天與其災，民虛國變，遂取滅亡。大王受之，必為越王所戮。」吳王不聽，遂受而起姑蘇之臺㊸。三年聚材，五年乃成，高見二百里㊹。行路之人㊺，道死巷哭，不絕嗟嘻㊻之聲。民疲士苦，人不聊生。越王曰：「善哉！第二術也。」

【章旨】此章記述大夫文種受越王句踐召見時，為破吳滅敵而進獻九術的情形；以及隨後施行第一、二術的過程。尤其是第二術的實施，促使吳王夫差起姑蘇臺，直接導致吳國「民疲士苦，人不聊生」。這一章的內容以及後文所敘施行第三術的情節，大致依據《越絕書·

卷一二・九術》改寫而成。

【注釋】❶不羈　不受約束。❷宿讎　往日的仇恨。❸破吳滅敵者有九術　清俞樾謹按：徐注曰：「《史記》作七術。」下文越王曰：「善！乃行第一術。」又云：越王曰：「善哉！第二術也。」又云：越王曰：「善哉！第三術也。」越王於九術止行其三，故〈伐吳外傳〉云：「九術之策，今用三，已破強吳，其六尚在子。」《史記》則云：「子教寡人伐吳七術，寡人用其三而敗吳，其四在子。」雖有九術七術之異，而以為用其三術則同。據《越絕書》以〈九術〉名篇，疑《史記》誤也。惟下文請糴之舉，實即九術中所謂「貴糴粟槀以虛其國」者，而吳王之殺子胥，則又所謂「強其諫臣，使之自殺」者，越王所用，實五術而不止三術。疑《史記》本作「子教寡人伐吳九術，寡人用其五而敗吳，其四在子」。後人據《吳越春秋》改「用其五」為「用其三」。又以「其四在子」不得為九，因又改「九術」為「七術」也。見俞樾《諸子平議補錄・吳越春秋》。❹湯　指商湯王，原為商族領袖，夏末經多次征戰，成為當時強國。後一舉滅夏，建立商朝。❺文　指周文王，商末周族領袖，商紂時以國勢強盛，成為諸侯之長，稱西伯。❻王　成就王業。❼桓　指齊桓公，姜姓，名小白，西元前六八五～前六四三年在位，聯合諸侯尊王攘夷，成為春秋時第一位霸主。❽穆　指秦穆公，嬴姓，名任好，西元前六五九～前六二一年在位，為春秋五霸之一。❾邑　小城。❿屣　鞋。⓫尊天事鬼　徐天祜注曰：「鬼」下當有「神」字，下文亦兼鬼神言之。今按《越絕書・卷一二》作「尊天地，事鬼神」。⓬遺　給予。⓭貨賄　即財帛。金玉曰貨，布帛曰賄。⓮糴　買入穀物。⓯粟　穀物中的一種，也可作糧食的通稱。⓰槀　乾草。⓱伐　此指誇耀自己的功勞、才能。⓲利器　銳利的兵器。⓳名曰東皇公　據蔣光煦《斠補隅錄・吳越春秋》，宋本「公」下有「祠」字。東皇公，神話中仙人，也作「東王公」、「東木公」、「東華帝君」等，與西王母並稱。領男仙，掌諸仙名籍。《神異經・東荒經》曰：「東荒山中有大石室，東王公居焉。長一丈，頭髮皓白，人形鳥面而虎尾，載一黑熊，左右顧望。」⓴西王母　神話中的女神。據《穆天子傳》載：「吉日甲子，天子賓于西王母，乃執白圭玄璧以見西王母。」注曰：「西王母如人，虎齒，蓬髮，戴勝，善嘯。」㉑陵山　即禹陵之山，在今浙江紹興會稽山上。㉒江州　江中陸地。州，同「洲」。㉓輟　停；中止。㉔師　指伐木的隊伍。㉕作士　徐天祐注曰：工作之士。㉖怨望　心懷不滿。㉗木客之吟　歌辭名。徐天祐注引《水經注．卷四〇》曰：「句踐使工人伐榮楯，欲以獻吳。久不得歸，工人憂思，作〈木客吟〉。」㉘圍　計度圓周的量詞，「徑尺為圍」。一說五寸為圍，一說一抱也叫圍。㉙尋　古代長度單位，八尺為一尋。㉚文梓　有斑文的梓木。㉛楩柟　指黃楩樹和楠木。㉜規　指畫圓的工具，即圓規。㉝繩　指打直線的工具，即墨線。㉞磨礱　即磨擦。㉟丹青　泛指繪畫用的顏色。㊱文章　此指錯雜的色彩或花紋。古以青與赤相配合為文，赤與白相配合為章。㊲嬰　加。㊳吳王大悅　徐天祐曰：「天生神木，不假日夜之所息，一夕而大二十圍，長五十尋，有是哉？使茲事而信，越嘗以其木致於吳，而行人之辭乃曰：東海役臣，獻為殿之餘材。甚非所以禮吳而示有先也。且越有五臺，未嘗敢上吳王，以為畏法服威。夫既天之產材若是其異，人之致飾若是其都，而名之曰餘材，則越之為殿亦已忲矣。而特以其遺餘奉吳，何越之失言而吳之易悅耶？」㊴桀　即夏桀，姒姓，名履癸，以荒淫暴虐而被商湯所敗，出奔南方而死，夏朝也隨之滅亡。㊵靈臺　相傳為夏桀所築臺名。㊶紂起鹿臺　漢代劉向《新序．刺奢》曰：「紂為鹿臺七年而成，其大三里，高千尺，臨望雲雨。」紂，即商紂，亦稱帝辛，以淫亂殘暴而被周武王所敗，登鹿臺自焚而死，商朝也隨之滅亡。鹿臺，古臺名，故址在今河南湯陰朝歌鎮南，相傳為紂王所築。㊷五穀　指黍、稷、菽、麥、稻等穀物。㊸姑蘇之臺　故址在江蘇吳縣西南姑蘇山上，又作「姑胥臺」，相傳最初為吳王闔閭所築。《越絕書．記吳地傳》曰：「胥門外有九曲路，闔閭造以游姑胥之臺，以望太湖，中闚百姓。去縣三十里。」本書卷四〈闔閭內傳〉也載闔閭曾「治姑蘇之臺」。此云夫差起姑蘇之臺，當是續建。㊹高見二百里　以姑蘇臺高，可望見方圓二百里地方。徐天祐注曰：臺始基於闔閭，而新作於夫差。《吳地記》曰：「高三百丈，廣八十四丈。」㊺行路之人　此指出征之人，即為築姑蘇臺而服勞役的人民。㊻嗟嘻　嗟嘆。

【語譯】越王句踐於是召請大夫文種而問道：「我過去接受了您的意見，因而能倖免於窮迫、困厄的處境。現在我想奉行不受人制約的計策，以洗刷我往日的怨仇，應怎樣做才能成功呢？」大夫文種說：「我聽說高空中的飛鳥往往死於美味的食物，深泉下的游魚往往死於芳香的釣餌。現在想要討伐吳王夫差，必須要事先了解他的愛好，參照他的願望，然後才能夠獲知他的實情。」越王句踐說：「一個人所愛好的東西，即使就是他的志願，你將怎樣來確定對策，並把他制於死地呢？」大夫文種說：「要想報仇雪恨，攻破吳國，消滅敵人，有九條計策可用，希望大王能夠明察。」越王句踐說：「我遭受恥辱，心懷憂愁，國內慚見朝中大臣，國外愧對各國諸侯，心中迷亂困惑，精神一片空虛，雖然有九條計策，我怎麼能知道呢？」大夫文種說：「這九條計策，商湯王、周文王曾因得到它而成就了王業，齊桓公、秦穆公曾因得到它而成就了霸業。運用這些計策去攻取城市，猶如脫鞋般容易，希望大王能夠予以接受。」

大夫文種接著說：「一是尊奉天地，敬事鬼神，以求得天地鬼神的福祐。二是拿貴重的財物贈送給敵國的君王，用大量的金玉布帛換取敵國大臣的歡心。三是以高價購買敵國的糧食草料，使他們的國庫空虛；利用敵方的欲望來使他們的人民疲乏。四是贈送美女給敵國君王，以迷惑他的心思，擾亂他的計謀。五是贈送能工巧匠和上等木材，讓敵國興建宮室樓臺，以耗盡他的財力。六是送禮給敵國那些善於阿諛奉承的大臣，使他們容易自誇。七是使敵國那些敢於犯顏進諫的大臣更加倔強，迫使他們自殺。八是君王自己的國家要富裕，並裝備好精銳的武器。九是訓練好軍隊，以便在敵軍疲困時乘機出擊。總共這九條計策，只要大王默記心中，不向外傳，並以敬神的信念堅守下去，就是奪取天下也不是難事，更何況只是對付吳國呢？」

越王句踐說：「太好了！」於是立即實施第一條計策。在都城東郊立祠以祭陽神，名叫東皇公。在都城西郊立祠以祭陰神，名叫西王母。在會稽山上祭祀大禹陵，在江中洲上祭祀水神。奉事鬼神二年，越國沒有遭受災禍。

越王句踐說：「好啊！大夫的計策。希望您能論述一下其他幾條應如何實施。」大夫文種說：「吳王夫差喜歡建造宮殿樓臺，不停地徵用民工。大王可選伐名山中的珍奇木材，送去奉獻給吳王。」越王句踐於是派遣了三千多個木工，深入名山採伐神木。但過了一年，伐木隊伍還沒有找到神木的所在，木工們已開始思念歸家，心中都懷有不滿的情緒，因而唱出了〈木客之吟〉的怨歌。一天晚上，天神顯靈，突然長出兩株神木，樹幹有二十圍粗，五十尋高，陽面是有斑文的梓木，陰面是名貴的楩木和楠木。能工巧匠用大尺進行測量計算，用圓規繩墨加以製作。經過雕琢整治，使之圓轉，再加以刻削磨擦，塗上不同的顏色，畫上錯綜的花紋，鑲嵌白玉，鏤飾黃金，看上去好像是龍蛇的形狀，圖紋彩繪，相映生輝。越王於是派大夫文種出使吳國，將神木獻給吳王。文種對吳王說：「東海服役的賤臣句踐，派遣使臣文種，大膽通過大王的下級官吏，向大王的左右通報：仰仗大王的力量，我私下修築了一座小宮殿，還有些剩餘的木材，謹再拜獻給大王。」吳王夫差聽了非常高興。伍子胥進諫說：「大王請不要接受。從前夏桀建造靈臺，商紂建造鹿臺，都導致陰陽不能調和，寒暑不按季節，五穀不能成熟，上天降下災禍，使百姓困苦空虛，國家遭遇變故，終於自取滅亡。大王如果接受它，一定會被越王殺害。」吳王夫差不聽勸諫，終於接受神木而興建姑蘇臺。花了三年聚集材料，過了五年才將姑蘇臺建成，臺頂甚高，在上面可望見方圓二百里地方。出征服役的民工，有的拋屍道旁，有的哭泣於巷中，嗟嘆之聲，不絕於耳。百姓疲困，士人悲苦，民不聊生。越王句踐說：「好啊！大夫的第二條計策。」

十一年❶，越王深念永思，惟欲伐吳，乃請計硯問曰：「吾欲伐吳，恐不能破，早欲興師，惟問於子。」計硯對曰：「夫興師舉兵，必且內蓄五穀，實其金銀，滿其府庫❷，勵其甲兵。凡此四者，必察天地之氣，原於陰陽，明於孤虛❸，審於存亡，乃可量敵。」越王曰：「天地存亡，其要奈何？」計硯曰：「天地之氣，物有死生。原陰陽者，物貴賤也。明孤虛者，知會際❹也。審存亡者，別真偽也。」越王曰：「何謂死生真偽乎？」計硯曰：「春種八穀❺，夏長而養，秋成而聚，冬畜❻而藏。夫天時有生❼而不救種❽，是一死❾也。夏長無苗，二死也。秋成無聚，三死也。冬藏無畜，四死也。雖有堯舜之德，無如之何。夫天時有生，勸者❿老，作者少，反⓫氣應數，不失厥理⓬，一生⓭也。留意省察，謹除苗穢⓮，穢除苗盛，二生也。前時設備，物至則收，國無逋稅⓯，民無失穗，三生也。倉已封塗，除陳入新，君樂臣歡，男女及信，四生也。夫陰陽者，太陰⑯所居之歲⑰，留息⑱三年，貴賤見矣。夫孤虛者，謂天門地戶⑲也。存亡者，君之道德也。」越王曰：「何子之年少於物之長也？」計硯曰：「有美之士，不拘長少。」越王曰：「善哉！子之道也。」乃仰觀天文，集察緯宿⑳，曆象四時㉑，以下者上，虛設八倉，從陰㉒收著㉓，望陽㉔出糶㉕，筴㉖其極計，三年五倍，越國熾富㉗。句踐歎曰：「吾之霸矣。善！計硯之謀也。」

【章旨】此章記敘大夫計硯再次勸諫越王的情景。越王句踐報仇心切，過了一年之後又向計硯請教興師伐吳之計，計硯先向越王闡述了帶有普遍意義的道理：「興師舉兵，必且內蓄五穀，實其金銀，滿其府庫，勵其甲兵。」然後運用陰陽術數的理論來說服越王，應做好充分準備之後，再乘時出兵伐吳。

【注釋】❶十一年　即西元前四八六年，吳王夫差十年。❷府庫　官府儲存財物兵甲的倉庫。❸孤虛　古時占卜推算日時之法，又稱「旬中空亡」。《史記・龜策列傳》曰：「日辰不全，故有孤虛。」天干稱「日」，地支稱「辰」，一旬中，日和辰不全稱孤虛。《六甲孤虛法》曰：「甲子旬中無戌亥，戌亥為孤，辰巳即為虛。甲戌旬中無申酉，申酉為孤，寅卯即為虛。甲申旬中無午未，午未為孤，子丑即為虛。甲辰旬中無寅卯，寅卯為孤，申酉即為虛。甲寅旬中無子丑，子丑為孤，午未為虛。」蓋旬空為孤，對衝為虛。占卜時得孤虛，主事不成。❹會際　遇合；時機。❺八穀　指黍、稷、稻、粱、禾、麻、菽、麥等八種穀物，或以稻、黍、大麥、小麥、大豆、小豆、粟、麻為八穀，也可泛指一切穀物。❻畜　積貯。❼天時有生　徐天祜注曰：以四時言，則「有生」當作「春生」，謂春季是穀物萌生幼芽的時節。❽救種　即治種，包括備種、浸種、播種等環節。❾死　死機；絕境。❿勸者　勉勵耕種的人。⓫反　同「返」。⓬厥理　其中的規則。指穀物生長的規律。⓭生　生機；活路。⓮苗穢　禾苗中的雜草。⓯逋稅　拖欠稅賦。⓰太陰　按太陰本是太歲的別稱，為古代天文學中假設的行星，與歲星的運行方向相反。此處當指天神青龍，據《淮南子・天文》：「天神之貴者，莫貴於青龍，或曰天一，或曰太陰。」⓱歲　《後漢書・律曆》曰：「青龍移辰，謂之歲。」⓲留息　留居在歲位上保息。⓳天門地戶　古代傳說天有門，地有戶。⓴緯宿　緯指金、木、水、火、土等行星，又稱緯星。宿指二十八宿等恆星，又稱經星。蓋以二十八宿隨天右轉為經，以金、木、水、火、土五星左旋為緯。㉑曆象四時　通過觀測天象而推算曆法，確定春、夏、秋、冬四季時令。曆象，推曆觀象，觀測推算天體的運行。㉒陰　即太陰，指冬天，按蔡邕《獨斷》曰：「冬為太陰。」㉓著　積貯。㉔陽　即太陽，指夏天，按蔡邕《獨斷》曰：「夏為太陽。」㉕糶　賣出穀物。㉖筴　通作「策」。㉗熾富　昌盛富裕。

【語　譯】越王十一年，句踐深念久思，一心只想討伐吳國，於是召請計硯而問道：「我想討伐吳國，又擔心不能攻克，想早些出兵，只有請教你。」計硯回答說：「想出兵起事，一定要在國內儲足糧食，備足金銀，裝滿國庫，激勵士兵。總共這四方面，一定要觀察天地氣數，從陰陽變化中尋找原因，以占時卜日來明瞭吉凶，對生死存亡要仔細研究，這樣才可以估量敵人。」越王句踐說：「天地氣數、生死存亡等問題，它們的要旨是什麼？」計硯回答說：「天地的陰陽氣數，使萬物有生死存亡。推原氣數的陰陽，可以區分萬物的貴賤；占卜時日的吉凶，可以了解萬物遇合的時機；仔細研究生死存亡，可以辨別萬物的真相假象。」越王句踐說：「什麼叫做死生真偽呢？」計硯說：「春天播種各種穀物，夏天長出禾苗而進行培育管理，秋天穀子成熟而及時收穫，冬天積貯而入庫藏。天時處在春季，是穀物萌生幼芽的時節而不耕作播種，這是第一個死機。夏季是穀物生長的時節，卻沒有禾苗，這是第二個死機。秋季是穀物成熟的時節，卻沒有收穫，這是第三個死機。冬季是儲藏糧食的時節，卻沒有積貯，這是第四個死機。這時候即使有唐堯虞舜一樣的德行，也無可奈何了。天時處在穀物萌生幼芽的季節，如果有長者勉勵農事，讓青年從事耕作，回應天地氣數，就不會違背穀物生長的規律，這是第一個生機。留意檢查觀察，細心清除禾苗中的雜草，雜草除得乾淨，禾苗就生長得茂盛，這是第二個生機。提前做好秋收的準備，穀物一成熟就及時收穫，這樣全國就不會有人拖欠賦稅，老百姓也沒有損失糧食，這是第三個生機。糧倉已經封塗嚴實，換去陳糧，裝入新穀，國君高興，臣下歡樂，男女百姓無不信從，這是第四個生機。所謂『陰陽』，是就貴神青龍居留在歲位上的情形而言，如果青龍留居在歲位上保息三年，那麼萬物的貴賤就會明顯可見。所謂『孤虛』，是就天門地戶而言。所謂『存亡』，是就君王的道德而言。」越王句踐說：「為什麼你年紀不大，卻對萬物的道理懂得那麼多呢？」計硯說：「一個士人是否有才有德，不在於年齡的大小。」越王句踐說：「你的見解太好了。」於是仰觀日月星辰分布運行的現象，集中觀察金、木、水、火、土等行星和二十八宿等恆星，根據天象推算曆法，從而確定春、夏、秋、冬四季時令。把地上的人事與天上的星象對應聯繫，以天上有八穀星，便在地上虛設了八座穀倉，在冬天陰氣極盛時收藏積貯，到夏天陽氣旺盛時賣出穀物，策畫了最妙的計謀，三年期間糧食儲備增長了五倍，越國因此走向富裕昌盛。越王句踐說：「我將成就霸業。這都是計硯的好計謀啊！」

十二年❶，越王謂大夫種曰：「孤聞吳王淫而好色，惑亂沈湎❷，不領政事。因此而謀，可乎？」種曰：「可破。夫吳王淫而好色，宰嚭佞以曳❸心，往獻美女，其必受之。惟王選擇美女二人而進之。」越王曰：「善。」乃使相者國中❹，得苧蘿山鬻薪之女，曰西施、鄭旦❺。飾以羅縠❻，教以容步，習於土城❼，臨於都巷，三年學服❽而獻於吳。乃使相國范蠡進曰：「越王句踐竊有二遺女❾，越國洿下❿困迫，不敢稽留，謹使臣蠡獻之大王，不以鄙陋寢容⓫，願納以供箕箒之用⓬。」吳王大悅，曰：「越貢二女，乃句踐之盡忠於吳之證也。」子胥諫曰：「不可，王勿受也。臣聞五色⓭令人目盲，五音⓮令人耳聾。昔桀易湯而滅⓯，紂易文王而亡⓰。大王受之，後必有殃。臣聞越王朝書不倦，晦誦⑰竟夜⑱，且聚敢死之士數萬，是人不死，必得其願。越王服誠行仁，聽諫進賢，是人不死，必成其名。越王夏被毛裘⑲，冬御絺綌⑳，是人不死，必為對隙㉑。臣聞：賢士，國之寶。美女，國之咎。夏亡以妹喜㉒，殷亡以妲己㉓，周亡以褒姒㉔。」吳王不聽，遂受其女。越王曰：「善哉！第三術也。」

【章　旨】此章記敘越王句踐與大夫文種共同策畫對吳王施行「九術」中關於「遺美女以惑其心而亂其謀」一術的過程。這一計謀能得以實施的前提條件是「吳王淫而好色，宰嚭佞以曳心」。因而當越王下令在越國境內選得西施、鄭旦二美女，命范蠡進獻給吳王的時候，儘管遭到了伍子胥的反對，吳王夫差還是高興地接受了。不過，這一計策的制定與實施，甚至包括伍子胥的反對與勸諫，都是以女人禍水論的歷史偏見作為理論依據的。

【注　釋】❶十二年　即西元前四八五年，吳王夫差十一年。❷沈湎　沈溺於酒色。❸曳　拉；牽。❹乃使相者國中　據文意當作「乃使相者索國中」。相者，看相的人。❺得苧蘿山二句　徐天祜注引《會稽志》：「苧蘿山在諸暨縣南五里。」《輿地志》：「諸暨縣苧蘿山，西施、鄭旦所居。」《十道志》：「句踐索美女以獻吳王，得之諸暨苧蘿山，賣薪女也。」今按苧蘿山又稱「蘿山」。西施又稱「先施」、「西子」。鬻，賣。薪，柴。❻羅縠　指用有羅紋的軟絲和有縐紋的輕紗所做成的衣服。❼土城　據《太平御覽・卷三八一》引《吳會分地記》

曰：「土城者，句踐時索美女，欲以獻吳，於蘿山得西施、鄭旦，作土城貯之，使近道習見人，令賢傅母，教之三年。」徐天祜注引《越舊經》：「土城在會稽縣東六里。」❽學服　學習完成；學成習慣。❾越王句踐句　按「遺女」通常指喪父之女，但據《越絕書・九術》作「越王句踐竊有天之遺西施、鄭旦」，則知此處「遺女」當訓作「上天賜予的女子」。❿洿下　低下。⓫寢容　容貌醜陋。⓬供箕箒之用　為侍姬的謙辭，謂在宮中司灑掃之事。箒，同「帚」。⓭五色　指青、黃、赤、白、黑五色，也泛指各種色彩。⓮五音　古樂五聲音階的五個階名：宮、商、角、徵、羽，此處泛指各種音樂。按伍子胥在此引述的「五色令人目盲，五音令人耳聾」，出自《老子》。⓯桀易湯而滅　謂夏桀因輕視商湯而滅亡。事指夏桀曾召商湯而囚之夏臺，本來可以殺掉他，但因夏桀輕視商湯，不久便把他釋放了。後來商湯率領諸侯討伐夏桀。桀走鳴條，遂放而死。桀謂人曰：「吾悔不遂殺湯於夏臺，使至此。」參見《史記・夏本紀》。⓰紂易文王而亡　謂商紂因輕視周文王而敗亡。事指商紂曾拘囚西伯（即周文王）於羑里，但因紂王輕視西伯，便接受了西伯之臣閎夭等人進獻的美女奇物善馬，立即赦免了西伯，並賜之弓矢斧鉞，使西伯得征伐，於是諸侯多叛紂而往歸西伯。西伯死後，周武王繼承父業，終於滅紂興周。參見《史記・殷本紀》、〈周本紀〉。⓱晦誦　夜晚誦讀。⓲竟夜　終夜；徹夜。⓳越王夏被毛裘　據蔣光煦《斠補隅錄・吳越春秋》：宋本作「臣聞越王夏被毛裘」。被，同「披」。⓴絺綌　葛布衣。絺，細葛布。綌，粗葛布。㉑對隙　怨恨；仇隙。對，通「懟」。㉒夏亡以妹喜　相傳有施氏為夏桀所敗，因進妹喜於桀，受到寵愛。商湯滅夏，桀和妹喜南奔而死。參見《國語・晉語》。妹喜又作「妺喜」、「末喜」。妹喜乃夏桀妃，有施氏女。有施氏原為喜姓。㉓殷亡以妲己　紂進攻有蘇氏時，有蘇氏把妲己進獻給紂，極受寵愛。後來周武王滅商時被殺。參見《國語・晉語》、《史記・殷本紀》。妲己乃商紂之妃。姓己，名妲，有蘇氏之女。㉔周亡以褒姒　據《國語・晉語》曰：「周幽王伐有褒，褒人以褒姒女焉，褒姒有寵，生伯服，于是乎與虢石甫比，逐太子宜臼而立伯服。太子出奔申，申人、鄫人召西戎以伐周，周於是乎亡。」又據《史記・周本紀》載：褒姒性不好笑，幽王悅之萬方不得。乃舉烽火以召諸侯，諸侯急至，而無外敵入寇事，褒姒大笑。幽王遂數舉烽火，以博褒姒之笑。後申侯與繒、西戎攻周，幽王又舉烽火，諸侯以為戲，不至。於是幽王被殺，褒姒被虜，西周滅亡。褒姒，乃周幽王的寵妃。褒國人，姒姓。

【語　譯】越王十二年，句踐對大夫文種說：「我聽說吳王夫差貪淫好色，迷惑沈溺，不理政事。我們就這方面來策畫計謀，可以攻破嗎？」文種說：「可以攻破。吳王夫差本來就荒淫貪色，加之有太宰嚭以巧言牽心，我們前往吳國進獻美女，他一定會接受。希望大王選擇兩位美女進獻給吳王。」越王說：「好。」於是派遣善於看相的人在全國挑選，終於在苧蘿山選得兩位賣柴人家的女兒，名叫西施、鄭旦。給她們穿上用絲羅縐紗做的衣服，教她們容貌表情和步履舉止，讓她們在靠近都城街巷的土城中練習。三年之後，二人學成習慣，才被獻給吳王。於是越王派遣相國范蠡前往吳國進獻，對吳王說：「越王句踐私下得到上天賜予的兩個美女，以越國地位低下，處境窘迫，不敢自己收留，謹派遣使臣范蠡奉獻給大王，大王如不嫌她們容貌醜陋，希望能收納她們供您灑掃使用。」吳王非常高興，說：「越國進貢兩位美女，這是越王句踐竭盡忠誠報效吳國的明證嘛！」伍子胥進諫說：「不可以接受，大王請不要接受。我聽說繽紛的彩色會使人眼瞎，動聽的音樂會使人耳聾。從前夏桀因輕視商湯而滅亡，商紂因輕視周文王而敗亡。現在大王如果接受這兩個美女，以後一定會遭受禍殃。我聽說越王句踐經常在清晨就不知疲倦地書寫，晚上誦讀往往徹夜不眠，而且已經聚集了數萬敢死之士，這人只要活著，就一定能實現自己的願望。越王句踐服從誠信，奉行仁義，聽從勸諫，任用賢能，這人只要不死，就一定會功成名就。我聽說越王句踐夏天可以披毛皮衣服度暑，冬天可以穿葛布衣服禦寒，這人只要活著，就一定成為吳國的仇敵。我聽說賢能之士是國家的寶貝，美麗女子是國家的災禍。夏朝就是因為妹喜而滅亡，商朝也是因為妲己而傾覆，西周更是因為褒姒而禍敗。」吳王夫差不聽勸諫，最後還是接受了西施、鄭旦。越王句踐說：「好啊！這第三條計策。」

十三年❶，越王謂大夫種曰：「孤蒙子之術，所圖者吉，未嘗有不合也。今欲復謀吳，奈何？」種曰：「君王自陳越國微鄙❷，年穀不登❸，願王請糴，以入其意❹。天若棄吳，必許王矣。」越乃使大夫種使吳，因宰嚭求見吳王，辭曰：「越國洿下，水旱不調，年穀不登，人民饑乏，道荐❺饑餒❻。願從大王請糴，來歲即復太倉❼。惟大王救其窮窘。」吳王曰：「越王信誠守道，不懷二心，今窮歸愬❽，吾豈愛惜財寶，奪其所願？」子胥諫曰：「不可！非吳有越，越必有吳。吉往則凶來，是養生寇而破國家者也。與之不為親，不與未成寃。且越有聖臣范蠡，勇以善謀，將有修飾，攻戰以伺。吾聞❾觀越王之使使來請糴者，非國貧民困而請羅也，以入吾國，伺吾王間也[10]。」吳王曰：「寡人卑服越王，而有其眾，懷其社稷，以愧句踐。句踐氣服，為駕車卻行[11]馬前，諸侯莫不聞知。今吾使之歸國，奉其宗廟，復其社稷，豈敢有反吾之心乎？」子胥曰：「臣聞士窮，非難抑心下人[12]，其後有激人之色。臣聞越王饑餓，民之困窮，可因而破也。今不用天之道，順地之理，而反輸之食，固君之命[13]，狐雉[14]之相戲也。夫狐卑體，而雉信之。故狐得其志，而雉必死。可不慎哉？」吳王曰：「句踐國憂，而寡人給之以粟，恩往義來，其德昭昭[15]，亦何憂乎？」子胥曰：「臣聞狼子有野心[16]，仇讎之人不可親。夫虎不可餧[17]以食，蝮蛇[18]不恣其意。今大王捐[19]國家之福，以饒[20]無益之讎，棄忠臣之言，而順敵人之欲。臣必見越之破吳，豸[21]鹿游於姑胥之臺，荊榛蔓於宮闕，願王覽武王伐紂之事[22]也。」太宰嚭從旁對曰：「武王非紂王臣也？率諸侯以伐其君，雖勝殷謂義乎？」子胥曰：「武王即成其名矣。」太宰嚭曰：「親戮主以為名，吾不忍也。」

子胥曰：「盜國者封侯，盜金者誅。今使武王失其理，則周何為三家之表㉓？」太宰嚭曰：「子胥為人臣，徒欲干君之好，咈㉔君之心，以自稱滿，君何不知過乎？」子胥曰：「太宰嚭固欲以求其親，前縱石室之囚，受其寶女之遺，外交敵國，內惑於君，大王察之，無為群小所侮。今大王譬若浴嬰兒，雖啼，無聽宰嚭之言。」吳王曰：「宰嚭是。子無乃㉕聞寡人言，非忠臣之道，類於佞諛之人。」太宰嚭曰：「臣聞鄰國有急，千里馳救，是乃王者封亡國之後㉖，五霸輔絕滅之末者也㉗。」吳王乃與越粟萬石㉘，而令之曰：「寡人逆群臣之議而輸於越，年豐而歸寡人。」大夫種曰：「臣奉使返越，歲登，誠還吳貸。」大夫種歸越，越國群臣皆稱萬歲，即以粟賞賜群臣，及於萬民。

二年，越王粟稔㉙，揀擇精粟而蒸，還於吳，復還斗斛㉚之數，亦使大夫種歸之吳王。王得越粟，長太息，謂太宰嚭曰：「越地肥沃，其種甚嘉，可留使吾民植之。」於是吳種越粟，粟種，殺而無生者，吳民大(ㄉㄚˋ)饑(ㄐㄧ)。

【章　旨】此章記敘越王句踐與大夫共同策畫對吳王施行「九術」中關於「貴糴粟槀以虛其國，利所欲以疲其民」一術的過程。越王派遣文種出使吳國，藉口「水旱不調，年穀不登」而向吳王請糴，並許以「來歲即復太倉」。吳王以大國自居，對越王深信不疑，打算給之以粟，以邀「恩往義來」之名，但卻遭到了伍子胥的強烈反對，後得太宰嚭從旁鼓動吳王，終於答應輸給越國粟萬石。第二年豐收之後，越國揀擇精粟萬石蒸煮後還給吳國，吳王見越粟種嘉而使吳民植之，終於落入越王設置的圈套，導致吳國糧食失收，人民大饑。

【注　釋】❶十三年　即西元前四八四年，吳王夫差十二年。❷鄙　邊邑。❸登　成熟。❹以入其意　按《史記·越王句踐世家》作「以卜其事」。❺荐　頻；一再。❻饑餒　饑餓。❼太倉　都城儲糧的大倉。❽愬　同「訴」。❾間　乘間；私下。❿伺吾王間也　窺伺我們大王的空子。間，空隙；空子。⓫卻行　倒退而行。⓬非難抑心下人　不難克制自己的心志而屈居於他人之後。⓭固君之命　按萬曆本作「因君之命」。⓮雉　鳥名，俗稱野雞。⓯昭昭　光明。⓰狼子有野心　謂豺狼之子不可馴服。比喻貪暴之人有險惡之心。⓱餧　同「餵」。飼；哺食。⓲蝮蛇　毒蛇，多居濕地。⓳捐　捨棄。⓴饒　加惠。㉑豸　徐天祜注曰：蟲無足曰豸。當作「豕」。㉒武王伐紂之事　詳見《史記·周本紀》。㉓三家之表　徐天祜注曰：意謂釋箕子之囚、封比干之墓、表商容之閭也。今按箕子是商代貴族、紂王的諸父，官太師。曾勸諫紂王，紂王不聽，把他囚禁。周武王滅商後，命召公釋箕子之囚。比干是紂王的叔父，官少師，因屢次直顏犯諫，被紂王剖心而死。周武王滅商後，命閎夭封比干之墓。商容也是商代貴族、賢臣，百姓愛之，而紂廢之。周武王滅商後，曾命畢公在商容的閭里加以表彰。

參見《史記・殷本紀》、〈周本紀〉。㉔咈　違背；抵觸。㉕無乃　莫非；豈不是；得無。㉖王者封亡國之後　指商湯滅夏即位後，「封夏之後，至周封於杞也」。周武王滅商即天子位後，封紂王子武庚、祿父，「以續殷祀」。參見《史記・夏本紀》、〈殷本紀〉。㉗五霸輔絕滅之末者也　謂五霸也輔助已滅亡的諸侯國的後代。按五霸說法不一，其事難以一一確指。㉘石　容量單位，十斗為石。也作重量單位，百二十斤為石。《漢書・律曆志》曰：「三十斤為鈞，四鈞為石。」㉙稔　穀物成熟。㉚斗斛　皆為計算糧食的量器，古以十升為一斗，以十斗為一斛。因而「斗斛」也可作為糧食的代稱。

【語　譯】越王十三年，句踐對大夫文種說：「我承蒙你的計策，所圖謀的事情都順利大吉，未曾有過不符合預先設想的。現在我想再次對吳國用計，該怎麼辦？」文種說：「大王可以親自向吳王上言，說越國是一個僻遠的小國，今年穀物歉收。希望大王乘機請求從吳國買糧，試探一下吳王的意思。上天如果想要廢棄吳國了，吳王就一定會答應您的請求。」越王句踐於是派遣大夫文種出使吳國，通過太宰嚭求見吳王夫差，向吳王上言說：「越國地勢低下，旱澇不相調和，導致今年穀物歉收，國內百姓正忍饑受困，路上不斷出現因飢餓而乞食的人群。我們請求從大王這裡買些糧食，來年即歸還到貴國都城的大倉。希望大王能救濟越國目前的窮困窘迫。」吳王夫差說：「越王忠誠守信，奉行道義，對我一心一意，現在遇到饑荒的困難來向我訴說，我怎麼能愛惜錢財，而不答應他的請求呢？」伍子胥進諫說：「不可以答應。不是吳國占有越國，就必定是越國占有吳國。吉利的時運過去了，凶厄的時運就會跟著來，大王如果這樣做，就等於是養活強盜來破壞自己的國家。給予越國糧食也不會成為親屬，不給越國糧食未必就成為冤家。況且越國有聖明的大臣范蠡，英勇而又善於謀畫，將會在表面上修飾得體，實際是為進攻作戰窺伺時機。我私下觀察越王派來請求買糧的使者，不像是真為國家貧窮、人民困難而前來請求買糧，而是為了到我們吳國，窺探我們大王的空隙。」吳王說：「我曾使越王卑身屈服，而占有他的民眾，包圍他的社稷，以此羞愧越王句踐。句踐服氣，為我駕車在馬前倒退而行，各國諸侯沒有誰不知道此事。現在我讓他回歸越國，奉祀他的宗廟，恢復他的社稷，他哪裡還敢存有反對我的心思呢？」伍子胥說：「我聽說士人處於困厄之中，不難克制自己的心志而屈居於他人之後，隨後表現出感激他人的神色。我聽說越王遭遇了饑荒，人民處於困厄窮迫之中，我們可以乘機攻破越國。現在如果不順應上天意志，利用地理形勢，反而給他們輸送糧食，這固然是大王的命令，也不過是狐狸和野雞之間的相互戲弄而已。狐狸低頭屈體，裝出卑賤之態，野雞便輕易相信了牠。所以狐狸能實現牠的志向，而野雞必然會被吃掉。大王能不謹慎嗎？」吳王說：「句踐國中有難，而我給他救濟一些糧食，我以恩惠相施，他以信義來報，這樣的德行光明，有什麼可憂慮的呢？」伍子胥說：「我聽說豺狼之子不可馴服，仇敵之人不可親近。老虎不能餵給牠食物，毒蛇不能讓牠恣意妄為。現在大王捨棄自己國家的幸福，用來加惠於有害無益的仇敵；拋棄忠臣的建議，而順從敵人的意願。臣下我一定會看到越國攻破吳國，姑蘇臺將任豕鹿縱遊，宮殿中將長滿荊棘灌木。希望大王回顧一下周武王討伐商紂王的史事。」太宰嚭從旁邊插嘴說：「周武王不是商紂王的臣民嗎？他率領諸侯討伐他們的天子，雖然戰勝了殷商，但能說是正義的嗎？」伍子胥說：「周武王隨即就樹立了自己的名聲。」太宰嚭說：「親自殺死天子而樹立名聲，我不忍心這樣做。」伍子胥說：「竊奪國家的人可以封為諸侯，盜取金錢的人必須判刑斬首。假使周武王違背這一常理，那麼周朝又怎麼能釋箕子之囚、封比干之墓、表商容之閭呢？」太宰嚭說：「伍子胥做大臣，只是想干犯大王的喜好，抵觸大王的意願，以此使自己稱心滿意，大王為什麼還不知道自己的過錯呢？」伍子胥說：「太宰嚭本來是想以此求得越王的親近，所以先前慫恿大王釋放了石室中的囚犯，接受了越王餽贈的珠寶和美女，在外勾結敵國，在內迷惑大王，希望大王明察，不要被這類小人所欺侮。譬如現在，大王正在給嬰兒洗澡，雖然嬰兒在啼哭，但不要聽信太宰嚭的話而停止洗澡。」吳王說：「太宰嚭的話是對的。你莫非是聽了我說過的話，以為不這樣諫阻我，就不是行的忠臣之道，而類似於巧佞阿諛的人。」太宰嚭說：「我聽說，凡鄰近國家有急難，當一日千里趕去援救，所以商湯、周武王等成就王業的人，仍封賜亡國君王的後代，齊桓公、晉文公等五位霸主也輔助已滅亡的諸侯國的子孫。」吳王夫差於是借給越國一萬石粟，而傳令給越國使者說：「我違背群臣的建議而輸送糧食給越國，等年穀豐收了，就歸還給我。」大夫文種說：「我奉行使命返回越國，等年成一好，一定歸還從吳國借貸的糧食。」大夫文種回到越國，越國群臣都高呼越王萬歲，越王立即把糧食賞賜給全體臣僚，分發到萬民家中。

第二年，越王在穀物成熟之後，下令選擇精良粟種，用鍋蒸過後，再還給吳國，數量按原來所借萬石量足還清，仍然派大夫文種去送還吳王。吳王收到越國還來的粟糧，長長地嘆了口氣，對太宰嚭說：「越國土地肥沃，粟種精良甚嘉，可以留作種子，讓我國百姓種植。」於是吳國百姓都播下了越國的粟種，結果因粟種都蒸熟過而沒有發芽生苗，致使吳國百姓遭遇了嚴重饑荒。

越王曰：「彼以窮居，其可攻也。」大夫種曰：「未可。國始貧耳，忠臣尚在，天氣❶未見，須俟其時。」越王又問相國范蠡曰：「孤有報復之謀，水戰則乘舟，陸行則乘輿，輿舟之利，頓❷於兵弩❸。今子為寡人謀事，莫不謬者乎？」范蠡對曰：「臣聞古之聖君，莫不習戰用兵，然行陣隊伍軍鼓之事，吉凶決在其工。今聞越有處女❹，出於南林❺，國人稱善，願王請之，立可見❻。」越王乃使使聘之，問以劍戟❼之術。

處女將北見於王，道逢一翁，自稱曰袁公。問於處女：「吾聞子善劍，願一見之。」女曰：「妾不敢有所隱，惟公試之。」於是，袁公即杖箖箊竹❽，竹枝上頡❾，橋末墮地❿，女即捷末⓫，袁公則飛上樹，變為白猿。遂別去，見越王。

越王問曰：「大劍之道則如之何？」女曰：「妾生深林之中，長於無人之野，無道不習，不達諸侯。竊好擊之道，誦之不休。妾非受於人也，而忽自有之。」越王曰：「其道如何？」女曰：「其道甚微而易，其意甚幽而深。道有門戶，亦有陰陽，開門閉戶，陰衰陽興。凡手戰之道，內實精神，外示安儀，見之似好婦，奪之似懼虎。布形候氣，與神俱往。杳⑫之若日，偏⑬若滕⑭兔。追形逐影，光若彿彷⑮。呼吸往來，不及法禁⑯。縱橫逆順，直復不聞。斯道者，一人當百，百人當萬。王欲試之，其驗即見。」越王即加女號⑰，號曰「越女」。乃命五板之墮長高習之教軍士⑱。當世勝越女之劍⑲。

【章旨】此章記敘越王句踐在大夫文種的勸說下，暫緩伐吳，繼續備戰，等待時機，並且接受范蠡的建議，聘請精通劍術的越女教習軍士，以增強越國的軍事實力。同時通過描寫越女北上途中見老翁變為白猿的奇遇，和她同越王談說劍道的情景，勾勒出一位武藝高強而頗具傳奇色彩的女俠形象。

【注釋】❶天氣　上天的氣數。❷頓　挫傷；困厄。❸兵弩　兵器弓弩。❹處女　少女。❺出於南林　按《太平御覽・卷三四三》及《文選・卷五・吳都賦》注引作「出於南林之中」。徐天祐注引《越舊經》曰：「南林在山陰縣南。」❻願王請之二句　按《書鈔》引作「願王問以手戰之道，立可見也」。❼戟　古兵器名。合戈矛為一體，可以直刺和橫擊。❽袁公句　按《藝文類聚・卷九五》引作「袁公即拔箖箊之竹」。箖箊，竹名。《文選・卷五・吳都賦》注曰：「箖箊是袁公所與越女試劍竹者也。」❾竹枝上頡　徐乃昌《吳越春秋札記》曰：按他本作「竹枝上槁」。槁，乾枯。❿橋未墮地　徐乃昌《吳越春秋札記》曰：按他本作「末折墮地」。⓫女即捷末

《文選・卷五・吳都賦》注引《吳越春秋》作「處女即接末」。又據蔣光煦《斠補隅錄・吳越春秋》載：宋本在此句下有「袁公操其本而刺處女，女應即入之，三入，處女因舉杖擊之」二十三字。捷，通作「接」。⑫杳　昏暗；深遠。⑬偏　通「翩」。⑭勝　通「騰」。⑮彿彷　即彷彿。⑯法禁　法規；禁令。⑰越王即加女號　按《太平御覽・卷四二三》引作「越王大悅」。⑱乃命五板句　按《太平御覽・卷三四三》引作「乃命五校之隊長、高才習之，以教軍人」。所謂五校，本是漢代對步兵、屯騎、長水、越騎、射聲五校尉的合稱。黃省曾注荀悅《申鑒・時事》曰：「五校者，一曰屯騎，二曰越騎，三曰步兵，四曰長水，五曰射聲，俱掌宿衛兵，所謂大駕，鹵簿、五校在前是也。」今按此處所謂「五校」，當訓作五個兵種部隊，其頭領稱作「隊長」。所謂「高才」，則指五校中武藝超群的士兵。⑲當世勝越女之劍　徐天祜注曰：「勝」字上疑當有「莫能」二字。今按《太平御覽・卷三四三》引作「當此之時，皆稱越女劍」。

【語譯】越王句踐說：「吳國已處於窘迫之中，該可以進攻了。」大夫文種說：「還不能進攻。吳國剛剛開始貧困罷了，但忠臣還在朝中，上天的氣數還沒有顯示，所以還須等待時機。」越王句踐又問相國范蠡說：「我已經有了報復吳仇的計策，在水上作戰就乘船，在陸地行軍就乘車，但車船的便利，往往受挫於兵器弓弩。如今你為我謀畫兵戰之事，莫非還有失誤嗎？」范蠡回答說：「我聽說古代聖明的君王，沒有不通曉用兵作戰的，然而排列行陣、指揮隊伍、擊鼓進退之類的事情，其吉凶成敗最終取決於士兵的武藝是否高超。現在我聽說越國有位處女，出生於南林之中，國人都稱讚她的劍術高超，希望大王能請她入宮，立即就可以見出分曉。」越王句踐於是派遣使者去聘請越女，向她請教使用劍戟的技術。

越國處女應命北上，將去拜見越王，途中遇到一位老翁，自己稱名叫「袁公」。他問處女道：

「我聽說你善於使劍，希望能讓我見識一下。」處女說：「我不敢有所隱匿保留，請您考試檢驗吧！」於是，袁公當即拔起一根箖箊竹作擊杖，但因竹子的上端已經乾枯，致使竹梢折斷而落向地上，處女立即用手接住了落下的竹梢，袁公立即飛身上樹，變成了一隻白猿。處女於是辭別白猿而去，北上面見越王。

越王句踐問處女道：「你擊劍的技法是怎樣的？」處女回答說：「我出生深山老林之中，在沒有人煙的荒野長大，沒有什麼技法不通曉的，但還不為諸侯所知。我私下喜好擊劍技法之類的書，經常誦讀不停。我的劍術不是別人教給的，而是自己領悟忽然就掌握了。」越王說：「這種技法是怎樣的？」處女說：「這種技法很微小，而且容易掌握，但其中的道理卻很微妙而且精深。技法都有門道窗戶，也有陰氣陽氣，打開門道，關閉窗戶，則陰氣衰微，陽氣興旺。凡是手執兵器格鬥的技法，都應該內心充實精神，外表顯示安詳的儀態，看起來好像是個美麗善良的婦人，搏擊時卻像是隻可怕的老虎。擺好架勢，等候運氣，全神貫注。即使在昏暗的夜晚，也覺得如有太陽照耀一樣明亮，翩然起跳，好像是飛騰的野兔。追逐對手緊隨不捨，正與有光照影、影不離形的情形相似。呼吸運氣，往來博擊，不違背規則禁令。可縱可橫，可倒可順，即使迴轉往復也聽不到聲音。掌握了這種擊劍技法，一人可當百人，百人可當萬人。大王如果想試驗一下，它的效驗立刻就可以見到。」越王非常高興，當即給這位少女加了稱號，稱她為「越女」。越王於是命令各兵種部隊的長官和高手向越女學習劍術，然後再教給士兵。在這個時期，人們都稱這種劍術為「越女劍」。

於是范蠡復進善射者陳音。音，楚人也。越王請音而問曰：「孤聞子善射，道何所生？」音曰：「臣，楚之鄙人❶，嘗步於射術，未能悉知其道。」越王曰：「然，願子一二其辭。」音曰：「臣聞弩❷生於弓，弓生於彈❸，彈起古之孝子。」越王曰：「孝子彈者奈何？」音曰：「古者，人民朴質，饑食鳥獸，渴飲霧露，死則裹以白茅❹，投於中野❺。孝子不忍見父母為禽獸所食，故作彈以守之，絕鳥獸之害。故歌曰『斷竹續竹，飛土逐宍』之謂也❻。於是神農❼皇帝❽弦木為弧，剡木為矢❾，弧矢之利，以威四方。黃帝之後，楚有弧父。弧父者，生於楚之荊山❿，生不見父母。為兒之時，習用弓矢，所射無脫。以其道傳於羿⓫，羿傳逢蒙⓬，逢蒙傳於楚琴氏⓭。琴氏以為弓矢不足以威天下。當是之時，諸侯相伐，兵刃⓮交錯，弓矢之威不能制服。琴氏乃橫弓著臂，施機設樞⓯，加之以力⓰，然後諸侯可服。琴氏傳之楚三侯⓱，所謂句亶、鄂、章，人號麋侯、翼侯、魏侯也⓲。自楚之三侯傳至靈王⓳，自稱之楚累世⑳，蓋以桃弓棘矢而備鄰國也㉑。自靈王之後，射道分流，百家能人用，莫得其正。臣前人㉒受之於楚，五世於臣矣。臣雖不明其道，惟王試之。」

越王曰：「弩之狀何法焉？」陳音曰：「『郭』為方城㉓，守臣子也。『教』為人君，命所起也。『牙』為執法，守吏卒也。『牛』為中將，主內裏也㉔。『關』為守禦，檢去止也。『錡』為侍從，聽人主也。『臂』為道路，通所使也。『弓』為將軍，主重負也。『弦』為軍師，禦戰士也。『矢』為飛客，主教使也。『金』為實敵㉕，往不止也。『衛』為副使㉖，正道里也。『又㉗』為受教，知可否也。『縹』為都尉，執左右也。『敵』為百死，不得駭也。鳥不及飛，獸不暇走，弩之所向，無不死也。臣之愚劣，道悉如此。」

越王曰：「願聞正射之道。」音曰：「臣聞正射之道，道眾而微。古之聖人，射弩未發而前名其所中㉘。臣未能如古之聖人，請悉其要：

夫射之道，身若戴板[29]，頭若激卵[30]。左蹉，右足橫[31]。左手若附枝，右手若抱兒。舉弩望敵，翕心咽煙[32]。與氣俱發，得其和平。神定思去，去止分離。右手發機，左手不知。一身異教，豈況雄雌？此正射持弩之道也。」「願聞望敵儀表[33]、投分[34]飛矢之道。」音曰：「夫射之道，從分望敵，合以參連[35]。弩有斗石[36]，矢有輕重，石取一兩[37]，其數乃平。遠近高下，求之銖分[38]。道要在斯，無有遺言[39]。」越王曰：「善。盡子之道，願子悉以教吾國人。」音曰：「道出於天，事在於人。人之所習，無有不神。」於是，乃使陳音教士，習射於北郊之外。三月，軍士皆能用弓弩之巧。陳音死，越王傷之，葬於國西[40]，號其葬所曰「陳音山[41]」。

【章　旨】此章著重記敘精通射術的楚人陳音，受命向越王詳細闡述了射術的源流、弩機的奧秘以及射箭的具體方法，越王對陳音的淵博知識和高超射技非常欣賞，因而立即聘請他教習越國軍士，僅三個月，就使「軍士皆能用弓弩之巧」，為提高越軍的戰鬥力立下了汗馬功勞。

陳音生前所受到的禮遇和重用，以及死後所獲得的殊榮，都表現出越王句踐對於人才的重視。

【注釋】❶鄙人　自謙之詞。❷弩　用機械發射的弓，力強可以及遠。❸彈　彈弓。❹白茅　多年生草。古代常以包裹充祭祀的禮物。❺中野　荒野之中。❻故歌曰句　按《太平御覽・卷三五〇》引作「故古人歌之曰：『斷竹續木，飛土逐宍。』遂令死者不犯鳥狐之殘也」。宍，即「肉」字的俗寫。❼神農　傳說中古帝名。又稱炎帝，號烈山氏。相傳他最早教民為耒、耜，以興農業，嘗百草為醫藥以治疾病。❽皇帝　當作「黃帝」，為傳說中古帝名。姬姓，號軒轅氏、有熊氏。相傳他曾打敗炎帝，擊殺蚩尤，於是諸侯尊他為天子，以代神農氏。❾弦木為弧二句　語出《易・繫辭》。弧，木弓。剡，刮；削。徐天祜注引《世本》曰：「黃帝臣牟夷作矢。」❿荊山　楚國山名，在今湖北省南漳縣西部。⓫羿　夏代諸侯有窮國之君，以善射名世。⓬逢蒙　后羿的弟子。《孟子・離婁》曰：「逢蒙學射於羿，盡羿之道，思天下惟羿為愈己，於是殺羿。」⓭琴氏　楚國善射者。⓮兵刄　即「兵刃」。⓯施機設樞　按《釋名・釋兵》曰：「弩，怒也，有執怒也。其柄曰臂，似人臂也。鉤弦者曰牙，似齒牙也。牙外曰郭，為牙之規郭也。下曰懸刀，其形然也。合名之曰機，言如機之巧也。亦言如門戶之樞機，開闔有節也。」又按《太平御覽・卷三四八》引作「施機設郭」，也可通。⓰加之以力　盧文弨疑「力」為「刀」之誤。今按弩機比木弓力強，射程更遠，故知作「加之以力」亦通。⓱琴氏傳之楚三侯　徐天祜注曰：《文選》注所引與此略同，但云「琴氏傳大魏，大魏傳楚三侯」，少異耳。⓲所謂句亶二句　指西周時楚君熊渠的三個兒子熊康、熊紅、熊執疵。楚原在荊山地區，周夷王時代，王室衰微，諸侯相伐，熊渠興兵伐庸、楊粵，至於鄂，乃立其長子康為句亶王，中子紅為鄂王，少子執疵為越章王，皆在江上楚蠻之地。及周厲王之時，熊渠畏其伐楚，而去其王號。參見《史記・楚世家》。⓳靈王　楚共王之子、康王弟，熊氏，名圍，西元前五四〇年為楚君，在位十二年。⓴自稱之楚累世　盧文弨以為「之楚」當作「楚之」。累世，歷代；多世。㉑蓋以桃弓句　按《左傳・昭公十二年》載：楚右尹子革對楚靈王說：「昔我先王熊繹辟在荊山，跋涉山川以事天子，惟是桃弧棘矢以共禦王事。」桃弧，即桃弓，指用桃木做的弓。棘矢，用棘枝做的箭。㉒前人　先人；祖先。㉓郭為方城　此下十五句分別說弩機的製作，各有所取法和寓意。此句中的「郭」，以及下文中的「教」、「牙」、「牛」、「關」、「錡」、「臂」、「弓」、「弦」、「矢」、「金」、「衛」、「叉」、「縹」、「敵」等，都是弩機各個部件的名稱。㉔主內裏也　按萬曆本作「主內裏也」。㉕金為實敵　按《太平御覽・卷三四八》引作「金為穿敵」。㉖衛為副使　此指箭旁鳥羽而言。《釋名》釋「矢」曰：「其旁曰羽，如鳥羽也。鳥須羽而飛，矢須羽而前也。齊人曰衛，所以導衛矢也。」㉗又　盧文弨以為「又」當作「叉」。按《釋名》釋「矢」曰：「其末曰栝。栝，會也，與弦會也。栝旁曰叉，形似叉也。」㉘射弩未發句　徐天祜注曰：射，命中也。㉙身若戴板　謂身體如負載著木板一樣挺立。㉚激卵　明吳琯校本作「激卯」，疑當作「激卬」，卬，通「昂」。㉛左蹉二句　按《太平御覽・卷三四八》引作「左足縱，右足橫」。㉜翕心咽煙　屏住呼吸。㉝望敵儀表　瞭望敵人、瞄準目標的法則。㉞投分　合投與分射。㉟參連　古代五種射法之一：「云參連者，前放一矢，後三矢連續而去也。」㊱弩有斗石　謂弩弓的張力有各種不同的重量級。古代以斗石作為重量單位，以計算挽弓的力量。十斗為石，每石為一百二十斤。㊲石取一兩　謂一百二十斤（石）重量級的弩弓取一兩重的箭。㊳遠近高下二句　猶《文選・射雉賦》所曰：「於是算分銖，商遠近。」銖分，即分銖，指古代弩機上用以測定發箭遠近高下的標誌，位於弩牙之後。㊴遺言　此處謂遺漏或保留的要點。㊵葬於國西　按《水經・浙江水注》引作「葬於國西山上」。㊶陳音山　在浙江省紹興縣西南四里。

【語　譯】於是相國范蠡又將精通射術的陳音引薦給越王句踐。陳音是楚國人。越王請來陳音問道：「我聽說你擅長射箭，請問射術是如何學來的？」陳音說：「我是楚國的一個粗人，曾經學過一點射術，但還未能完全精通其中的道理。」越王說：「這樣，希望你能略述一二。」陳音說：「我聽說弩機是從木弓演變而來，木弓是從彈弓演變而來，而彈弓則起源於古代一位孝子。」越王問：「孝子的彈弓是怎麼回事？」陳音說：「古時候，人民樸實，餓了就捕鳥獸為食，渴了就飲霧露之水，死後就用白茅包裹屍體，扔到荒野之中。有一位孝子不忍心看到父母的屍體被鳥獸吃掉，因而做了一把彈弓守護在旁邊，以杜絕鳥獸的侵害。所以古代有歌謠這樣唱道：『砍斷竹子做弓，繫上繩子做弦，拉弓發彈土丸，飛逐鳥獸之身。』於是，神農、黃帝又繫弦於木，做成木弓，用刀削木，做成木箭，由於弓箭的便利，終於得以威鎮四方。黃帝以後，楚國又出了個弧父。弧父出生在楚國荊山，生下後就沒有見到父母。他在兒童時，就習慣用弓箭，所射沒有不命中的。弧父後來把他的射術傳給了后羿，后羿又傳給逢蒙，逢蒙再傳給楚國的琴氏。琴氏認為弓箭已不足以威服天下。在那個時代，諸侯互相征伐，兵刃交加，弓箭的威力已不能夠制服對方。琴氏於是把弓弩橫放在胳臂上，裝置樞機，增加了弓的張力，然後諸侯就可以制服。琴氏把弩機傳給了楚國熊渠分封的三個王侯，即句亶王熊康、鄂王熊紅、越章王熊執疵，就是人稱麋侯、翼侯、魏侯的三兄弟。從楚國三侯傳到楚靈王熊圍，自稱這是楚國代代相傳的弓箭，大概是以桃木做弓，以棘枝做箭，用來防備鄰國的進攻。自楚靈王以後，射術分成不同門派，各家都有射箭能手，但沒有人得到他的正宗真傳。我的先人是在楚國學到的正宗射術，傳到我已是第五代了。我雖然不能申明其中的道理，但可以請大王考試提問。」

越王句踐說：「弩的形狀是取法於什麼？」陳音說：「『郭』好比是一座方城，用以守護臣民。『教』好比是國君，命令由它發出。『牙』好比是執法官，負責監督官兵。『牛』好比是中朝將軍，主管內部事務。『關』好比是守禦士兵，負責檢查去留情況。『錡』好比是侍從人員，一切聽從國君的命令。『臂』好比是一條道路，讓使者順利通行。『弓』好比是軍中主帥，承擔全軍重任。『弦』

好比是軍師，負責駕御戰士。『矢』好比是飛行客使，負責執行國君（教）的使命。『金』好比是穿刺敵人的先鋒，一旦前往，就會衝鋒不止。『衛』好比是隨行副使，負責校正方位路線。『叉』好比是直接受命於國君（教）的人，最先知道事情可行還是不可行。『縹』好比是朝中都尉，指揮左右侍從。『敵』好比是臨死垂危之人，不能驚駭。鳥兒來不及起飛，野獸沒有空逃跑，用弩射擊獵物，沒有僥倖不死的。我本人愚笨鄙陋，所知曉的道理就是這些。」

越王句踐說：「我希望聽你講一下正確的射箭技法。」陳音說：「我聽說過正確的射箭技法，技法眾多而精妙。古代的聖人，弓弩尚未發射，就能先說出他將要射中的目標部位。我不能如古代聖人那樣精深，請允許我把所有的要領陳說一下：射箭的技法，身體要像負載著木板一樣挺立，頭部昂揚振奮。左腳在前縱向站立，右腳在後橫向站立。左手像攀附樹枝一樣握緊弩臂，右手像抱著個嬰兒一樣掌穩弩機，雙手舉弩，眼望敵人，屏住呼吸。然後箭和氣同時發出，取得和諧平衡。精神定止在弩機上，意識隨視線遠接目標，思去與神止須分別指揮控制。下令右手扣動扳機，左手就不知道。同一身體的不同部位要接受不同的指令，更何況人有雄性雌性之別呢？這就是正確持弩射箭的技法。」越王句踐說：「我還想聽你說說瞭望敵人瞄準目標的法則與合射、分射飛箭的技巧。」陳音說：「射箭的技法各有不同，分開射箭，要根據瞭望敵人、瞄準目標的情況，集合射箭，常用三箭連射的方法。弩弓的張力有各種不同的重量級，箭的重量也有輕有重。一石重量級的弩弓取一兩重的箭，它們的輕重比例就達到了平衡。發射飛箭的遠近高下，要根據弩機上的分銖刻度進行測算。射術的要領就是這些，再沒有什麼遺留未說的了。」越王句踐說：「很好。拿出你所掌握的全部技法，希望你能毫無保留地教給我國的軍士。」陳音說：「射箭的技法本是上天創造的，學射之事取決於人的努力。因而人們只要依照技法努力學習，就沒有不靈驗的。」

於是，越王句踐就讓陳音在都城北面郊外教士兵們學習射術。三個月以後，軍隊的士兵都掌握了使用弓弩的方法技巧。陳音死後，越王句踐非常悲傷，特意把他埋葬在國都西面山上，並將埋葬陳音的這座山命名為「陳音山」。

卷第十

句踐伐吳外傳

【題　解】經過「十年生聚，十年教訓」，越國已經發展成為一個國富兵強、民心可用的國家。在各方面，基本上已具備了戰勝吳國的實力。加之一系列外交策略和對吳陰謀的實施，已使吳國陷入了深重的危機之中，而國際形勢也正朝著有利於越國的方向發展。句踐十四年，隨著子貢為拯救魯國而出使齊、吳、越、晉四國，終於說服吳王放棄伐越，從而遂導致北上伐齊和吳國忠臣伍子胥被賜死這兩件大事的發生。此時越國的興兵伐吳，已如箭在弦上，一觸即發。本卷從句踐十五年寫起，著重描敘越國君臣利用國際風雲變幻所提供的機遇，而策劃出兵，大敗吳軍，乃至最終消滅吳國、逼死吳王，而稱霸天下的情形。越王以一個小國，終能戰勝乃至消滅強大的吳國，固然有各方面的複雜原因，但與越王句踐在創業時期能夠收服人心密不可分。他堅持任賢使能，虛心納諫，所以大臣們無不忠心耿耿，為之竭力效命。他關心人民，弔死問傷，博愛寬刑，少收甚至不收賦稅，安富救貧，勉勵生育，並且親自勸說引導，使百姓自願請戰，「父勉其子，兄勸其弟」。他治軍有方，賞罰兼行，恩威並施，既嚴明軍紀，令行禁止，讓士兵「進則思賞，退則避刑」；更重視激士養氣，振作軍心，使軍士「莫不懷心樂死，人致其命」。這樣全國上下一心，同仇敵愾，因而能夠所向披靡，無敵不克。但當越國消滅吳國、稱霸天下之後，句踐生性疑忌、刻毒寡恩的一面也就開始膨脹，他擔心范蠡、文種、計硯、曳庸、扶同、皋如等大臣會以功高蓋主，於是不但不封賞功臣，反而疏遠、懷疑乃至殺戮功臣。范蠡察言觀色，見微知著，最早看出越王句踐「可與共患難而不可共處樂，可與履危，不可與安」，因而自動告退，離越遠禍。而文種卻因貪官戀祿，不知進退，對范蠡的忠告不以為然，結果不出范蠡所料，終被越王賜死，為後世留下了深刻的教訓。越王句踐消滅吳國後，雖然僅僅三年就去世了，但他所再度開創的霸業，卻延續了七八代之久，在中國歷史上曾產生過深遠的影響。

句踐十五年❶，謀伐吳❷，謂大夫種曰：「孤用夫子之策，免於天虐之誅，還歸於國，吾誠已說❸於國人，國人喜悅。而子昔日云：有天氣❹即來陳之。今豈有應乎？」種曰：「吳之所以強者，為有子胥。今伍子胥忠諫而死❺，是天氣前見亡國之證也。願君悉心盡意以說國人。」

【章　旨】首章通過越王句踐同大夫文種謀畫伐吳的對話描寫，補敘越王句踐已經做好了國人的思想工作和伍子胥已被吳王賜死的事件。前者表明伐吳復仇，也是越國民心之所欲，後者實即實施文種所獻九術中關於「強其諫臣，使之自殺」一術的成效。

【注　釋】❶句踐十五年　即西元前四八二年，吳王夫差十四年。❷謀伐吳　徐天祐按：句踐七年歸自吳，既反國，四年即與范蠡謀伐吳，自茲四年間必謀之，蠡皆以為未可。《國語》記之稍詳，至是始伐吳。《左傳》見於哀公十三年，正句踐十五年也。❸說　勸說別人服從自己的意見。❹天氣　天象氣數的預兆。❺伍子胥忠諫而死　此事發生於句踐十四年（即夫差十三年），詳見本書卷五〈夫差內傳〉。

【語　譯】句踐十五年，越王謀畫出兵討伐吳國，對文種說：「我以前採用您的計策，才逃脫上天殘暴的誅殺，而回到越國。現在我確實已經勸說過國人跟隨我一起伐吳，國人都非常高興。而您在過去曾說：天象氣數一有徵兆出現，立即前來報告。現在上天大概已經有了什麼反應吧？」文種說：「吳國之所以強大，是因為有伍子胥在朝的緣故。現在伍子胥以忠言直諫而被吳王賜死，這是上天氣數預示吳國將要滅亡的證驗。希望大王盡心盡意去說服全國人民入吳報仇。」

越王曰：「聽孤說國人之辭：『寡人不知其力之不足，以大國報讎❶，以暴露百姓之骨於中原❷，此則寡人之罪也。寡人誠更其術。』於是乃葬死問傷，弔有憂，賀有喜，送往迎來，除民所害。然後卑事夫差，往宦❸士三百人於吳。吳封孤數百里之地，因約吳國父兄昆弟而誓之曰❹：『寡人聞古之賢君，四方之民歸之若水❺。寡人不能為政，將率二三子夫婦以為藩輔❻。』今壯者無娶老妻，老者無娶壯婦。女子十七未嫁，其父母有罪。丈夫❼二十不娶，其父母有罪。將免者❽以告於孤，令醫守之。生男二，貺❾之以壺酒、一犬。生女二，賜以壺酒、一豚❿。生子三人，孤與乳母⓫。生子二人，孤與一養。長子死，三年釋吾政⓬；季子⓭死，三月釋吾政。必哭泣葬埋之如吾子也。令孤子⓮、寡婦、疾疹⓯、貧病者，納官其子。欲仕，量其居，好其衣，飽其事，而簡銳⓰之。凡四方之士來者，必朝而禮之。載飯與羹以游國中，國中僮子戲而遇孤，孤餔而啜之⓱，施以愛，問其名。非孤飯不食，非夫人事不衣。七年不收⓲，國民家有三年之畜⓳。男即歌樂，女即會笑。今國之父兄日請於孤曰：『昔夫差辱吾君王於諸侯，長為天下所恥，今越國富饒，君王節儉，請可報恥。』孤辭⓴之曰：『昔者我辱也，非二三子之罪也。如寡人者，何敢勞吾國之人，以塞吾之宿讎㉑？』父兄又復請曰：『誠四封㉒之內，盡吾君子，子報父讎，臣復君隙㉓，豈敢有不盡力者乎？臣請復戰，以除君王之宿讎。』孤悅而許之。」

【章旨】此章內容基本上引自《國語・越語》，但在敘事方式上，作者有意改為讓越王句踐向文種復述他勸說國人的過程，巧妙而集中地介紹了他採取一系列愛民措施（諸如弔死問傷、勉勵生育、禮賢下士、不收賦稅等）籠絡人心，讓百姓請戰效命的情形。這種寫法首先是出於結構上的考慮以減少頭緒、旨在密針線而敘事又簡煉，有一筆多用的藝術效果。

【注釋】❶以大國報讎　按《國語・越語》作「與大國報讎」。❷中原　此指原野。❸宦　按蔣光煦《斠補隅錄・吳越春秋》：宋本作「官」。❹因約吳國句　按《國語・越語》作「乃致其父母昆弟而誓之曰」。此言「吳國」以其地曾為吳國所攻占之故，後來既已封賜其地於越，自當稱「越國」。昆弟，即兄弟，長者為昆。❺四方之民歸之若水　按《國語・越語》作「四方之民歸之，若水之歸下也」。❻將率二三子句　按《國語・越語》作「將帥二三子夫婦以蕃」。藩，通「蕃」。此指生育，繁殖。輔，佐助。❼丈夫　指成年男子。❽將免者　將要分娩的人。免，通「娩」。指生孩子。❾貺　賜與；加惠。❿豚　小豬。⓫孤與乳母　按明吳琯校本作「孤以乳母」。⓬釋吾政　謂免去我徵派的差役賦稅。⓭季子　少子。⓮孤子　二十九歲以下無父或父母雙亡者。據上下文意，此孤子當指鰥夫。⓯疾疹　疾病；病害。疹，通「疢」。⓰簡銳　選拔精銳。⓱餔而啜之　即食而飲之。餔，以食飼人。啜，飲。⓲不收　指不收賦稅。⓳畜　積蓄；貯備。⓴辭　謙讓；辭謝。㉑宿讎　舊有的仇恨。㉒四封　四境。㉓隙　怨恨。

【語　譯】越王對文種說：「你聽一下我勸說國內人民的言辭：『我過去不知道我們的力量不足，和大國結下冤仇，因而使許多百姓的屍骨暴露在原野之中，這都是我的罪過。我一定改正我治國的策略和方法。』於是就埋葬了那些戰死的人，慰問那些受傷的人，弔唁有喪事的人家，祝賀有喜事的人家，迎送遷來搬走的人們，為人民消除災禍。然後我卑躬屈膝地去事奉夫差，還派了三百個士人到吳國供夫差驅使。後來吳王封給我方圓數百里的土地，我於是約請當地的父老兄弟會面，對他們發誓說：『我聽說古代的賢明君主，四方的百姓都歸附他，就像水往低處流一樣。現在我不能處理政務，打算率領大夫們及各自的妻子來幫助大家多生兒育女。』於是下令壯年男子不准娶老年婦女為妻，老年男子不准娶壯年婦女為妻。女子十七歲還不嫁人，她的父母有罪。男子二十歲還不娶妻，他的父母有罪。孕婦臨近分娩，應向我報告，我會派醫生去守護。生兩個男孩，賜給一壺酒和一隻狗。生兩個女孩，賜給一壺酒和一頭小豬。一胎生三個孩子的，我供給乳母。一胎生兩個孩子的，我幫助撫養一個。長子死了，家裡可以免除三年的賦役；少子死了，家中可以免除三個月的賦役。而且我一定像對待自己的兒子一樣，哭泣著把他們安葬好。命令鰥夫、寡婦、有病的人和貧弱的人，把他們的子女交給國家撫養。如果他們希望孩子長大後做官，就酌情安排他們的住所，讓他們穿好的，吃好的，從中選拔優秀人才。凡是四方前來歸依的賢士，一定在朝廷接見，以禮相待。我還用車船裝載著飯食和湯菜到全國各地巡視，遇到正在遊玩的兒童，我餵飯給他們吃，餵湯給他們喝，施給他們慈愛，記住他們的名字。就我而言，不是自己做的飯食就不吃，不是自己夫人縫織的衣服就不穿。全國七年不收賦稅，國民家中都積貯了三年的糧食。男人們都快樂地歌唱，女人們都會心地歡笑。現在越國父老兄弟每天都來向我請求說：『當年夫差使我們大王在諸侯中蒙受侮辱，長期以來被天下人所恥笑。現在越國財富充足，大王又勤儉節約，請允許我們為大王報仇雪恥。』我辭謝他們說：『當年我遭受侮辱，不是你們的罪過。像我這樣的人，怎麼敢勞累全國人民，去報復我的舊仇呢？』父老兄弟們又再次請求說：『假如越國境內所有百姓，都是我們國君的兒了，那麼兒子為父親報雪冤仇，臣民為國君平復怨恨，豈敢有不盡力的人呢？我們請求再打一仗，以消除大王的舊仇。』我高興地答應了他們。」

大夫種曰：「臣觀吳王得志於齊、晉，謂當遂涉吾地，以兵臨境。今疲師休卒，一年而不試，以忘於我。我不可以怠，臣當卜之於天。吳民既疲於軍，困於戰鬥，市無赤米❶之積，國廩❷空虛，其民必有移徙之心，寒就蒲贏❸於東海之濱。夫占兆人事❹，又見於卜筮❺。王若起師，以可會之利，犯吳之邊鄙❻，未可往也。吳王雖無伐我之心，亦難動之以怒，不如詮❼其間，以知其意。」越王曰：「孤不欲有征伐之心，國人請戰者三年矣，吾不得不從民人之欲。今聞大夫種諫難。」越父兄又諫曰：「吳可伐，勝則滅其國，不勝則困其兵。吳國有成，王與之盟，功名聞於諸侯。」王曰：「善。」於是，乃大會群臣而令之曰：「有敢諫伐吳者，罪不赦。」蠡、種相謂曰：「吾諫已不合矣，然猶聽君王之令。」

越王會軍列士而大誡眾，而誓之曰：「寡人聞古之賢君，不患其眾不足，而患其志行❽之少恥❾也。今夫差衣水犀甲❿者十有三萬人，不患其志行之少恥也，而患其眾之不足。今寡人將助天威⓫。吾不欲匹夫之小勇也，吾欲士卒進則思賞，退則避刑。」於是越民父勉其子，兄勸⓬其弟，曰：「吳可伐也。」

【章　旨】此章敘大夫文種借占卜分析敵情，主張暫緩討伐吳國，繼續等待時機，但復仇心切的句踐在國中人民的請戰聲中，終於按捺不住自己的感情衝動，憤然下達了討伐吳國的命令，並且立即會軍列士，誡眾盟誓，大有一觸即發之勢。

【注　釋】❶赤米　粗糙發紅的米。❷國廩　國家的倉庫。❸蒲贏　據《國語・吳語》當作「蒲蠃」。指蛤蚌一類的海物。❹占兆人事　指用龜甲來占卜人世之事的吉凶。占兆，占卜時以火灼龜甲，龜甲上的裂紋叫占兆。❺卜筮　此指用蓍草占卜。❻邊鄙　近邊界的地方。❼詮　說明解釋。❽志行　志向節操。❾少恥　徐天祜引《國語》注曰：「少恥，謂進不念功，臨難苟免。」❿水犀甲　用水犀牛皮做的鎧甲。⓫今寡人將助天威　按《國語．越語》作「今寡人將助天滅之」。⓬勸　勉勵。

【語譯】大夫文種說：「我觀察吳王夫差在齊國、晉國得志之後，以為他會遂即登臨我國領土，出兵侵占邊境。可是至今他的軍隊還疲憊不堪，士兵正在休整，過了一年，而沒有試圖進攻，似乎已經把我們給忘了。但我們卻不能懈怠，臣下合當卜問一下天意。吳國百姓已為軍旅所累，被戰爭所困，集市上連粗糙發紅的米都買不到了，國家糧倉也空無積貯。他的人民一定會產生遷徙的念頭，天一冷，他們為獲得蛤蚌一類的海物充饑，就會搬遷到東海岸邊。我用龜甲占卜人世之事，與用蓍草占卜的結果一致。大王如果出動軍隊，以可以遇見的有利條件，僅能侵犯吳國的邊境而已，所以現在還不能前往。吳王雖然沒有討伐我們的打算，也很難用激怒來煽動他。不如先在國人中間做些解釋說明，讓他們了解這層意思。」越王句踐說：「我並不想有心發起戰爭，但國內父老兄弟已向我請戰三年了，我不得不順從人民的意願。現在我卻聽到了大夫文種的諫勸詰難。」越國父老兄弟這時又來進諫說：「吳國是可以討伐的，我們取勝了，就乘勢消滅他們的國家，不能取勝，也要困住他們的軍隊。吳國如果請求議和，大王就與吳王會盟，那麼大王的功名也會在諸侯中流傳了。」越王句踐說：「好。」於是就召集群臣舉行大會，下達命令說：「有誰敢再進諫勸阻我討伐吳國，罪在不赦。」范蠡、文種二人互相說：「我們的勸諫與目前的形勢已不適合了，但我們還是要服從大王的命令。」

越王句踐集合軍隊，告誡眾位將士而發誓說：「我聽說古代的賢明君主，不擔心士兵人數不足，而擔心他們的志向操行寡廉鮮恥。現在吳王夫差擁有穿水犀牛皮鎧甲的士兵十三萬人，可是他並不擔心士兵的志向操行寡廉鮮恥，卻是擔心士兵人數不足。現在我將借助天威消滅吳國。我不喜歡那種個人逞能的匹夫之勇，我希望全軍士兵都能夠在進攻時就想到立功受賞，在後退時就想到避免刑罰。」於是，越國人民中父親勉勵兒子，哥哥勉勵弟弟，都說：「吳國可以討伐了。」

越王復召范蠡謂曰：「吳已殺子胥，道諛❶者眾。吾國之民又勸孤伐吳，其可伐乎？」范蠡曰：「未可。須明年之春，然後可耳。」王曰：「何也？」范蠡曰：「臣觀吳王北會諸侯於黃池❷，精兵從王，國中空虛，老弱在後，太子留守。兵始出境未遠，聞越掩其空虛，兵還不難也。不如來春。」其夏六月丙子❸，句踐復問，范蠡曰：「可伐矣。」乃發習流❹二千人、俊士❺四萬、君子❻六千、諸御❼千人，以乙酉與吳戰。丙戌遂虜殺太子。丁亥入吳，焚姑胥臺。吳告急於夫差，夫差方會諸侯於黃池，恐天下聞之，即密不令洩。已盟黃池，乃使人請成於越。句踐自度未能滅，乃與吳平。

【章　旨】此章敘越王句踐接受范蠡建議，等待吳軍主力深入中原之後，才出兵偷襲吳國，終於一舉敗太子友，焚姑胥臺，使吳國大傷元氣，但因越國的實力還不足以滅吳，越王於是答應與吳國議和。

【注　釋】❶道諛　同「導諛」。意謂阿諛、曲意逢迎。❷吳王北會諸侯於黃池　指吳王夫差率軍北上，在黃池會諸侯，與晉定公爭當霸主一事。詳見本書卷五〈夫差內傳〉。黃池，地名，故址在今河南省封丘縣南。❸其夏六月丙子　按此前范蠡「須明年之春」、「不如來春」的語氣，越王句踐伐吳似是在吳王夫差赴黃池的次年，但據《左傳・哀公十三年》、《史記・吳世家》的記載：吳王赴黃池之會和越國伐吳都是發生在同一年，即吳夫差十四年，越句踐十五年。那麼此處所說「其夏六月丙子」，當是句踐十五年六月丙子。❹習流　進行過水戰訓練的士兵。即水軍。❺俊士　《史記・越王句踐世家》作「教士」，指訓練有素的士兵。❻君子　此指國君親近有恩的禁衛軍，意謂國君養育他們，如自己的兒子一樣恩惠有加。❼諸御　謂諸理事之官，在軍有職掌者。

【語　譯】越王句踐又召見范蠡，對他說：「吳王夫差已經殺了伍子胥，朝中阿諛奉承的臣僚眾多。我國父老兄弟又勸我進攻吳國，你說現在可以討伐了嗎？」范蠡說：「還不能討伐，等到明年春天，然後就可以討伐了。」越王問道：「為什麼？」范蠡回答說：「我觀察吳王夫差北上黃池與諸侯會盟，精銳部隊都跟隨他去了，國內兵力空虛，只剩下一些年老體弱的士兵在後方，由太子友留守。但吳王大軍剛離開吳國邊境不遠，如得知越國乘虛攻襲，調回軍隊並不困難。不如等到明年春天出兵。」當年夏天六月丙子日，越王句踐再次詢問，范蠡終於說：「可以討伐了。」於是，句踐派遣了熟悉水戰的士兵二千人，訓練有素的正規軍四萬人，近衛部隊六千人，各種在職軍官一千人，於乙酉日與吳國留守部隊交戰。丙戌日，越軍就擒獲了太子友，並立即將他殺死。丁亥日，越軍攻入吳國都城，放火焚燒了姑胥臺。吳國派人告急於吳王，當時吳王夫差正在黃池與各國諸侯會盟，害怕各國諸侯知道這個消息後，對他爭當霸主不利，就秘而不宣。直到黃池會盟完畢後，才派遣使者向越國求和。越王句踐自己估量不能一下子滅掉吳國，於是就與吳國講和了。

二十一年七月，越王復悉國中士卒伐吳❶。會楚使申包胥❷聘❸於越，越王乃問包胥曰：「吳可伐耶？」申包胥曰：「臣鄙❹於策謀，未足以卜。」越王曰：「吳為不道，殘我社稷，夷❺吾宗廟，以為平原，使不得血食❻。吾欲與之徼天之中❼，惟是輿馬、兵革❽、卒伍❾既具，無以行之。誠聞❿於戰，何以為可？」申包胥曰：「臣愚不能知。」越王固問，包胥乃曰：「夫吳，良國也，傳賢於諸侯。敢問君王之所戰者何？」越王曰：「在孤之側者，飲酒食肉，未嘗不分。孤之飲食不致其味，聽樂不盡其聲，求以報吳。願以此戰。」包胥曰：「善則善矣，未可以戰。」越王曰：「越國之中，吾博愛以子之，忠惠以養之。吾今修寬刑，欲民所欲⑪，去民所惡，稱其善，掩其惡，求以報吳。願以此戰。」包胥曰：「善則善矣，未可以戰。」王曰：「越國之中，富者吾安之，貧者吾予之⑫，救其不足，損其有餘，使貧富不失其利，求以報吳。願以此戰。」包胥曰：「善則善矣，未可以戰。」王曰：「邦國南則距⑬楚，西則薄⑭晉，北則望齊，春秋奉幣、玉帛、子女以貢獻焉，未嘗敢絕，求以報吳。願以此戰。」包胥曰：「善哉！無以加斯矣，猶未可戰。夫戰之道，知⑮為之始，以仁次之，以勇斷之。君將不知，即無權變⑯之謀，以別眾寡之數。不仁，則不得與三軍同饑寒之節，齊苦樂之喜。不勇，則不能斷去就⑰之疑，決可否之議。」於是，越王曰：「敬從命矣。」

【章旨】此章敘越王句踐打算再次討伐吳國時，向楚國使臣請教作戰取勝應具備的條件。越王歷數自己採取勤儉恤下、博愛寬刑、安富濟貧等一系列措施，所贏得的國內民心和通過交結鄰邦所創造的良好國際環境，以此作為討伐吳國的前提條件。申包胥雖然一一稱善，但仍然以為越國「猶未可戰」，因為戰爭的勝負往往首先取決於指揮者的條件，即能否以「知為之始，以仁次之，以勇斷之」。越王聽了心領神會，恭敬受命。

【注　釋】❶二十一年二句　徐天祐按：《左傳・哀公十七年》：「越伐吳，吳禦之笠澤。」實句踐十九年事，此書不當以為二十一年也。今按《史記・吳世家》載夫差二十年，「越王句踐復伐吳」。實即是年事，可能是作者為使情節集中，便有意減少頭緒，把句踐十九年和二十一年越國兩次伐吳戰爭併在一起來寫，隨後連接二十二年越圍吳三年，至二十四年滅吳。二十一年，即西元前四七六年，吳王夫差二十年。❷申包胥　又稱王孫包胥，楚國大夫。楚君蚡冒的後代，申氏，名包胥。❸聘　諸侯使大夫問於諸侯曰聘。❹鄙　鄙陋；淺薄。❺夷　削平。❻血食　古代殺牲取血，用以祭祀，故曰血食。❼徼天之中　按《國語・吳語》作「徼天之衷」。徼，求。「中」與「衷」都可訓為中正，此作公正解。❽兵革　泛指軍備。兵指戈、矛、刀、箭等武器，革指甲冑。❾卒伍　周代軍隊的編制名稱。《周禮・地官・小司徒》曰：「乃會萬民之卒伍而用之，五人為伍，五伍為兩，四兩為卒，五卒為旅。」後來泛指軍隊。❿聞　徐天祐注曰：「『聞』當作『問』。」⓫欲民所欲　按《國語・吳語》作「施民所欲」。⓬貧者吾予之　據蔣光煦《斠補隅錄・吳越春秋》，宋本「予」作「與」。今按《國語・吳語》也作「貧者吾與之」。⓭距　至。⓮薄　靠近。⓯知　同「智」。⓰權變　隨機應變。⓱去就　去留；進退。

【語　譯】句踐二十一年七月，越王又要出動全國兵力討伐吳國。恰好楚國派申包胥前來越國訪問，越王於是問申包胥說：「吳國可以討伐嗎？」申包胥說：「我在策略謀畫方面很淺陋，不能夠為大王預測。」越王說：「吳國不行正道，破壞我的社稷，毀掉我的宗廟，都夷為平地，使我們的祖先神靈不能歆享牲血的祭祀。我想和吳王求上天給個公正，只是車馬、兵器、隊伍都已準備好了，卻不知道該怎樣使用才能取勝。我真誠地向您請教，憑什麼條件作戰才能取勝呢？」申包胥說：「我很愚笨，不能知道。」越王一再詢問，申包胥才說：「吳國是一個上等強國，有好的名聲在諸侯中流傳。我冒昧地問一句，大王憑什麼條件同吳國作戰？」越王說：「在我周圍的人，凡是飲酒吃肉，從來沒有不讓他們分享的。我平常的飲食不求美味佳肴，欣賞音樂不求美妙刺激，只求向吳國報仇。希望憑這一點能與吳國交戰。」申包胥說：「好倒是好啊，但是單憑這一點還不能取勝。」越王說：「在越國範圍內，我施行博愛政策，對百姓就像對自己的子女一樣，用忠心和慈惠去養育他們。現在我制訂了寬大的刑法，百姓所需要的就給予他們，百姓所厭惡的就設法除掉，稱揚他們的美德，掩蓋他們的惡行，只求向吳國報仇。希望憑這一點能與吳國交戰。」申包胥說：「好倒是好啊，但憑這一點還不能取勝。」越王說：「在越國範圍內，富的我讓他們安定，窮的我接濟他們，生活不足時給予救助，生活有餘時才徵收賦稅，使窮人和富人的利益都不遭受損失，只求向吳國報仇。希望憑這一點能與吳國交戰。」申包胥說：「好倒是好啊，但憑這些還不能取勝。」越王說：「越國南部與楚國接壤，西邊靠近晉國，北面與齊國相望，每年春秋兩季，我都向他們貢獻財物、玉石、布帛及美女，從來沒有間斷，只求能向吳國報仇。但願憑這一點能與吳國交戰。」申包胥說：「好啊！不用再增加這一類條件了，但是單憑這些條件還不能取勝。戰爭之道，智慧是首要條件，其次是仁德，再次要靠勇敢決斷。如果國君和將領缺少智慧，就沒有隨機應變的謀畫，也就無法分辨敵方的眾寡虛實。如果沒有仁德，就不可能有與全軍士兵一同忍饑受凍的節操和一起同甘共苦的喜悅。如果不勇敢，就不能果斷地解決去留進退的疑難，就不能對臣僚部下的建議作出肯定與否定的裁決。」於是，越王說：「我恭敬地接受你的教誨。」

冬十月，越王乃請八大夫❶曰：「昔吳為不道，殘我宗廟，夷我社稷，以為平原，使不血食。吾欲徼天之中，兵革既具，無所以行之。吾問於申包胥，即已命孤矣。敢告諸大夫，如何？」大夫曳庸❷曰：「審賞則可戰也。審其賞，明其信，無功不及，有功必加，則士卒不怠。」王曰：「聖❸哉！」大夫苦成曰：「審罰則可戰。審罰則士卒望而畏之，不敢違命。」王曰：「勇哉！」大夫文種曰：「審物❹則可戰。審物則別是非，是非明察，人莫能惑。」王曰：「辨哉！」大夫范蠡曰：「審備則可戰。審備慎守，以待不虞❺，備設守固，必可應難。」王曰：「慎哉！」大夫皋如曰：「審聲❻則可戰。審於聲音，以別清濁。清濁者，謂吾國君名聞於周室❼，令諸侯不怨於外。」王曰：「得哉！」大夫扶同曰：「廣恩知分❽則可戰。廣恩以博施，知分而不外。」王曰：「神哉！」大夫計硯曰：「候天察地，參應其變❾，則可戰。天變，地應，人道便利，三者前見，則可。」王曰：「明哉！」

【章　旨】此章敘越王句踐就討伐吳國的戰略問題，向八位大夫徵求意見，大夫們紛紛進言，分別從審賞、審罰、審物、審備、審聲、廣恩知分和候天察地、以人應變的角度提出了可戰之策。而君臣相得的情景躍然紙上。

【注　釋】❶八大夫　按《國語・吳語》，越王僅召舌庸、苦成、文種、范蠡、皋如等五大夫問戰，本書增加了扶同、計硯，實際只有七大夫發言。❷曳庸　按《國語・吳語》作「舌庸」。❸聖　聖明，於事無所不通。❹審物　審明軍中指揮作戰的旌旗徽幟上的顏色標誌。❺不虞　沒有意料到的事。❻審聲　審明軍中指揮作戰的鉦鼓號角聲。❼周室　即周王室，此時由周敬王姬匄執政。❽知分　知守本分。❾候天察地二句　意謂觀察天地，以人適應天地的變化。參，同「三」。此處指人類。古人以天、地、人三方面構成世界變化，稱三才。

【語　譯】這年冬天十月，越王句踐請來八位大夫，對他們說：「當年吳王夫差不行正道，毀掉我的宗廟，破壞我的社稷，皆夷為平地，使我們的祖先神靈不能歆享牲血的祭祀。我想和吳王求上天討個公道，現在兵器鎧甲已經準備好了，卻不知道該怎樣使用才能取勝。我請教過申包胥，他已給了我一些告誡指點，現在我想再請教一下諸位大夫，你們以為該怎樣做？」大夫曳庸說：「審慎地獎賞就可以作戰。對每一項獎賞都審慎，就能申明信用，使無功的人得不到獎賞，有功的人一定給予獎賞，那麼軍中士兵就不會懈怠。」越王說：「聖明啊！」大夫苦成說：「審慎地懲罰就可以作戰。對每一項懲罰都審慎，那麼士兵就會望而生畏，不敢違抗命令。」越王說：「有膽識啊！」大夫文種說：「審明令旗徽幟的顏色標誌才可以作戰。對於令旗徽幟的顏色標誌能審辨明確，就能分別是非。是非明察，軍中就沒有人會受迷惑。」越王說：「明辨啊！」大夫范蠡說：「審慎地守備才可以作戰。審慎地設防和守衛，以待意外事件的發生。預設軍備而又防守嚴密，就一定可以應付任何變難。」越王說：「謹慎啊！」大夫皋如說：「審明號角鉦鼓之聲才可以作戰。審明軍樂的聲音，以能分辨清音和濁音。所謂分辨清濁，是說要讓我們國君的清名能在周王室那裡傳揚，使各國諸侯都不在外抱怨我們大王。」越王說：「得體啊！」大夫扶同說：「擴大恩惠而又知守本分才可以作戰。擴大恩惠就可以普遍施與，知守本分就不會逾禮越軌。」越王說：「奇妙啊！」大夫計硯說：「伺望天象，觀察地理，以人來適應天地的變化，才可以作戰。天道有變，地道有應，人道方便有利，三者都有預兆，就可以戰而取勝。」越王說：「明智啊！」

於是，句踐乃退齋❶而命國人曰：「吾將有不虞之議❷，自近及遠，無不聞者。」乃復命有司❸與國人曰：「承命有賞，皆造❹國門之期。有不從命者，吾將有顯戮❺。」句踐恐民不信，使以征不義，聞於周室，今諸侯不怨於外。今國中曰：「五日之內，則吾良人❻矣。過五日之外，則非吾之民也，又將加之以誅。」

教令❼既行，乃入命於夫人。王背屏❽，夫人向屏而立。王曰：「自今日之後，內政無出，外政無入。各守其職，以盡其信。內中辱者，則是子。境外千里辱者，則是子❾也。吾見子於是，以為明誡矣。」王出宮，夫人送王不過屏。王因反闔其門，填之以土。夫人去笄❿，側席而坐，安心無容⓫，三月不掃。

王出則復背垣而立⓬，大夫向垣而敬。王乃令大夫曰：「食士⓭不均，地壤不修，使孤有辱於國，是子之罪。臨敵不戰，軍士不死⓮，有辱於諸侯，功隳⓯於天下，是孤之責。自今以往，內政無出，外政無入。吾固誡子。」大夫⓰：「敬受命矣。」王乃出，大夫送出垣，反闔外宮之門，填之以土。大夫側席而坐，不御五味⓱，不答所勸。句踐有命於夫人、大夫曰：「國有守禦。」

【章　旨】此章敘越王句踐精心策畫，下達召集軍隊、出征伐吳命令前後的情形。為樹立絕對威信，做到令行禁止，越王在下達正式命令前，先後兩次發布預備令，以申明賞罰，嚴肅法紀；又派使者向周敬王報知這次征討不義的戰爭，使各國諸侯不致在外抱怨。待正式命令一下達，越王立即告別留守內宮的夫人和留守外宮的大夫，分別委以守禦重任，然後封閉宮門，率軍出征。

【注　釋】❶齋　古人祭祀前整潔身心，以示虔敬。此指句踐出征前祭告祖先神靈而齋戒。❷不虞之議　意料不到的決定。❸有司　官吏。古代設官分職，事各有專司，故稱有司。❹造　到；至。❺顯戮　明正典刑，處決示眾。《尚書・泰誓》曰：「功多有厚賞，不迪有顯戮。」❻良人　即良民。❼教令　命令。❽背屏　以背對當門的屏風小牆。❾子　徐天祜注云：「子」當作「我」。蔣光煦云：宋本「子」作「予」。盧文弨云：「子」當作「孤」，去字之半。❿去笄　撤去頭飾。笄，用以插定髮髻的簪子。⓫側席而坐三句　表示外有憂患，內自戒慎的意思。側席而坐，即獨坐。《禮記・曲禮》曰：「有憂者側席而坐。」安心無容，即專心守節，不事修飾。⓬背垣而立　背對著矮牆而站立。⓭食士　供養士人。食，以食與人。⓮不死　不拼命；不效死。⓯隳　毀壞。⓰大夫　據蔣光煦《斠補隅錄・吳越春秋》，宋本作「大夫曰」。⓱不御五味　猶言不求異味。御，進用。五味，泛指多種味道的食物。

【語　譯】於是，越王句踐即退居齋戒，祭告祖先神靈，然後命令國內人民說：「我將要公布一個你們意料不到的決定，從近到遠，每個人都要聽到。」隨後又命令執事官員對國內人民說：「凡是承擔了使命的人就有獎賞，大家都要按期到國都城門外集合。有敢不服從命令者，我將明正典刑，當眾把他處死。」句踐擔心國內人民不相信，又派使者向周敬王報告這次戰爭，是為了征討不義，使各國諸侯不致在外抱怨。然後在國內下達正式命令說：「凡是五天之內應命前來集合的，就是我的良民，超過五天之外，就不是我的國民了，還要處以死刑。」

命令發布之後，越王句踐於是進入內宮委命夫人。越王背向門內屏風小牆，夫人面對屏風小牆站著。越王說：「從今天以後，內宮的行政事務不向外通報，外面的軍政事務也不向內通報。各自堅守職責，以盡自己的信義。內宮事務出了差錯，就是你的責任。我率軍出境到千里之外遭受了恥辱，就是我的責任。我到這兒來與你見面告別，就以此作為明確的告誡吧！」越王走出內宮，夫人送越王不超過屏風小牆。越王於是反鎖內宮之門，以土填堵。夫人撤去頭飾，側身獨坐，專心守節，不事修飾，房內三個月沒有打掃清潔。

越王走出內宮後，又背向外宮矮牆站著，大夫們面對宮牆恭敬侍立。越王於是委命大夫們說：「如果供養士人不公平，土地沒有耕種好，使我在國內蒙受羞辱，這是你們的罪過。如果我們的軍隊面臨敵軍不敢戰鬥，軍中的將士不拼命作戰，使我國在諸侯面前遭受恥辱，使我們的功業在天下人面前毀壞，這是我的責任。從今以後，國內的行政事務不向外通報，外面的軍政事務也不向內通報。我一定要這樣告誡你們幾句。」大夫們說：「我們都受教了！」越王於是走出外宮，大夫只把他送出宮牆。越王反鎖外宮之門，以土填堵。大夫們側身而坐，不求異味，不答理別人的勸告。越王有命令傳達給夫人和留守的大夫們說：「越國就依靠你們來守衛防禦了。」

乃坐露壇❶之上，列鼓而鳴之，軍行成陣❷，即斬有罪者三人，以徇❸於軍，令曰：「不從吾令者，如斯矣。」明日，徙軍於郊，斬有罪者三人，徇之於軍，令曰：「不從吾令者，如斯矣。」王乃令國中不行者，與之訣而告之曰：「爾安土守職，吾方往征討我宗廟之讎，以謝於二三子。」令國人各送其子弟於郊境之上。軍士各與父兄昆弟取訣，國人悲哀，皆作離別相去之詞，曰：「躒躁摧長恧兮❹，擢戟馭殳❺。所離❻不降兮，以洩我王氣蘇。三軍一飛降兮，所向皆殂❼。一士判死兮，而當百夫❽。道祐有德兮，吳卒自屠。雪我王宿恥❾兮，威振八都❿。軍伍難更兮，勢如貔貙⓫。行行各努力兮，於乎！於乎！」於是觀者莫不悽惻。明日，復徙軍於境上，斬有罪者三人，徇之於軍，曰：「有不從令者，如此。」

後三日，復徙軍於檇李，斬有罪者三人，以徇於軍，曰：「其淫心匿行⓬，不當敵者，如斯矣。」句踐乃命有司⓭大徇軍，曰：「其有父母無昆弟者，來告我。我有大事，子離父母之養，親老之愛，赴國家之急。子在軍寇之中，父母昆弟有在疾病之地，吾視之如吾父母昆弟之疾病也。其有死亡者，吾葬埋殯送之，如吾父母昆弟之有死亡葬埋之矣。」明日，又徇於軍，曰：「士有疾病，不能隨軍從兵者，吾予其醫藥，給其糜粥[14]，與之同食。」明日，又徇於軍，曰：「筋力不足以勝甲兵，志行不足以聽王命者[15]，吾輕其重，和其任。」明日，旋軍於江南，更陳嚴法，復誅有罪者五人，徇曰：「吾愛士也[16]，雖吾子不能過也。及其犯誅，自吾子亦不能脫也。」

【章旨】此章敘越王句踐自國門露壇集合軍隊，至行軍於江南途中，恩威並施的情形。為嚴明軍紀，振作士氣，他連續五次誅殺罪犯十七人於軍前示眾，大有殺雞儆猴之意。但真正能打動感情、征服人心的，還是他「令國人各送其子弟於郊境之上，軍士各與父兄昆弟取訣」的場面和對於「有父母無昆弟」、「有疾病不能隨軍從兵」，以及力弱膽小等三類士兵的關照體貼。

【注釋】❶露壇 露天高臺。❷軍行成陣 據蔣光煦《斠補隅錄・吳越春秋》，宋本作「軍成行陣」。❸徇向眾宣示。❹躁躁摧長恧兮 急速行動，以減退長久鬱積的慚愧。躁，走動。躁，急；疾。摧，退。恧，慚愧。❺擢戟馭殳 舉起利戟，緊握長殳。戟，古兵器名，合戈矛為一體，可以直刺和橫擊。殳，古兵器名，用竹木為之，一端有稜。《釋名》曰：「殳：殊也。長一丈二尺，無刃，有所撞挃於車上，使殊離也。」❻離 通「罹」。遭遇災難。❼殂 死亡。❽一士判死兮二句 猶言一夫拼死，百夫莫當。判死，拼死。❾宿恥 舊有的恥辱。❿八都 指四面八方各諸侯國。⓫貔貙 兩種猛獸名。貔為豹屬，貙似狸。⓬淫心匿行 當作「淫心慝行」。謂其志行邪惡不正。⓭有司 指官吏。古代設官分職，事各有專司，故稱有司。⓮糜粥 爛粥。糜，爛；碎。⓯志行不足以聽王命者 盧文弨校「王」作「上」。⓰吾愛士也 徐天祐注曰：「即君所子養者。」

【語譯】越王句踐坐在露天高臺上，陳列戰鼓，親自敲擊，三軍迅速排成整齊的行列，隨即將三名罪犯斬首，在軍中示眾，下令說：「凡是不服從我命令的人，就如這樣處置。」第二天，句踐率領軍隊移駐郊外，又將三名罪犯斬首，在軍中示眾，下令說：「凡是不服從我命令的人，就如這樣處置。」越王於是召集留守國內的人，前來舉行告別儀式，並對他們說：「你們要安心留在國內，堅守本職，我軍將開往前線，征討曾毀壞我宗廟的仇敵，以此答謝你們各位。」又命令國都的人民到郊外為各自的子弟送行。三軍士兵各自與父輩、兄弟訣別，國都人民悲哀不已，共同創作了一首離別相去之歌，歌詞道：「急速行動，以減退我們長久鬱積的羞愧啊，舉起利戟，緊握長殳。遭遇災難不投降啊，以使我王的怒氣發洩、元氣復蘇。三軍一飛從天降啊，所到之處敵人皆死。一個士兵拼死作戰，就可抵擋百夫進攻。天道保祐有德之人啊，吳王最終必自取滅亡。洗刷我王昔日的恥辱啊，威風振動八方諸侯。軍隊鬥志難以更易啊，氣勢勇猛有如貔貙。走吧走吧，各自努力啊，嗚呼！嗚呼！」於是圍觀的人們沒有不悲傷的。次日，軍隊又移駐到越國邊境，越王又將三名罪犯斬首，在軍中示眾，說：「有敢不服從命令的，就如這樣處置。」

三天之後，越王又率領軍隊移駐槜李，將三名罪犯斬首，以此在軍中示眾，說：「凡是志行邪惡不正，不能抵擋敵人的人，就如這樣處置。」然後，句踐命令執行官吏，大聲向全軍士兵宣告說：「全體軍士中凡是有父母而無兄弟的，都來告訴我。我有征伐大事，使你們離開了父母的養育和親人長輩的撫愛，而奔赴國家的急難。你們在軍中同敵人作戰期間，如果家中父母兄弟有正在生病的，我會像自己的父母兄弟生病時一樣對待。如果他們中有人不幸死亡，我會代為出殯和埋葬，就像我的父母兄弟中有人不幸死亡而進行殯葬一樣。」次日，又在軍中向眾宣告說：「士兵如果生了疾病，不能隨軍參加征戰，我將給他送來醫藥，端來爛粥，和他一起進餐。」次日，又在軍中巡行，宣布說：「筋軟力弱不足以承擔起盔甲兵器的重量，或是志向品行不足以接受大王使命的人，我將減輕他們的負擔，調整他們的任務。」次日，越軍轉移到江南駐紮，句踐再次申明嚴厲的法令，又誅殺罪犯五名，在軍中宣示說：「我愛士兵，即使對我的兒子，也不會超過我對士兵的愛。等到犯了死罪，即使是我的兒子也不能赦免。」

恐軍士畏法不使，自謂未能得士之死力。道見蛙張腹而怒，將有戰爭之氣，即為之軾[1]。其士卒有問於王曰：「君何為敬蛙蟲而為之軾？」

句踐曰：「吾思士卒之怒久矣，而未有稱吾意者。今蛙蟲無知之物，見敵而有怒氣，故為之軾。」於是，軍士聞之，莫不懷心樂死，人致其命。

有司將軍大徇軍中曰：「隊各自令其部，部各自令其士，歸而不歸，處而不處，進而不進，退而不退，左而不左，右而不右，不如令者，斬。」

【章旨】此章敘越王句踐深知軍士畏法未必就能效死，故對道旁張腹而怒的蛙蟲表示敬意，借此激士養氣。於是在臨戰之前，越王終於把全軍整肅成一隻軍紀嚴明、令行禁止、眾志成城、「莫不懷心樂死」的軍隊。

【注釋】❶軾　車前扶手橫木。古人站在車上，低頭扶軾，表示敬意。

【語譯】句踐擔心士兵因畏懼法令而不堪支使，自認為還未能得到士兵以死相拼的戰鬥力。恰好他在路上看到一隻青蛙，鼓張著肚子正在發怒，充滿了即將作戰的銳氣，於是他從車上站立起來，低頭扶軾，向青蛙表示敬意。在場的士兵中有人問越王說：「大王您為什麼要對一隻青蛙扶軾以表示敬意呢？」句踐說：「我思念士兵的憤怒已經很久了，但一直沒有人能使我滿意。如今看到青蛙這樣一個無知的動物，遇見敵人時卻充滿了怒氣，所以我低頭扶軾，向牠表示敬意。」於是全體士兵聽到此事後，無不懷著樂於效死的決心，人人都願意奉獻自己的生命。負責行令的將軍隨即在軍中巡行，大聲宣布說：「各隊長號令指揮自己屬下的部長，各部長號令指揮自己屬下的士兵，如果該歸而不歸，該停而不停，該進而不進，該退而不退，該左而不左，該右而不右，不服從號令指揮的，一律斬首。」

於是，吳悉兵屯於江北，越軍❶於江南。越王中分其師以為左右軍，皆被❷兕甲❸，又令安廣❹之人佩石碣之矢，張盧生之弩，躬率君子之軍❺六千人以為中陣。明日，將戰於江，乃以黃昏令於左軍，銜枚❻溯江而上五里，以須❼吳兵。復令於右軍，銜枚踰江十里，復須吳兵。於夜半，使左軍❽涉江，鳴鼓中水，以待吳發。吳師聞之，中大駭，相謂曰：「今越軍分為二師，將以使攻❾我眾。」亦即以夜暗中分其師，以圍越。越王陰使❿左右軍與吳望戰⓫，以大鼓相聞。潛伏其私卒六千人，銜枚不鼓攻吳，吳師大敗。越之左右軍乃遂伐之，大敗之於囿⓬。又敗之於郊，又敗之於津。如是三戰三北⓭，徑至吳，圍吳於西城。吳王大懼，夜遁。

【章　旨】此章敘越王句踐親自指揮軍隊乘夜渡江，以鳴鼓宣戰與潛師偷襲相結合，直搗江北吳軍，連續三戰三勝，徑至吳都西城，使吳王大懼，連夜逃跑。

【注釋】❶軍　駐紮。❷被　通「披」。穿著。❸兕甲　用兕皮做的鎧甲。兕，獸名，其狀似牛，或說是雌性犀牛。❹安廣　越國地名。❺君子之軍　按《國語・吳語》稱作「私卒君子」，注曰：「私卒君子，王所親近有志行者，猶吳所謂賢良，齊所謂士。」❻銜枚　古代軍隊秘密行動時，讓士兵將枚橫銜在口中，以禁止喧囂。枚，形狀像筷子。❼須　等待。❽使左軍　按《國語・吳語》作「使左軍、右軍」。❾使攻　按《國語・吳語》當作「夾攻」。❿陰使　暗中派遣。⓫望戰　即佯戰。⓬囿　即吳國的笠澤，在今上海市松江縣。⓭北　敗北。

【語譯】這時，吳國的軍隊全部屯駐在江北，越國的軍隊駐紮在江南。越王句踐把部隊從中分為左軍和右軍，都穿上兕皮鎧甲，又命令安廣籍的士兵佩帶用碣石磨製的箭頭，張開盧生發明的弩機，自己親自率領六千名敢於拼命的有志之士作為中軍。第二天，吳越兩軍將在江上開戰，越王於是在黃昏時命令左軍，銜枚夜行，逆江而上走五里，以等待吳軍。又命令右軍，銜枚渡江走十里，也在那裡等待吳軍。於當夜三更，越王命令左軍渡江，至江中央擊鼓，以等待吳國出兵。吳軍聽到鼓鳴之聲，內部大受驚駭，相互說：「現在越軍分成左右兩軍，將要以此夾攻我們了。」也立即在黑夜中把軍隊對半分成兩部分，以包圍越軍。越王暗中指揮左右兩軍與吳軍佯戰，大聲鳴鼓以讓吳軍將士聽到。而同時卻讓其潛伏的六千親兵，口中銜枚，不擂戰鼓，偷襲吳軍，致使吳軍大敗。越國左右兩軍於是乘勢進攻，先在囿城大敗吳軍，又在城郊打敗吳軍，再在渡口打敗吳軍。這樣吳軍三戰三敗，越軍一直追臨吳國都城之下，將吳軍圍困在吳都西城之中。吳王夫差非常恐懼，連夜逃離吳都。

越王追奔，攻吳兵，入於江陽、松陵❶。欲入胥門❷，來至六七里，望吳南城，見伍子胥頭，巨若車輪，目若耀電，鬚髮四張，射於十里。越軍大懼，留兵假道❸。即日夜半，暴風疾雨，雷奔電激，飛石揚砂，疾如弓弩。越軍壞敗，松陵卻退，兵士僵斃，人眾分解，莫能救止。范蠡、文種乃稽顙❹肉袒❺，拜謝子胥，願乞假道。子胥乃與種、蠡夢，曰：「吾知越之必入吳矣，故求置吾頭於南門，以觀汝之破吳也，惟欲以窮夫差。定❻汝入我之國，吾心又不忍，故為風雨以還汝軍。然越之伐吳，自是天也，吾安能止哉？越如欲入，更從東門，我當為汝開道貫城，以通汝路。」於是，越軍明日更從江出，入海陽❼於三道之翟水，乃穿東南隅以達，越軍遂圍吳。

【章　旨】此章通過越軍追臨吳都南城時，伍子胥於城門顯聖和夢中假道的描寫，在奇特的想像中，再次顯示了伍子胥雖死而猶生的烈丈夫氣概，既寄寓了作者對於伍子胥這位奇特英雄的同情與敬仰，又表達了他對吳王夫差不聽忠諫、濫殺忠臣的憤慨與批判。

【注　釋】❶江陽松陵　均為吳國地名，前者故址不詳，後者即今江蘇省吳江縣。❷胥門　吳國都城的南門。《越絕書・吳地傳》曰：「胥門外有九曲路，闔廬造以游姑胥之臺。」❸假道　借路。❹稽顙　古人請罪時所行跪拜禮，以額觸地。顙，額頭。❺肉袒　古人在謝罪時脫去上衣，裸露肢體，表示降服和惶懼。❻定　及；等到。❼海陽　與下之「三道」、「翟水」皆為吳國地名或水名，故址當在今江蘇省蘇州市附近。

【語　譯】越王句踐率領軍隊緊追不捨，進攻吳軍，一直追到江陽、松陵。於是越軍打算從胥門進入吳國都城，又走了六、七里之後，仰望吳國南城，看見城樓上懸掛著伍子胥的頭像車輪一樣大，目光猶如閃電，鬍鬚頭髮向四下伸張，神光怒氣，照射十里。越國士兵非常恐懼，停下來借路。當天半夜，暴風捲挾著疾雨，雷鳴伴隨著閃電，致使砂石飛揚，比弓弩發射的速度還快。越軍損失慘重，敗退松陵，士兵倒地斃命，隊伍分散瓦解，無法救援制止。范蠡、文種於是裸露上身，跪地叩頭，拜謝伍子胥，乞求借路。伍子胥就託夢給文種、范蠡，說：「我早就知道越國軍隊一定會攻入吳國都城，所以臨死前請求把我的頭顱懸掛在都城南門，以便我能親眼看著你們攻破吳國，只想讓夫差陷入困境。等到你們就要進入我們的國都之時，我的內心又不能忍受，所以才製造風雨來嚇退你們的軍隊。然而越軍要討伐吳國，自是天意，我怎麼能夠制止得了呢？越軍如果想進城，可改從東門入，我將為你們開闢道路，穿越城池，以打通你們的道路。」於是，越軍在第二天改道從江上出發，經過三道的翟水而進入海陽，然後穿過東南角，到達了吳國都城東門，於是越軍就將都城包圍起來。

守一年，吳師累敗❶，遂棲吳王於姑胥之山❷。吳使王孫駱❸肉袒膝行而前，請成❹於越王，曰：「孤臣夫差，敢布腹心：異日得罪於會稽，夫差不敢逆命，得與君王結成以歸。今君王舉兵而誅孤臣，孤臣惟命是聽，意者❺猶以今日之姑胥，曩日❻之會稽也。若徼天之中❼，得赦其大辟❽，則吳願長為臣妾。」句踐不忍其言，將許之成。范蠡曰：「會稽之事，天以越賜吳，吳不取。今天以吳賜越，越可逆命乎？且君王早朝晏罷，切齒銘骨，謀之二十餘年，豈不緣❾一朝之事耶？今日得而棄之，其計可乎？天與不取，還受其咎。君何忘會稽之厄乎？」句踐曰：「吾欲聽子言，不忍對其使者。」范蠡遂鳴鼓而進兵，曰：「王已屬政❿於執事⓫，使者急去，不時得罪。」吳使涕泣而去。句踐憐之，使令⓬入謂吳王曰：「吾置君於甬東⓭，給君夫婦三百餘家，以沒王世，可乎？」吳王辭曰：「天降禍於吳國，不在前後，正孤之身，失滅宗廟社稷者⓮。吳之土地民臣，越既有之，孤老矣，不能臣王。」遂伏劍自殺⓯。

【章　旨】此章略敘越軍圍困吳都一年，累敗吳軍，致使棲居在姑胥山上的吳王夫差，被迫派遣使臣王孫駱向越王求和，答應效越王故事，甘願長為臣妾，但因有相國范蠡強烈反對，越王僅同意置吳王夫差於甬東，給君夫婦三百餘家，以沒王世。吳王不肯苟活於世，終於伏劍自殺。本書卷五〈夫差內傳〉對吳王夫差的身死國滅，已有詳細描寫，但有關事件發生的時間、地點和細節描寫，前後並不完全一致。

【注　釋】❶守一年二句　徐天祜注曰：《左傳・哀公二十年》：「越圍吳。」是為句踐二十二年。哀公二十二年「越滅吳」，為句踐二十四年。蓋首尾三年也。《國語》曰：「居軍三年，吳師自潰。」〈越世家〉亦曰：「留圍之三年，吳師敗。」與《左傳》合。此書繫其事於二十一年，以為圍守一年而滅吳，誤也。❷姑胥之山　又名姑蘇山、姑餘山，在今江蘇省蘇州市西南。❸吳使王孫駱　按《史記・越世家》作「吳王使公孫雄」，虞翻注公孫雄為「吳大夫」。❹請成　請求講和。❺意者　抑或；料想。❻曩日　昔日。❼徼天之中　求上天之福。徼，求。中，通「衷」。福也。❽大辟　死罪。❾緣　因為。❿屬政　託付政事。⓫執事　專職官員，這裡是范蠡自指。⓬使令　盧文弨校曰：「使令」當作「令使」。⓭甬東　越國地名，即今浙江舟山島。⓮者　盧文弨校曰：「者」字疑衍。⓯遂伏劍自殺　徐天祜注曰：上卷（卷五）〈夫差傳〉亦曰：「引劍而伏之死。」〈吳世家〉云「自剄死」。〈越世家〉止言「自殺」。按《左傳》：「吳王曰：孤老矣，焉能事君？乃縊。」丘明春秋時人，所聞當必不謬。《越絕》曰：「越王與之劍，使自圖之。吳王乃旬日而自殺。」意者句踐雖與之劍，而夫差自以縊死耶？

【語　譯】相持一年，吳軍屢戰屢敗，最後越軍將吳王夫差逼上姑胥山棲居。吳王派大夫王孫駱裸露上身跪地前行，向越王求和，說：「寡德之臣夫差，斗膽向大王吐露衷誠：往年曾經在會稽山得罪過大王，我夫差不敢違背大王的命令，得以與大王結和而歸。如今大王率領軍隊前來誅伐我這少德之臣，我當然絕對服從，抑或還能將今日的姑胥山之事，照依昔日的會稽山之例。如果能求到上天的福祐，得以赦免我的死罪，那麼吳國的百姓願永遠做您的奴僕。」句踐聽了這番話於心不忍，打算答應講和。范蠡說：「當年會稽山的事件，是上天拿越國賜給吳國，吳國卻不接受。現在上天拿吳國賜給越國，越國難道可以違背上天的命令嗎？況且大王每天清早上朝治政，直到傍晚退朝，咬牙切齒，刻骨銘心，謀畫了二十餘年，難道不就是為了這一天嗎？今日剛得到手中卻又要拋棄，這種做法可行嗎？上天賜給的東西你不接受，反而會遭受降下的災禍。大王怎麼忘記了當年會稽山的苦難呢？」句踐說：「我本想聽從你的建議，只是不忍心這樣答覆夫差派來的使臣。」范蠡於是擂鳴戰鼓，號令進兵，說：「大王已經將軍政大事託付給我來處理，使者應趕快離去，否則會隨時獲罪。」吳國使者只好哭泣著離去。越王句踐憐憫吳王，於是派遣使者入姑胥山對吳王夫差說：「我打算安置你到甬東居住，撥給你們夫婦三百餘戶百姓，服侍你們到死為止，可以嗎？」吳王夫差推辭說：「上天降下災禍給吳國，不在前朝，不在後世，正當我在位之時，斷絕毀滅了吳國的宗廟社稷。吳國的土地和臣民，已經為越國所占有，我老了，不能臣事於大王了。」於是以劍自殺。

句踐已滅吳，乃以兵北渡江淮，與齊、晉諸侯會於徐州❶，致貢於周。周元王❷使人賜句踐。已受命號，去還江南。以淮上地與楚，歸吳所侵宋地，與魯泗東❸方百里。當是之時，越兵橫行於江淮之上，諸侯畢賀。

越王還於吳，當歸而問於范蠡曰：「何子言之其合於天❹？」范蠡曰：「此素女之道❺，一言即合。大王之事，王問為實❻，《金匱》❼之要，在於上下❽。」越王曰：「善哉。吾不稱王，其可悉乎？」蠡曰：「不可。昔吳之稱王，僭❾天子之號，天變❿於上，日為陰蝕。今君遂僭號不歸，恐天變復見。」

【章　旨】此章敘越王句踐、消滅吳國之後，北會齊晉，致貢天子，施惠於楚、宋、魯等國，橫行於江淮之上，在霸業成功以後，開始萌生了僭越名號而稱王的野心，但立即受到了范蠡的勸阻。

【注　釋】❶徐州　齊國地名，在今山東省滕縣南。❷周元王　周敬王之子，名仁，在位七年（西元前四七五～前四六九年）。❸泗東　泗水東部，在今山東省東南部。❹何子言之其合於天　徐乃昌《吳越春秋札記》引孫云：「其」疑「甚」字之誤。❺素女之道　指陰陽天道。素女，傳說中的神女名，與黃帝同時，知陰陽天道。❻大王之事二句　徐乃昌《吳越春秋札記》引孫云，「大王之事，王問為實」二語有誤，徐改「為」為「焉」，而以「實」屬下讀，於文仍難通。以意推之，疑當作「玉門為實」。「玉門」與「金匱」文正相對，皆六壬式書名。〈句踐入臣外傳〉范蠡曰：「大王安心，事將有意，在《玉門》第一。」又子胥曰：「且大王初臨政，負《玉門》之第九。」又本篇後文，文種曰：「吾見王時，正犯《玉門》之第八也。」此越王訝蠡言甚合於天，故蠡即以六壬占式為對，今本《玉門》譌作「王問」，遂不可通耳。❼金匱　古代一部占卜的書，現存的《黃帝金匱經》可能與此書有某種承傳關係，或是後人託古以自重。❽上下　意謂在上下左右之間，相差不遠。❾僭　僭越；超越本分。❿天變　天象的變異，如日蝕、地震之類。

【語譯】越王句踐消滅吳國以後，就率領軍隊北渡長江、淮河，與齊國、晉國等諸侯盟會於徐州，並向周王室進獻貢品。周元王隨即派人封賜句踐。句踐接受周天子的封號之後，回師江南。把淮河流域的土地給予楚國，將吳國原來侵占的宋國領土歸還給宋國，把泗水以東方圓百里之地劃給魯國。在這個時期，越國軍隊在長江、淮河一帶縱橫馳騁，各國諸侯都來祝賀。

越王打算率領軍隊回到吳國都城，臨行前問范蠡說：「為什麼你的預言能非常合乎天意？」范蠡說：「這是根據素女的陰陽之道，所以一句話就能說中。大王的政事，依據《玉門經》即能得其實質，依據《金匱經》也能得其要領，都在上下左右之間，相去不遠。」越王說：「好啊！我若不稱王，可以知道這些事理嗎？」范蠡說：「不可稱王。過去夫差自稱為王，僭越天子的名號，結果天象發生變異，太陽就被月亮所蝕。現在大王如果進位僭越名號，不撤兵回國，恐怕天象的變異又會出現。」

越王還於吳❶，置酒文臺，群臣為樂。乃命樂❷作伐吳之曲，樂師曰：「臣聞即事作操❸，功成作樂❹。君王崇德，誨化有道之國，誅無義之人，復讎還恥，威加諸侯，受霸王之功。功可象於圖畫，德可刻於金石❺，聲可託於絃管❻，名可留於竹帛❼。臣請引琴而鼓之。」遂作章暢辭❽曰：「屯乎❾，今欲伐吳，可未耶？」大夫種、蠡曰：「吳殺忠臣伍子胥❿，今不伐吳人⓫何須？」大夫種進祝酒，其辭曰：「皇天祐助，我王受福。良臣集謀，我王之德。宗廟輔政，鬼神承翼⓬。君不忘臣，臣盡其力。上天蒼蒼，不可掩塞。觴酒二升，萬福無極。」於是，越王默然無言。大夫種曰：「我王賢仁，懷道抱德。滅讎破吳，不忘返國。賞無所悋⓭，群邪杜塞⓮。君臣同和，福祐千億。觴酒二升，萬歲難極。」臺上群臣大悅而笑，越王面無喜色。

【章旨】此章敘越王回師吳都，置酒文臺，大宴群臣，樂師奏曲，和樂融融，本是一派喜慶景象，但因大夫文種在祝酒辭中提到了「君不忘臣」、「賞無所恡」，竟使越王「默無所言」、「面無喜色」，與「群臣大悅而笑」的神情形成鮮明對比，真實地揭示了越王句踐在大功告成之後，不願封賞群臣，卻又無可奈何的心理活動。

【注　釋】❶越王還於吳　據蔣光煦《斠補隅錄・吳越春秋》，宋本作「越王不聽，還於吳」。❷樂　指樂師。❸操　琴曲名。《後漢書・曹褒傳》注引劉向《別錄》：「君子因雅琴之適，故從容以致思焉。其道閉塞悲愁，而作者名其曲曰操，言遇災害不失其操也。」❹樂　音樂；舞樂。❺金石　古人頌功紀事寓戒，多銘於金石。金指鐘鼎之屬，石指碑碣之屬。❻絃管　絃樂和管樂。❼竹帛　指書冊、史乘。竹指竹簡，帛指白絹，古代初無紙，用以書寫文字。❽章暢辭　琴曲名。❾屯乎　艱難啊。❿吳殺忠臣伍子胥　據蔣光煦《斠補隅錄・吳越春秋》，宋本於此句下有「我君王聞誥侯」六字。⓫人　徐天祜注曰：當作「又」。⓬承翼　輔助。⓭恡　同「吝」。⓮杜塞　堵塞。

【語　譯】越王率領軍隊回到吳國都城，在文臺設宴，召集群臣飲酒作樂。越王命令樂師創作伐吳之曲，樂師說：「我聽說即事創作琴操，功成創作樂舞。大王崇尚道德，教誨感化講究道義的國家，誅伐不義之人，報仇雪恥，威伏諸侯，受命獲得霸王的功績。其功績可以繪為圖畫，其德業可以銘刻於金石，其聲望可以播於樂曲，其英名可以永垂青史。請允許我用琴來彈奏一曲。」於是創作章暢辭說：「艱難啊，現在要討伐吳國，可行不可行呢？」大夫文種、范蠡接著唱道：「吳王已殺忠臣伍子胥，現在不去討伐吳國還待何時？」大夫文種上前祝酒，其祝辭道：「皇天保祐幫助，讓我們大王接受賜福。良臣集合智謀，這是我們大王的功德。宗廟的祖先之靈在輔佐國政，鬼神也在暗中幫助。國君不忘記大臣，大臣將竭忠盡力。上天蒼茫無邊，不可遮蔽堵塞。請大家舉杯，祝大王萬福無極。」這時，越王竟默默不語。大夫文種又說：「我們大王賢能仁善，懷守道德。消滅仇敵，攻破吳國，不忘返回越國。獎賞功臣無所吝惜，群小邪惡就能杜絕堵塞。君臣同心和協，福祐千秋百代。請大家再次舉杯，祝大王萬壽無疆！」臺上各位臣僚都非常高興地笑了起來，而越王卻面無喜色。

范蠡知句踐愛壤土，不惜群臣之死，以其謀成國定，必復不須功而返國也，故面有憂色而不悅也。范蠡從吳欲去，恐句踐未返，失人臣之義，乃從入越。行謂文種曰：「子來去矣，越王必將誅子。」種不然言。蠡復為書遺種曰：「吾聞天有四時，春生冬伐。人有盛衰，泰終必否❶。知進退存亡而不失其正，惟賢人乎？蠡雖不才，明知進退。高鳥已散，良弓將藏。狡兔已盡，良犬就烹。夫越王為人長頸鳥喙❷，鷹視狼步，可與共患難而不可共處樂，可與履危，不可與安。子若不去，將害於子，明矣。」文種不信其言。越王陰謀，范蠡議欲去，徼倖❸。

二十四年九月丁未❹，范蠡辭於王曰：「臣聞主憂臣勞，主辱臣死，義一也。今臣事大王，前則無滅未萌之端，後則無救已傾之禍。雖然，臣終欲成君霸國，故不辭一死一生，臣竊自惟，乃使於吳。王之慚辱，蠡所以不死者，誠恐讒於太宰嚭，成伍子胥之事。故不敢前死，且須臾而生。夫恥辱之心不可以大❺，流汗之愧不可以忍。幸賴宗廟之神靈，大王之威德，以敗為成，斯湯武克夏商而成王業者❻。定功雪恥，臣所以當席日久，臣請從斯辭矣。」越王惻然❼，泣下霑衣，言曰：「國之士大夫是子，國之人民是子，使孤寄身託號以俟命矣。今子云去，欲將逝矣。是天之棄越而喪孤也，亦無所恃者矣。孤竊有言：公位❽乎？分國共之；去乎？妻子受戮。」范蠡曰：「臣聞君子俟時，計不數謀，死不被疑，內不自欺。臣既逝矣，妻子何法乎？王其勉之，臣從此辭。」乃乘扁舟，出三江❾，入五湖❿，人莫知其所適。

范蠡既去，越王愀然⓫變色，召大夫種曰：「蠡可追乎？」種曰：「不及也。」王曰：「奈何？」種曰：「蠡去時，陰畫六，陽畫三⓬，日前之神莫能制者，玄武、天空⑬威行，孰敢止者？度天關⑭，涉天梁⑮，後入天一⑯。前翳⑰神光⑱，言之者死，視之者狂。臣願大王勿復追也，蠡終不還矣。」越王乃收其妻子，封百里之地，有敢侵之者，上天所殃。於是，越王乃使良工鑄金象范蠡之形，置之坐側，朝夕論政。

【章　旨】此章敘范蠡歸隱的前因後果。范蠡在文臺宴會上，看出越王愛惜壤土，不願封賞功臣，「可與共患難，而不可共處樂，可與履危，不可與安」。因而決定功成身退，並以「高鳥已散，良弓將藏；狡兔已盡，良犬就烹」的道理，勸說文種一起歸隱避禍。但文種執迷不悟，不信其言。范蠡為盡人臣之禮，還是跟從句踐返回越國之後才正式告退。儘管越王當時泣下霑衣，提出以「分國共之」來挽留他，甚至以「妻子受戮」來阻嚇他，范蠡還是決意辭去，表現了他在「謀成國定」之後「知進退存亡而不失其正」的智士氣概。越王得知范蠡最終還是煙波一棹，離越遠去之後，不禁愀然變色，欲追而不能，於是封其妻子百里之地，「鑄金像范蠡之形」。

【注　釋】❶泰終必否　即物極必反，泰極否來。泰、否，本是《周易》中兩個卦名，泰表示天地交而萬物通，否表示天地不交，上下隔閡閉塞不通之象。古人對命運的好壞、事情的順逆，皆曰否泰。❷鳥喙　謂嘴尖似鳥。

喙，鳥類的嘴。❸徼倖　同「僥倖」。❹二十四年九月丁未　即西元前四七三年九月丁未。按此時間記載有誤，本書卷五記滅吳事在夫差二十三年（即西元前四七三年）十月之後，《左傳・哀公二十二年》和《史記・吳太伯世家》都明確記載，越滅吳之事在西元前四七三年十一月丁卯，而范蠡告退，隔越滅吳已有一段時間，故不可能在句踐二十四年九月。❺大　徐天祜注曰：承上文而言，則「大」當作「久」。❻斯湯武句　這正如商湯王克夏、周武王克商而成就了王業一樣。❼惻然　悲傷的樣子。❽位　徐天祜注曰：「位」當作「住」。❾三江　徐天祜在卷五注曰：三江，一說松江、錢塘、浦陽江也。〈吳都賦〉注：「松江下七十里分流，東北入海者為婁江，東南流者為東江，併松江為三江。」今其地亦名三江口，即范蠡乘舟所出之地。❿五湖　徐天祜在卷五注曰：一說貢湖、遊湖、胥湖、梅梁湖、金鼎湖也。韋昭曰：「胥湖、蠡湖、洮湖、滆湖、就太湖而五。」虞翻云：「太湖之水通五道，謂之五湖。」⓫愀然　形容神色變得不愉快。⓬陰畫六二句　是為泰卦。陰畫六，指卦象的陰爻有六畫，即☷，為坤；陽畫三，指卦象的陽爻有三畫，即☰，為乾；二者相合，即䷊，為泰卦。〈彖〉曰：「小往大來，吉，亨，則是天地交而萬物通也，上下交而其志同也。內陽而外陰，內健而外順，內君子而外小人，君子道長，小人道消也。」⓭玄武天空　分別為十二將神之一，均為凶將。⓮天關　指斗宿。《太公金匱》曰：「春三月，斗為天關，戰背天關向天梁，敵不可當。」⓯天梁　星名。《晉書・天文志》曰：「南斗六星，天廟也。南二星魁，天梁也。」⓰天一　星名，亦作天乙。《史記・天官書》曰：前列直斗口三星，隨北端兌，若見若不，曰陰德，或曰天一。《正義》曰：天一，一星，彊閶闔外，天帝之神，主戰鬥，知人吉凶，明而有光，則陰陽和，萬物成，人主吉，不然反是。⓱翳　遮蔽。⓲神光　神名。

【語　譯】范蠡知道句踐喜愛的是土地，為了土地可以不惜犧牲群臣的生命，認為句踐現在圖謀已成，國勢已定，必然不再待群臣獻功而返回越國，所以面帶憂色而不高興。范蠡本來想從吳都離去，但擔心句踐尚未返回越國，自己中途離去，會有失人臣的道義，於是就跟隨句踐從吳都返回越國。歸越途中，范蠡對文種說：「你該離去了，越王一定會殺掉你。」文種對此不以為然。范蠡臨走前又給文種留下一封信，信中說：「我聽說天有四季，春天萬物生長，冬天皆遭殺伐。人生命運有盛有衰，幸運至極必遭厄運。能夠懂得進退存亡之道，而又不失正義的人，是賢人嗎？范蠡雖然沒有什麼才能，但能清楚地懂得進退之道。天上的飛鳥既已射完，好弓就將被收藏起來。狡猾的兔子既已獵盡，獵狗也將要被烹煮。越王句踐這個人生得頸長嘴尖，眼睛像鷹，步履似狼，可以和他共患難，而不能和他共享樂，可以同他共處困境，不能同他共處安定。你若不離去，他將加害於你，這是很明顯的事。」文種還是不相信范蠡的話。越王慣於陰謀，范蠡和他商議要告退離去，他卻還心存僥倖。

句踐二十四年九月丁未日，范蠡向越王告辭說：「我聽說君王憂愁，臣下勞瘁，君王遭受恥辱，臣下為之效死，其道義是一致的。如今我事奉大王，事前不能把禍端消除在未發之初，事後也不能挽救已經發生的禍害。雖然如此，但我始終還是想幫助大王成就霸業，所以不避死生。我當年私下這樣想好，然後才跟您一起出使吳國。大王受盡羞慚侮辱，我之所以沒有為大王去死，確實是擔心吳王夫差會聽信太宰嚭一類人的讒言，按照伍子胥的主張行事。所以在吳國時，我不敢先大王而死，並且不久又得以生還。但恥辱之心不可以長久，流汗的羞愧不可以忍受。幸虧仰賴宗廟的神靈，大王的威德，才使越國因失敗而導致成功，這正如商湯克夏、周武王滅商而成就的王業一般。現在大王已經報仇雪恥，功成名就，而我身居相位，時日已久，請允許我從此辭去吧。」越王聽了很悲傷，眼淚沾濕了衣服，他說：「越國的士大夫都肯定你，越國的人民都信任你，使我能置身於王位名號下以等候天命。現在你說離開我，將要到遠方去。這是上天要拋棄越國而致我於死地，我也沒有什麼可依靠了。我私下有兩句話告訴你：你願留下嗎？我和你分國共享；你要離去嗎？妻子兒女斬首。」范蠡說：「我聽說君子知道等候時機，定計不須多次謀畫，生前死後不願遭人猜疑，內心也不自我欺騙。我既然已經離越遠去，妻子兒女又有什麼辦法呢？請大王自勉，我就此告辭了。」於是乘坐一葉小舟，出三江，入五湖，沒有人知道他的去向。

范蠡乘舟離去以後，越王的神色變得很不愉快，於是召來大夫文種，問道：「可以把范蠡追回來嗎？」文種說：「追不上了。」越王說：「為什麼？」文種說：「范蠡離去的時候，占卜的卦象是陰爻六畫，陽爻三畫，合成泰卦，凡是在太陽前面運動的神將，就沒有人能夠制止，這時玄武、天空二凶將正在威武行進，誰敢阻止呢？它們度過天關，越過天梁，然後進入天一，前面遮蔽神光，議論過它們的人會短命，探察過它們的人會發狂。我希望大王不要再去追趕，范蠡終究是不會回來了。」於是，越王收養了范蠡的妻子兒女，封給他們百里土地，並傳言：誰敢侵擾他們，就會遭受上天降下的禍殃。同時，越王還讓好的工匠，用黃金鑄造了一尊范蠡像，放在自己的座位旁邊，早晚同他談論政事。

自是之後，計硯佯狂。大夫曳庸、扶同、皋如之徒，日益疏遠，不親於朝。大夫種內憂不朝，人或讒之於王曰：「文種棄宰相之位，而令君王霸於諸侯，今官不加增，位不益封，乃懷怨望之心，憤發於內，色變於外，故不朝耳。」異日，種諫曰：「臣所以在朝而晏罷❶，若身疾作者，但為吳耳。今已滅之，王何憂乎？」越王默然。時魯哀公患三桓❷，欲因諸侯以伐之。三桓亦患哀公之怒，以故君臣作難。哀公奔陘❸，三桓攻哀公。公奔衛，又奔越❹。魯國空虛，國人悲之，來迎哀公，與之俱歸。句踐憂文種之不圖，故不為哀公伐三桓也。

【章　旨】此章敘范蠡退隱江湖之後，越王忌害功臣之心有增無減，因而計硯以佯狂避禍，曳庸、扶同、臯如等人也日益疏遠，尤其是文種，因受人讒害而成為越王的心腹大患。所以當魯哀公奔越求援時，越王也無心為哀公討伐三桓。

【注　釋】❶在朝而晏罷　徐天祜注曰：「在」當作「蚤」，通「早」」。❷三桓　春秋時魯國大夫孟孫氏（一作仲孫氏）、叔孫氏、季孫氏，都是魯桓公之子仲慶父（亦稱孟氏）、叔牙、季友的後裔，故稱「三桓」。魯文公死後，三桓勢力日強，分領三軍，實際掌握了魯國的政權。❸陘　春秋時楚國地名，在今河南省郾城縣東。據《左傳．哀公二十七年》、《史記．魯世家》載，魯哀公投奔的是有陘氏。❹三桓攻哀公三句　按《左傳》、《史記》記載，此史事發生在魯哀公二十七年（即西元前四六八年），本書係於句踐二十四年（西元前四七三年），提早了五年。

【語　譯】自此以後，大夫計硯假裝瘋狂。大夫曳庸、扶同、臯如等人也與句踐日益疏遠，在朝中不受信任重用。大夫文種內心憂慮，沒有上朝，就有人向越王進讒言說：「文種曾放棄過宰相的職位，而一心輔佐大王稱霸諸侯，然而至今官職不見提昇，爵位不見加封，所以懷有怨望之心，心裡產生憤怒，臉上就變了顏色，因此不來上朝。」後來有一天，文種向越王進諫說：「我過去之所以早朝晚罷，終日操勞，就好像身上有疾病發作了一樣，都只是為了對付吳國。現在已經消滅了吳國，大王還有什麼憂慮呢？」越王沈默不語。當時魯哀公擔心孟孫氏、叔孫氏、季孫氏三桓作亂，想借助諸侯的力量討伐他們。三桓也擔心魯哀公會發怒，因此君臣之間發難起事。魯哀公被迫投奔有陘氏，三桓追擊哀公。哀公又逃奔衛國，最後逃到越國求援。魯國國內空虛無君，人民為之悲傷不已，於是派人到越國來迎接哀公，同他一起回國。句踐因為擔心文種有不良的圖謀，所以沒有出兵為魯哀公討伐三桓。

二十五年❶，丙午平旦❷，越王召相國大夫種而問之：「吾聞知人易，自知難。其知相國何如人也？」種曰：「哀哉，大王知臣勇也，不知臣仁也。知臣忠也，不知臣信也。臣誠數以損聲色，滅❸淫樂，奇說怪論❹，盡言竭忠，以犯大王，逆心咈耳❺，必以獲罪。臣非敢愛死不言，言而後死。昔子胥於吳矣，夫差之誅也❻，謂臣曰：『狡兔死，良犬烹。敵國滅，謀臣亡。』范蠡亦有斯言。何大王問犯《玉門》之第八？臣見王志也。」越王默然不應，大夫亦罷。

哺其耳以成人惡❼。其妻曰：「君賤一國之相，少王祿乎？臨食不亨❽，哺以惡何？妻子在側，匹夫之能，自致相國，尚何望哉？無乃❾為貪乎？何其志忽忽若斯？」種曰：「悲哉，子不知也。吾王既免於患難，雪恥於吳，我悉徙宅❿自投死亡之地⓫，盡九術之謀，於彼為佞⓬，在君為忠，王不察也。乃曰：『知人易，自知難』。吾答之又無他語，是凶妖之證也。吾將復入，恐不再還，與子長訣，相求於玄冥之下⓭。」妻曰：「何以知之？」種曰：「吾見王時，正犯《玉門》之第八也。辰剋其日⓮，上賊於下⓯，是為亂醜，必害其良。今日剋其辰，上賊下止，吾命須臾之間耳。」

越王復召相國，謂曰：「子有陰謀兵法，傾敵取國。九術之策，今用三已破強吳，其六尚在子所⓰，願幸以餘術為孤前王於地下，謀吳之前人。」於是種仰天嘆曰：「嗟乎！吾聞大恩不報，大功不還，其謂斯乎？吾悔不隨范蠡之謀，乃為越王所戮。吾不食善言，故哺以人惡。」越王遂賜文種屬盧⑰之劍。種得劍，又嘆曰：「南陽之宰⑱而為越王之擒。」自笑⑲曰：「後百世之末，忠臣必以吾為喻矣。」遂伏劍而死。越王葬種於國之西山⑳，樓船之卒三千餘人，造鼎足之羨㉑，或入三峰之下。葬一年，伍子胥從海上穿山脅㉒而持種去，與之俱浮於海。故前潮水潘候者㉓，伍子胥也。後重水者，大夫種也。

【章旨】此章敘文種從遭受猜忌到被賜劍自殺的過程，既揭示出越王句踐在大功告成之後，濫殺功臣的刻毒寡恩，也表現了文種在官祿名利面前，不知進退而咎由自取。但作者最後通過荒誕的幻想，讓文種與伍子胥並為濤神，顯然寄寓了他對文種這位忠臣的同情與敬仰。

【注釋】❶二十五年　即西元前四七二年。❷平旦　清晨。❸滅　盧文弨改「滅」作「減」。❹奇說怪論　明吳琯校本作「奇說怪諭」。❺咈耳　猶言刺耳。咈，違背；抵觸。❻昔子胥於吳矣二句　盧文弨校「矣」改「當」，則二句當斷作「昔子胥於吳，當夫差之誅也」。今按不改字也通，因本書卷五記吳王被包圍時，曾書其矢而射種、蠡之軍，辭曰：「吾聞狡兔以死，良犬就烹。敵國如滅，謀臣必亡。」❼哺其耳以成人惡　文種退朝後不想吃飯，只拿了幾塊糕餅在口中咀嚼，結果嚼成了像糞便一樣的東西。徐天祜注「人惡」謂「大溲」。盧文弨云：「此有脫文。」今姑且依文解之，哺，咀；口中嚼食。耳，通「餌」。指糕餅一類的食物。❽亨　徐天祜注曰：「亨」當作「享」。❾無乃　莫非；豈不是。❿徙宅　即遷居。⓫死亡之地　指越國。⓬於彼為佞　在吳國君臣看來是奸巧。⓭玄冥之下　猶言九泉之下。⓮辱剋其日　古代以天干地支配合紀日，又以十二地支紀時辰，天干稱日，地支稱辰。剋，制伏，此用辰日相剋說。⓯上賊於下　上被下所犯害，即下賊上，地盤剋天盤。賊，犯害。⓰九術之策三句　按文種所獻九術之策，越王在破吳過程中實已使用了五術：一是尊天事鬼，以求其吳；二是獻名山神材，使吳王起宮室，以盡其材；三是贈送西施、鄭旦二美女，以惑其心而亂其謀；四是貴糴粟槀以虛其國，利所欲以疲其民；五是強其諫臣，使伍子胥自殺。知越王尚未使用者只有四術。⓱屬盧　劍名，也作「屬鏤」。⓲南陽之宰　指文種在楚國曾任宛令一事。南陽，又名宛，楚國地名，故址即今河南省南陽市。宰，春秋時卿大夫采邑的長官。⓳自笑　徐天祜注曰：句踐脫囚虜之辱，苦身勞思，君臣相與謀報吳者，二十餘年，卒以越霸。諸臣雖與有力，而種、蠡之功居多。蠡見機而作，可謂明且哲矣。種之死也，無罪而越王誅之也。無名其辭，乃曰：「幸以餘術為孤前王於地下，謀吳之前人。」是何言歟？今死者有知，謀之地下何益？如其無知，焉用謀之？夫大功不賞，而淫刑以報，此種所以仰天而嘆，又自笑也。⓴西山　徐天祜注曰：即臥龍山，又名種山，一曰重山。《太平御覽》曰：「種山之名，因大夫種。以語訛，成重也。」㉑羨　墓道。㉒山脅　山腰。㉓潘候者　旋轉以待的潮水。潘，同「蟠」。

【語　譯】句踐二十五年，某月丙午日清晨寅時，越王召見相國大夫文種，問他說：「我聽說一個人要了解別人還比較容易，要了解自己卻很困難。你作為相國，知道自己是個什麼樣的人嗎？」文種說：「可悲啊！大王只知道我的勇敢，卻不知道我的仁愛；只知道我的忠誠，卻不知道我的信義。我的確曾多次勸諫大王撤去音樂美女，減少過度的享樂，說了些奇怪的話，打了些荒唐的比喻，本意是盡言竭忠，以致冒犯了大王，違背了大王的心意，聽了覺得刺耳，一定會因此獲罪。但我不敢因為貪生怕死而不說，寧願說了之後而被處死。過去伍子胥在吳國的時候，和夫差被逼殺之前，曾先後對我說過：『狡猾的野兔捕光以後，好的獵狗就將被烹煮；敵對的國家一旦消滅，出謀畫策的大臣也必定死到臨頭。』范蠡歸隱前也說過這樣的話。為什麼大王要在違犯《玉門經》第八條禁忌的時候，問我這樣的問題呢？我已看出大王的本意了。」越王沈默不答，大夫文種也不便再說什麼，只好離朝作罷。

文種回家後不想吃飯，只拿了幾塊糕餅在口中咀嚼，結果嚼成了像糞便一樣的東西。他的妻子說：「你看不起一國宰相的職位，難道大王給你的俸祿還少嗎？面對美食不來享用，卻要咀嚼那些像糞便的東西幹什麼？有妻子兒女在堂，你以匹大的才能，使自己做到相國大夫之職，還奢望什麼呢？莫非因為起了貪心嗎？為什麼你的思想情緒這樣恍忽不定？」文種說：「可悲啊！你不知道情勢。我們大王已經度過了患難歲月，在吳國洗刷了恥辱。我們全家從楚國搬遷到越國這個死亡之地，向越王奉獻了『九術』的計謀，這在吳國君臣看來是奸巧，對我們國君來說卻是盡忠。然而我們大王卻看不到這一點，竟對我說：『一個人要了解別人比較容易，要了解自己卻很困難。』我回答他時，又沒有其他的話可說，這是不祥的預兆。我將被再次召見入宮，恐怕再也不能活著回來了，這就與你永訣，只能在九泉之下相見了。」妻子問道：「你怎麼知道這些的呢？」文種說：「我謁見大王的時辰，正好違犯了《玉門經》第八條的禁忌，時辰制伏了日干，上被下所犯害，好人被視為亂黨醜類，國君一定會殺害忠良。現在是日干制伏了時辰，上要加害於下，下面的命運將終止，我的性命不過須臾之間了。」

越王果然再次召見文種，對他說：「你胸中懷有陰謀兵法，能夠消滅敵人，奪取國家。所獻九術的計策，現在我只使用了五術，就已攻破了強大的吳國，還有四術留在你胸中，希望你能用所餘的四術，為我的先王在地下去圖謀吳國的祖先。」於是，文種仰天嘆息說：「唉呀！我聽說大恩得不到報答，大功得不到獎賞，說的就是我的遭遇吧？我後悔沒有聽從范蠡的謀畫，終於被越王所殺害。我聽不進良言，所以自食其惡果。」越王隨即賜給文種一把屬盧劍。文種得到寶劍後，又嘆息著說：「我作為楚國南陽的一個地方官，現在竟被越王所擒獲了。」因而自己嘲笑自己說：「此後直至百世，忠臣一定會拿我來做比喻的。」於是伏劍自殺。越王把文種埋葬在越國的西山，又分派水兵三千餘人，為文種建造了一條呈鼎足形狀的墓道，有人說墓道深入到三峰下面。文種被埋葬後一年，伍子胥從海上穿過山腰，挾持文種而去，和他一起在海上漂蕩。所以每次漲潮時，前面旋轉以待的潮水就是伍子胥，後面隨之湧上的潮水就是文種。

越王既已誅忠臣，霸於關東❶，從瑯琊❷起觀臺，周七里以望東海，死士八千人，戈船❸三百艘。居無幾❹，射求❺賢士。孔子聞之，從弟子奉先王雅琴禮樂奏於越❻。越王乃被唐夷之甲❼，帶步光❽之劍，杖屈盧之矛❾，出死士以三百人為陣關下。孔子有頃❿到，越王曰：「唯唯⓫，夫子何以教之？」孔子曰：「丘能述五帝三王之道⑫，故奏雅琴以獻之大王⑬。」越王喟然⑭嘆曰：「越性脆而愚，水行山處，以船為車，以檝⑮為馬，往若飄然，去則難從，悅兵敢死⑯，越之常也。夫子何說而欲教之？」孔子不答，因辭而去。

越王使人如木客山⑰，取元常⑱之喪，欲徙葬琅邪⑲。三穿元常之墓，墓中生熛風⑳，飛砂石以射人，人莫能入㉑。句踐曰：「吾前君其不徙乎？」遂置而去。

句踐乃使使號令齊、楚、秦、晉，皆輔周室，血盟而去㉒。秦桓公不如越王之命㉓，句踐乃選吳越將士，西渡河以攻秦，軍士苦之。會秦怖懼，逆自引咎㉔，越乃還軍。軍人悅樂，遂作〈河梁之詩〉，曰：「渡河梁兮渡河梁，舉兵所伐攻秦王。孟冬十月多雪霜，隆寒道路誠難當。陣兵未濟秦師降，諸侯怖懼皆恐惶。聲傳海內威遠邦，稱霸穆桓齊楚莊㉕。天下安寧壽考長，悲去歸兮何㉖無梁。」自越滅吳，中國皆畏之。

二十六年，越王以邾子㉗無道而執以歸，立其太子何。冬，魯哀公以三桓之逼來奔㉘。越王欲為伐三桓，以諸侯大夫不用命，故不果耳。

【章旨】此章著重記敘越王句踐滅吳之後，不行王道行霸道，縱橫天下，號令諸侯，干涉外國內政，不從者立動干戈，致使「諸侯怖懼皆恐惶。聲傳海內威遠邦」。

【注釋】❶關東　指函谷關以東地區。❷從瑯琊　按《太平御覽・卷一六〇》引作「徙都瑯琊」。瑯琊，山名，在今山東諸城縣東南。❸戈船　古戰船的一種。《西京雜記》曰：「戈船，上建戈矛，四周悉垂幡旄葆麾蓋。」一說船下安戈戟，以除蛟鼉水蟲之害。❹居無幾　過了不久。❺射求　追求。《越絕書・卷八》作「躬求」。❻孔子聞之二句　《越絕書・卷八》記此事曰：「孔子從弟子七十人，奉先王雅琴，治禮往奏。」❼唐夷之甲　當即是本書卷三所說「棠銕之甲」。❽步光　劍名。❾屈盧之矛　長矛名。《越絕書・卷八》作「物盧之矛」。❿有頃　不久。⓫唯唯　恭敬而順從的應答之詞。⓬五帝三王之道　猶言王道。五帝，說法不一，《史記》以黃帝、顓頊、帝嚳、堯、舜為五帝。三王，指夏禹、商湯、周文王、武王。⓭故奏雅琴句　徐天祜注曰：「越滅吳之明年，大夫種賜劍以死，是為句踐二十五年，即魯哀公二十三年也。此書謂已誅忠臣，居無幾，求賢士，孔子聞之，奉雅琴禮樂奏於越。皆是年事也。竊獨以為不然，昔者夫子將見趙簡子，聞竇鳴犢、舜華之死，臨河而不濟，為其殺賢大夫而諱傷其類也。至作為陬操以哀之。文種非賢大夫歟？使夫子尚在，聞種之死，愚知其不入越也，而況奏雅琴以干時君乎！按：《春秋・哀公十六年》夏四月，書孔丘卒。由文種之死，上距夫子之卒，已八年矣。謂夫子以是年入越，非也。」⓮喟然　嘆息貌。⓯檝　同「楫」。船槳。⓰悅兵敢死　按《越絕書・卷八》作「銳兵任死」。⓱木客山　越國山名，在今浙江省紹興市。《越絕書・卷八》曰：「木客大冢者，句踐父允常冢也。初徙瑯琊，使樓船卒二千八百人伐松柏以為桴，故曰木客。去縣十五里。」⑱元常　當作「允常」。⑲琅邪　同「瑯琊」。⑳飄風　疾風。㉑飛砂石以射人二句　徐天祜引《水經注》：「冢中分風飛砂射人，不得近。」㉒皆輔周室二句　按《史記・正義》〈秦始皇本紀〉引作「以尊輔周室，歃血，盟而去」。㉓秦桓公句　徐天祜按《史記・年表》：句踐二十五年，是為秦厲共公六年，此書為秦桓公不如越王之命，非也。由句踐二十五年上距秦桓公之卒，蓋一百有六年矣。「桓公」當作「厲共公」。㉔逆自引咎　反而自己承認過失。㉕穆桓齊楚莊　三人都是春秋五霸之一。穆，秦穆公。桓，齊桓公。楚莊，楚莊公。㉖何　盧文弨校改「何」作「河」。㉗邾子　春秋時邾國國君。邾國舊址在今山東省鄒縣。㉘魯哀公句　據《左傳》、《史記》記載，此史事發生在魯哀公二十七年（即西元前四六八年），本書這裡係於句踐二十六年（即西元前四七一年），提早了三年。且本書已在句踐二十四年敘及此事，前後重複。

【語　譯】越王句踐既已誅殺忠臣，稱霸關東，遷都瑯琊，又在此建造一座方圓七里的觀臺以瞭望東海，擁有八千名敢死之士，三百艘建有戈矛的戰船。過了不久，越王又親自招攬賢士。孔子得知消息後，就率領弟子，帶著周朝先王的雅琴和禮樂，到越國來演奏。越王於是穿上棠鐵甲，佩帶步光劍，手執屈盧矛，派遣三百名敢死之士，在城關下列陣歡迎。不久孔子一行來到關下，越王說：「好啊好啊，您老夫子以什麼來教導我呢？」孔子說：「我能講述五帝三王成就王業的道理，因此演奏雅琴奉獻大王。」越王長嘆一聲，說：「越國人性格脆烈而又愚笨，在水上航行，在山上居住，船就是我們的車，槳就是我們的馬，到來像飄風一般，離去則很難跟上。喜歡兵器，敢於效死，這是越國人的普遍習性。夫子有什麼學說，可用來教導我們呢？」孔子沒有回答，就告辭離開了越國。

越王句踐派人到木客山，掘取父王元常的遺骸，打算遷葬於瑯琊山。但三次掘穿元常的墓室，墓中都有疾風刮出，飛砂走石直射掘墓人，沒有人能夠進入墓室。越王句踐說：「難道是我的先君不願意遷葬嗎？」於是就放棄了遷葬的措施。

越王於是派遣使者號令齊、楚、秦、晉等國諸侯，共同尊奉輔佐周王室，殺牲歃血，會盟而去。秦厲共公不聽從越王句踐的命令，句踐於是挑選吳越將士，西渡黃河進攻秦國，使軍中士兵困苦不堪。恰好秦厲共公因為恐懼作戰，反而自己承認過失，越王於是撤回了軍隊。越軍將士喜悅不已，就創作了一首〈河梁之詩〉，詩中說：「渡河的橋梁啊渡河的橋梁，舉兵西征攻伐秦王。初冬十月就已多雪多霜，嚴寒趕路的確難當。越軍列陣尚未渡河，秦軍膽落已投降，諸侯害怕都恐慌。聲名傳遍海內，軍威震懾遠邦，越王句踐稱霸天下，業績可比秦穆公、齊桓公和楚莊王。天下安定年高壽長，可悲可嘆的是今日回師啊，東渡黃河時竟沒有橋梁。」自從越國消滅吳國以來，中原各諸侯國都畏懼越國。

句踐二十六年，越王句踐以邾國國君不仁道為由，把他逮捕押回越國，立太子何為國君。這年冬天，魯哀公因被孟孫氏、叔孫氏、季孫氏等三桓威逼，來投奔越國。越王句踐本想為魯哀公討伐三桓，但因各國諸侯、大夫不聽從號令，所以未能付諸實施。

二十七年❶冬，句踐寢疾❷，將卒，謂太子與夷❸曰：「吾自禹之後，承元常❹之德，蒙天靈之祐、神祇之福，從窮越之地，籍❺楚之前鋒，以摧吳王之干戈。跨江涉淮，從晉、齊之地，功德巍巍。自致於斯，其可不誡乎？夫霸者之後，難已久立，其慎之哉！」遂卒❻。

【章旨】此章略敘越王句踐在越國霸業極盛之時，遺命太子興夷而逝。

【注釋】❶二十七年　即西元前四七〇年。❷寢疾　臥病。❸興夷　《越絕書・卷八》作「與夷」。《史記・越世家》則曰：「句踐卒，子王鼫與立。」❹元常　當作「允常」。❺籍　通「藉」。借助。❻遂卒　徐天祐注引《通鑑外紀》：「句踐三十三年薨。」按越王句踐於西元前四九六年即位，在位三十三年而卒，當在西元前四六四年。本書將句踐卒年係於句踐二十七年，誤也。

【語譯】句踐二十七年冬，越王句踐臥病在床，臨死前，他對太子興夷說：「我從夏禹王之後，秉承父王元常的德業，幸蒙天靈保祐和神祇賜福，從窮僻的越國土地上創業，借助楚國作為前鋒，因而摧毀了吳國的軍隊。然後跨過長江，渡越淮河，縱兵於齊、晉之地，功德巍巍。我自己能成就這番霸業，豈可不有所警誡嗎？作為霸主的後代，往往難以長久地自立於世，要謹慎小心啊！」說完就離開了人世。

興夷即位一年卒，子翁❶。翁卒，子不揚。不揚卒，子無彊❷。彊卒，子玉。玉卒，子尊。尊卒，子親❸。自句踐至於親，其歷八主皆稱霸❹，積年二百二十四年。親衆皆失，而去琅琊，徙於吳矣。自黃帝至少康，十世。自禹受禪至少康即位，六世，為一百四十四年。少康去顓項即位，四百二十四年。

黃帝　昌意　顓項　鮌　禹　啟　太康　仲盧

相　少康　無余　無玉去無余十世❺　無皞❻　夫康❼

元常❽　句踐　興夷　不壽❾　不揚　無彊　魯穆柳有

幽公為名❿，王侯自稱為君⓫。尊親失琅琊，為楚所滅。句踐至王親，歷八主，格⓬霸二百二十四年⓭。從無余越國始封，至餘善返越國空滅，凡一千九百二十二年⓮。

【章旨】此章略敘句踐子嗣和越國王族世系，結束全書。據《越絕書》卷八記載，越國自句踐大霸稱王，下歷四代至無彊，皆霸而稱王，以無彊伐楚，導致楚威王滅無彊。無彊之子之侯以下，歷尊至親皆微弱，稱君長。《史記・越世家》說：「楚威王興兵而伐之，大敗越，殺王無彊，盡取故吳地至浙江，北破齊於徐州。而越以此散，諸族子爭立，或為王，或為君，濱於江南海上，服朝於楚。」知至無彊被楚威王所滅以後，不僅越國完全喪失了霸主地位，而且成了楚國的附庸，連主權地位也喪失了。

【注釋】❶興夷二句　《越絕書．卷八》所記略同，但《史記．越世家》卻謂：「王鼫與（即興夷）卒，子王不壽立，王不壽卒，子王翁卒。」實多出不壽一代。而下文所列世系，興夷下有不壽，卻無翁，似乎翁與不壽是同一人。❷翁卒四句　《越絕書．卷八》所記與本書同，但《史記．越世家》卻說：「王翁卒，子王翳立。王翳卒，子王之侯立。王之侯卒，子無彊立。」❸彊卒六句　按《越絕書．卷八》作「無彊子之侯，竊自立為君長。之侯子尊，時君長。尊子親，失眾，楚伐之，走南山」。或者之侯就是玉。❹其歷八主皆稱霸　按此句言八主皆稱霸有誤，據《越絕書．卷八》和《史記．越世家》記載，越國自句踐稱霸，到無彊被楚威王消滅為止，依本書和《越絕書》所載共歷五主，依《史記》載共歷七主。此句之所以致誤，可能是從《越絕書．卷八》的一段話略作修改而成：「親以上至句踐，凡八君，都瑯琊二百二十四歲。」蔣光煦云：「其」當作「共」。❺無玉去無余十世　按蔣光煦《斠補隅錄．吳越春秋》，宋本作「無王去無余六世」。❻無皞　按本書卷六〈越王無余外傳〉當作「無曎」。❼夫康　按本書卷六〈越王無余外傳〉當作「夫譚」，又《越絕書．卷八》作「夫鐔」。❽元常　當作「允常」。❾不壽　據前文言「興夷即位一年卒，子翁。翁卒，子不揚」。似乎玉和不壽是同一人。❿魯穆柳有幽公為名　此句費解，疑「魯穆柳」當作「魯穆公」。⓫王侯自稱為君　據蔣光煦《斠補隅錄．吳越春秋》，宋本「君」作「名」。「王侯」當作「之侯」。⓬格　徐天祐注曰：「格」當作「稱」。⓭二百二十四年　據蔣光煦《斠補隅錄．吳越春秋》，宋本在此句下有「所伐還游江東」六字。⓮凡一千九百二十二年　徐天祐於此句末注曰：此書載越世次，自句踐五傳至王無彊。以〈世家〉考之，則七世也。無彊，王之侯之子，所謂王侯自稱為君，或者即王之侯也。〈世家〉曰：「王無彊時，楚威王興兵大敗越，殺無彊，盡取越地，越以此散。」徐廣曰：「周顯王四十六年，今自句踐卒至越亡，凡一百五十三年」。《通鑑》書之顯王三十五年。此云「句踐至於親，歷八主，稱霸二百二十四年，親眾皆失，去瑯琊，徙於吳，為楚所滅」。與《史記・世家》及〈紀年〉皆不合。若如〈世家〉所載，則無彊之死，眾散久矣。非王親時失眾亡國也。又〈紀年〉曰：「王翳三十三年，遷於吳。」則越之徙吳已久，亦非王親時也。

【語譯】句踐子興夷，即君位一年後卒，子翁繼位。王翁卒，子不揚繼位。王不揚卒，子無彊繼位。王無彊卒，子玉繼位，自立為君長。君玉卒，子尊繼位。君尊卒，子親繼位。自越王句踐至於越君親，共歷八主，皆以瑯琊為都城，總計二百二十四年。至越君親執政時，越國人民都棄國君而去，於是君親也離開瑯琊，遷居於前吳境內。自黃帝起，至少康時代，共歷十世。自夏禹受禪即天子位至少康即位，共歷六世，計有一百四十四年。少康時代距顓頊即位，計有四百二十四年。

現將越國王族世系依次排列如下：黃帝、昌意、顓頊、鯀、禹、啟、太康、仲盧、相、少康、無余、無壬（無壬去無余六世）、無曎、夫譚、元常、句踐、興夷、不壽、不揚、無彊，無彊被楚威王消滅後，子之侯繼位。是值魯穆公時代，有幽公為名，之侯也自稱為君長。至尊、親時代，失去瑯琊，被楚國所消滅。自越王句踐至越君親，共歷八主，稱霸二百二十四年。從無余最初受封於越國，到餘善返回越國，被徹底消滅為止，共計一千九百二十二年。

古籍今注新譯叢書

書種最齊全
注譯最精當

哲學類

新譯四書讀本　謝冰瑩等編譯
新譯學庸讀本　王澤應注譯
新譯孝經讀本　賴炎元等注譯
新譯易經讀本　郭建勳注譯
新譯乾坤經傳通釋　黃慶萱著
新譯禮記讀本　姜義華注譯
新譯儀禮讀本　顧寶田等注譯
新譯孔子家語　羊春秋注譯
新譯老子讀本　余培林注譯
新譯老子解義　吳　怡著
新譯莊子讀本　黃錦鋐注譯
新譯莊子讀本　張松輝注譯
新譯莊子本義　水渭松注譯
新譯莊子內篇解義　吳　怡著
新譯列子讀本　莊萬壽注譯
新譯管子讀本　湯孝純注譯
新譯墨子讀本　李生龍注譯
新譯公孫龍子　丁成泉注譯
新譯晏子春秋　陶梅生注譯
新譯鄧析子　徐忠良注譯
新譯荀子讀本　王忠林注譯
新譯尹文子　徐忠良注譯
新譯尸子讀本　水渭松注譯
新譯韓非子　傅武光等注譯
新譯呂氏春秋　朱永嘉等注譯
新譯淮南子　熊禮匯注譯
新譯春秋繁露　朱永嘉等注譯
新譯新書讀本　饒東原注譯
新譯新語讀本　王　毅注譯
新譯潛夫論　彭丙成注譯
新譯論衡讀本　蔡鎮楚注譯
新譯申鑒讀本　林家驪等注譯
新譯人物志　吳家駒注譯
新譯張載文選　張金泉注譯
新譯近思錄　張京華注譯
新譯傳習錄　李生龍注譯
新譯明夷待訪錄　李廣柏注譯

文學類

新譯詩經讀本　滕志賢注譯
新譯楚辭讀本　傅錫壬注譯
新譯文心雕龍　羅立乾注譯
新譯世說新語　劉正浩等注譯
新譯昭明文選　周啟成等注譯
新譯古文觀止　謝冰瑩等注譯
新譯古文辭類纂　黃　鈞等注譯
新譯古詩源　馮保善注譯
新譯千家詩　邱燮友等注譯
新譯詩品讀本　成　林等注譯
新譯花間集　朱恒夫注譯
新譯搜神記　黃　鈞注譯
新譯唐詩三百首　邱燮友注譯
新譯宋詞三百首　汪　中注譯
新譯元曲三百首　賴橋本等注譯
新譯唐人絕句選　卞孝萱等注譯
新譯唐才子傳　戴揚本注譯
新譯唐傳奇選　束　忱等注譯
新譯明傳奇小說選　陳美林等注譯

新譯明散文選　周明初注譯
新譯人間詞話　馬自毅注譯
新譯白香詞譜　劉慶雲注譯
新譯幽夢影　馮保善注譯
新譯菜根譚　吳家駒注譯
新譯郁離子　吳家駒注譯
新譯賈長沙集　林家驪注譯
新譯揚子雲集　葉幼明注譯
新譯曹子建集　曹海東注譯
新譯阮籍詩文集　林家驪注譯
新譯嵇中散集　崔富章注譯
新譯陸機詩文集　王德華注譯
新譯陶淵明集　溫洪隆注譯
新譯江淹集　羅立乾等注譯
新譯駱賓王文集　黃清泉注譯
新譯王維詩文集　陳鐵民注譯
新譯杜甫詩選　張忠綱等注譯
新譯昌黎先生文集　周啟成等注譯
新譯柳宗元文選　卞孝萱等注譯
新譯白居易詩文選　陶　敏等注譯
新譯李賀詩集　彭國忠注譯
新譯杜牧詩文集　張松輝注譯

新譯范文正公選集　王興華等注譯
新譯蘇洵文選　羅立剛注譯
新譯蘇軾文選　滕志賢注譯
新譯蘇軾詞選　鄧子勉注譯
新譯蘇轍文選　朱　剛注譯
新譯曾鞏文選　高克勤注譯
新譯王安石文集　沈松勤注譯
新譯李清照集　姜漢椿等注譯
新譯歸有光文選　鄔國平注譯
新譯薑齋文集　平慧善注譯
新譯顧亭林文集　劉九洲注譯
新譯聊齋誌異選　任篤行等注譯
新譯閱微草堂筆記　嚴文儒注譯

【歷史類】

新譯史記　韓兆琦注譯
新譯漢書　吳榮曾注譯
新譯後漢書　魏連科注譯
新譯三國志　吳樹平注譯
新譯資治通鑑　韓兆琦等注譯
新譯尚書讀本　吳　璵注譯
新譯尚書讀本　郭建勳注譯

新譯左傳讀本　郁賢皓等注譯
新譯公羊傳　雪　克注譯
新譯穀梁傳　顧寶田注譯
新譯春秋穀梁傳　周　何注譯
新譯戰國策　溫洪隆注譯
新譯國語讀本　易中天注譯
新譯說苑讀本　左松超注譯
新譯說苑讀本　羅少卿注譯
新譯新序讀本　葉幼明注譯
新譯吳越春秋　黃仁生注譯
新譯西京雜記　曹海東注譯
新譯列女傳　黃清泉注譯
新譯越絕書　劉建國注譯
新譯燕丹子　曹海東注譯
新譯東萊博議　李振興等注譯
新譯唐六典　朱永嘉等注譯
新譯唐摭言　姜漢椿注譯

【宗教類】

新譯金剛經　徐興無注譯
新譯高僧傳　朱恒夫等注譯
新譯碧巖集　吳　平注譯

- 新譯百喻經　顧寶田注譯
- 新譯楞嚴經　賴永海等注譯
- 新譯梵網經　王建光注譯
- 新譯六祖壇經　李中華注譯
- 新譯禪林寶訓　李中華注譯
- 新譯維摩詰經　陳引馳等注譯
- 新譯經律異相　顏洽茂注譯
- 新譯無量壽經　邱高興注譯
- 新譯妙法蓮華經　張松輝注譯
- 新譯景德傳燈錄　顧宏義注譯
- 新譯大乘起信論　韓廷傑注譯
- 新譯釋禪波羅蜜　蘇樹華注譯
- 新譯八識規矩頌　倪梁康注譯
- 新譯永嘉大師證道歌　蔣九愚注譯
- 新譯華嚴經入法界品　楊維中注譯
- 新譯地藏菩薩本願經　李承貴注譯
- 新譯悟真篇　劉國樑等注譯
- 新譯无能子　張松輝注譯
- 新譯坐忘論　張松輝注譯
- 新譯列仙傳　張金嶺注譯
- 新譯抱朴子　李中華注譯
- 新譯神仙傳　周啟成注譯
- 新譯性命圭旨　傅鳳英注譯
- 新譯老子想爾注　顧寶田等注譯
- 新譯周易參同契　劉國樑注譯
- 新譯道門觀心經　王　卡注譯
- 新譯養性延命錄　曾召南注譯
- 新譯樂育堂語錄　戈國龍注譯
- 新譯沖虛至德真經　張松輝注譯
- 新譯長春真人西遊記　顧寶田等注譯
- 新譯黃庭經・陰符經　劉連朋等注譯

軍事類

- 新譯司馬法　王雲路注譯
- 新譯尉繚子　張金泉注譯
- 新譯三略讀本　傅　傑注譯
- 新譯六韜讀本　鄔錫非注譯
- 新譯吳子讀本　王雲路注譯
- 新譯孫子讀本　吳仁傑注譯
- 新譯李衛公問對　鄔錫非注譯

教育類

- 新譯顏氏家訓　李振興等注譯
- 新譯曾文正公家書　湯孝純注譯
- 新譯三字經　黃沛榮注譯
- 新譯百家姓　馬自毅等注譯
- 新譯幼學瓊林　馬自毅注譯
- 新譯增廣賢文・千字文　馬自毅注譯
- 新譯格言聯璧　馬自毅注譯

政事類

- 新譯商君書　貝遠辰注譯
- 新譯鹽鐵論　盧烈紅注譯
- 新譯貞觀政要　許道勳注譯

地志類

- 新譯山海經　楊錫彭注譯
- 新譯水經注　陳橋驛等注譯
- 新譯佛國記　楊維中注譯
- 新譯大唐西域記　陳　飛等注譯
- 新譯洛陽伽藍記　劉九洲注譯
- 新譯徐霞客遊記　黃　珅注譯
- 新譯東京夢華錄　嚴文儒注譯

◎新譯列女傳

黃清泉／注譯　陳滿銘／校閱

劉向所編撰的《列女傳》目的在作為帝王后妃與外戚的借鑑，是一部介紹中國古代婦女行為的著作，也可視為是一部古代婦女史。所選婦女從遠古到西漢，歷史跨度長；有后妃、夫人和民女，人物眾多，具有史學、文學和文獻價值。在一則則的歷史故事中，往往包含有積極意義，既反映出民主色彩的婦女觀，也突顯出本書在思想上的貢獻。

◎新譯燕丹子

曹海東／注譯　李振興／校閱

《燕丹子》是現存較早的一部古代文言歷史小說，記述戰國時期燕太子丹派遣荊軻行刺秦王的故事。在敘事記言、狀物寫景、議論抒情以至塑造人物形象、表現人物性格等方面，顯示了高超的技巧，在中國小說發展史上占有重要的地位。本書以白話注釋、翻譯，讓讀者越過文字障礙，領略這段可歌可泣的歷史故事。